铁路科技图书出版基金资助出版

高海拔复杂地质特长隧道施工关键技术

青藏铁路关角隧道工程实践与创新

马　栋　编著

中国铁道出版社有限公司

2019年·北　京

内容简介

本书以青藏铁路西格二线新关角隧道高海拔复杂地质环境施工关键技术为基础，针对工程实施过程中面临的技术难题和施工风险，以工程科研项目为依托，通过数值模拟、理论分析、现场监测和工程应用等手段，系统总结了高压富水隧道突涌水机理、浅埋贫水风积砂地层隧道稳定性特征、高原隧道施工机械有害气体排放特性、隧道内火灾烟气及温度分布情况和相应的支护参数、开挖方法、堵排水及通风排烟等技术问题。本书主要内容分为绪论、高压富水隧道突水机理及防治技术、浅埋贫水风积砂地层隧道施工技术、断层破碎带处理技术、高海拔隧道长距离施工通风技术、高海拔特长隧道施工机械配套技术、高原特长隧道防灾救援技术、高海拔隧道施工保障方案。

本书在理论与实践上均有所创见，可供隧道工程设计、施工、科研人员及高等院校土木工程专业师生参考和借鉴。

图书在版编目（CIP）数据

高海拔复杂地质特长隧道施工关键技术：青藏铁路关角隧道工程实践与创新 / 马栋编著 .— 北京：中国铁道出版社有限公司，2019.9

ISBN 978-7-113-26094-1

Ⅰ．①高…　Ⅱ．①马…　Ⅲ．①青藏高原—铁路隧道—隧道施工—施工技术—研究　Ⅳ．① U455

中国版本图书馆 CIP 数据核字（2019）第 164165 号

书　　名：高海拔复杂地质特长隧道施工关键技术
青藏铁路关角隧道工程实践与创新
作　　者：马　栋

策　　划：时　博
责任编辑：时　博　　**编辑部电话：**（010）51873630　　**电子信箱：**crph@163.com
封面设计：刘　莎
责任校对：孙　玫
责任印制：高春晓

出版发行：中国铁道出版社有限公司（100054，北京市西城区右安门西街 8 号）
网　　址：http://www.tdpress.com
印　　刷：中国铁道出版社印刷厂
版　　次：2019 年 9 月第 1 版　2019 年 9 月第 1 次印刷
开　　本：787 mm × 1 092 mm　1/16　印张：18.25　字数：441 千
书　　号：ISBN 978-7-113-26094-1
定　　价：120.00 元

序

青藏铁路西格二线新关角隧道全长32.645 km，是目前国内最长的运营交通隧道，也是世界上最长的高原隧道，其海拔在3 400 ～ 4 500 m。隧道穿越地段地层断裂构造极为发育；共计通过19个富水断层破碎带，岩溶裂隙发育，最大涌水量32万m^3/d，水压力高达2.6 MPa；施工自然环境、工程地质条件都极其复杂。

《高海拔复杂地质特长隧道施工关键技术》一书全面记录了中铁十六局集团有限公司马栋团队面对高原高寒、宽大断层、坍塌、突涌水等一系列风险和挑战所采取的工程措施，系统总结了所取得的研究成果和施工关键技术。项目相关的科研工作，采用国内外先进科技手段，对该地区高压富水隧道突水、浅埋贫水风积砂地层稳定、断层破碎带变形、长距离施工通风、隧道施工机械配套和特长隧道防灾救援等问题进行了深入研究。经过反复实践验证，最终形成了新关角隧道高海拔复杂地质环境施工成套技术，解决了高海拔隧道面临的诸多难题。

该书不仅涵盖了理论方面的探究，揭示了高压富水隧道施工突涌水机理、富水环境对破碎围岩稳定性的影响规律，建立了突涌水预报方法与机械效率、海拔高度等因素的关系，还有工程实践的大胆创新，提出了高压富水隧道防排水关键技术，研发了浅埋风积砂层四台阶九步开挖法和综合支护体系，提出了高海拔长距离通风技术及隧道施工设备选型配套技术。在此基础上，该书进一步系统总结了高海拔隧道施工保障方案，保证了关角隧道的优质、快速建成。实现了高海拔高水压特长隧道修建技术的较大突破，丰富和发展了我国隧道建设技术。对今后高海拔、严寒地区特长隧道建设具引领和示范作用。

愿马栋同志不忘初心、再接再厉，为我国隧道和地下工程建设做出更大贡献！

中国工程院院士 梁文灏

前　言

关角山，藏语为“登天的梯”，是青藏铁路“咽喉”之地。20世纪70年代，英雄的铁道兵在这里修建了一条长4.01 km的高原隧道，在世界铁路史上被称为神话。40年后，建设者们再次在这里续写神话，在这登天的梯子上修建了一条长32.645 km的地下长廊，让山不再高、路不再远。新关角隧道由两座平行的单线隧道组成，设计速度160 km/h，轨面高程3 300~3 500 m，为我国第一座长度超过30 km 的运营铁路隧道，也是世界高海拔地区第一长隧。新关角隧道采用钻爆法施工，工程于2007年11月15日开工，2014年12月28日交付运营。

青藏高原是世界上海拔最高、面积最大、年代最新、地质构造最为活跃的高原，新关角隧道位于青藏高原地质板块挤压的结合部，隧道建设面临巨大挑战。一是施工环境极为恶劣，氧气稀薄，作业面距井口最远达5 000 m，隧道施工通风、排水等施工安全保障技术面临极大挑战；二是地质条件极其复杂，通过3条区域性宽大断裂，围岩软弱破碎，最高水压达2.6 MPa、最大涌水量32万m^3/d ，施工安全风险极高，且无成熟经验可借鉴。

中铁十六局集团有限公司承担了关角隧道进口标段包括正洞、斜井及横通道总长47.694 km（单线）的施工任务，为解决高原高寒特长隧道长大斜井通风排烟、高压基岩裂隙水处治、反坡排水、浅埋砂层、断层破碎地质段施工、高原环境隧道施工降效条件下的机械选型配套、高原特长铁路隧道防灾救援系统施工等重大难题，与北京交通大学、石家庄铁道大学等院所合作，联合开展科技攻关，取得了一系列高原寒区富水隧道施工关键技术成果，保证了关角隧道的优质、快速建成。成果在西部多个铁路、公路隧道施工中得了推广应用，取得了显著的社会和经济效益。2015 年7 月31 日，青海省科技厅主持的科技成果鉴定会，对该成果评价为“具有显著的环境、社会和经济效益，在今后的工程建设中具有广泛的指导意义和应用前景。研究成果总体达到国际先进水平，其中高海拔长距离射流巷道通风技术达到国际领先水平”。新关角隧道项目荣获国际隧道与地下空间协会（ITA）、国际咨询工程师联合（FIDIC）、中国土木工程学会、铁道学会和青海省等多项国际、国内重大科技奖项。

新关角隧道与既有关角隧道相比，线路缩短了约37 km，火车通过时间由2h缩短为20 min，西宁到格尔木段年均货运量由1 900万t增加到9 600万t，大大提高了青藏铁路运输能力，对完善西部地区尤其是青藏两省区的铁路网结构，加强青藏两省区与内地的经济联系和人员往来，促进国土开发、增进民族团结、巩固国防具有重要意义。在2014年4月隧道贯通之际，中央电视台、青海电视台连续5天对关角隧道的修建过程、隧道贯通、参建职工的奉献精神等进行了直播报道。

本书依据该施工科研成果总结而成，由“高海拔高水压特长关角隧道修建技术”课题负责人马栋策划，北京交通大学、石家庄铁道大学、中铁十六局集团有限公司等单位参与编写。第1章绪论由马栋、谭忠盛编写，介绍新关角隧道建设概况、工程特点、技术难点；第2章由谭忠盛、万飞、钱富林编写，总结高压富水隧道突水机理及防治技术；第3章由马栋、刘海荣编写，总结浅埋贫水风积砂地层隧道的稳定性特征、施工方案优化及四台阶九部开挖法；第4章由钱富林、万飞、孙毅编写，通过现场试验，分析富水环境对破碎围岩稳定性的影响，优化施工方案和支护参数；第5章由马栋、王武现、钱富林编写，分析高原隧道施工机械有害气体排放特性，介绍了斜井上下分隔+双正洞射流巷道通风方案；第6章由马栋、常金同、杨森森、黄立新编写，结合工程实践对高原隧道施工机械效率、施工工效进行分析，提出了相应的机械配套方案；第7章由谭忠盛、张念、刘海荣编写，介绍了隧道内火灾烟气及温度分布特征研究结果及救援通道施工技术；第8章高海拔隧道施工保障方案部分由马栋、黄立新、王武现编写，结合工程建设体会提出了关于高海拔隧道施工的一些建议和设想。

新关角隧道在建设过程中，得到多方关注和支持。为解决施工面临的一系列技术难题，原铁道部和青海省科技厅分别给与立项支持，中国工程院王梦恕、梁文灏、杜彦良院士、史玉新大师等专家多次亲临现场进行方案论证和施工指导；在本书的编写过程中，得到了杜彦良、梁文灏院士等专家学者的精心指导和帮助，参考了有关单位和专家的技术资料，并引用了其中部分内容及试验数据，特别在施工过程中得到了科研合作单位、工程建设指挥部、监理单位的大力支持和积极配合，在此一并向他们致以诚挚而衷心的感谢！

川藏铁路全面开工的号角已经吹响，川藏铁路雅安至林芝段新建正线长度约1 006 km，新建隧道72座长度约851 km，占线路全长约85%，其中10 km以上特长隧道35座约746 km。川藏铁路约占80%线路位于海拔3 000 m以上，施工自然环境恶劣，人工和机械工效低，通风困难，有的隧道还面临着与新关角隧道相似的工程地质问题。希望通过本书对新关角隧道修建技术和经验的系统总结，给予川藏建设者们一些启发和借鉴。

由于作者水平有限，书中难免会出现差漏和不当之处，值得商榷的地方，恳请读者予以批评指正。

2019年9月

目　录

1 绪　　论

1.1 关角隧道建设基本情况

关角山位于青海省天峻县和乌兰县境内，属于祁连山余脉，平均海拔在4 000 m以上，其横亘于天峻大草原和柴达木盆地之间，是柴达木盆地与青海湖区的天然分水岭。从青海湖北侧经柴达木盆地南下西藏，关角山是必经的天险。青藏铁路出天峻站后，不得不向右绕弯经过既有关角隧道。既有关角隧道（图 1-1-1）全长4 010 m，海拔近3 700 m，是一期工程的咽喉工程；隧道内路基条件差，火车限速很低，4 km的路程需走行30 min，其速度与人走路的速度不相上下。线路经既有关角隧道后再向西通过由多个盘旋曲折的弧形铁轨组成的线路，被称为“大灯泡线”，如图 1-1-2所示。中间共有五组展线三个车站，分别为关角隧道至南山车站、南山至二郎车站、二郎至洛北建之间的“8”字展线、螺旋展线及洛北至察汗诺区间的马蹄形展线。运输条件严重制约着西（宁）格（尔木）段的运能，既不能适应区域社会发展、经济建设、资源开发和旅游业发展的需要；又受高原自然环境影响，内燃机车的功率不能正常发挥，牵引质量小，客货列车运行速度低的制约，影响了输送能力的提高。既有铁路单线行车、设备落后、技术标准低的状况，已远远不能满足铁路运量增长的需求。因此，加快青藏铁路西宁至格尔木段增建第二线工程建设以及全线电气化改造，对于落实当时中央领导同志指示的实现青

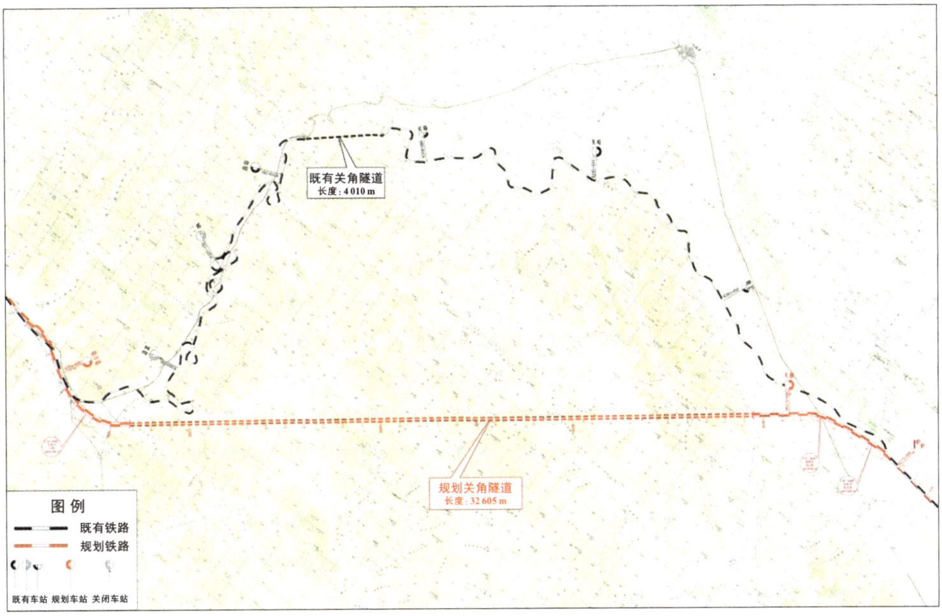

图 1-1-1　关角隧道线路平面示意

藏铁路"两个最大限度"要求，深入推进西部大开发，在强化西部路网运输能力、提高铁路竞争力和安全舒适度、促进当地旅游业的发展、加快旅客送达及货物周转速度、实现东西部协调发展、改善当地能源结构和生态环境、促进青海经济发展方面都具有十分重要的意义。

图 1-1-2　关角展线

青藏铁路西宁至格尔木段增建第二线新关角隧道是西格二线的标志性工程，它将天棚车站与察汉诺车站之间线路一次性取直，缩短既有线路 36 837 m。新关角隧道建成后，废弃既有关角隧道，列车穿越关角山的时间由 2 h 缩短至 20 min，青藏铁路的瓶颈被一举击破。新关角隧道是目前国内建成的最长铁路隧道，也是世界上最长的高原铁路隧道。因此修建新关角隧道不仅在西格二线建设具有重要意义，而且在国内铁路隧道建设史上具有深远影响。

新建关角隧道全长 32.645 km，由两座平行的单线隧道组成；设计行车速度 160 km/h，轨面高程 3 300 ～ 3 500 m；采用钻爆法施工，是我国第一座长度超过 30 km 的铁路隧道，也是世界高海拔地区第一长隧。

关角隧道建设面临三大难题，一是位于青藏高原，施工环境极为恶劣，氧气稀薄，作业面距井口最远达 5 000 m，隧道施工通风、排水等施工安全保障技术面临极大挑战。二是地质条件极其复杂：通过 3 条区域性宽大断裂，围岩软弱破碎、地应力水平高，隧道稳定性控制难度大；岭脊灰岩段高压富水，施工安全风险高。三是高海拔地区由于缺氧，导致旅客疏散速度慢，且洞内火灾温度、烟雾场分布和扩散规律不同于一般地区，特长隧道运营安全保障技术无成熟经验可借鉴。施工过程中，为解决高原高寒特长隧道面临的一系列技术难题，由原铁道部和青海省科技厅立项，近百名参研人员经过 7 年刻苦攻关，形成了高海拔高水压特长隧道施工成套技术，为关角隧道的建设提供了技术支撑，取得了丰硕的成果：获发明专利 6 项，实用新型专利 23 项，国家级工法 1 项，发表论文 103 篇，制定《铁路隧道防灾疏散救援工程设计规范》等 4 项标准。技术成果总体达到了国际先进水平，荣获国际隧道与地下空间协会（ITA）、国际咨询工程师联合会（FIDIC）、中国土木工程学会、铁道学会和青海省科技厅等国际、国内机构与部门多项重大科技奖项。

中铁十六局集团有限公司承担了新关角隧道进口标段包括正洞、斜井及横通道总长 47.694 km（单线）的施工任务，为解决高原高寒特长隧道长大斜井通风排烟、反坡排水及浅埋砂层、浅埋河谷、断层破碎大变形地质段施工、高原环境隧道施工降效条件下的机械选型配套、高原特长铁路隧道防灾救援系统施工等重大难题，与北京交通大学、石家庄铁道大学等院校合作，成立科研小组，开展科技攻关，实现了安全快速施工。本书依据进口标段施工科技攻关成果总结而成。

1.2　工程概况

1.2.1　设计技术指标

新关角隧道起讫里程为DK280+505 ～ DK313+195，全长32.645 km，为两座平行的单线隧道，钻爆法施工，线间距40 m，正洞、斜井及横通道总长57.895 km（单线）。隧道进口高程3 380.26 m，出口高程3 324.05 m，进口段为8‰的上坡，在岭脊设坡度代数差后，以9.5‰的坡度连续下坡，洞身海拔3 300 ～ 3 400 m。除Ⅱ线进口14.84 m位于缓和曲线上以外，其余均位于直线段上。旅客列车设计行车速度为160 km/h。主要技术指标如下：

（1）铁路等级：国铁Ⅰ级；

（2）正线数目：双线；

（3）限制坡度：上行13‰，下行16‰；

（4）最小曲线半径：一般地段2 000 m、困难地段1 600 m；

（5）旅客列车速度目标值：160 km/h；

（6）到发线有效长度：880 m；

（7）牵引种类：电力；

（8）闭塞方式：自动闭塞；

（9）牵引质量：上行4 000 t，下行3 000 t。

隧道设有11座斜井，总长15.447 km，96处横通道，长9 856 m（含永久、救援、施工横通道），并设1 座长8.06 km 泄水洞疏排地下水。其中Ⅱ线设Z1号、1号、2号、6 ～ 10号共8座斜井，Ⅰ线设3号、4号、5号共3座斜井。辅助导坑设计参数及与正洞位置见表1-2-1和图1-2-1。

表1-2-1　新关角隧道辅助坑道设计一览表

辅助坑道名称	里　程	综合坡度（%）	平　角	相对位置	运输方式	水平长度（m）	斜长（m）	井口设计高程（m）
Z1斜井	DYK281+150	8.4	45°0′0″	右	无轨	125	125.5	3 396.95
1号斜井	DYK283+310	9.82	45°0′0″	右	无轨	650	653.41	3 465.72
2号斜井	DYK285+010	9.75	35°45′19″	右	无轨	1 042	1 047.40	3 517.04
3号斜井	DK288+510	10.60	47°37′00″	左	无轨	1 667	1 677.15	3 620.73
4号斜井	DK291+110	10.27	38°29′20″	左	无轨	1 585	1 597.12	3 627.71
5号斜井	DK293+710	10.10	45°0′0″	左	无轨	1 975	1 985.87	3 685.28
6号斜井	DYK296+110	10.31	58°38′58″	右	无轨	2 830	2 846.28	3 766.83
7号斜井	DYK300+210	10.00	44°4′27″	右	无轨	2 320	2 332.58	3 678.12
8号斜井	DYK302+610	9.85	39°58′39″	右	无轨	1 605	1 613.47	3 581.45
9号斜井	DYK304+510	9.83	37°46′08″	右	无轨	1 120	1 125.90	3 515.45
10号斜井	DYK308+300	10.29	74°41′50″	右	无轨	440	442.53	3 414.58

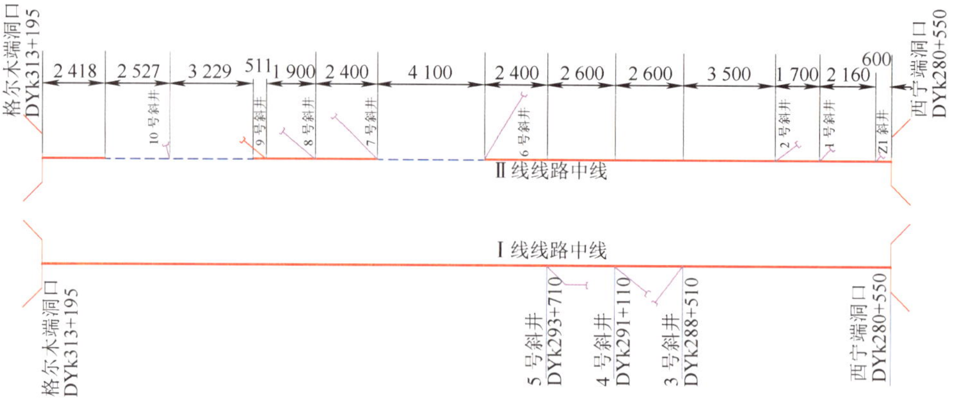

图1-2-1　正洞与斜井位置示意（单位：m）

结合隧道地形、地貌和地质条件，本着“早进晚出”的原则及洞口边仰坡开挖高度，隧道采用斜切式洞门设计。正洞设计为双洞单线，设计断面5.8 m（宽）×7.2 m（高），采用曲墙式复合衬砌，浅埋、断层及细砂地层进行结构加强。斜井设计断面5.2 m（宽）×6.6 m（高），全隧采用钻爆法施工，无轨运输。为了确保斜井内泵站及管路的设置，加大斜井的运输能力，提高隧道通风效果，3～5号斜井采用加大断面施工，斜井开挖断面净宽8.8 m，净高6.9 m。隧道内轮廓断面及衬砌结构支护参数见图1-2-2、图1-2-3和表1-2-2。

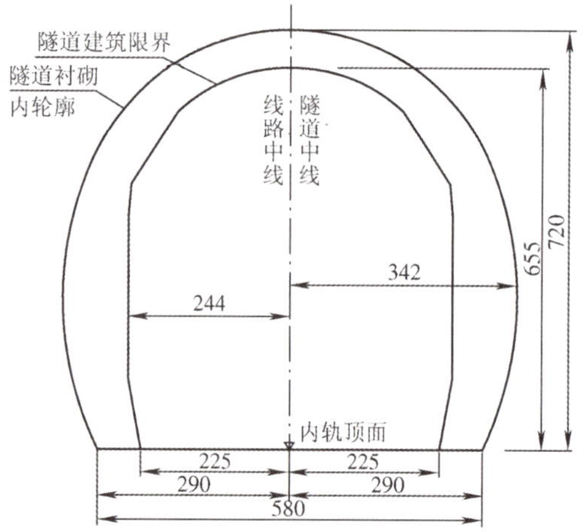

图1-2-2　正洞衬砌断面内轮廓（单位：cm）

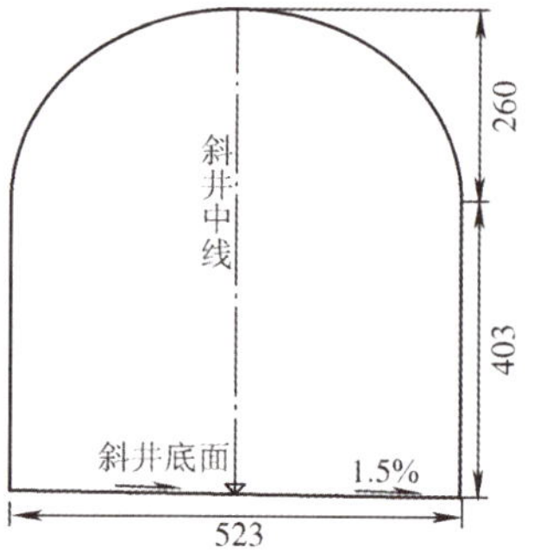

图1-2-3　斜井断面内轮廓（单位：cm）

表1-2-2　新关角隧道衬砌支护参数

围岩级别	预留变形量（cm）	初期支护									二次衬砌	
		喷混凝土		锚　杆			钢筋网		钢　架			
		厚度（cm）	位置	位置	长度（m）	纵、环间距（m）	位置	间距（cm）	位置	间距	拱部（cm）	仰拱、底板（cm）
Ⅱ		5	拱墙								30	30
Ⅲ	4	8	拱墙	拱墙	2.5	1.5×1.2	拱部	25			35	40

续上表

围岩级别	预留变形量（cm）	初期支护									二次衬砌	
		喷混凝土		锚杆			钢筋网		钢架			
		厚度（cm）	位置	位置	长度（m）	纵、环间距（m）	位置	间距（cm）	位置	间距	拱部（cm）	仰拱、底板（cm）
Ⅳ$_{一般}$	5	12	拱墙	拱墙	3.0	1.2×1.2	拱墙	25	拱墙		40	40
Ⅳ$_{加强}$	8	23	拱墙	拱墙	3.0	1.2×1.2	拱墙	20	拱墙	1榀/m	40	40
Ⅴ$_{一般}$	9	23/10	拱墙/仰拱	拱墙	3.0	1.0×1.2	拱墙	20	拱墙	1榀/m	45	45
Ⅴ$_{加强}$	9	25/10	拱墙/仰拱	拱墙	3.0	1.0×1.2	拱墙	20	拱墙	3榀/2 m	45	45
Ⅵ	9	25	全断面	拱墙	3.5	0.8×0.8	拱墙	20	全断面	2榀/m	50	50

注：拱部为R25中空注浆锚杆，边墙为ϕ22砂浆锚杆。

隧道防排水设计采用“防、截、排、堵相结合，多道防线，因地制宜，综合治理”的原则。为减小施工期间的排水压力，涌水量较小的一般地段斜井采用以排为主，涌水量较大的富水地段，根据涌水的形式采用不同的堵水措施隧进行堵水后限量排水，通过正洞侧沟排至洞外，其中注浆方式主要包括超前帷幕注浆、后注浆、局部注浆、补注浆等四种方式。隧道的防排水设计横断面及平面布置如图 1-2-4 和图 1-2-5所示。

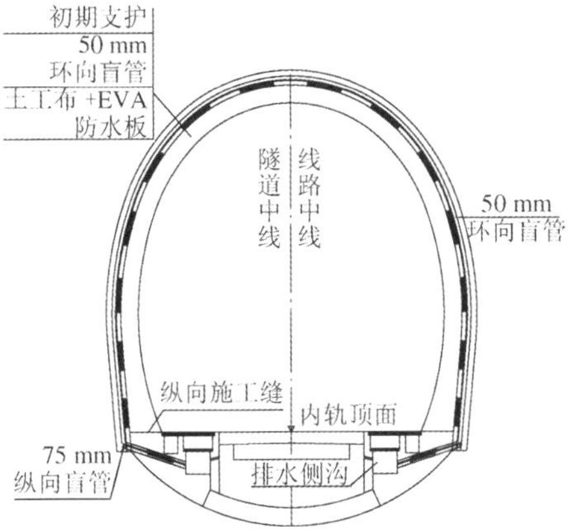

图1-2-4　隧道横断面防排水示意

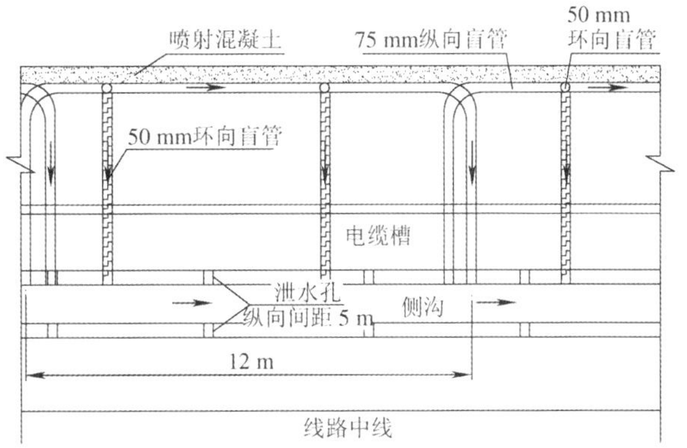

图1-2-5　防排水平面布置示意

1.2.2　沿线自然特征

1. 地形地貌

工程所在区域属祁连山系中段南缘支脉青海南山，青海南山呈NW-SE向横亘于区域中部，总体地势是中部高，北东和南西低。隧道通过区属青海南山高山区的关角日吉山，隧道进口位于布哈河冲积平原后缘，隧道进口以北为宽阔、平坦的布哈河冲积平原，出口位于肯德隆沟沟谷中。根据山体的相对高差，又进一步划分为关角日吉山北坡低高山区、关角日吉山中高山区、关角日吉山南坡低高山区三个次级地貌单元。

（1）关角日吉山北坡低高山区（隧道进口～ DK285+500）

海拔高程3 500 ～ 4 000 m，相对高差200 ～ 400 m，山坡自然坡度25° ～ 35°。表层多为土层覆盖，植被、沟谷发育，沟谷中大多常年流水，水量随季节变化而变化。

（2）关角日吉山中高山区（DK285+500 ～ DK303+000）

海拔高程4 000 ～ 4 500 m，相对高差大于500 m，山坡自然坡度25° ～ 45°。地势陡峻，局部近于直立。地表大多基岩裸露，局部植被发育，沟谷中大多常年流水。

（3）关角日吉山南坡低高山区（DK303+000 ～隧道出口）

海拔高程3 400 ～ 4 000 m，相对高差200 ～ 400 m，山坡自然坡度25° ～ 45°，地势陡峻。地表大多基岩裸露，局部植被发育，横向沟谷发育，仅在雨季有少量流水，肯德隆沟是南坡规模较大的沟谷。

2. 气象条件

隧道通过区属青藏高原亚寒带半干旱气候区，年平均气温 -0.5 ℃，极端最高气温28.0 ℃，极端最低气温 -35.8 ℃，最大月平均日较差24.7 ℃，年平均降水量341.6 mm，年最大降水量453.2 mm，年平均蒸发量1 791.4 mm，最大积雪厚度21 cm，最大冻结深度299 cm。

3. 地层岩性

本区地层岩性复杂，沉积岩、岩浆岩、变质岩三大岩类均有分布，主要以变质岩为主。出露的地层主要有第四系砂质黄土、黏性土及砂类土、碎石类土，三叠系、二叠系灰岩及砂岩，石炭系变质砂岩、片岩、板岩及大理岩，志留系板岩、变质砂岩，下元古界片麻岩、混合岩，并伴有华力西期闪长岩、花岗岩入侵。

4. 地质构造

关角隧道区在大地构造上位于新构造活动强烈的青藏高原东北缘，属于祁连加里东褶皱系南祁连褶皱带。在新构造分区上，属于青藏断块北部宗务隆山 - 祁连山强烈隆起区。

（1）褶皱构造

区内褶皱发育，总体上呈北北西向展布，主要发育华力西期和印支期褶皱带。褶皱构造在区内主要表现为三种类型，一种以下古生界、石炭系中的褶皱为代表，以近于线状的紧密褶皱为主，属基底褶皱性质；一种以二叠系、三叠系中的褶皱为代表，以开阔的正常褶皱为主，属盖层褶皱性质；第三种是上第三系中的褶皱，以波状起伏的缓倾斜正常褶皱为主，是新构造运动造成的。

（2）断裂构造

区内断裂构造极为发育，根据断层规模及其构造意义可以分为两级，一级为区域性深大断裂（F），二级为区域断裂或次级断裂（f）。

区域性大断裂有：布哈河南断层（F_1），隧道通过长度45 m；菜挤河断层（F_2），隧道通过长度190 m；梅陇尼哈断裂（F_{2-1}），通过长度330 m；二郎洞断裂带（F_3），通过长度460 m。由于该断裂为区域性深大断裂，断层规模大，并且未来还有发生中强地震的可能性，因此对工程影响较大。

二级断裂根据断层走向大体上可以分为三组，北西向断裂组，北东向断裂组、北北西向断裂组，其中以北西向断裂最为发育，一般规模较大，同时也构成了区内的主构造线。

（3）节理

关角隧道越岭区位于新构造活动强烈的青藏高原东北缘，褶皱、断裂发育，岩体受构造影响严重，岩体节理、裂隙较发育～发育，岩体较破碎～较完整。

1.2.3 水文地质特征

1.地下水的赋存条件与分布规律

关角日吉山北坡和山体主脊附近，出露大面积石炭、二叠、三叠纪地层，岩性以灰岩、砂岩为主，灰岩层厚质纯，砂岩较破碎，节理、裂隙发育。结晶灰岩地表局部有古溶洞发育，溶洞大小不一，呈不规则圆状，山体北坡古溶洞较南坡发育。此外，在地表还见有沿层面线状发育的椭圆形溶洞。该地区降水充沛，赋存有裂隙岩溶水，据泉水调查资料，富水性较强。

2.地下水的类型及含水岩组特征

根据隧道通过区出露的地层岩性及地质构造特征，结合含水介质的不同，将测区地下水分为第四系松散岩类孔隙水、碳酸盐岩类岩溶裂隙水和基岩裂隙水三大类。地下水无侵蚀性。

3.区域地下水补、径、排特征

大气降水为本区地表水、地下水的主要补给来源，而基岩山区的基岩裂隙水是沟谷、洼地地下水的主要补给来源，山区沟谷、布哈河谷地和茶卡山前倾斜平原为地下水的径流、排泄区，并最终分别汇入青海湖、茶卡盐湖。

4.隧道区水文地质条件评价

关角隧道越岭区地质及水文地质条件较为复杂，经历多次运动，断裂较为发育，且规模较大，破碎带宽度一般为数十米，最宽的达数百米，受大气降水、地表水及深层地下水的补给，破碎带内常为地下水的富集地带，隧道在此地带往往会出现涌水及突水现象。同时构造运动造成岩体节理、裂隙发育，岩体破碎，为地下水的富集提供了良好的运移通道，岩层赋水性较好。

由于受青海湖局域小气候的影响，本区降水量较大，地下水发育，隧道岭脊以灰岩为主的地段，由于处于岩溶水循环带，施工中有发生灾害性突、涌水的可能，对隧道施工有一定的影响，是隧道施工中的主要地质问题。

1.2.4 隧道施工中的主要地质问题

1.砂层与河谷

正洞进口穿越550 m浅埋砂层段和400 m浅埋河谷段，砂层段覆盖层厚2 ～ 23 m，地层主要为第四系砂质黄土、黏土及细砂，强度低、黏聚力小，开挖后围岩自稳能力差，拱顶、拱腰及掌子面变形大，容易引起塌方。河谷浅埋段，隧道局部埋深不足40 m，上部为季节性流水河沟，丰水期水量较大，河沟内的卵碎石地层厚度约13 m，含水性、透水性好，洞身通过地段地层为闪长岩及板岩，岩体受风化、构造影响严重，风化节理、裂隙发育，岩体破碎，层间结合弱，整体稳定性差，易发生突泥、围岩失稳现象。

2.高地应力

由于隧道区位于新构造活动强烈的青藏高原东北缘，跨越柴达木陆块北缘、宗务隆山裂陷槽、南祁连陆块三个大地构造单元，区内断裂及褶皱均发育，洞身通过4条区域性断裂及13条次级断裂，其中二郎洞断裂带（F_3）由6条次级断层组成的断层束，宽度近3 km，其中主断带宽520 m，断带内岩体破碎。根据水压致裂法实测的地应力结果分析，岭脊埋深较大的石炭系变质砂岩及片岩段存在高地应力问题。高地应力易引起软弱围岩（主要指断层破碎带）的流变失稳及坚硬岩石（主要指花岗岩、闪长岩、混合岩）的岩爆。

3.断层破碎带

本标段Ⅰ线通过F_1、F_{2-1}、F_2、f_0、f_1、f_9、f_{9-1}、f_{10}断层，Ⅱ线比Ⅰ线少F_1断层；2号斜井通过f_2断层，6号斜井通过f_9、f_{9-1}断层，共计19个断层带，断层带总长度约2 782 m（单线长），另外通过一段1 000 m岩溶发育段、上部为灰岩，下部为砂岩不良地质段。隧道开挖前，岩体处于稳定平衡状态，开挖揭露以后，工程扰动引起围岩应力状态重新分布。临空面的形成和受地下水的浸湿作用影响，围岩在应力释放过程中，工程性质和稳定性变差，初期支护不能有效抵制其变形，造成围岩变形失稳。

4.突、涌水

区内地下水发育，特别是三叠系、二叠系砂岩、灰岩及石炭系变质砂岩，岩体节理、裂隙发育，通过岩溶发育段1 km，富水段22.5 km，因此，隧道施工会产生突、涌水。

（1）正洞

正洞段经过贫水区、弱富水区、中等富水区，左、右线各段涌水量见表1-2-3。

（2）斜井

1号斜井为弱富水区，斜0+96～1+66段岩体破碎；2号斜井为中等富水区；3号～6号斜井均为中等富水区，各斜井涌水量见表1-2-4。

表1-2-3　正洞各段涌水量

洞别	里　程	长度（m）	正常涌水量（m^3/d）	最大涌水量（m^3/d）	地下水情况
右线	DYK280+550～DYK281+000	450	20.6	41.2	贫水区
	DYK281+000～DYK283+475	2 475	1 116.6	2 233.2	弱富水区，地下水较发育
	DYK283+475～DYK297+922	14 447	52 634.7	117 799.6	中等富水区，地下水发育
左线	DK280+550～DK281+000	450	12.4	24.8	贫水区
	DK281+000～DK283+475	2 475	674.4	1 348.8	弱富水区，地下水较发育
	DK283+475～DK297+922	14 447	31 791.3	71 151	中等富水区，地下水发育

表1-2-4　各斜井涌水量

序号	斜井名称	长度（m）	正常涌水量（m^3/d）	最大涌水量（m^3/d）	地下水情况
1	1号斜井	637	306	612	弱富水区
2	2号斜井	1 038	2 464.56	4 929.12	中等富水区，地下水较发育
3	3号斜井	1 667	4 867.64	11 682.3	中等富水区，地下水发育
4	4号斜井	1 571	4 587.3	11 009.6	中等富水区，地下水发育
5	5号斜井	1 935	5 650.2	12 801.3	中等富水区，地下水发育
6	6号斜井	2 808	8 199.36	19 678.5	中等富水区，地下水发育

岭脊灰岩段集中涌水以岩溶裂隙为主，隧道位于岩溶水水平径流循环带及深部循环带，涌水多具有一定压力，受该区降水、融雪水及地表水体补给影响，岩体赋存着巨大的地下水天然存储量，涌水衰减缓慢。同时，受地质构造和后期溶蚀作用的双重影响，岩溶裂隙水含水介质具有较强的非均质各向异性，涌水形式具有水点位置集中、水量大等特点。

1.2.5 隧道施工方案

关角隧道采用钻爆法施工，总体思路是采用10座斜井（后增设Z1斜井）及局部平导来辅助正洞施工，即在Ⅰ线隧道设置3座斜井（3、4、5号斜井），Ⅱ线隧道设置8座斜井（Z1、1、2、6～10号斜井），同时在Ⅱ线DYK296+110～DYK300+210及DYK305+021～DYK310+777段分别设置长4 100 m及5 756 m的平导。斜井施工到位后先施工Ⅱ线隧道及平导，而后通过横通道进入Ⅰ线隧道施工，平导的扩挖在Ⅰ线隧道施工完成后进行。泄水洞通过进口和Ⅱ线隧道通过横通道进行多作业面施工。两线整体道床的铺设通过两端洞口及不同的斜井同时进行。

1. 总体施工技术方案

工程施工组织按照“斜井快速到底、Ⅱ线优先贯通、Ⅰ线一次成洞；地质预报超前、工序平行紧凑、安全优质高效”的原则进行。在施工过程中采用大型机械化配套快速施工技术，开挖先行，支护紧跟掌子面，仰拱填充或铺底超前，二衬按规定同步跟进，确保施工安全。

2. 正洞施工技术方案

根据超前地质预报和监控量测结果，进行隧道施工动态设计，按新奥法原理组织施工，根据不同围岩级别及周边环境选择相应的施工方法，见表1-2-5。

表1-2-5 关角隧道各级围岩施工方法

围岩级别	Ⅵ级	Ⅴ级	Ⅳ级	Ⅲ级	Ⅱ级
开挖方法	上台阶采用环形开挖留核心土	台阶法开挖，台阶长度3～5 m		全断面开挖	
开挖设备	采用风镐开挖，必要时风钻钻眼，弱爆破	上、下台阶均采用风镐开挖，必要时风钻钻眼，弱爆破	上台阶采用人工手持风钻钻眼，下台阶采用多功能作业台架风钻钻眼	采用多功能作业台架	
初期支护	采用风钻钻锚杆眼，拱墙铺挂钢筋网片，湿喷机喷射混凝土，人工架立拱架	采用风钻钻锚杆眼，拱墙铺挂钢筋网片，湿喷机喷射混凝土，人工架立钢架	采用风钻钻锚杆眼，拱部铺挂钢筋网片，湿喷机喷射混凝土	采用风钻钻锚杆眼，湿喷机喷射混凝土	
超前支护	采用15 mϕ89超前大管棚、3.5 mϕ42超前小导管超前支护	采用3.5 mϕ42超前小导管超前支护	—	—	
衬砌设备	全隧采用自动计量拌合站生产，罐车运输，泵送入模，整体液压模板台车衬砌；仰拱施工采用仰拱栈桥通过，避免行车干扰				
出渣运输方式	采用装载机、挖掘机装渣，自卸汽车运至弃渣场				

隧道开挖前，首先完成洞口、洞顶截水沟、洞口土方及边仰坡防护施工。洞口土方采用挖掘机配合装载机自上而下分层施工，大型自卸汽车运输，并及时做好坡面防护，开挖一段防护一段。

明洞采用明挖法施工，开挖至明暗分界线后，先施作护拱混凝土，然后施作暗洞超前大管棚，随后进入暗洞施工。明洞混凝土完成后及时施作洞口防排水系统和洞门附属工程。

洞身开挖：对整体性较好的Ⅱ、Ⅲ级围岩长大地段，采用全断面开挖，光面爆破，侧卸式装载机装渣，自卸大型汽车运输；对断层破碎带或软弱围岩段，按先治水、短进尺、弱爆破、台阶或分部法开挖、强支护、快速封闭成环、及时跟踪监测方案进行，采用自制钻孔台车或机械开挖，ITC312或侧卸式装载机装渣，自卸大型汽车运输。

初期支护：根据涌水量大小按超前注浆、小导管注浆、开挖后注浆或补注浆处理，严格控制初期支护后的渗水量在允许范围内。大管棚施工采用管棚钻机；小导管超前支护采用风枪成孔，注浆泵注浆；超前帷幕注浆采用进口C6钻机和部分国产钻机及配套的注浆设备注浆；喷射混凝土采用湿喷机作业，洞外自动计量拌和站集中拌制，罐车运输。爆破、清帮找顶后立即进行初喷，然后快速安装钢架、锚杆和钢筋网，最后复喷至设计厚度。钢架在洞外采用工厂化集中加工制作。

仰拱、填充或铺地：采用移动栈桥整幅施工，混凝土洞外自动计量拌和站集中拌制，罐车运输，人工振捣。

隧道防排水：采用作业台架铺设环向排水盲管、固定土工布、无钉法铺设防水板。利用台车在施工缝、变形缝处固定止水带。

二次衬砌：拱墙衬砌采用整体式液压模板台车施工，混凝土由洞外自动计量拌和站生产，罐车运输，泵送入模，机械振捣。

综合洞室：采用整体钢模，混凝土由洞外自动计量拌和站生产，罐车运输，泵送入模，人工振捣。

施工通风：根据施工阶段的不同，采用不同的通风方式。施工前期，斜井采用压入式通风，进、出口未开辟横通道之前采用独头压入式通风，开辟了施工横通道后改为压入式与巷道式相结合的通风方式。后期，采用斜井中隔法通风方案。

施工排水：进、出口施工采用顺坡排水，斜井采用机械排水。在斜井内设多级泵站、井底设泵站水仓，逐级将水排出洞外；隧道施工顺坡地段通过水沟直接引入井底水仓；反坡施工地段逐段设集水坑，采用移动潜水泵将水抽止井底水仓。接力将井底水仓的水抽至洞外污水处理池，经处理后再排放。在施工断层破碎带或穿过隔水地层时，有突然涌水的可能，为了防止隧道涌水较大时发生淹井事故，对开挖面附近的移动泵进行加强。

沟槽：采用钢木组合模板人工立模，混凝土罐车运输，人工入模，机械振捣。

整体道床：配备专用的设备，通过进、出口及各斜井口从洞内向洞外方向施工，混凝土罐车运输，泵送入模，人工振捣，形成正常的程序化施工。

超前地质预报和监控量测：纳入工序管理，信息及时反馈，指导施工正洞各级围岩开挖步骤及施工方法见表1-2-6。

表1-2-6　正洞各级围岩开挖步骤及施工方法

围岩类别	开挖方案	开挖图示	施工方法
Ⅱ、Ⅲ级	全断面开挖，光面爆破	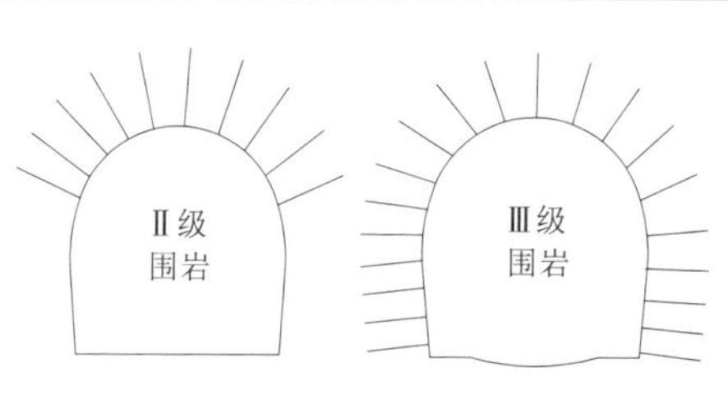	（1）风枪钻孔，人工装药；用极坐标法APS技术检测开挖面超欠挖及炮眼定位 （2）通风排烟后，Ⅱ级围岩拱部、Ⅲ级围岩拱墙挂网初喷，拱部采用系统锚杆（采用HBC25N组合式锚杆），Ⅲ级边墙部位采用ϕ22砂浆锚杆 （3）用隧道ITC312挖掘装载机及轮式装载机装渣，沃尔沃汽车运输 （4）喷锚采用湿喷
Ⅳ级	台阶法开挖，光面控制爆破法	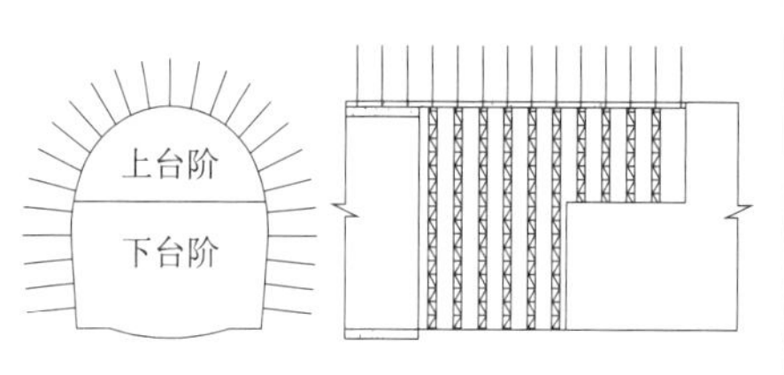	（1）采用地质超前预报，探明掌子面地质情况 （2）采用上下台阶，短进尺法开挖 （3）上台阶用挖掘机扒渣，ITC312装载机或50C装载机装渣，沃尔沃汽车运输 （4）开挖后，拱、墙部初喷，随即挂钢筋网，立钢架，打锚杆，复喷至设计厚度 （5）仰拱及时施工，形成封闭圈

续上表

围岩类别	开挖方案	开挖图示	施工方法
Ⅴ级围岩	短台阶法开挖，光面控制爆破法	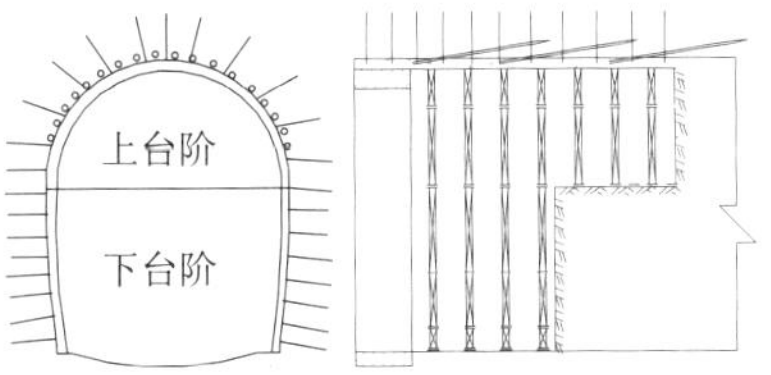	（1）采用地质超前预报，探明掌子面地质情况 （2）采用上下台阶，短进尺法开挖 （3）开挖前，采用小导管$\phi42$超前小导管注浆 个别地段采用帷幕注浆，封闭掌子面 （4）开挖后，拱、墙部初喷，随即挂钢筋网，立钢架，打锚杆，复喷至设计厚度 （5）上台阶用挖掘机扒渣，ITC312装载机装渣或50C装载机装渣，沃尔沃汽车运输
Ⅵ级围岩	短台阶预留核心土	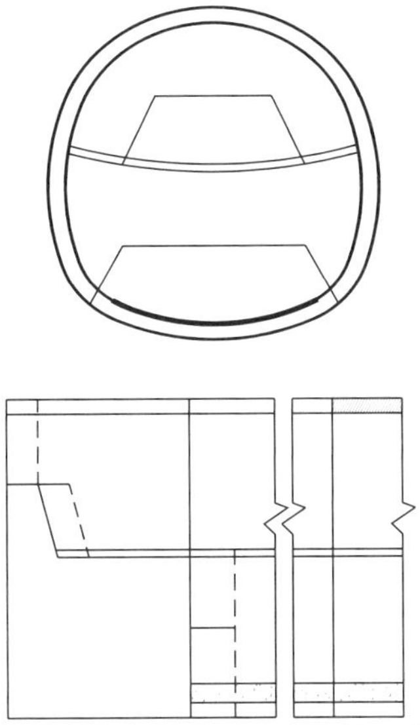	（1）以人工风镐开挖为主，局部进行爆破 （2）各断面全部采用台架配合凿岩机钻孔 （3）开挖前采取超前导管注浆及帷幕注浆加固围岩 （4）开挖后采用$\phi25$中空锚杆、$\phi22$砂浆锚杆及Ⅰ16型钢钢架及时支护 （5）出渣采用人工配合50C装载机或ITC312装载机装渣，出渣利用沃尔沃汽车运输

3.斜井施工技术方案

斜井洞身Ⅱ、Ⅲ、Ⅳ级围岩段采用全断面法开挖，多功能作业台架人工钻孔，光面爆破，装载机或挖装机装渣；Ⅴ、Ⅵ级围岩段采用台阶法开挖，上部采用人工手持风钻钻孔，下部采用多功能作业台架风钻钻孔，光面爆破，上断面利用挖掘机扒渣至下断面，装载机或挖装机装渣，自卸汽车运渣至弃渣场。

斜井错车道每隔200 m一处，错车道中间设置5 m×5 m×3 m（宽×高×长）调头洞。在斜井洞身开挖期间完成泵站洞室及集水井、错车道开挖及集水仓泵站安装。

斜井开挖后及时进行初期支护，喷射混凝土采用湿喷工艺，风钻成孔，人工安装锚杆、钢筋网和拱架。

斜井Ⅱ～Ⅳ级围岩采用喷锚支护衬砌，Ⅴ、Ⅵ级围岩采用模筑衬砌。采用模板台车、泵送混凝土进行衬砌作业。自动计量拌和站生产混凝土、由混凝土运输车运送至衬砌工作面。

斜井施工排水综合考虑斜井坡度及水泵选型，每隔400～500 m设一集中泵站，并在沿洞室前进方向的左侧设排水沟，将水汇聚于掌子面附近的集水坑，抽到泵站，经梯级泵站后抽排至洞外污水处理系统内。

斜井通风均采取独头压入式通风方式。

工程完工后，对斜井进行模注混凝土封堵，满足隧道营运需要。

斜井各级围岩开挖步骤及施工方法见表1-2-7。

表1-2-7　斜井各级围岩开挖步骤及施工方法

围岩类别	开挖方案	开挖示图	施工方法
Ⅱ级	全断面开挖，光面爆破		(1)风枪钻孔，人工装药；用极坐标法APS技术检测开挖面超欠挖及炮眼定位 (2)通风排烟后，立爪装载机装渣，沃尔沃汽车运输 (3)进行拱墙喷射混凝土 (4)喷锚采用湿喷
Ⅲ级	全断面开挖，光面爆破	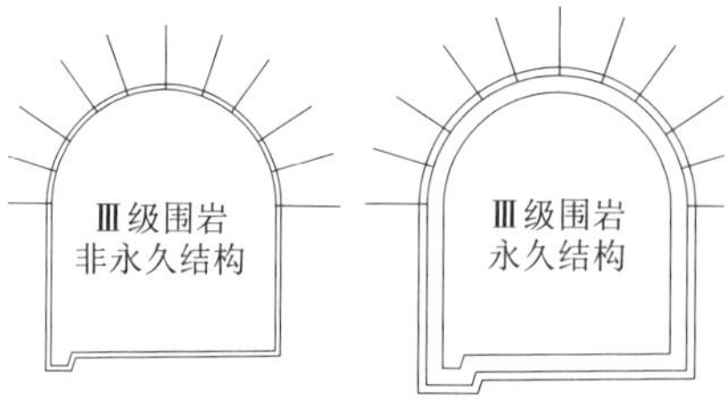	(1)风枪钻孔，人工装药；用极坐标法APS技术检测开挖面超欠挖及炮眼定位。 (2)通风排烟后，出渣用装载机装渣，汽车运输 (3)拱墙喷射混凝土，拱部采用系统锚杆(采用R25组合式锚杆) (4)喷锚采用湿喷
Ⅳ级	采用两种方案：岩体较完整，采用全断面开挖，光面爆破；岩体较破碎，采用台阶法开挖，光面爆破	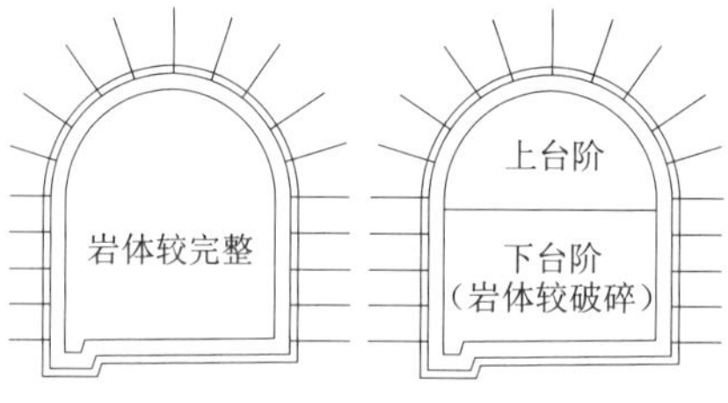	全断面开挖：参照Ⅲ级围岩执行。 台阶法施工：(1)采用地质超前预报，探明掌子面地质情况 (2)采用上下台阶法开挖 (3)通风排烟后，上台阶用挖掘机扒渣，装载机装渣，汽车运输 (4)拱、墙部初喷，随即挂网，立钢架，打锚杆，复喷至设计厚度
Ⅴ级围岩	短台阶法开挖，光面控制爆破法	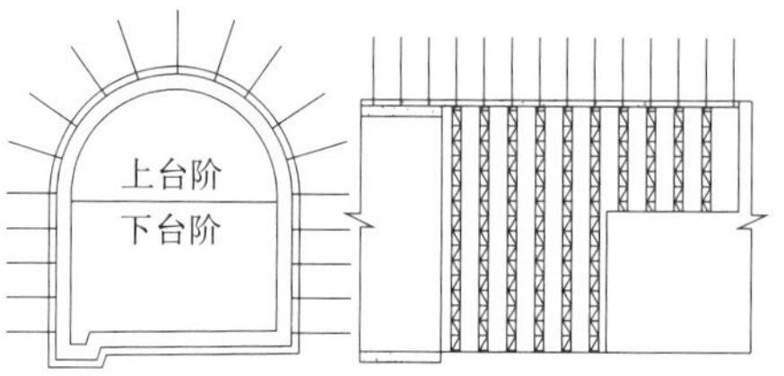 普通地段 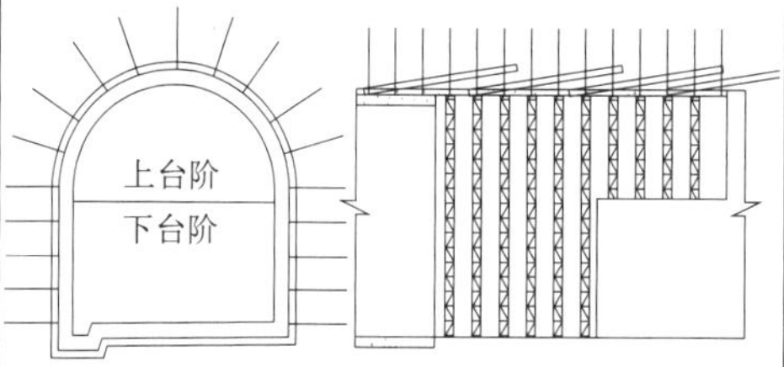 加强地段	(1)采用地质超前预报，探明掌子面地质情况 (2)采用上下台阶，短进尺法开挖 (3)通风排烟后，上台阶用挖掘机扒渣，立爪装载机装渣，沃尔沃汽车运输 (4)出渣后，拱、墙部初喷，随即挂钢筋网，立钢架，打锚杆复喷至设计厚度 (5)加强段开挖前，采用小导管$\phi 42$超前小导管注浆
Ⅵ级围岩	短台阶法开挖	短台阶预留核心土	见正洞Ⅵ级围岩开挖

4. 泄水洞施工技术方案

关角隧道在进、出口分别设置泄水洞，其断面较小，开挖采用风钻钻眼全断面爆破；出渣采用小型装载机装渣，小型运输车运输至洞外弃渣场；锚杆采用风钻钻孔，人工安装，湿喷混凝土支护；在开挖支护完成后施作铺底混凝土，拱墙采用人工拱架钢模衬砌、泵送混凝土进行衬砌作业。

1.2.6 工程特点

1. 工程规模大，建设标准高

新关角隧道设11座辅助施工斜井（总长15 447 m），是目前国内建成的最长铁路隧道，也是世界高海拔第一长隧，全隧一次建成，设计为弹性支撑块整体道床，混凝土的耐久性和防冻融技术要求高，两端洞口各1 000 m有保温设计。

2. 环境恶劣，施工组织困难

关角隧道地处青藏高原，高寒缺氧，通过区属亚寒带半干旱气候区，常冬无夏，春秋相连，年均气温-0.5℃，极端最低气温-35.8℃、最高气温28.0℃，最大日温差24.7℃，最大积雪厚度21 cm，最大冻结深度299 cm，正洞洞身处于海拔3 300～3 400 m，最高施工点6号斜井口海拔3 766.83 m。每年自10月份进入冬季施工，冬施时间长达8个月。实测大气压力在60 kPa左右、洞外含氧量在13.5%左右、洞内含氧量在12.5%左右，含氧量均远远低于规范规定的含氧量不小于20%的标准。在高寒缺氧条件下，施工人员身体机能下降，且施工人员多从内地调转，对气候极不适应，患病率较高，更换频繁。根据现场实际测定，在水环境下劳动效率降低40%左右，机械降效16%，给施工组织带来了较大困难。

3. 地质条件复杂，施工风险大

隧道位于地质构造活动强烈的青藏高原东北缘，通过地段地层岩性复杂，沉积岩、岩浆岩、变质岩三大岩类均有出露，其中Ⅳ～Ⅵ级围岩占设计长度的63%；区内断裂构造极为发育，主要通过F_2、F_{2-1}、f_1、f_9等19个断层带，长度约2.8 km；进口段穿越550 m浅埋砂层段和400 m浅埋河谷段；隧道岭脊埋深较大段存在较高的地应力，高地应力易引起软弱围岩（断层破碎带）的流变失稳及坚硬岩石的岩爆；这些地段施工风险和施工难度均较高。

4. 水压高，水量大，施工难度大

该区充沛的降水及多年冻土的季节消融，为地下水提供了良好的补给条件。隧道通过区内地下水发育，特别是三叠系、二叠系砂岩、灰岩及石炭系变质砂岩，岩体节理、裂隙发育，而且灰岩中有古岩溶发育，富水性好，经统计隧道通过岩溶发育段1 km、富水段22.5 km，虽然泵站已经按照设计的能力进行配置，但仍需要采取帷幕注浆、径向注浆等止水手段控制水量在泵站的排水能力范围内，并预留一定的保险系数，保证洞内较好的施工作业环境和施工安全。因隧道埋深大、水压高、水量大，带水压注浆及工人带水作业施工难度较大。

5. 生态环境脆弱，环保要求高

青藏高原高寒干旱缺氧，沿线生态系统脆弱而敏感，破坏扰动后难以恢复。隧道进口位于布哈河南缘阶地，布哈河为青海湟鱼的产卵区，隧道出口段地处牧区，青海湖和茶卡盐湖分别为两个盆地内地表水和地下水的最终归宿地，必须采取有效措施保护水资源不受污染，因此环保要求较高。

2 高压富水隧道突水机理及防治技术

目前，在高压富水区修建隧道主要存在的问题有：突涌水灾害的发生机理不明确，突涌水模式尚未归纳分类，突涌水现象难以有效的预防和处治。

针对以上问题，本章首先研究新关角隧道突涌水灾害的发生机理，分析突涌水的形成条件、类型，提炼突涌水的水文地质概念模型和突涌水模式；立足新关角隧道的建设实践，采用理论分析、数值模拟、经验总结等方法，归纳总结了一套突涌水防治技术，包括超前地质预报方案、注浆方案、地表导流、反坡抽排水技术，针对不同的突涌水模式采取相应的方案，形成一整套突涌水防治技术体系。这些研究对于保证高压富水区隧道的安全施工和运营是非常必要和重要的。

2.1 关角隧道水环境概况

2.1.1 水文地质概况

关角隧道地处青藏高原东北缘，祁连山系中段南缘支脉青海南山，属青藏高原亚寒带半干旱气候区，地下水丰富，地质及水文地质条件极为复杂，其中隧道通过了二叠系、三叠系裸露型灰岩地段，总长 9.17 km，岩溶水发育，局部地段岩溶水极发育。本区历经多次构造运动，断裂发育，且规模较大，破碎带宽度一般为数十米，最宽达数百米，受大气降水、地表水及深层地下水的补给，破碎带内常为地下水的富集地带，隧道在此地带往往会出现涌水及突水现象。

受青海湖局域小气候的影响，本区降水量较大，根据对区域内的井、泉调查及地表测流计算分析，本区地下水发育。隧道岭脊以灰岩为主的地段，由于处于岩溶水水平径流、深部缓流循环带，施工中有发生灾害性突、涌水的可能，对隧道施工有较大影响。

1.地下水类型及分布特征

隧道通过区地下水分布受地形地貌、地层岩性、地质构造、植被及降水量等多种因素控制和影响，根据地下水的分布特征将洞身通过段地下水分为碳酸盐岩类岩溶裂隙水和基岩裂隙水，其中基岩裂隙水根据含水介质的不同又分为侵入岩网状裂隙水和构造裂隙脉状水。

（1）岩溶裂隙水：主要分布于岭脊关角日吉山一带的三叠系和二叠系灰岩中。灰岩性脆、易溶，受构造作用影响节理、裂隙发育，地下水往往沿其裂隙产生强烈的溶蚀作用，地表线状溶隙和溶洞较发育，为岩溶水的赋存、运移创造了良好的条件。

（2）构造裂隙脉状水：主要赋存于洞身通过地段的断层破碎带中，一般在张性断裂破碎带及影响带，岩体破碎，往往成为富水地段。

（3）侵入岩网状裂隙水：主要赋存于各期侵入岩的风化裂隙中，水量往往较小。

2.地下水补、径、排特征

大气降水、冰雪融水为隧道通过区地表水、地下水的主要补给来源，补给区位于山区岭脊一带。测区所在关角日吉山属青海南山，为中高山区，海拔高度4 000 ～ 4 500 m，降水充沛，加上岛状多年冻土的季节消融，为地下水的形成提供了良好的补给条件，关角日吉山北坡属青海湖水系，南坡属茶卡盆地水系。

基岩山区的大气降水及冰雪融水以风化裂隙、构造裂隙作为主要通道，渗透于基岩层间，形成基岩裂隙水，经径流向断裂破碎带汇集，以泉的形式排泄于沟谷中，或通过断裂以泉的形式溢出，汇成地表径流。

同时，隧道建成后形成新的排泄、径流系统，洞身通过段地下水将涌入隧道向洞内排泄。

2.1.2　隧道施工情况及涌水量分析

1.岭脊灰岩段斜井涌水量分析

灰岩区3、4号斜井位于常年有水的克德陇沟两侧，受开挖时期持续性强降雨及地表水体影响，产生了较大集中性涌水，5号、6号斜井受地表水体影响较小。经水量监测，斜井贯通后的正常涌水量与修正后涌水量相当。斜井设计、修正及贯通后涌水量对比见表2-1-1。

表2-1-1　3 ～ 6号斜井涌水量对比

项　目		3号斜井	4号斜井	5号斜井	6号斜井	合计
斜井长度（m）		1 667	1 571	1 935	2 808	7 981
正常涌水量（m^3/d）	设计	4 867.6	4 587.3	5 650.2	8 199.4	23 304.5
	2010年修正	19 845.0	63 306.8	12 692	8 199.4	104 043.2
	贯通后	12 986	5 000（堵水）	8 469（堵水）	14 569	54 469
最大涌水量（m^3/d）	设计	11 682.3	11 009.6	12 801.3	19 678.5	55 171.7
	2010年修正	45 375	136 659.8	50 987	19 678.5	252 700.3
	贯通后	30 427	131 000	15 000	30 447	206 874

2.岭脊灰岩段斜井及担负正洞涌水量分析

（1）斜井贯通后工区内施工排水量监测

施工过程中，为掌握涌水量变化情况，均在洞口设立了梯形堰，对水量进行了长期观测，斜井贯通涌水量及承担的正洞施工排水量见表2-1-2。

表2-1-2　斜井贯通及担负正洞施工时的实测涌水量（以2011年6月、8月为例）

项　目	3号斜井	4号斜井	5号斜井	6号斜井	合计
斜井长度（m）	1 667	1 571	1 935	2 808	
贯通日期	2009年11月15日	2010年9月22日	2010年12月25日	2009年12月7日	
正常涌水量（m^3/d）	12 986	18 445（堵水后）	8 469（堵水后）	14 569	54 469
最大涌水量（m^3/d）	30 427	131 000	15 000	30 447	206 874
排水量（m^3/d, 2011年6月）	54 237	24 783	21 461	33 590	134 071
排水量（m^3/d, 2011年8月）	68 023	36 713	21 120	33 529	159 385

（2）斜井担负正洞灰岩段施工情况及涌水量分析

洞身通过灰岩段总长为9.17 km，分布在三个段落：DK285+450 ～ DK285+920，段长0.47 km，设置有2号斜井；DK286+435 ～ DK291+275，段长4.84 km，设置有3号、4号斜井；DK292+610 ～ DK296+470段，段长3.86 km，设置有5号、6号斜井。

① DK285+450 ～ DK285+920，段长0.47 km

截至2012年1月31日，2号斜井Ⅰ线开挖DK284+050 ～ DK285+905段，长度1 855 m；Ⅱ线开挖DYK284+000 ～ DYK286+130段，长度2 130 m。预测突涌水段为50 m，主要为岩溶裂隙水及接触带层间水。实际开挖过程中，Ⅰ线突涌水1段，Ⅱ线2段，如图2-1-1和图2-1-2所示；注浆堵水Ⅰ线5段135 m，Ⅱ线3段59 m，集中涌水段落较预测段落长，注浆堵水后涌水量约4 000 m^3/d，较预测水量偏大。2号斜井担负正洞主要涌水段落及涌水情况统计见表2-1-3。

图2-1-1　2号斜井Ⅱ线DYK285+831拱顶涌水

图2-1-2　2号斜井Ⅰ线DK285+713掌子面涌水

表2-1-3　2号斜井担负正洞主要涌水段落及涌水情况统计

序号	涌水里程	具体位置	涌水情况描述	日　期
1	DYK285+831	上台阶拱部下1 m处	岩体破碎，岩质较硬，节理、裂隙发育，水压力约1.5 MPa，喷射距离10 m，成股状涌水，水量1 500 m^3/d，水量随雨季增大	2011年8月10日
2	DYK285+824	上台阶左拱脚处	岩体破碎，岩质较硬，节理、裂隙发育，水压力约0.5 MPa，成股状涌水，水量500 m^3/d，水量随雨季增大	2011年8月9日
3	DK285+710 ～ 715	上台阶左拱脚	岩体节理裂隙发育，岩体破碎，出水压力约1.0 MPa，水量2 000 m^3/d，股状出水，水混浊并有泥沙，水量随雨季增大	2011年6月30日

②DK286+435 ～ DK291+275，段长4.84 km

3号斜井位于中高山区，三叠系中、下统灰岩，厚层状，岩体受构造影响较严重，岩体较完整，Ⅴ级次坚石，σ_0=800 kPa，Ⅱ级～Ⅲ级围岩，局部为Ⅳ级，灰岩中局部有岩溶发育，处于中等富水区，地下水发育，水质较好，对混凝土无侵蚀性。根据物探资料分析，斜0+00 ～斜6+50段斜井上部以灰岩为主，下部为砂岩，且斜5+50 ～斜6+50段为一构造破碎带，如图2-1-3所示。

4号斜井位于中高山区，通过区地层岩性为三叠系中下统灰岩，厚层状，Ⅴ级次坚石，局部岩体受构造影响较严重，较破碎，σ_0=800 kPa，Ⅲ～Ⅳ级围岩。灰岩中局部有岩溶发育，处于中等富水区，地下水发育，水质较好，对混凝土无侵蚀性，地表局部为第四系全新统坡洪积粗角砾土和三叠系中统砂岩覆盖。根据物探资料分析，斜5+00 ～斜9+50段电阻率较低，岩体受构造影响严重，岩体较破碎，围岩稳定性差，如图2-1-4所示。

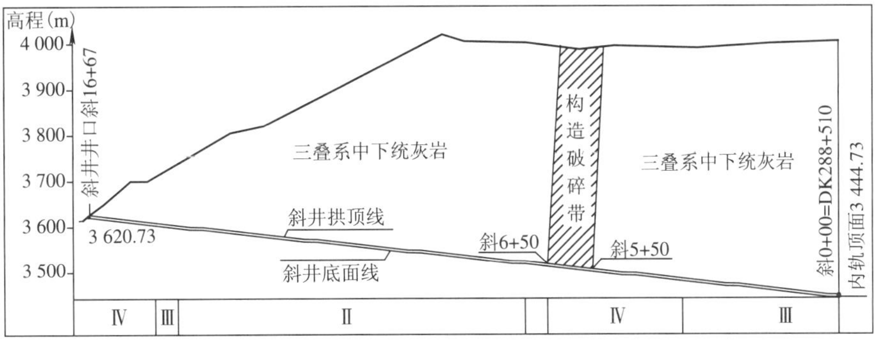

图2-1-3　3号斜井纵断面

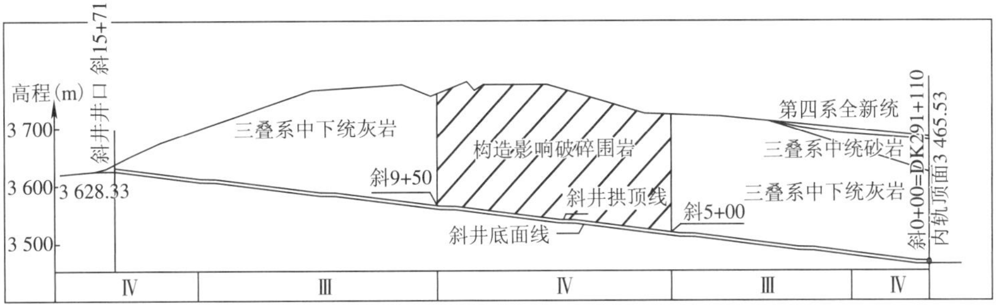

图2-1-4　4号斜井纵断面

截至2011年8月23日，4号斜井Ⅰ线开挖DK290+547 ～ DK291+275段，长度为728 m，Ⅱ线已开挖DYK290+542 ～ DYK291+275段，长度733 m，3号斜井Ⅰ线已开挖DK287+904 ～ DK289+373段，长度为1 469 m，Ⅱ线已开挖DYK287+484 ～ DYK289+233段，长度为1 749 m。Ⅰ线还剩2 643 m未开挖，Ⅱ线还剩2 368 m未开挖。已开挖段预测突涌水段两段约600 m，主要为岩溶裂隙水。实际开挖过程中，Ⅰ线突涌水15段，Ⅱ线16段；注浆堵水Ⅰ线9段225 m，Ⅱ线6段211 m，如图2-1-5 ～图2-1-8所示。未开挖段DK286+600 ～ DK287+200，DK290+400 ～ DK290+520为物性异常区，隧道开挖过程可能会出现集中涌水。

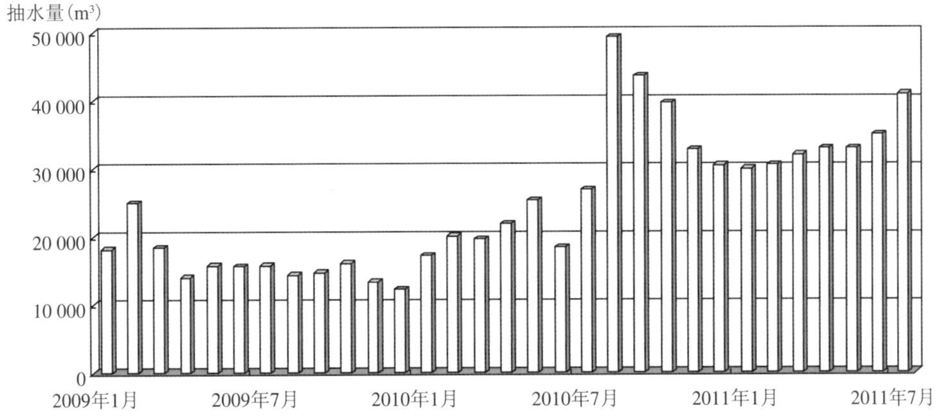

图2-1-5　3号斜井日平均抽水量柱状图

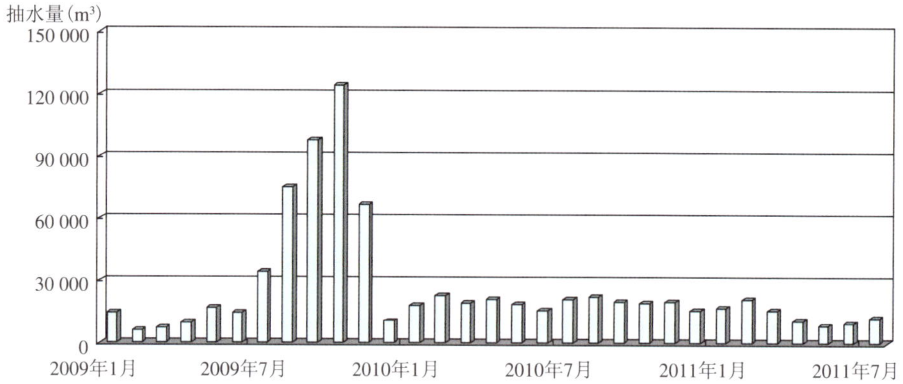

图2-1-6　4号斜井日平均抽水量柱状图

图2-1-7　3号斜井Ⅰ线DK289+324掌子面柱状涌水

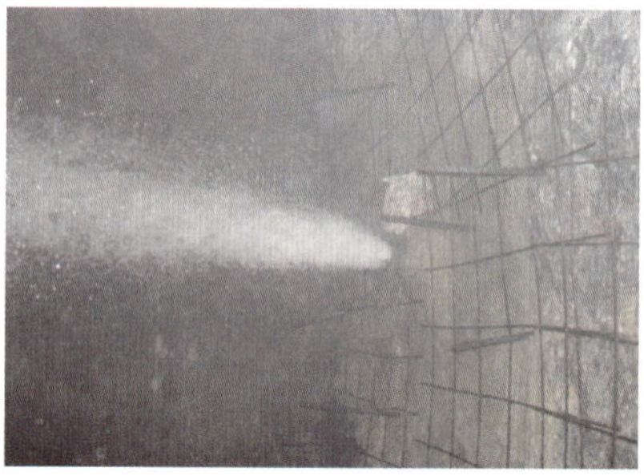

图2-1-8　4号斜井Ⅱ线DYK290+547右边墙涌水

③DK292+610～DK296+470，段长3.86 km

截至2011年8月23日，5号斜井Ⅰ线开挖DK293+450～DK293+837段，长度387 m，Ⅱ线已开挖DYK293+524～DYK293+872段，长度348 m；6号斜井Ⅰ线已开挖DYK295+487～DYK296+470段，长度983 m，Ⅱ线已开挖DYK295+467～DYK296+470段，长度1 003 m。该段Ⅰ线还剩2 490 m灰岩未开挖，Ⅱ线还剩2 509 m灰岩未开挖。已开挖段预测突涌水三段长约780 m，主要为岩溶裂隙水。实际开挖过程中Ⅰ线突涌水9段，Ⅱ线11段；注浆堵水Ⅰ线10段389 m，Ⅱ线13段572 m，如图2-1-9～图2-1-12所示。

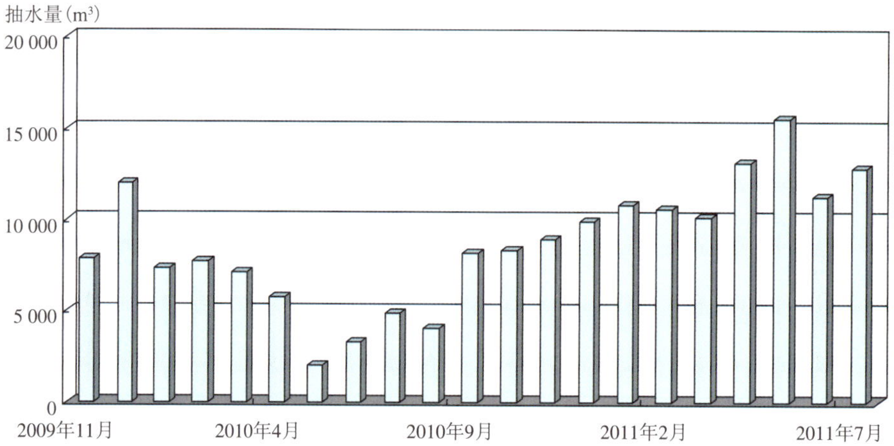

图2-1-9　5号斜井日平均抽水量柱状图

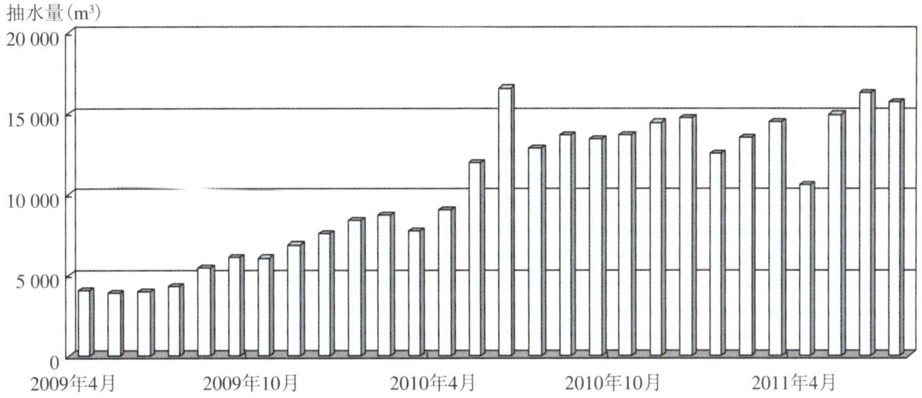

图2-1-10　6号斜井日平均抽水量柱状图

图2-1-11　5号斜井Ⅰ线DK293+374注浆堵水

图2-1-12　6号斜井Ⅰ线DK295+676边墙裂隙水

正洞已施工灰岩长度Ⅰ线总长3 886 m，Ⅱ线总长4 220 m，均出现了较多涌水段点，部分段落水压较大，其中Ⅰ、Ⅱ线正洞已开挖灰岩段突涌水段点分别为25处和29处。为了保证施工正常进行，对涌水段进行注浆堵水，其中Ⅰ线注浆段24段，合计长度749 m，Ⅱ线注浆段22段，合计长度842 m。由于涌水段大部分已注浆堵水，根据灰岩区四个斜井的长期监测资料综合分析，正洞涌水量应大于洞口监测量。

(3)岭脊灰岩段集中突涌水情况

新关角隧道岭脊分布有长度9.17 km的灰岩，灰岩段布置有4座斜井，其中3号、4号斜井位于常年有水的克德陇沟两侧，施工中出现了突涌水现象，对隧道施工产生重大影响，同时在正洞施工中也出现了较多的突涌水段点。

①2008年7月31日，4号斜井发生淹井。淹井前的洞口排水量为8 500 m^3/d左右，淹井后洞口排水量最大达到30 000 m^3/d，最大淹没位置X14+95(高程3 622.8 m)，距离掌子面(X11+72)淹没长度为323 m，施工中断。发生淹井后，现场项目部积极组织排水，于2008年9月29日排完洞内积水，历时59天。

2009年7月5日，4号斜井施工至X4+85处发生突然涌水，水量很大，并迅速上涨，2 h后水位上涨淹没斜井300 m，随后速度明显减缓，最终至X11+15(高程3 603.4 m)，淹没长度630 m，根据水位的上涨速度初步推算涌水量为3 000～4 000 m^3/h。经过4、5个月的抽水后才重新回到了X5+05的位置。经各方协商，决定对4号斜井涌水段进行封堵，之后采用绕行的方案处理。

②3号斜井开挖涌水量较大，平均水量为15 000～20 000 m^3/d，最大排水量为68 743 m^3/d，

由于泵站配备较合理，没有出现较大的淹井事件，施工基本可以正常进行。

③5号斜井在X4+91.4至X3+40掌子面出现涌水，水压较大，喷射距离较远，涌水量约15 000 m^3/d，采取帷幕注浆进行堵水，未发生淹井情况。

④6号斜井涌水情况相对稳定，其担负的Ⅱ线隧道在2010年9月19日发生涌水，洞内水位从DYK295+843.6淹至DYK296+110横通道。

⑤2号至6号斜井所担负开挖的正洞灰岩段发生多次涌水险情，经及时注浆堵水，未发生大的突涌水，但对施工产生一定影响。其中，Ⅰ线注浆段落长760 m，Ⅱ线注浆段落长904 m。

2.2 关角隧道突涌水机理

2.2.1 突涌水形式

根据勘察报告分析，新关角隧道的地下水类型为基岩裂隙水和岩溶裂隙水，施工沿线共揭露溶腔三处，均为静态储水，短时间内水量较大，释放完后对工程影响不大。施工中遇到的突涌水灾害主要出现在3号、4号斜井岩体质量较好（Ⅱ～Ⅳ级）的灰岩地层中。突涌水主要表现为以下两种形式：

（1）涌水点主要分布在拱部及边墙，以股状涌水及淋雨状涌水形式沿裂隙出露，具有出水点多、单孔涌水量小、总涌水量大、水压较低等特点，如图2-2-1所示。

图2-2-1　渗水、淋水、股状涌水现场

（2）涌水点较为集中，股状涌水，涌水量较大，水压较高（1.3 ～ 2.6 MPa），如图2-2-2所示。

DK289+380处距仰拱填充面右侧6.2 m的一周边眼中出现涌水（钻孔深度2.6 m），向外喷出20 m；DYK295+843.6处，在掌子面打超前探孔时，左侧起拱处探孔出水，探孔深4.2 m，水量较大，喷出约10 m远。

图2-2-2　高压突水现场

2.2.2　涌水点分布规律

对3号、4号斜井施工中出现的涌水点进行调查，各涌水点涌水量统计如图2-2-3～图2-2-6所示。

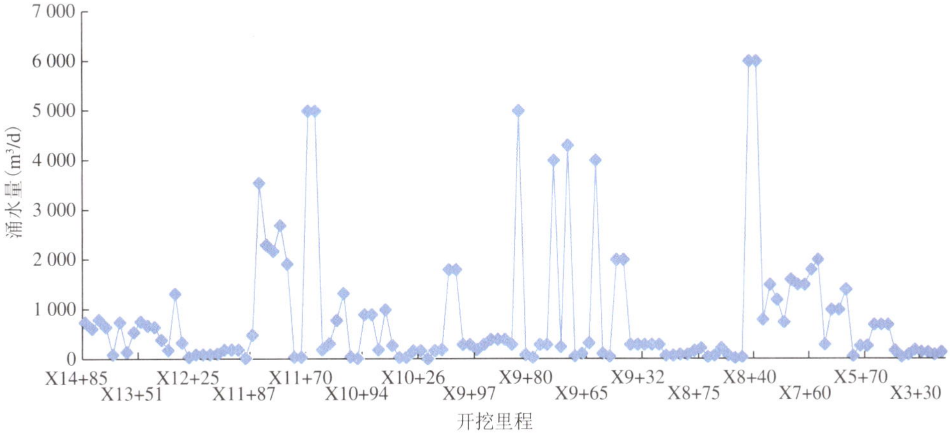

图2-2-3　3号斜井涌水量统计

由图2-2-3和图2-2-4发现，3号、4号斜井中存在多处大流量涌水点，最大涌水量高达6 000 m^3/d，X9+75处股状涌水直径约22 cm、20 cm、18 cm，极易造成淹井等灾害的发生。由图2-2-5和图2-2-6看出，其他各点涌水量也较大，对施工的正常进行影响极大，需对各涌水点进行治理。

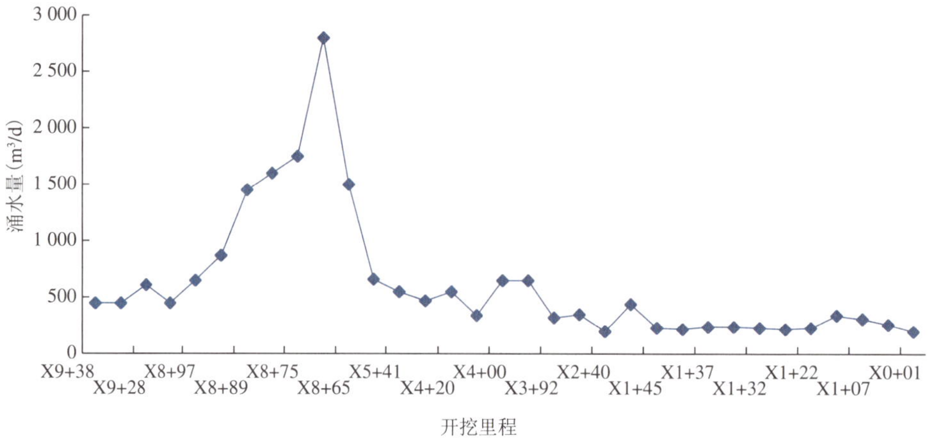

图2-2-4　4号斜井涌水量统计

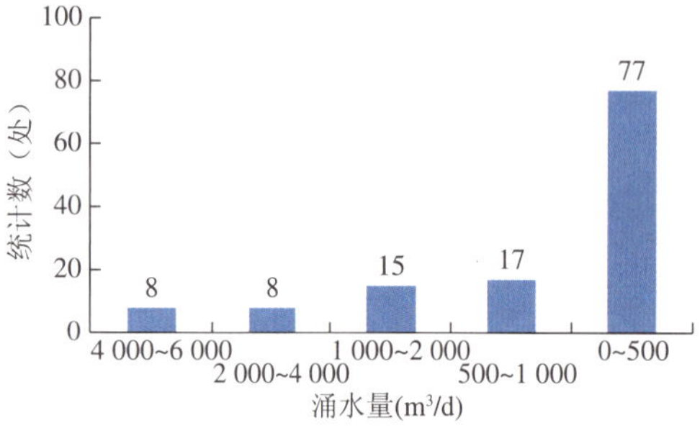

图2-2-5　3号斜井涌水量统计

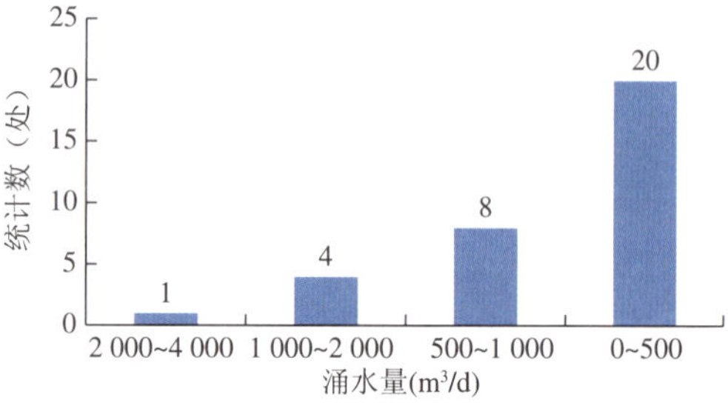

图2-2-6　4号斜井涌水量统计

3号、4号斜井的主要涌水点出现部位统计数据如图2-2-7和图2-2-8所示。

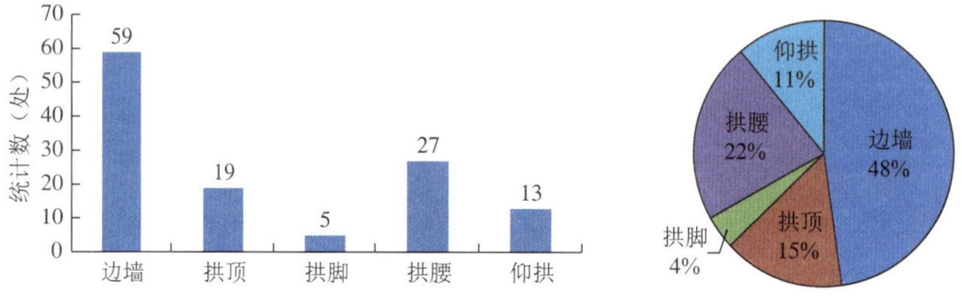

图2-2-7　3号斜井涌水点部位统计

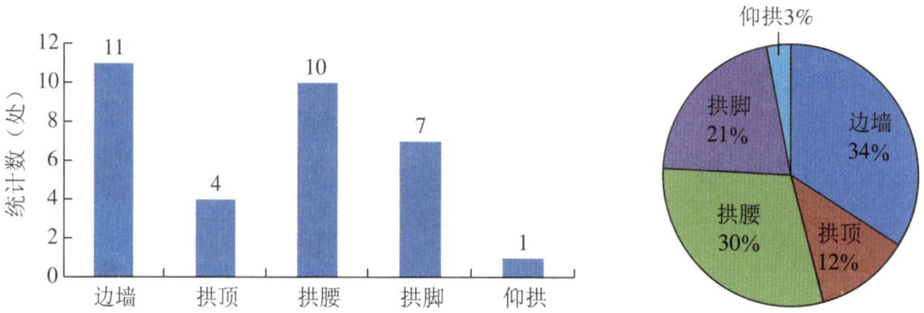

图2-2-8　4号斜井涌水点部位统计

由图 2-2-7 和图2-2-8 看出，大部分涌水点出现在边墙部位，3号斜井占总量的48%，4号斜井占总量的34%。拱脚部位涌水点在3号、4号斜井分别占总量的4%和21%，拱顶部位涌水点在3号、4号斜井分别占总量的15%和12%，拱腰部位涌水点在3号、4号斜井分别占总量的22%和30%，仰拱部位涌水点在3号、4号斜井分别占总量的11%和3%。在调查中也发现个别段落存在全断面或者多个部位同时涌水的现象，这与裂隙分布的不规律性有关。

2.2.3　突涌水水源调查

3号、4号斜井所处地形如图2-2-9所示，为查明3号、4号突水的补给来源，开展了地质调查、连通试验、地表水流量测试工作。

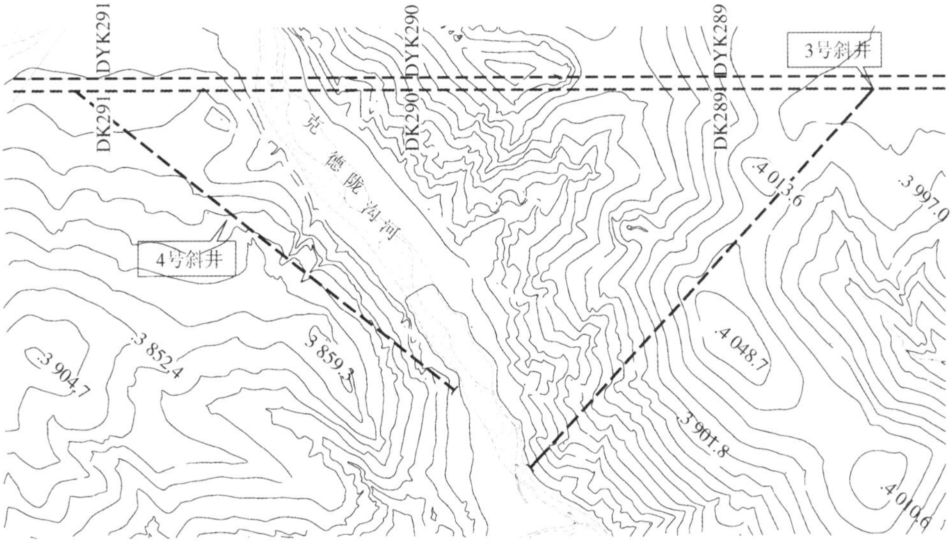

图2-2-9　3号、4号斜井地形示意

1. 地质调查

4号斜井地表处发育冲沟，沟谷深切，基岩裸露，纵向溶蚀裂隙较为发育，为裸露型溶蚀岩溶，未发现有溶洞。

2. 地表水流量监测

2008年8月16日，分别在3号、4号斜井所处的克德陇沟距4号斜井口约1.2 km的上游处和距斜井口约0.4 km的下游处布置流量测试断面Ⅰ和测试断面Ⅱ，对地表水流量进行测试。测试采用浮标法，测试结果见表2-2-1。

表2-2-1　地表水流量测试结果

编　号	过水面积（m^2）	流速（m/s）	水量（m^3/d）
断面Ⅰ	0.71	0.676	41 468.5
断面Ⅱ	0.52	0.409	18 375.5

由表2-2-1看出，地表水在流经断面Ⅰ和断面Ⅱ（间距约0.8 km）的过程中，流量损失约23 093 m^3/d。由此可推定克德陇沟谷地表水对斜井具有一定的侧向径流补给。

3. 连通试验

为进一步查明地表水与3号、4号斜井的水力联系，在3、4号斜井上游布置试验坑进行连通试验，如图 2-2-10所示。试验试剂采用红色氧化铁粉，同时在洞内进行颜色观测和取样化验分析。

图2-2-10　试验坑开挖

（1）出水颜色：经过72 h的观测，3号、4号斜井洞内涌水未见颜色变化，结果分析认为，洞内涌水较大，对颜色的稀释是导致观测结果不理想的直接原因。

（2）水质分析结果：4号斜井未投放示踪剂前水样的铁离子含量小于0.005 mg/L，投放示踪剂后24 h取样化验结果铁离子含量仍小于0.005 mg/L；48 h后取样化验结果铁离子含量为0.032 mg/L，为试验前的6.4倍。3号斜井未投放示踪剂前水样的铁离子含量小于0.005 mg/L，投放示踪剂后24 h取样化验结果铁离子含量也小于0.005 mg/L；48 h后取样化验结果铁离子含量为0.011 mg/L，为试验前的2.2倍。

实验结果表明：克德陇沟地表水与4号斜井具有较好的水力联系，与3号斜井具有一定的水力联系，是斜井涌水的重要补给来源。

综上所述，3号、4号斜井其补给来源主要为大气降水、冰雪融水的垂直入渗补给，以及地表克德陇沟河水的侧向径流补给，如图2-2-11和图2-2-12所示。

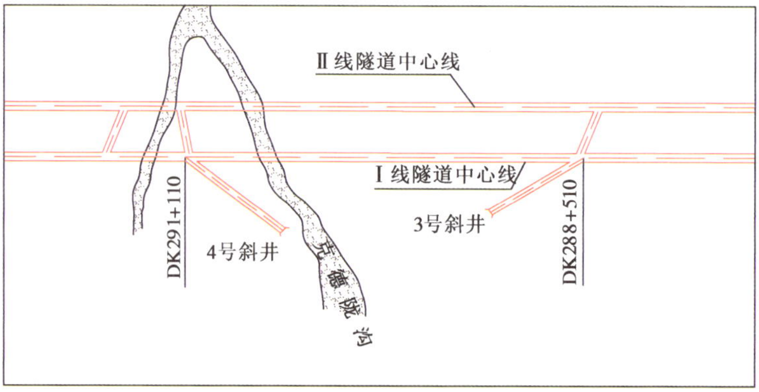

图2-2-11　3号、4号斜井平面布置示意

图2-2-12　克德陇沟地表水

2.2.4　突涌水水文地质概念模型

中国南方气温较高，雨量充沛，地面植被发育，水交替积极，溶蚀能力较强，地下暗河及大型溶洞极其发育，是地下水的主要来源，径流带为次要。新关角隧道地处西北高原区，由于气候和地质条件的不同，岩溶区普遍发育强径流带，地下暗河极不发育。

岩溶地下水系统不论是地下水赋存空间，还是径流空间，主要受构造裂隙（岩溶裂隙）控制，主干裂隙是径流通道（强径流带），次级裂隙为赋存空间。新关角隧道围岩含水介质为裂隙-溶隙含水介质。按照隧道所处的岩溶水系统的垂向循环带、季节变动带、水平循环带、深部循环带和强径流带，可将其概化为五种水文地质概念模型。

（1）垂直循环带突涌水模型：隧道位于区域最高地下水位以上，一般不存在稳定明显的涌突水问题，主要表现为沿裂隙和溶隙的滴水和渗水，雨季会有短期的小流量股状涌水，由于埋深浅，没有形成自由水面，基本不会形成较大的水压力，对工程正常施工影响不大，风险性较小。这种模式通常位于隧道的进出口部位。

（2）季节变动带突涌水模型：隧道处于区域地下水最高水位和最低水位之间，主要表现为沿裂隙和溶隙的渗水、涌水现象，在枯水期水量较小或无水，在雨季或丰水期洞内裂隙出水量增大或会形成新的涌水点，水量集中、变幅大、突发性强，危害性也较大，在排水能力充足的情况下，对工程正常施工影响不大。

（3）水平循环带突涌水模型：隧道位于区域最低地下水位下方数十米范围，基岩裂隙发育程度较低，主要表现为沿裂隙和溶隙的涌水现象，雨季时涌水量会增大，涌水量相对稳定，揭示涌水量与正常涌水量差异不大，在采取相应的堵水、排水措施后，对工程正常施工影响不大，一般不存在严重的突水问题。

（4）深部循环带突涌水模型：隧道位于区域地下水位下方数百米，其突水特征一般以清水为主，裂隙-溶隙不发育，水量相对比较稳定，初次揭示涌水量与正常涌水量差异不大。由于地下水的水压力较大，易发生大规模突涌水，风险性较大。

（5）强径流带突涌水模型：隧道处于裂隙-溶隙极发育的构造破碎带含水介质中，属于地下岩溶水系统的强径流带，隧道涌突水量与地表降雨和地表水体关系极为密切，当隧道处于岩溶水系统的下游，在高水压作用下容易同时诱发破碎围岩崩塌，突水灾害的危害性巨大。该模式突水特征为初次揭示涌水量、正常涌水量和水压力极大，且相对比较稳定。

另外，隧道突涌水的发生除与水文地质概念模型有关外，还与降雨期有关，不同降雨时期降水量不同，洞内涌水量大小也不一样。例如，根据天峻县气象站2008年的降雨资料（表2-2-2），新关角隧道所处地区7月份最大降雨量为153.7 mm，为30年一遇的强降雨，相比历史同期增加了92%，单日最大降雨量为7月28日的42.8 mm。

表2-2-2　天峻县2008年1月～8月降雨量统计

月　份	1	2	3	4	5	6	7	8
降雨量（mm）	4.7	2.4	1.3	17.1	34.7	53.7	153.7	34.9

新关角隧道4号斜井，2008年7月19日和7月30日实测洞内涌水量为8 617.2 m^3/d和

9 200 m^3/d，之后水量持续增大，9月16日和9月28日实测水量为16 456.0 m^3/d(峰值涌水量为23 000 m^3/d）和24 000 m^3/d。涌水量动态变化如图2-2-13和图2-2-14所示，不同时期的涌水量相差巨大，隧道在雨季的突涌水风险性大，而枯水季节突涌水的风险性相对较小。

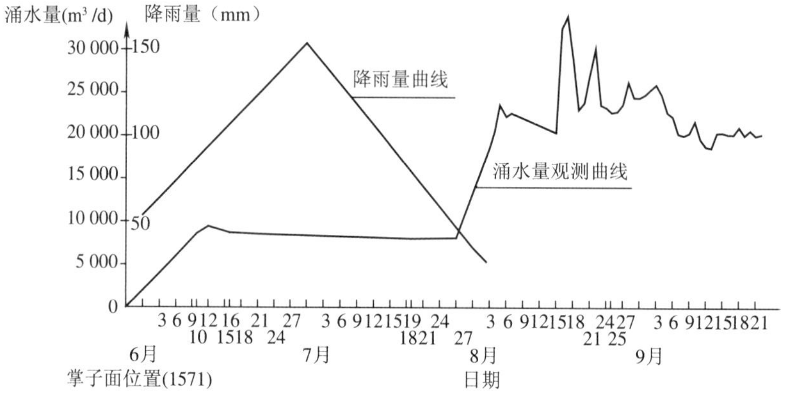

图2-2-13　4号斜井涌水量动态观测曲线

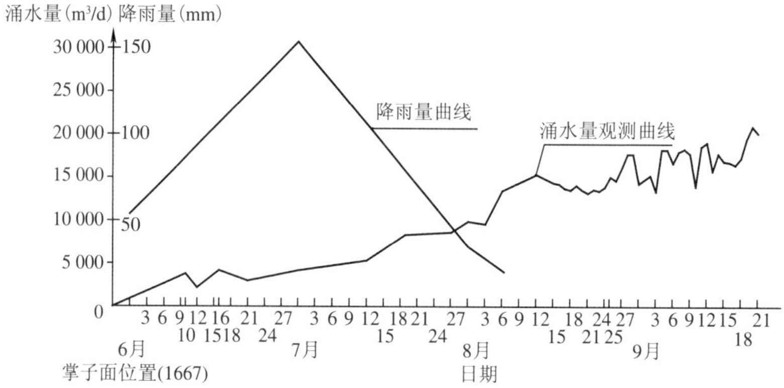

图2-2-14　3号斜井涌水量动态观测曲线

2.2.5　突涌水模式及机理

通过以上对不同水文地质模型下隧道突涌水特点的分析可以看出，新关角隧道是揭穿型突涌水，受蓄水构造和地区大气降水因素的影响明显。将各种突涌水按发生条件和机理划分为洞身突涌水型和掌子面突涌水型两种突涌水模式。当两种突涌水模式处于不同地下水系统时，突涌水特征见表2-2-3。

表2-2-3　突涌水模式及特征

突涌水模式	所处地下水系统	突涌水特征
掌子面突涌水	垂直循环带、季节变动带、水平循环带	地下水压力不高，沿掌子面点滴或成股流下
	深部循环带	地下水压力较高，沿裂隙、溶隙喷出，涌水变化较大
	强径流带	隧道掌子面前方围岩地下水赋存丰富，地下水压力很大，沿掌子面喷出，出水量很大

续上表

突涌水模式	所处地下水系统	突涌水特征
洞身突涌水	垂直循环带、水平循环带	地下水压力不高，沿隧道洞壁点滴状或汇集后成股流下
	季节变化带	枯水期地下水位低，洞身无水或仅滴水；丰水期地下水高，地下水压力很大，原出水点出水量剧增，出现新出水点
	深部循环带	掌子面施工时采取堵水措施，洞身出水量不大

1.掌子面突涌水模式

掌子面突涌水模式根据掌子面前地下水来源分为裂隙–溶隙突涌水模式和构造带突涌水模式，两种模式的突水机理差异较大。

（1）裂隙–溶隙型突涌水模式主要表现为地下水从掌子面局部节理和裂隙中淋出或涌出，由于裂隙–溶隙含水介质的过水和蓄水能力有限，涌水的水量和水压较小。

（2）构造带突涌水模式主要是由于掌子面前方的构造带中赋存丰富的地下水，由于储水构造形成时间较长，赋存了较大的水量，具有较大水压，当较完整的隔水层不足以承受构造带的水压发生破坏时，大量的地下水随之突然涌出，如图2–2–15所示。

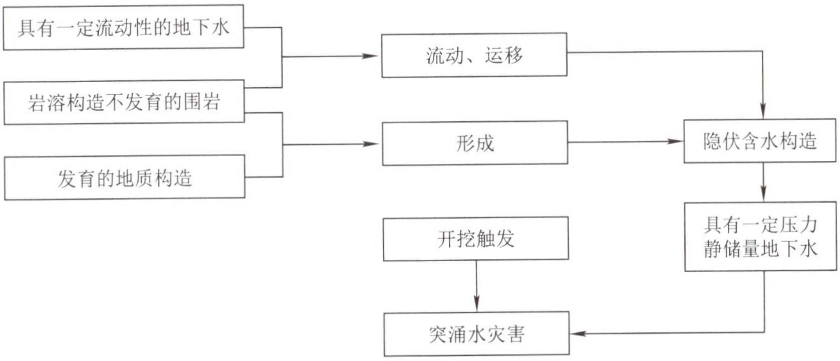

图2–2–15　构造带突涌水模式示意

两种突涌水形式在工程中的涌水现状如图2–2–16和图2–2–17所示。

图2–2–16　裂隙–溶隙型突涌水

图2–2–17　构造带突涌水

2009年7月4日，4号斜井施工至X4+88处掌子面出现两股较大涌水，第一股为掌子面右侧底板，第二股为斜井中线距底板约40 cm处，现场估测水量为3 000～4 000 m^3/d，已进入预测的集中涌水段（X4+85～X4+56）。7月5日，4号斜井X4+88处在掌子面布置11个深5 m的探孔，孔内未见较大涌水，掌子面前方5 m范围内无较大涌水，结合该斜井类似情况的施工经验，认为具备施工掘进条件，即爆破开挖。7月5日13时30分施工至X4+85处发生突然突水，水量很大，并迅速上涨，2 h后水位上涨淹没斜井300 m，随后速度明显减缓，最终至X11+15（高程3 603.4 m）处。现场观测，地下水质开始混浊，逐渐变得清澈，含有少量杂质，具有一定的承压性，主要沿着隧道围岩中的构造裂隙和钻孔涌出，淹没长度630 m。

事后分析此次突水的发生原因时，发现4号斜井施工中地下水涌出量不大，是由于揭露的仅是掌子面前方的断裂构造一个分支构造裂隙，而断裂构造本身具有较大的静储量和静水压力，加上掌子面上部进行超前钻探并未探测到此隐伏蓄水构造，从而在未采取超前注浆加固措施下进行爆破开挖，导致了此次突水的发生，如图2-2-18所示。

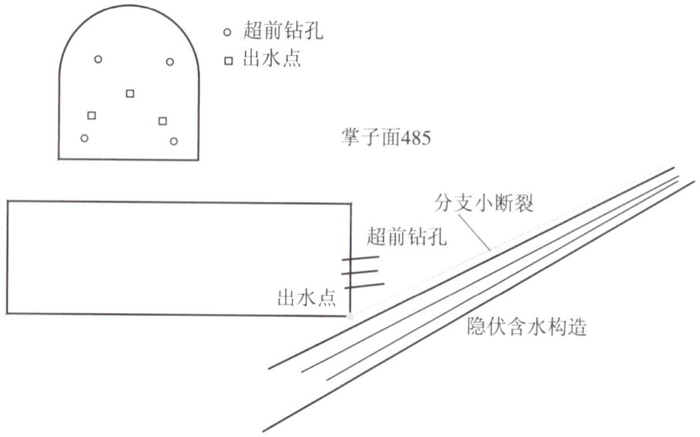

图2-2-18　新关角隧道4号斜井突水构造示意

2.洞身突涌水模式

洞身突涌水模式包括强径流带洞周突涌水模式和弱径流带洞周突涌水模式两种，如图2-2-19和图2-2-20所示。

图2-2-19　强径流带洞周突涌水

图2-2-20　弱径流带洞周突涌水

研究资料表明，与岩溶弱径流区（裂隙-溶隙不发育）比较，强径流带地下水动态相对稳定，无论是地下水位还是流量，其变化幅度都比弱径流小得多，这是巨厚的包气带及弱径流区对地下水调蓄作用的结果。强径流区地下水位年变幅一般为3～13 m，弱径流区地下水位年变幅可达16～112 m，隧道通过强径流区时可不考虑地下水变化的影响。

当洞身穿越季节变动带，在枯水期时，地下水处于低水位，洞身地下水状态主要为无水或渗水；在丰水期时，地下水达到高水位，巨大的水位差会造成洞身段出水点涌水量剧增或出现新的涌水点出现，如图 2-2-21所示。这种枯水期和丰水期涌水量的巨大差距，往往会导致在枯水期施工时不能准确判断地下水状态，没有采取相应的处理措施。而在丰水期时，由于斜井内反坡排水能力有限，当涌水量高于排水量时就会酿成大型突涌水灾害。

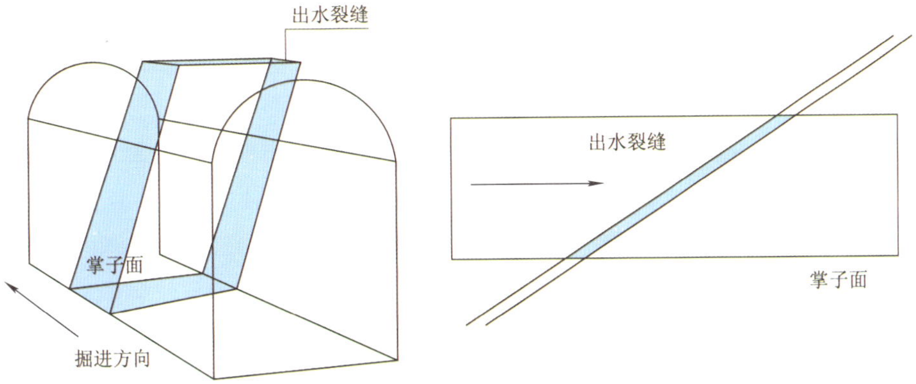

图2-2-21　地质缺陷突涌水示意

2008年7月份以来，3号、4号斜井地区连续性降雨，降水量持续增大，并出现了30年一遇的特大降雨，强降雨造成克德陇沟地表水明显增大。4号斜井洞内既有涌水点（段）的涌水量均出现明显增大，涌水集中分布在X14+10～X12+56段（长154 m），其中X13+70～X13+03、X12+95～X12+56的涌水沿起拱线发育的溶蚀槽“喷射”涌水量大，如图2-2-22所示。3号斜井洞内涌水段主要分布在X14+85～X12+35段（长250 m），如图2-2-23所示，其中X12+52处左右边墙底部地下水以股状涌水形式出露，估测水量1 500 m^3/d，X12+35处掌子面左右侧边墙及墙角地下水以股状涌水形式出露，估测水量3 000～4 000 m^3/d。2008年7月31日，4号斜井洞内因停电（停电时长17 h），排水设备能力不足，出现淹井，最大淹没至X14+95处，距离掌子面（X11+72）长度达323 m。

图2-2-22　4号斜井X12+95左侧起拱线处涌水

图2-2-23　3号斜井X14+85～X12+35涌水

当洞身段处于垂直循环带和水平循环带时，由于水头不高，主要表现为地下水沿隧道壁汇集，成股或成点滴落或流下，通过后注浆措施即可控制；处于深部循环带时，高压突水地段在开挖施工时已进行超前封堵处理，洞身也不会出现大的涌水点，因此一般不会对地下工程造成很大的排水压力，对地下工程的衬砌也不会产生很大的水压力。

综上所述，洞身突涌水模式应以洞身处于季节变动带时为典型进行预防和处理。

2.3 超前地质预报

2.3.1 超前地质预报原则及方法

针对新关角隧道地质的复杂性和多变性，施工中采取综合超前地质预报的手段，即按照“长短结合、上下对照、定性与定量相结合”的原则，在隧道风险分级的基础上，采用相对应的综合预报方案。其中，长期超前地质预报连续在隧道内进行，短期地质预报只在重点地段，如断层破碎带、富水区段进行。超前地质预报的实施流程如图2-3-1所示。

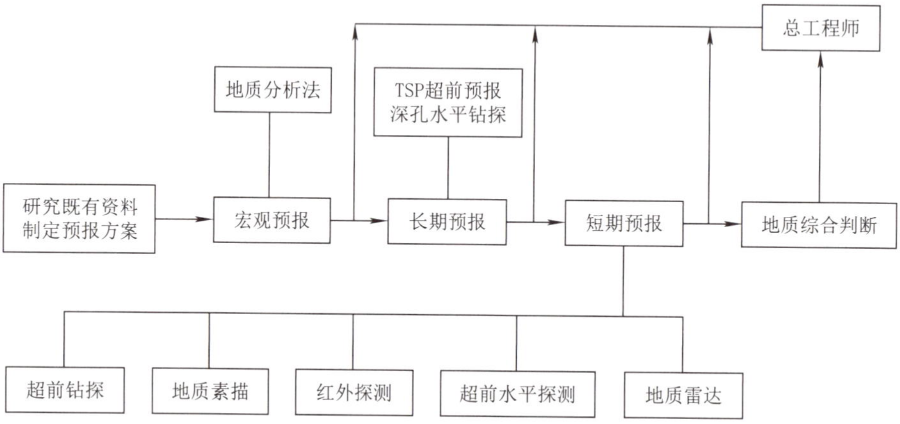

图2-3-1 超前地质预报工作流程

2.3.2 施工地质分级

针对隧道不同段落的地质复杂程度和既有的地质资料，将新关角隧道的地质风险划分为A、B、C三个等级，具体分级及预测预报项目见表2-3-1。

表2-3-1 新关角隧道施工地质分级和预测预报项目

等 级	工程地质特征	预测预报项目
A	（1）存在重大地质灾害隐患的地段，如可溶岩与非可溶岩接触带，软弱、破碎、富水、导水性良好的地层和大型断层破碎带；（2）重大物探异常地段，可能产生大型、特大型突水突泥地段，诱发重大环境地质灾害的地段等	地质分析法，TSP超前预报（100 m），地质雷达（15 m），红外探水，超前水平钻探（30～100 m，3孔），超长炮孔（＞10 m，不少于6孔），地质素描
B	中型突水突泥地段，较大物探异常地段，断裂带等	地质分析法，TSP超前预报（150 m），地质雷达（20 m），红外探水，超前水平钻探（30 m，1～3孔），超长炮孔（＞6 m，不少于5孔），地质素描
C	水文地质条件较好的碳酸岩及碎屑岩地段、小型断层破碎带，发生突水突泥的可能性较小	地质分析法，TSP超前预报（150 m），地质雷达（20～30 m），超前水平钻探（30 m，1～2孔），超长炮孔（＞5 m，1～2孔），地质素描

2.3.3　超前地质预报技术

1. TSP超前预报

TSP超前地质预报其原理是回声测量原理，即地震波在指定的震源点用小药量激发产生，在岩石中以球面波形式传播；当地震波遇到岩石物性界面时，一部分地震信号反射回来，另一部分信号折射进入前方介质；反射的地震信号将被高灵敏度的地震检波器接收。TSP地质超前预报系统的现场布置及测试过程由一系列炮点、两个三维接收传感器（X、Y、Z方向）、接收机及数据处理系统组成，如图2-3-2所示。

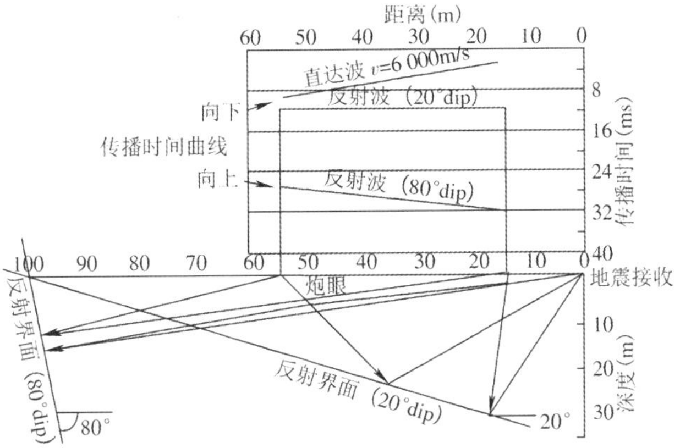

图2-3-2　TSP超前地质预报原理

TSP超前地质预报的最有效距离是掌子面前方100 m，并且两次预报应有至少10 m的搭接，以保证不遗漏隧道不良地质的预报。当预报前方有非常不良的工程地质情况出现时，应当提高预报频率，并且缩小预报距离的范围，同时还应增加预报位置的搭接长度。

TSP超前地质预报为方便快捷地预报掌子面前方100 ～ 150 m范围内的地质情况提供了一种有效的方法和工具，为隧道变更施工工艺提供了依据，大大减少隧道施工塌方带来的危险性，减少了人员和机械的损伤，经济效益明显。

2. 地质雷达

在高水压地段，对TSP预报的异常点，如确定异常体的规模、性质、危害性有困难时，采用地质雷达作为补充手段。地质雷达依据电磁波脉冲在地下传播的原理进行工作，发射天线将高频（106 ～ 109 Hz或更高）的电磁波以宽带短脉冲形式送入地下，被地下介质（或埋藏物）反射，然后由接收天线接收。根据电磁波理论，雷达脉冲在地下传播过程中遇到不同电性介质交界面时，由于上下介质的电磁特性不同而产生折射和反射，以此对隧道前方地质情况（岩性、完整性、岩溶空洞、裂隙水情况等）进行分析评价工作。地质雷达的预报距离应严格限定在30 m以内，20 m以内效果最好。两次预报之间的搭接长度不应小于10 m。

地质雷达的优点是：操作方便，对施工基本无干扰，20 min即可对掌子面前方做出探测；可对隧道底部、两侧边墙存在的岩溶、空洞情况进行探测；精度高，对岩溶、水较敏感。

3. 红外线超前探水

红外线超前探水利用所有物体都能发射出不可见的红外线能量原理。能量的大小与物体的发射率成正比，而发射率的大小取决于物体的物质和它的表面状况。当隧道掌子面前方及周边介质单一时，所测得的红外场为正常场，当前面存在隐伏含水构造或有水时，所产生的场强要叠加到正常场上，从而使正常场产生畸变。据此，判断掌子面前方一定范围内有无含水构造。

现场测试有两种方法：一是在掌子面分上、中、下及左、中、右6条测线的交点测取9个数据，根据这9个数据之间的最大差值来判断是否有水；二是由掌子面向掘进后方（或洞口）按左边墙、拱部、右边墙的顺序进行测试，每5 m或3 m测取一组数据，共测取50 m或30 m，并绘制相应的红外辐射曲线，根据曲线的趋势判断前方有无含水构造。红外线超前探水预测距离应在30 m以内，两次预报之间的搭接长度不应小于5 m。

4.掌子面地质素描

掌子面地质素描是利用常规地质理论和作图法，将隧道所揭露的地层岩性、地质构造、结构面产状、地下水出露点位置及出水状态、出水量、煤层、溶洞等准确记录下来并绘制成图表，结合已有勘测资料，进行隧道开挖面前方地质条件的预测预报工作。该方法设备简单、操作方便、不占用隧道施工时间，提交资料及时，费用低，但对操作人员地质知识水平要求较高，需要由地质专业人员完成。掌子面地质素描需要在隧道施工全程实施，每开挖循环做一次。

5.超前钻探

超前钻探主要应用于长期、短期预报确定的主要不良地质区段。依据工程地质情况，钻探法可以分为长距离超前水平钻探、短距离超前钻探和加深炮孔法三种，如图2-3-3所示。其中，长、短距离超前水平钻探采用水平地质钻机完成，加深炮孔通过加深掌子面钻孔完成。

（a）长距离超前水平钻探　（b）短距离钻探法钻探　（c）超长炮孔法钻探

图2-3-3　超前钻探

（1）长距离超前水平钻探实施在规模较大的重大灾害隐患地段，钻探的距离为30～100 m，应当一次性穿过不良地质地段。掌子面中部探孔水平布置，拱底和拱顶探孔终孔位置应布置在轮廓线外3～4 m处，如图2-3-4所示。钻好的孔应进行压水渗漏性试验。

（2）短距离钻探法钻探距离为20～30 m，搭接长度5 m。对于一般断层破碎带，每个掘进工作面布设超前取芯探孔1～3个；对于多水、富水带，应增设2～3个探水孔，分别位于拱顶和拱腰部位，超前探水孔终孔位于隧道开挖轮廓线外1.5～3.0 m。

（3）超长炮孔法通过加深炮孔到5～10 m探测前方的工程地质情况，沿掌子面周边布置，并分别以30°～45°的外插角实施，采用风枪施作，如图2-3-5所示。

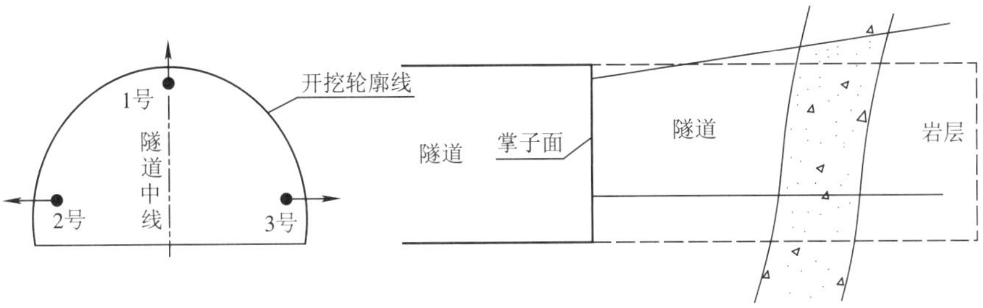

图2-3-4　超前地质探孔纵、剖面示意

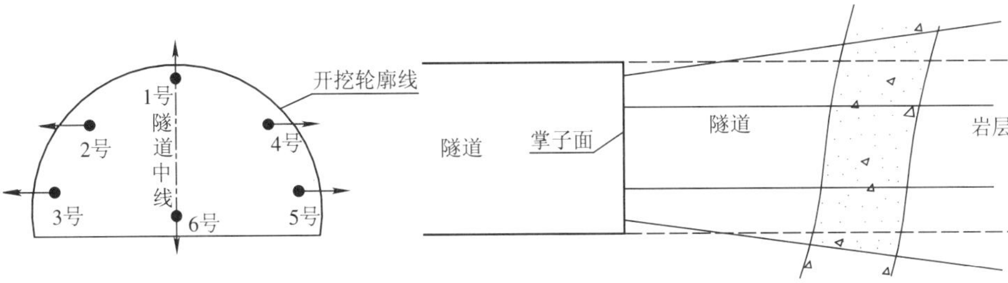

图2-3-5　超长炮孔纵、剖面示意

2.3.4　超前地质预报应用

在新关角隧道施工中，利用TSP203超前预报系统对隧洞进行长距离、长期的预报，每段预报距离为掌子面前方100 m范围，共计500次左右；利用地质雷达、红外探水、高分辨率直流电法等对设计图纸标明及长距离地质预报探测处的不良地质段落进行中距离30 m范围内的预报，预报时超出不良地质段1～2个循环，共计500次左右；利用超前探孔对预报的不良地质体进行10～30 m短距离验证和精确预报。

2008年8月2日，4号斜井施工至X 9+88位置时，在掌子面有两处出水点：一处位于右侧底板，呈泉眼状涌水；另一处位于隧道中线距底板40 cm处，经钻孔向外喷水，喷射距离约3 m，水质清澈，突涌水以极快的速度向洞口方向推进，具有承压性。8月3日，掌子面有大股地下水涌出，最大涌水量达8 000～8 500 m^3/h。为了保证隧道的施工安全，在进行了详细的现场踏勘和实地调查后，确定该掌子面的超前预报方案是：以工程地质分析其涌水的成因，TSP超前预报探测为主，辅以红外探水和超前水平钻验证。本次涌水主要来源于先期赋存在掌子面前方的受到构造裂隙严格控制的地下水，由于斜井上部是一个有利于汇水的山谷，加上隧道区域近期降水量较大，使得在4号斜井掌子面前方构造裂隙中赋存的地下水量有所增加。另外，地表水和地下水对于其补给通道十分通畅，该储水构造形成时间较长，赋存了较大的水量，且具有一定的承压性。超前地质预报探测图（图2-3-6）显示，在掌子面前方约50～106 m之间有一宽约56 m隐伏的断裂构造带，其存在控制着掌子面地下水的分布情况，掌子面的涌水就是此断裂构造上盘下部构造裂隙中所赋存的地下水。随后进行了超前水平钻的探测，在X 9+39～X 8+80段，有较丰富的地下水。根据超前预报的情况，工程适时采取了注浆、排水、加强支护等措施，保证了隧道施工顺利进行。

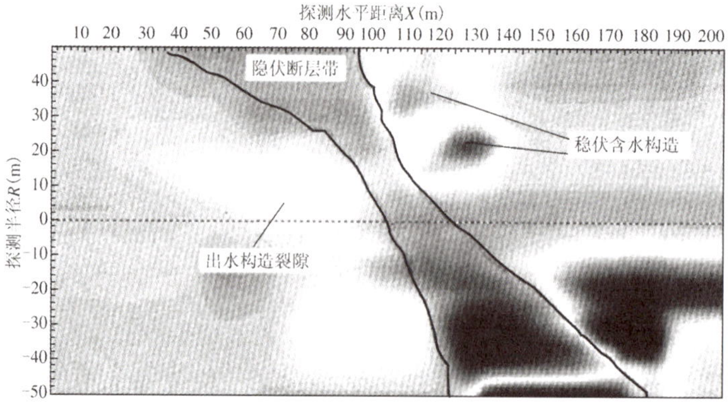

图2-3-6　新关角隧道4号斜井X 9+88超前地质预报图

2.4　注浆堵水技术

新关角隧道岭脊地段（主要为3～6号斜井工区）分布约11 km长的三叠系、二叠系灰岩地层，岩溶裂隙发育，涌水量大、涌水压力大，涌水量较勘察期间的预测量变化较大，给隧道的建设带来了极大难度，具体如下：

（1）涌水量大，抽排水压力大，排水费用高；

（2）涌水压力大，容易发生突然涌水，施工中曾经多次发生淹井，严重威胁施工安全。

因此，需要研究合理可靠的排水、堵水方案。采取的主要对策为：加强施工排水设备配置，加大抽排水能力；实施多种注浆措施进行堵水。根据突涌水形式的不同，新关角隧道制定了5种注浆堵水方案，见表2-4-1。新关角隧道施工期间共进行帷幕注浆2.6 km、径向注浆3.5 km，顶水注浆312处。

根据表2-4-1，注浆堵水技术分为掌子面突涌水注浆技术和洞身突涌水注浆技术。掌子面突涌水注浆技术可根据掌子面突涌水模式的不同采取不同的注浆方式。当遭遇裂隙-溶隙型突涌水时应采取超前顶水注浆，当遭遇构造带突涌水时应采取帷幕注浆，帷幕注浆可根据围岩状况及涌水量选择周边帷幕注浆或全断面帷幕注浆。而洞身突涌水注浆技术根据涌水量及出水点的不同可选择局部顶水注浆和径向注浆。

表2-4-1　涌水处理措施选择标准

启动标准	注浆结束标准	适用的围岩状况	堵水措施	浆液类型	简　图
未开挖段，单孔涌水量<40 m^3/h		围岩较好	开挖后再进行堵水	根据实际情况确定，优先考虑水泥单液浆，如水量大则先采用水泥水玻璃双液浆堵水，待水量控制后补注水泥单液浆	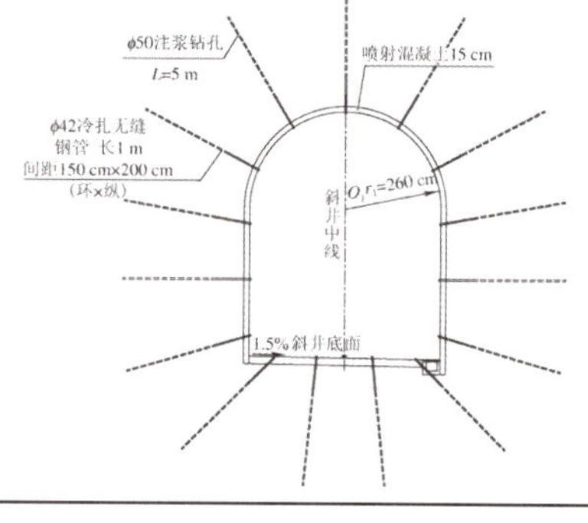

续上表

启动标准	注浆结束标准	适用的围岩状况	堵水措施	浆液类型	简　图
未开挖段掌子面单孔涌水量>40 m^3/h	集中出水点单孔涌水量<10 m^3/h且掌子面总涌水量<100 m^3/h	围岩较好，涌水主要为溶隙水	超前顶水注浆	根据实际情况确定，优先考虑水泥单液浆，如水量大则先采用水泥水玻璃双液浆堵水，待水量控制后补注水泥单液浆	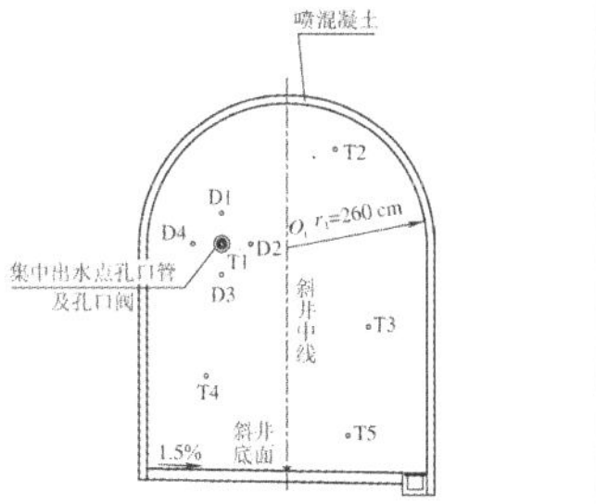
未开挖段掌子面单孔涌水量>40 m^3/h	集中出水点单孔涌水量<10 m^3/h且掌子面总涌水量<100 m^3/h	围岩破碎，Ⅳ～Ⅴ级	根据涌水情况，采用分区治理或周边帷幕注浆		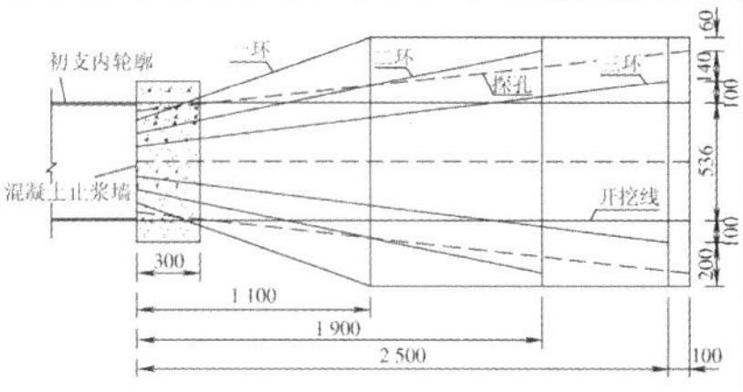 单位：cm
未开挖段掌子面单孔涌水量>40 m^3/h	集中出水点单孔涌水量<5 m^3/h且掌子面总涌水量<100 m^3/h	断层破碎带	全断面帷幕注浆		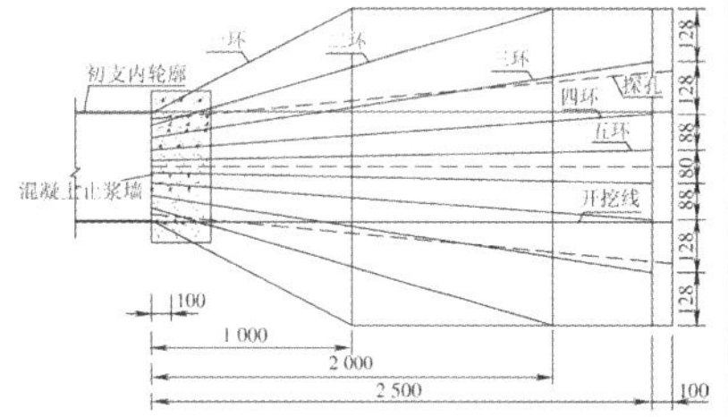 单位：cm
已开挖段边墙或拱部单孔涌水量>40 m^3/h，对施工进度、运营排水有较大影响	集中出水点单孔涌水量<10 m^3/h	围岩较好，涌水主要为溶隙水	局部顶水注浆		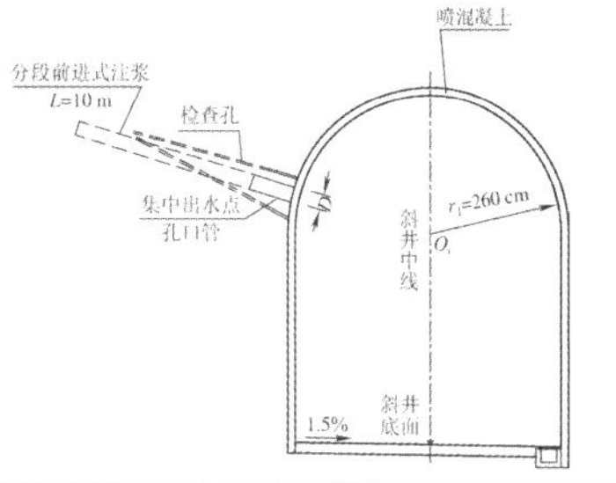
已开挖段单孔涌水量5～40 m^3/h，且出水点众多，出水段落较长	注浆后段内涌水量不大于10 m^3/d		径向注浆		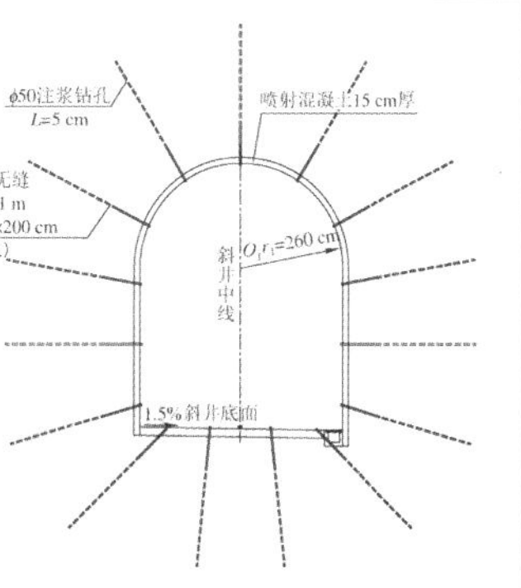

2.4.1 顶水注浆

1. 局部顶水注浆

新关角隧道的涌水主要为岩溶裂隙水，由于溶隙比较发育，延伸长度大，如果加固范围小，则地下水在经过局部顶水注浆后很容易从其他部位涌出，根据现场注浆试验结果，最终确定注浆范围为10 m，此取值可达到两个目的：一是在围岩深部对溶隙进行充填，阻断地下水向周边流出；二是抗水压效果好，耐久性也较好。

2. 超前顶水注浆

根据掌子面裂隙-溶隙型突涌水模式机理，当水量较小、出水点比较分散时，采取“以排为主”的原则，后续施工中，一般情况下应带水作业，强行通过，以保证掘进为主。当涌水量较大、出水比较集中时，采用“以堵为主、超前封堵”的原则，当未开挖段掌子面单孔涌水量大于40 m^3/h时，采取对出水点顶水注浆为主的方式进行治水。

超前顶水注浆技术是基于新关角隧道的高水压特点研发并在工程中广泛应用，如图2-4-1所示。超前顶水注浆技术采用以动变静、平衡水压的技术措施进行注浆堵水施工。

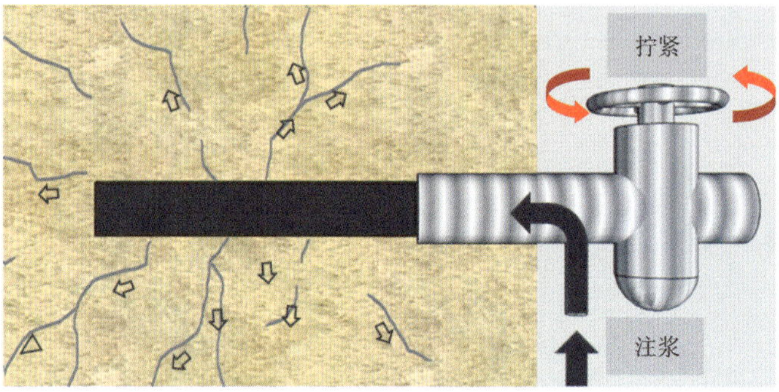

图2-4-1 超前顶水注浆示意

（1）以围岩表面涌水点为中心进行钻孔，钻孔深度10 m，钻孔完成后，安装孔口管、孔口阀（孔口阀为开启状态），在孔口管或孔口阀前端安装止浆阀。

（2）利用高分子材料、木楔等进行孔口管周边封堵，关闭孔口阀观察孔口管周边涌水情况，如仍有涌水则继续进行封堵，经过多次封堵使孔口管周边以渗流为主后开始注浆堵水施工。

（3）注浆堵水设备、材料等准备齐全后，接通注浆管，关闭孔口阀，使注浆体内富含的水处于静止状态，打开止浆阀，开始注浆。

（4）注浆前期利用遇水膨胀化学浆液材料进行浅层封堵，后期采用水泥-水玻璃或水泥浆液进行深层堵水，注浆压力在高于涌水压力的2～3倍范围内进行，注浆终压不小于3 MPa且根据水压最终确定。

（5）注浆结束后，及时关闭止浆阀，待浆液凝固期满后，施作4个检查孔，在注浆效果以渗流为主后开始注浆堵水施工。未达到要求（单孔涌水量>5 m^3/h）时，检查孔可作补注浆处理，直到注浆效果达到要求。注浆过程如图2-4-2所示。

（a）注浆前　（b）注浆中　（c）注浆后

图2-4-2　超前顶水注浆过程示意图

2.4.2　帷幕注浆

新关角隧道地下水补给属于直接补给方式，地表裸露的岩溶裂隙直接接受大气降水和地表径流的补给，由于径流带比弱径流区导水性强，所以狭长的径流带在岩溶含水层中起着类似排水渗渠的作用。它不断汇集两侧弱径流区的地下水，又不断向下游输泄，有稳定的水源补给，水量大而稳定，不易疏干，传统处理溶腔水的“排水降压”方法不适用。因此对构造破碎带突水采用“以堵为主，能堵尽堵”原则，遇到条件复杂不能完全堵水时，应采取“疏堵结合”的方法，在人为控制下将突水排出洞室，在施工中通过超前帷幕注浆加固的方法实现。

1. 全断面帷幕注浆

4号斜井正洞DK290+535 ～ DK290+562段岩层破碎，且水量较大，施工风险较高。施工至DK290+538时，右侧起拱线附近出现一股状水，具有一定的压力，其余部位也出现了散状水。为保证施工安全，对掌子面采用C6钻机进行超前探孔，超前探孔共施作6个，孔深30 m，每个探孔均在钻至8 m左右时出水，起初为黄泥水，数量较大，呈喷射状，水流约3 h后开始变清。根据表2-4-1堵排水措施的选择标准，确定为全断面帷幕注浆，由于岩层破碎，设置止浆墙（DK290+535 ～ DK290+538）。

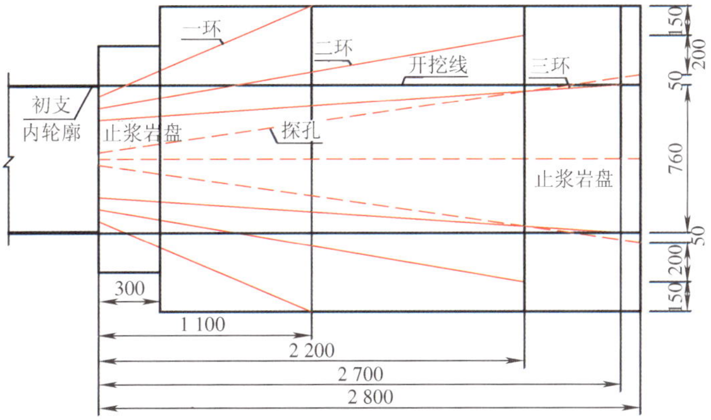

图2-4-3　全断面帷幕注浆设计图（单位：cm）

（1）浆液种类及配合比选择

注浆浆液共有两种：①普通42.5水泥单液浆（水泥 ∶ 水=1 ∶ 1）；②普通42.5水泥、水玻璃双液浆（水：水泥：水玻璃 =1：1：0.6 ～ 0.7）。水玻璃浓度35 Be′，模数3.2。

（2）施工工艺

①止浆墙及预埋孔口管施工

一次注浆长度27 m，注浆的加固范围为超过隧道开挖轮廓线外3 m。由于掌子面DK291+538处集中出水点水压较大，无法施工孔口管，且围岩较破碎，为确保安全，不能进行扩孔及加强支护，因此决定先强行施工止浆墙，在施工过程中，预埋端部带法兰盘的孔口管。止浆墙设计厚度3 m，采用C25混凝土浇筑，嵌入隧道开挖周边轮廓1 m。

②止浆墙出水部位埋设孔口管及封闭止浆墙施工

止浆墙施工完成后，在周边及拱部局部出现涌水，故在止浆墙出水部位钻孔后安装端部带法兰盘的孔口管，孔口管采用锚固剂及棉、纤维、木楔等物固定于钻孔内，并安装阀门。安装完成后进行封闭止浆墙注浆施工。注浆材料采用水泥、水玻璃双液浆，水灰比1：1，水玻璃浓度35 Be′，模数3.2，水泥浆与水玻璃体积比1：0.7，保证浆液的胶凝时间在20 s之内。注浆封闭效果达到孔口管阀门关闭时，止浆墙整体不能出现渗水、漏水现象。

③钻机钻孔并埋设孔口管（导向管）

采用C6钻机根据标记的钻孔位置及设计角度在止浆墙上钻孔，钻孔深度控制为2.5 ～ 3 m，然后安装端部带法兰盘的ϕ100孔口管，并对孔口管进行加固处理。

④钻孔及前进式注浆

采用C6钻机通过预埋孔口管间隔钻孔，先钻最外圈的注浆孔，考虑注浆扩散半径对注浆效果的影响，一次性钻孔长度为8 m，然后进行注浆，待浆液基本凝固后，再次对原注浆孔进行钻孔注浆，直至达到设计长度。按照上述前进式注浆施工工序，依次完成三环超前帷幕注浆孔的钻孔及注浆施工。为了保证浆液的扩散半径、强度及耐久性，采用水泥－水玻璃双液浆，水灰比为1：1 ～ 1：0.6。

⑤止浆墙出水部位孔口管注浆施工

打开原止浆墙出水部位孔口管的阀门，发现局部出水较大，进行顶水补充注浆。采用水泥－水玻璃双液浆，水灰比为1：1 ～ 1：0.6。

⑥施工注浆效果检查孔

浆液经24 h后基本达到强度，施工注浆效果检查孔，检查孔根据注浆前现场的出水情况重新钻孔进行检查（不可利用既有注浆孔），施工8个检查孔，检查孔深度22 m，沿斜井方向钻孔，钻孔结果显示没有出现较大的出水。

⑦掌子面开挖掘进

探孔完成后，没有发现探孔内出现较大的涌水，掌子面开始开挖掘进。由于止浆墙与掌子面交接处属帷幕注浆薄弱部位，止浆墙开挖到2 m时，采用长度4 m的超前小导管进行注浆加固，确保掌子面开挖安全稳定。为减小对围岩的扰动，爆破开挖时采用“短进尺、弱爆破”的原则，且掘进长度每循环不能超过2 m，确保预留5 m长岩盘作为下一循环超前周边帷幕注浆的止浆墙。

⑧补注浆处理

如开挖施工后掌子面周边继续出现较大的涌水，则再次对掌子面进行周边补注浆；如开挖后在拱墙范围出现较大的集中出水点，则对此点进行局部顶水注浆；如开挖后在拱墙范围出现大面积出水，且水量较大时，则进行大范围的径向注浆堵水。

（3）注浆效果

通过帷幕注浆，该段涌水量显著降低，破碎围岩也得到很好的加固。注浆前后效果如图2-4-4所示。

（a）注浆前

（b）注浆后

图2-4-4　全断面帷幕注浆前后对比

2. 分区注浆

对于Ⅳ～Ⅴ级围岩，当出水点较多、涌水量较大时，基于基岩裂隙水体空间分布，采用分区注浆技术。首先将注浆区分为左上、右上、左下、右下四个区域，如图2-4-5所示，并根据探孔出水量判别标准划分为弱水区或强水区（当出水量>5 m^3/h时，为强水区；当出水量<5 m^3/h时，为弱水区），对弱水区进行一般性注浆，弱水区可以少开孔或者不开孔，强水区重点开孔，进行重点性注浆。

3. 帷幕注浆安全岩盘厚度

为有效预防掌子面突涌水现象的发生，超前帷幕注浆必须预留合理厚度的岩盘。新关角隧道通过将掌子面前方岩墙简化为弹性厚板模型，根据边界条件解答出岩墙中的正应力和剪应力，以拉破坏和剪切破坏为控制条件计算得到了超前帷幕注浆的安全岩盘厚度。

（1）抗拉强度控制的安全厚度

采用Reissner厚板理论确定岩盘安全厚度，力学模型如图2-4-6所示。

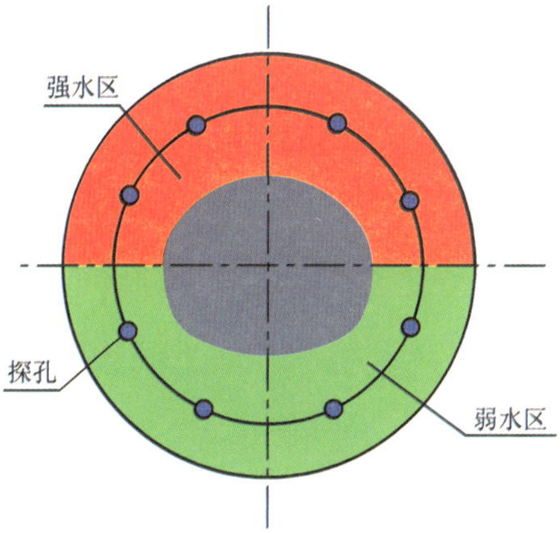

图2-4-5　分区注浆模型

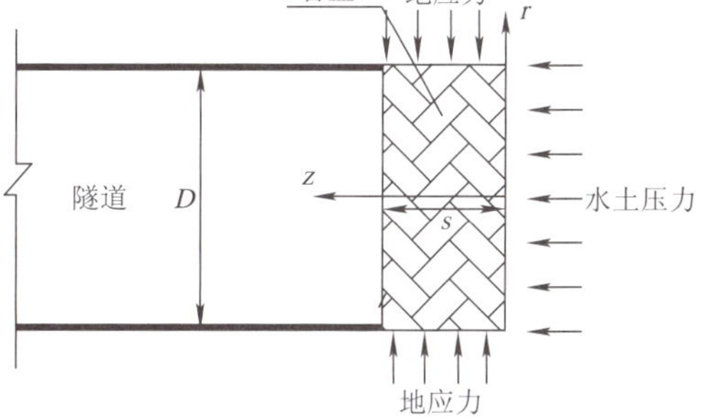

图2-4-6　弹性厚板模型突水计算模型

计算时假定止水岩盘周边固定，均匀连续、各向同性，按轴对称问题求解得：

$$M_r = D\left[C_1(1+\mu) - \frac{3+\mu}{D}\cdot\frac{pr^2}{16} + \frac{1+\mu}{C_0}p\right] \tag{2-4-1}$$

$$M_\theta = D\left[C_1(1+\mu) - \frac{1+3\mu}{D}\cdot\frac{pr^2}{16} + \frac{1+\mu}{C_0}p\right] \tag{2-4-2}$$

$$\sigma_r = -\frac{6M_r}{S^3}z \tag{2-4-3}$$

$$\sigma_\theta = -\frac{6M_\theta}{S^3}z \tag{2-4-4}$$

$$C_1 = \frac{pR^2}{16D} \tag{2-4-5}$$

式中，p为水压力，M_r、M_θ为弯矩；S为岩盘厚度；R为岩盘半径；μ为岩体的泊松比；C_s、C_0、D为常数，其表达式为

$$D = \frac{ES^3}{12(1-\mu^2)};\ C_s = \frac{5ES}{6\mu};\ C_0 = \frac{5ES}{12(1+\mu)}$$

显然，板的下表面中心处应力最大，即最危险位置，此时，

$$\sigma_{max} = (\sigma_r)_{max} = (\sigma_\theta)_{max} = \frac{6}{S^2}(1+\mu)D\left(C_1 + \frac{p}{C_0}\right) \tag{2-4-6}$$

以板下表面的拉应力为控制点，根据材料力学第一强度准则，认为其达到岩体的抗拉强度（σ_t）和地应力（$\sum\gamma_i H_i$）之和时顶板发生破坏，即

$$\sigma_{max} = (\sigma_r)_{max} = (\sigma_\theta)_{max} = \frac{15(1-\mu^2)pR^2 + 16S^2}{40(1-\mu)S^2} < \sigma_t + \sum\gamma_i H_i \tag{2-4-7}$$

式中，H_i为上覆第i层岩层的厚度；γ_i为上覆第i层岩层的容重。

由式（2-4-7）可得掌子面预留岩盘安全厚度公式为

$$S \geqslant \sqrt{\frac{15(1-\mu^2)pR^2}{40(\sigma_t + \sum\gamma_i H_i)(1-\mu) - 16}} \tag{2-4-8}$$

（2）抗剪强度控制的安全厚度

根据隧道力学理论，隧道开挖后，其掌子面前方将会出现一个塑性区，如图2-4-7中L_1所示，该区内岩层的渗透系数增大，岩层的阻水能力急剧下降，为保障安全，只将L_2考虑为真正能起阻水作用的岩层。构造裂隙在隧道前方，设隧道半径为r_0，取岩柱块体用结构力学剪切破坏理论进行分析，此块体的受力如图2-4-8所示，块体平衡方程如下：

总剪切力 $$F = (\lambda\sum\gamma_i H_i + p)\cdot A \tag{2-4-9}$$

沿剪切面的剪切力 $$T = CL_2(\sum\gamma_i H_i\cdot\tan\varphi + c) \tag{2-4-10}$$

在突水临界状态时，$F=T$，有：

$$CL_2(\sum\gamma_i H_i\cdot\tan\varphi + c) = (\lambda\sum\gamma_i H_i + p)\cdot A \tag{2-4-11}$$

式中，λ为侧压力系数；γ_i为上覆第i层岩层的容重，kN/m^3；H_i为上覆第i层岩层的厚度；$\sum H_i$为岩柱中心的埋深，m；p为构造裂隙内水压力，kPa；C为岩盘周长，m；φ为饱和内摩擦角；

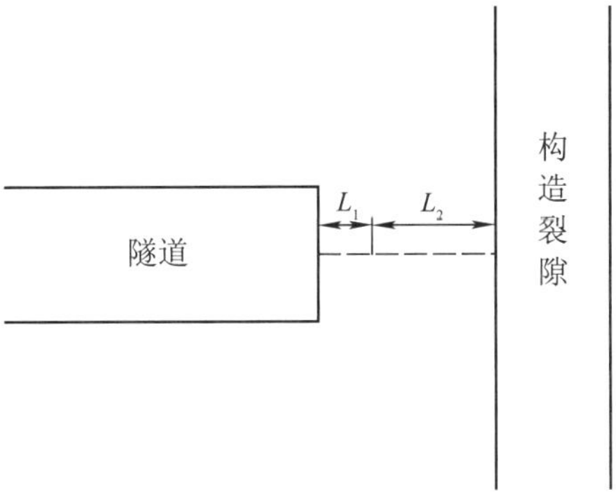

图2-4-7　隧道与构造裂隙水的位置关系

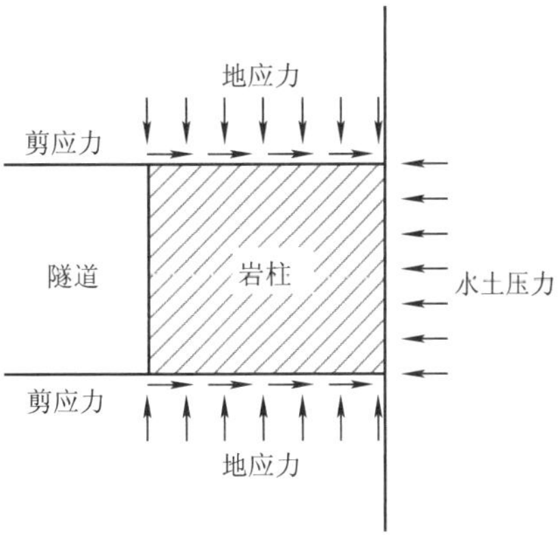

图2-4-8　岩柱块体受力图

c为饱和黏聚力，kPa；A为安全岩盘的断面面积，m^2。

隧道为圆形断面，由式（2-4-11）得岩柱的安全厚度计算公式为

$$L_2=\frac{(\lambda\sum\gamma_i H_i+p)\cdot 2r_0}{4(\sum\gamma_i H_i\cdot\tan\varphi+c)} \tag{2-4-12}$$

将安全厚度表示为隧道等效洞径2 r_0的倍数，式（2-4-12）可写成以下形式：

$$\frac{L_2}{2r_0}=\frac{(\lambda\sum\gamma_i H_i+p)}{4(\sum\gamma_i H_i\cdot\tan\varphi+c)} \tag{2-4-13}$$

隧道开挖引起的围岩塑性区L_1，目前尚无可利用的解析方法计算，需要采用数值计算的方法进行求解。

新关角隧道超前帷幕注浆安全岩盘厚度（安全厚度/隧道等效直径）取值见表2-4-2（实际使用时考虑一定安全系数）。

表2-4-2　新关角隧道各级围岩预留安全厚度建议值

围岩等级	水压（kPa）	埋深（m）				
		100	200	300	400	500
Ⅱ	1 000	0.22	0.23	0.24	0.24	0.24
	2 000	0.28	0.27	0.27	0.26	0.26
	3 000	0.35	0.31	0.29	0.29	0.28
Ⅲ	1 000	0.37	0.37	0.37	0.37	0.37
	2 000	0.47	0.43	0.41	0.40	0.40
	3 000	0.58	0.50	0.46	0.44	0.43
Ⅳ	1 000	0.70	0.65	0.63	0.62	0.61
	2 000	0.90	0.76	0.71	0.68	0.66
	3 000	1.11	0.87	0.78	0.74	0.71

在新关角隧道现场施工过程中，采取超前探孔预测到前方存在大型隐伏蓄水构造时，如果

前方蓄水构造突水压力大，水量丰富，根据围岩质量等级和水压力，保留3～10 m的防突岩盘（围岩质量差时取大值，围岩质量好时取小值），如果水压力不大，水量不太丰富时，应采取超长炮孔加强探测，在保证掌子面稳定的前提下，尽量靠近蓄水构造，以减少采取超前预注浆时的钻孔和注浆工作。

2.4.3 径向注浆

由于新关角隧道涌水点的水压力高，常规注浆材料难以达到理想的封堵效果。因此，新关角隧道富水区径向注浆主要采用了跨越2000系列化学浆和马丽散化学浆。

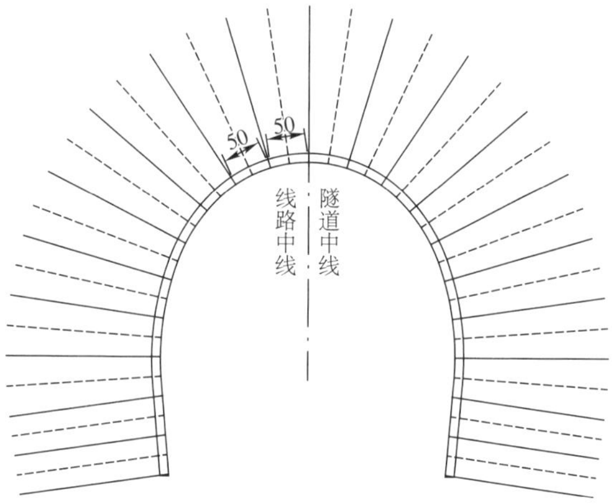

图2-4-9　径向注浆示意（单位：cm）

（1）跨越2000系列化学浆

1）注浆材料

①HCH-Ⅰ型高分子水胶固结材料

HCH-Ⅰ型高分子水胶固结材料是一种单液树脂类材料，以水为固化剂，遇水后体积膨胀并固结，从而达到止水堵漏的目的。

②HCH-Ⅲ型无机堵漏材料

跨越2000HCH-Ⅲ型无机堵漏材料具有速凝、早强、抗渗、微膨胀、无毒、无害、不含氯化物特点，主要用于隧道、坝下工程的防水堵漏。

③跨越2000型锚喷抢险材料

跨越2000型锚喷抢险材料主要用于涌水渗水喷射堵漏。

2）注浆参数

①一次加固范围为4～5 m，施工时可以根据实际地质情况通过试验调整一次注浆的长度及注浆孔的布置。

②采用HCH-Ⅰ型化学浆，全孔一次性注浆。注浆参数如下：

浆液：HCH-Ⅰ单液浆；

注浆设备：专用注浆泵；

注浆终压：建议3 MPa并通过试验最后确定；

扩散半径：1.5 m；

钻孔深度：5 m；

钻孔直径：>ϕ30 mm，根据现场实际情况调整；

孔底间距：≤2.2 m；

孔口间距：1.0 m×2.0 m（环向×纵向），梅花形布置，施工中根据实际出水点位置等进行调整。

注浆结束标准：集中出水点单孔涌水量小于10 m^3/h。

3）注浆工艺

①先钻孔引水，尽量使散状水集中。

②采用跨越2000型锚喷抢险材料进行锚喷封堵，近一步使散状水归拢集中。

③采用HCH-Ⅰ型高分子水胶固结材料进行注浆堵水。

④对小的漏水渗水采用HCH-Ⅲ型无机堵水材料进行进一步封堵。

4）注浆设备

注浆设备包括注浆专用泵和HCH-Ⅰ型注浆材料。

5）注浆效果如图2-4-10～图2-4-15所示。

图2-4-10　4号斜井墙脚涌水

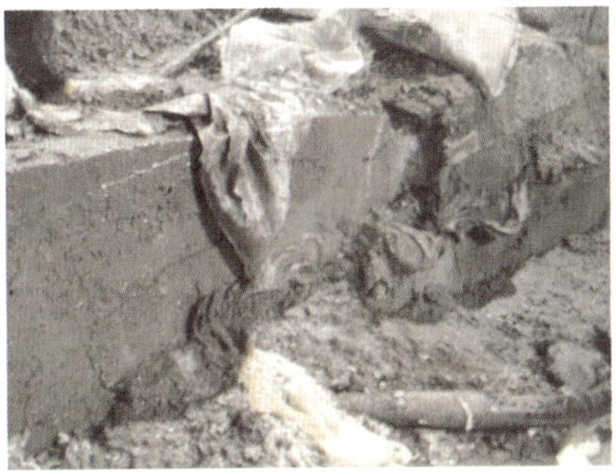

图2-4-11　4号斜井墙脚堵水效果

图2-4-12　4号斜井底板涌水

图2-4-13　4号斜井底板堵水效果

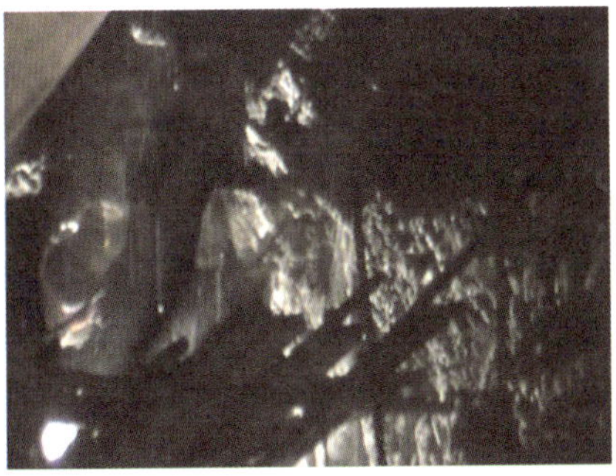

图2-4-14　4号斜井拱部散状涌水

图2-4-15　4号斜井拱部堵水效果

（2）马丽散化学浆

1）注浆加固原理及材料性能

马丽散堵水材料是由树脂和催化剂双组分合成的高分子化学产品，遇水快速发生膨胀，膨胀系数为10～25倍左右。化学反应前，能够使浆液扩散至过水裂隙或者其他导水通道，增加浆液的有效封堵和加固范围，这也是水泥基类浆液所不具备的优点。马丽散浆液的技术参数见表2-4-3。

表2-4-3　马丽散浆液技术参数

组　分	树　脂	催化剂
20℃时密度（g/cm^3）	1.0	1.2
20℃时黏度（MPa·s）	200	300
混合比例（体积比）	1	1
20℃存储期限（月）	6	6
包装（塑料桶）	25 kg	25 kg
20℃的反应数据		
反应开始（min）	0：45	
反应结束（min）	1：10	
膨胀倍数（不遇水）	>1	
膨胀倍数（遇水）	>10	
抗压轻度（kPa）	>60	

2）注浆参数

①一次加固范围为4～5 m，施工时可以根据实际地质情况通过试验调整一次注浆的长度及注浆孔的布置。注浆孔安装专用ϕ25 mm注浆管（壁厚3.5 mm），长4～5 m。

②采用马丽散化学浆，全孔一次性注浆。注浆参数如下：

化学树脂与催化剂的比例：1 ：1（体积比）；

注浆设备：专用注浆泵和混合枪；

注浆终压：建议3 MPa并通过试验最后确定；

扩散半径：2.5 m；

钻孔深度：5 m；

钻孔直径：ϕ30 mm，根据现场实际情况调整；

孔底间距：≤2.2 m；

孔口间距：1.0 m×2.0 m（环向 × 纵向），梅花形布置，施工中根据实际出水点位置等进行调整。

注浆结束标准：集中出水点单孔涌水量小于10 m^3/h。

3）注浆工艺

①寻找富水区和导水裂隙。

②钻孔，安设注浆管。

③压注马丽散浆液，实现堵水。

4）注浆设备

注浆设备如图2-4-16所示。

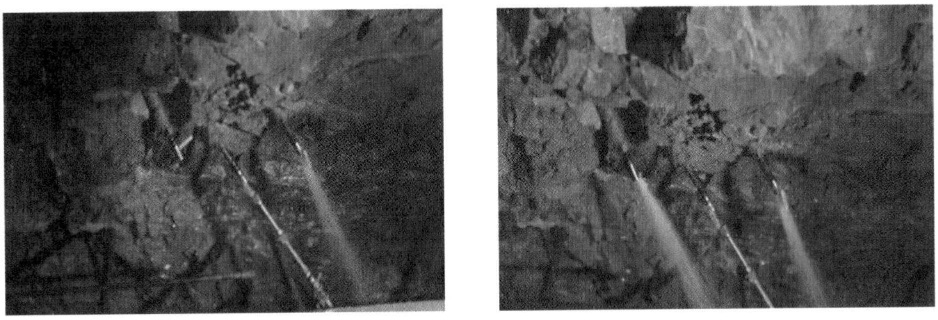

图2-4-16　马丽散浆液专用混合枪及注浆管

5）注浆效果

注浆效果如图2-4-17所示。

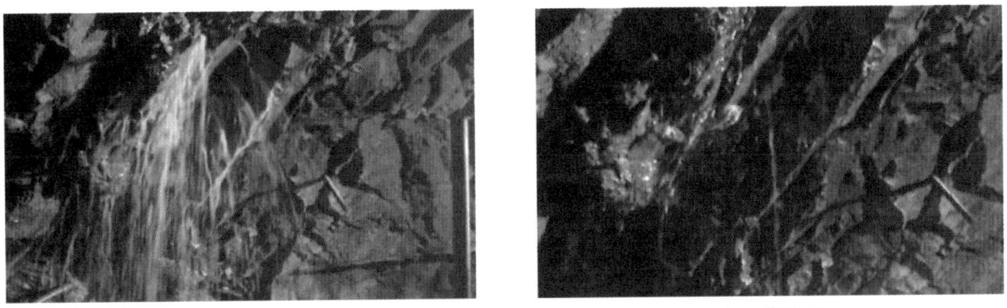

（a）注浆前　　（b）注浆后

图2-4-17　3号斜井正洞工区注浆效果

2.4.4　注浆材料对比分析

1. C-S双液浆

在帷幕注浆中采用C-S双液浆，由于施作了止浆墙，漏浆率相对较低，注浆能达到预期效果，在多个掌子面实施帷幕注浆后，涌水得到了成功封堵，保证了施工安全和工程质量。

在径向注浆中采用C-S双液浆时，漏浆率很高；配比调整及凝结时间很难控制，对注浆效果和注浆时间影响较大；注浆施工时间长，机械设备等占用空间较大，影响掌子面的正常施工，很难实现对压力水的封堵。

C-S双液浆材料为大分子颗粒状，无法渗透岩层内微小的裂隙，凝固后会产生缩水空隙。另外，传统注浆的材料为脆性材料，应力变化时，会产生新的裂隙。因此C-S双液浆耐久性较低，注浆堵水后经过一段时间仍会出现渗漏水。

2. 跨越2000系列化学浆

跨越2000系列化学浆是单液树脂类材料，以水为固化剂，从而达到止水堵漏的目的。浆液遇水反应时，能二次扩散，从而使多孔性结构或地层完全充填密实。

3. 马丽散注浆材料

马丽散浆液的特点是黏度较小、流动性较好，是一种非常易于注浆和扩散的材料，遇水即发生膨胀，能实现快速封堵水流，从而达到堵水效果。通过调整反应时间可控制浆液的封堵和加固范围。

注浆材料对比分析见表2-4-4。

表2-4-4 注浆材料对比分析

注浆材料	优 点	缺 点
C-S双液浆	属于常规堵水材料，成本较低，投资容易控制	（1）工序复杂，帷幕注浆循环时间长，导致掘进进度慢 （2）施工难度大，浆液损失大 （3）很难实现对压力水的封堵 （4）颗粒大，渗透范围较小 （5）耐久性较差，有二次涌水的风险
跨越2000系列化学浆	（1）材料性能好，以水为固化剂，膨胀率达10～20倍，能降低堵水难度 （2）属于专业注浆材料，材料生产商负责指导堵水，对堵水工程有经验，工序时间相对较短，注浆时间相对较短 （3）扩散范围大，采用多种材料辅助堵水，堵水效果好，难度相对较低，能实现对压力水的封堵 （4）耐久性相对较好	材料成本高、专业性强，工程投资大
马丽散化学浆	（1）材料性能好，遇水固化，膨胀率达10～25倍，能降低堵水难度 （2）属于专业注浆材料，材料生产商负责指导堵水，对堵水工程有经验，工序时间相对较短，注浆时间相对较短 （3）扩散范围大，堵水效果好，能实现对压力水的封堵 （4）耐久性相对较好	材料成本高、专业性强，工程投资大

2.4.5 工程应用

截至2011年10月31日，为了保证施工的正常进行，对隧道涌水采取了“以堵为主、排堵相结合”的原则，对涌水段落进行了堵水注浆，注浆统计见表2-4-5和表2-4-6。

表2-4-5 正洞帷幕注浆统计

序号	工区	里 程		长度（m）	注浆形式	浆液类型	岩 性	备 注
1	2号斜井Ⅰ线	DK285+579	DK285+606	27	帷幕注浆（上半断面）	双液浆	灰岩	设止浆墙
2		DK285+606	DK285+628	22	帷幕注浆（上半断面）	双液浆	灰岩	止浆岩盘
3		DK285+650	DK285+677	27	帷幕注浆（上半断面）	双液浆	灰岩夹砂岩	设止浆墙
4		Dk285+677	DK285+699	22	帷幕注浆（上半断面）	双液浆	灰岩夹砂岩	止浆岩盘
5		DK285+699	DK285+721	22	帷幕注浆（上半断面）	双液浆	灰岩夹砂岩	止浆岩盘
6	小计			120				
7	2号斜井Ⅱ线	DYK285+616	DYk285+646	30	帷幕注浆（上半断面）	双液浆	灰岩	设止浆墙
8		DYK 285+702	DYK 285+729	27	帷幕注浆（上半断面）	双液浆	灰岩夹砂岩	设止浆墙
9		DYK 285+818	DYK 285+845	27	帷幕注浆（上半断面）	双液浆	砂岩	设止浆墙
10	小计			84				

续上表

序号	工区	里 程		长度（m）	注浆形式	浆液类型	岩 性	备 注
11	3号斜井Ⅰ线	DK 288+432	DK 288+459	27	帷幕注浆（全断面）	双液浆	灰岩	设止浆墙
12		DK 288+408	DK 288+432	24	帷幕注浆（全断面）	双液浆	灰岩	止浆岩盘
13		DK 289+302	DK 289+329	27	帷幕注浆（全断面）	双液浆	灰岩	设止浆墙
14		DK 289+329	DK 289+351	22	帷幕注浆（全断面）	双液浆	灰岩	止浆岩盘
15		DK 289+351	DK 289+373	22	帷幕注浆（全断面）	双液浆	灰岩	止浆岩盘
16		DK 289+377	DK 289+404	27	帷幕注浆（全断面）	双液浆	灰岩	设止浆墙
17	小计			149				
18	3号斜井Ⅱ线	DYK 287+730	DYK 287+757	27	帷幕注浆（全断面）	双液浆	灰岩	设止浆墙
19		DYK 287+323	DYK 287+350	27	帷幕注浆（全断面）	双液浆	灰岩	设止浆墙
20		DYK 287+301	DYK 287+323	22	帷幕注浆（全断面）	双液浆	灰岩	止浆岩盘
21		DYK 289+096	DYK 289+123	27	帷幕注浆（全断面）	双液浆	灰岩	设止浆墙
22		DYK 289+123	DYK 289+145	22	帷幕注浆（全断面）	双液浆	灰岩	止浆岩盘
23		DYK 289+377	DYK 289+404	27	帷幕注浆（全断面）	双液浆	灰岩	设止浆墙
24	小计			152				
25	4号斜井Ⅰ线	DK 290+545	DK 290+572	27	帷幕注浆（全断面）	双液浆	灰岩	设止浆墙
26		DK 290+523	DK 290+545	22	帷幕注浆（全断面）	双液浆	灰岩	止浆岩盘
27		DK 290+496	DK 290+523	27	帷幕注浆（全断面）	双液浆	灰岩	设止浆墙
28		DK 291+535	DK 291+562	27	帷幕注浆（全断面）	双液浆	灰岩	设止浆墙
29	小计			103				
30	4号斜井Ⅱ线	DYK 290+523	DYK 290+550	27	帷幕注浆（全断面）	双液浆	灰岩夹砂岩	设止浆墙
31		DYK 290+501	DYK 290+523	22	帷幕注浆（全断面）	双液浆	灰岩夹砂岩	止浆岩盘
32		DYK 290+479	DYK 290+501	22	帷幕注浆（全断面）	双液浆	灰岩夹砂岩	止浆岩盘
33		DYK 291+332	DYK 291+359	27	帷幕注浆（全断面）	双液浆	灰岩	设止浆墙
34		DYK 291+457	DYK 291+484	27	帷幕注浆（全断面）	双液浆	灰岩	设止浆墙
35		DYK 291+487	DYK 291+514	27	帷幕注浆（全断面）	双液浆	灰岩	设止浆墙
36		DYK 291+514	DYK 291+536	22	帷幕注浆（全断面）	双液浆	灰岩	止浆岩盘
37	5号斜井Ⅱ线	DYK 293+527	DYK 293+554	27	帷幕注浆（全断面）	双液浆	灰岩	设止浆墙
38	小计			201				

续上表

序号	工区	里程		长度（m）	注浆形式	浆液类型	岩性	备注
39	6号斜井Ⅰ线	DK 295+853	DK 295+880	27	帷幕注浆（全断面）	双液浆	灰岩	设止浆墙
40		DK 295+807	DK 295+834	27	帷幕注浆（全断面）	双液浆	灰岩	设止浆墙
41		DK 295+654	DK 295+681	27	帷幕注浆（全断面）	马丽散	灰岩	设止浆墙
42		DK 295+403	DK 295+430	27	帷幕注浆（全断面）	双液浆	灰岩	设止浆墙
43	小计			108				
44	6号斜井Ⅱ线	DYK 295+820	DYK 295+847	27	帷幕注浆（全断面）	双液浆	灰岩	设止浆墙
45		DYK 295+799	DYK 295+820	20.7	帷幕注浆（全断面）	双液浆	灰岩	止浆岩盘
46		DYK 295+635	DYK 295+662	27	帷幕注浆（全断面）	双液浆	灰岩	设止浆墙
47		DYK 295+377	DYK 295+404	27	帷幕注浆（全断面）	双液浆	灰岩	设止浆墙
48		DYK 296+411	DYK 296+438	27	帷幕注浆（全断面）	双液浆	灰岩	设止浆墙
49		DYK 296+461	DYK 296+488	27	帷幕注浆（全断面）	双液浆	灰岩	设止浆墙
50	小计			155.7				
51	Z1斜井Ⅰ线	DK 281+940	DK 281+947	7	帷幕注浆	双液浆	变质砂岩夹板岩	设止浆墙
52		DK 281+947	DK 281+952	5	帷幕注浆	双液浆	变质砂岩夹板岩	止浆岩盘
53		DK 281+952	DK 281+959	7	帷幕注浆	双液浆	变质砂岩夹板岩	止浆岩盘
54		DK 281+959	DK 281+964	5	帷幕注浆	双液浆	变质砂岩夹板岩	止浆岩盘
55		DK 281+964	DK 281+971	7	帷幕注浆	双液浆	变质砂岩夹板岩	止浆岩盘
56		DK 281+971	DK 281+976	5	帷幕注浆	双液浆	变质砂岩夹板岩	止浆岩盘
57		DK 281+976	DK 281+983	7	帷幕注浆	双液浆	变质砂岩夹板岩	止浆岩盘
58		DK 281+983	DK 281+988	5	帷幕注浆	双液浆	变质砂岩夹板岩	止浆岩盘
59		DK 281+988	DK 281+995	7	帷幕注浆	双液浆	变质砂岩夹板岩	止浆岩盘
60		DK 281+995	DK 282+019	24	帷幕注浆	双液浆	变质砂岩夹板岩	止浆岩盘
61		DK 282+019	DK 282+043	24	帷幕注浆	双液浆	变质砂岩夹板岩	止浆岩盘
62		DK 282+043	DK 282+055	12	帷幕注浆	双液浆	变质砂岩	止浆岩盘
63	小计			115				
64	Z1斜井Ⅱ线	DYK 281+911	DYK 281+934	23	帷幕注浆	双液浆	变质砂岩	设止浆墙
65		DYK 281+934	DYK 281+941	7	帷幕注浆	双液浆	变质砂岩	止浆岩盘
66		DYK 281+941	DYK 281+946	5	帷幕注浆	双液浆	变质砂岩	止浆岩盘
67		DYK 281+946	DYK 281+953	7	帷幕注浆	双液浆	变质砂岩	止浆岩盘
68		DYK 281+953	DYK 281+978	25	帷幕注浆	双液浆	变质砂岩	止浆岩盘
69		DYK 281+978	DYK 282+001	23	帷幕注浆	双液浆	变质砂岩	止浆岩盘
70	小计			90				
71	总计			1 278				

表 2-4-6　径向注浆与顶水注浆统计

序号	工区	里　程		长度（m）	注浆形式	浆液类型	岩　性	备　注
1	Z1 斜井Ⅱ线	DYK 281+805	DYK 281+820	15	径向注浆（拱墙）	双液浆	变质砂岩	
2		DYK 281+890	DYK 281+910	20	径向注浆（拱墙）	双液浆	变质砂岩	
3	小计			35				
4	2 号斜井Ⅱ线	DYK 285+327	DYK 285+332	5	径向注浆（左侧拱墙）	双液浆	变质砂岩加板岩	
5	小计			5				
6	3 号斜井Ⅰ线	DK 289+106	DK 289+136	30	径向注浆（拱墙）	高分子	灰岩	
7	3 号斜井Ⅱ线	DYK 289+020	DYK 289+096	76	径向注浆（拱墙）	高分子	灰岩	
8	小计			106				
9	4 号斜井井身	858	883	25	径向注浆（全断面）	高分子		设止浆墙
10		883	908	25	径向注浆（全断面）	高分子		该段已做过帷幕注浆
11	小计			50				
12	5 号斜井井身	421	448	27	径向注浆	双液浆		
13	小计			27				
14	6 号斜井Ⅰ线	DK 295+990	DK 296+110	120	径向注浆（拱部 150）	双液浆	灰岩	
15		DK 295+681	DK 295+720	39	径向注浆（拱墙）	马丽散	灰岩	
16		DK 295+620	DK 295+654	34	径向注浆（拱墙）	马丽散	灰岩	
17		DK 295+605	DK 295+620	15	径向注浆（拱墙）	马丽散	灰岩	
18		DK 295+540	DK 295+580	40	径向注浆（拱墙）	双液浆	灰岩	
19		DK 295+480	DK 295+525	45	径向注浆（拱墙）	双液浆	灰岩	
20		DK 295+450	DK 295+480	30	径向注浆（拱墙）	双液浆	灰岩	
21		DK 296+080	DK 296+170	90	径向注浆（拱部 150）	双液浆	灰岩	
22		DK 296+615	DK 296+625	10	径向注浆（拱墙）	马丽散	灰岩	
23	小计			423				
24	6 号斜井Ⅱ线	DYK 295+956	DYK 296+080	124	径向注浆（拱墙）	双液浆	灰岩	
25		DYK 295+662	DYK 295+700	38	径向注浆（拱墙）	马丽散	灰岩	
26		DYK 295+620	DYK 295+635	15	径向注浆（拱墙）	马丽散	灰岩	
27		DYK 295+580	DYK 295+620	40	径向注浆（拱墙）	马丽散	灰岩	
28		DYK 295+530	DYK 295+580	50	径向注浆（拱墙）	双液浆	灰岩	
29		DYK 295+480	DYK 295+510	30	径向注浆（拱墙）	双液浆	灰岩	
30		DYK 295+430	DYK 295+480	50	径向注浆（拱墙）	双液浆	灰岩	
31		DYK 296+110	DYK 296+200	90	径向注浆（拱部 150）	双液浆	灰岩	

续上表

序号	工区	里程		长度（m）	注浆形式	浆液类型	岩性	备注
32	6号斜井Ⅱ线	DYK 296+210	DYK 296+260	50	径向注浆（拱部150）	双液浆	灰岩	
33		DYK 296+290	DYK 296+370	80	径向注浆（拱部150）	双液浆	灰岩	
34	小计			567				
35	总计			1 213				

Ⅰ线、Ⅱ线注浆段总长2 491 m，其中Ⅰ线长933 m，占已施工灰岩段的19.6%，Ⅱ线长1 558 m，占已施工灰岩段的21.4%。3号斜井注浆长为969 m，占斜井长的58.1%，4号斜井注浆长为220 m，占斜井长的14%，5号斜井注浆长为214 m，占斜井长的11.1%。

根据施工涌水、注浆堵水情况及水量监测，注浆堵水效果较明显。

2.5 引排水技术

2.5.1 地表引排水

连通实验表明，克德陇沟地表水与3号、4号斜井具有重要的水力联系，沟内地表水经下渗向斜井内补给，是斜井洞内涌水的重要补给来源。因此，对克德陇沟及上游支沟采取截水与导流也是减少涌水的重要手段。考虑到克德陇沟流域面广，河床水或地下水补给面积大，仅设排水沟未必能明显减少洞内涌水，同时为防止3号、4号斜井抽出的水向井内回流，在3号、4号斜井口之间设置了排洪渠。排洪渠在起始点设置20 m长的喇叭口，渠顶净宽14 m，渠底净宽10 m，开挖深度2 m，将上游来水引入渠中；正常地段渠顶净宽10 m，渠底净宽6 m，开挖深度2 m。排洪渠每隔20～30 m设置一处锤裙，锤裙铺底加厚到1 m，设置宽度为1 m，具体布置如图2-5-1所示。

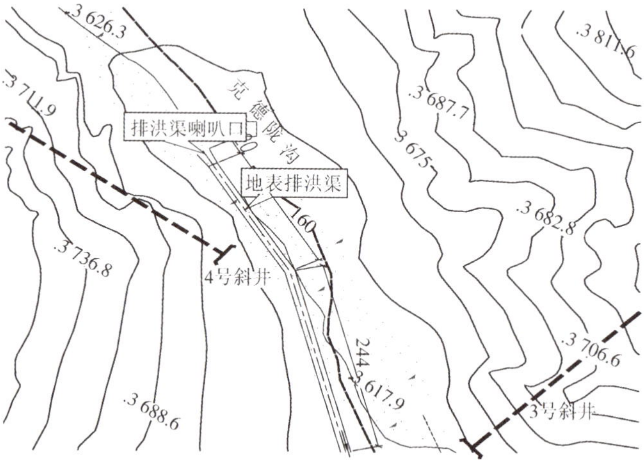

图2-5-1　地表河沟排洪渠断面示意

排洪渠身建筑材料采用M10浆砌片石，厚30 cm，为防止水沟开裂和渠中水下渗，在水沟底及边墙采用碎石垫层回填密实，碎石垫层与渠身间铺设2层土工布及1层防水板，每隔10 m左右设变形缝一道，采用沥青麻筋填塞，确保排水通畅，断面设计如图2-5-2所示。

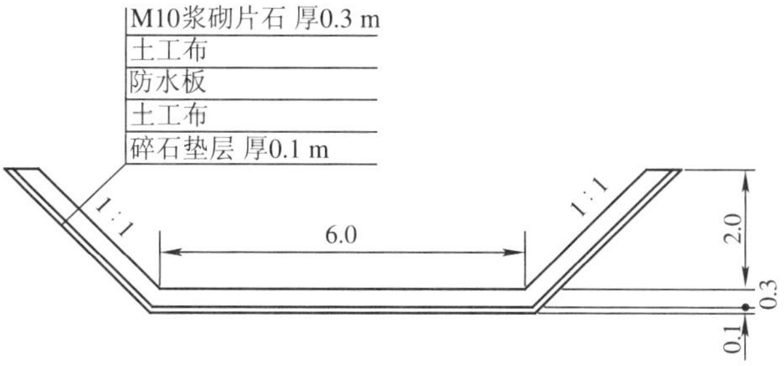

图2-5-2　沟排洪渠断面示意（单位：m）

施工排洪渠后，再次对地表径流进行流量监测，采用浮标法在河沟内布置了7个监测断面，测试监测结果显示，河沟地表水在流经4号斜井过程中流量依然有损失，漏失量为5 000 ～ 6 000 m^3/d，相比2008年监测的漏失量23 000 m^3/d有明显减小，排洪渠对后续斜井施工有较为明显的降低水量作用。

2.5.2　反坡排水技术

快速有效地排出斜井施工阶段和正洞隧道施工阶段的积水，对隧道的正常施工影响重大。因此，针对新关角隧道的水文特征及其斜井反坡排水的长距离、高扬程和大流量等特点，对3号和4号斜井施工阶段和正洞隧道施工阶段斜井的反坡排水系统进行了初步设计并不断优化，制定了相应的水泵配备方案，并且配备了合理的排水和供电系统。

1.斜井排水泵站设计

（1）设计考虑因素及原则

新关角隧道地处高原，斜井长、坡度大、涌水量大，在抽排水系统设计时主要考虑以下因素。

①排水方案设计分斜井施工和正洞隧道施工两个阶段。水与人员安全、施工进度直接相关，重点考虑方案的安全性和可靠性。

②需满足输运介质特性的要求。斜井中的水主要为裂隙水、岩溶管道水以及施工用水，水中可能混杂砂土、岩石颗粒、泥浆及喷射混凝土的回弹物掺杂物等，要求泵站设置具有沉淀功能，避免杂物对水泵及管道连接件的损坏，同时选择的水泵要耐磨、耐腐蚀、使用时间长。

③各级泵站的排水能力要充分，并应具有一定的储备能力。安装水泵总排量根据最大涌水量设计（初期按照20 000 m^3/d计算），兼顾正常流量；在没有最大流量时，取正常流量的1.1倍作为最大流量进行计算。

④所选水泵的型式和性能需符合装置流量、扬程、压力、温度、汽蚀流量、吸程等工艺参数的要求，同时要考虑水泵的维修周期长，使用寿命长及安装简单、便捷、易于维护和更换的要求，避免频繁维修、更换对正常施工的影响。要尽量减少设备的种类，不同斜井设备应具备互换性。

⑤斜井内空间有限，排水管道设置应考虑避免对斜井运输能力造成影响。新关角隧道斜

井采用单车道及每隔200 m设置20 m错车道断面形式，应尽量减少抽排水管道的设置，避免占用大量空间，影响正常运输通道。

⑥供电主电源及备用电源的设置要考虑供电主电源出现异常情况时，备用电源能够及时启动，满足抽水排水设备的需要，同时避免设置多条供电线路，造成供电线路凌乱，维修、更换复杂，安全风险高。

（2）双联拱式固定泵站设计

固定泵站设置以满足施工阶段的正常抽水需要，考虑一定的发生风险后的应急处理能力为原则进行设计。在隧道一侧每间隔300 m左右设置1座固定泵站，相邻2个固定泵站垂直落差35 m，每个固定泵站设置2个洞室（M洞，每个洞室尺寸为8 m×8 m，隔墙1 m的拱形洞室），一个洞室作为沉淀池，另外一个洞室安装固定水泵。每个泵站的2个洞室底板均低于隧道底板，且沉淀洞室底板低于水泵洞室底板，以利于排水过程中水中沉淀物的清理。在两级固定泵站中间设置截流泵站，截流泵站洞室设置在固定泵所在隧道一侧，截流泵站内安装水泵，将水直接抽至上一级泵站，缩短抽水距离，降低投入，如图2-5-3所示。

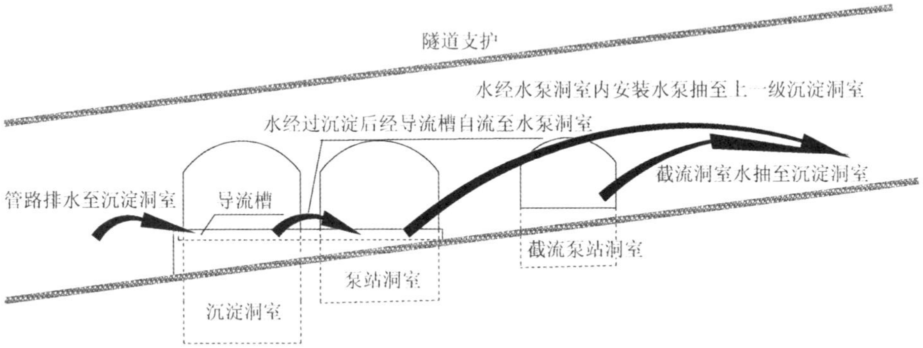

图2-5-3　双联拱式固定泵站排水示意

双联拱式固定泵站的设置起到了沉淀杂物与水泵相互分离的目的，避免了沉淀物清理时对水泵正常运转的影响，同时增加了突涌水发生异常变化后泵站的储水量，提供了应急响应时间，降低了淹井风险。另外，截流泵站的设置除起到了截断两级泵站间顺坡流水、杂物外，还能作为双联拱式固定泵站的备用泵站，在排水量出现异常增大的情况下，可以立即启动，缓解固定泵站的排水压力。

（3）泵站设置（以3号、4号斜井为例）

1）3号斜井泵站

3号斜井位于中等富水区，地下水发育，地下水类型主要为基岩裂隙水和岩溶裂隙水，主要接受大气降水及克德陇沟地表水的侧向径流补给，通过裂隙和溶隙径流，向斜井内排泄。

斜井延深总长为1 677 m，坡度为11%。斜井中两级泵站间隔为420 m，斜井建成后共需要四级泵站。各泵站选用水泵的扬程和流量相同，以达到安全的泵站串联。

斜井建设阶段，沿斜井每隔420 m长度建设提升泵站。斜井建设中采用移动排水泵将水收集至上级泵站。3号斜井建设阶段排水如图2-5-4所示。

主隧道建设阶段，采用移动排水泵将主隧道中的水收集至第一级泵站，再逐级抽取排出洞外。主隧道建设阶段3号斜井排水如图2-5-5所示。

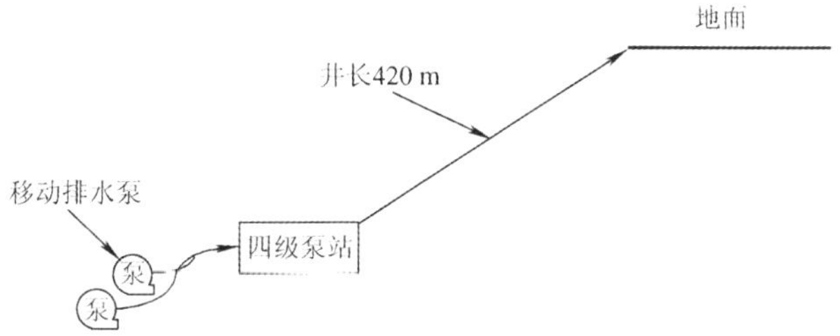

图2-5-4　3号斜井建设阶段排水示意

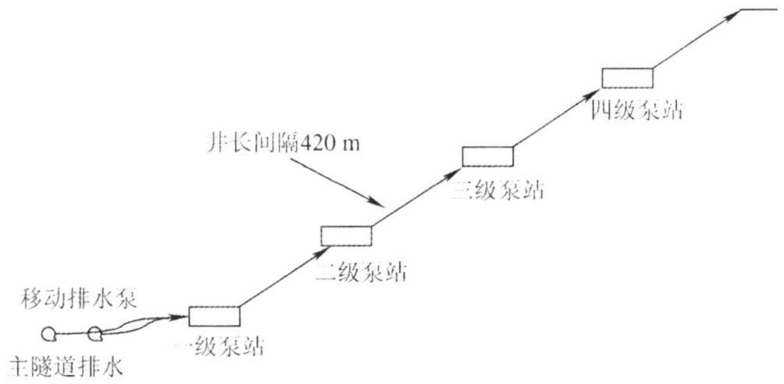

图2-5-5　主隧道建设阶段3号斜井排水示意

排水总流量为20 000 m^3/d，单台水泵流量为400 m^3/h。单个泵站设备数量是2用1备。确定水泵扬程时，选取正常工作时的最不利点进行计算。管径不应过小或过大，管径过小，虽然初始投资减少，但是流速会过高，造成不必要的能量损失，能耗过高，并且振动过大；管径过大，流速降低，能耗减少，但是初始投资会比较大。同时要考虑流速不能低于0.7 m/s，避免管道内的沉淀和结垢。

综合考虑能耗和投资，应把流速保持在1.8 m/s以下比较经济，并且不低于0.7 m/s。考虑管道要适用于单泵运行和双泵在同一时间运行的情况，取外径为426 mm，壁厚9 mm的无缝钢管，其内径为408 mm。泵站支管及管件采用219 mm × 9 mm的无缝钢管。双泵在同一时间运行时，管内流速为1.7 m/s；单泵运行时，管内流速为0.85 m/s。

①支管水力损失

计算流量为400 m^3/h，管道内径r_1为201 mm，流速v_1为3.5 m/s管道直线长度L_1取3 m，等于水池深度。根据相关资料查到，沿程的损失系数为0.1，管道沿程的损失h_1为

$$h_1 = 3\times0.1 = 0.3(\text{ m })$$

支管局部阻力系数计算如下：

自耦接口1个：0.4，

90°弯管2个（弧度半径和管道直径之比为1.5∶1）：2 × 0.3=0.6；

止回阀1个，全开：1；

闸阀1个，全开：0.1；

局部阻力系数k_1=0.4+0.6+1+0.1=2.1。

局部阻力损失h_2为

$$h_2 = k_1\frac{v_1^2}{2g} = 2.1\times\frac{3.5^2}{2\times9.81} = 1.31(\text{ m })$$

则支管部分总阻力损失H_1为

$$H_1 = h_1 + h_2 = 0.3 + 1.31 = 1.61(\text{m})$$

②合流管水力损失

计算流量为400 m^3/h，管道内径r_2取408 mm，流速v_2为0.85 m/s，管道直线长度L_2取2.5 m，约为一侧支管到另一侧总管的水平距离。根据相关资料查到，沿程的损失系数为2.5×10^{-3}。管道沿程的损失h_3为：

$$h_3 = 2.5\times2.5\times10^{-3} = 0.01(\text{m})$$

由于存在管道内径突然扩大（由201 mm扩大到408 mm），会产生扩大损失，泵站合流管如图2-5-6所示。管道半径突然扩大的损失h_4为

$$h_4 = \frac{v_1^2 - v_2^2}{2g} = \frac{3.5^2 - 0.85^2}{2\times9.81} = 0.59(\text{m})$$

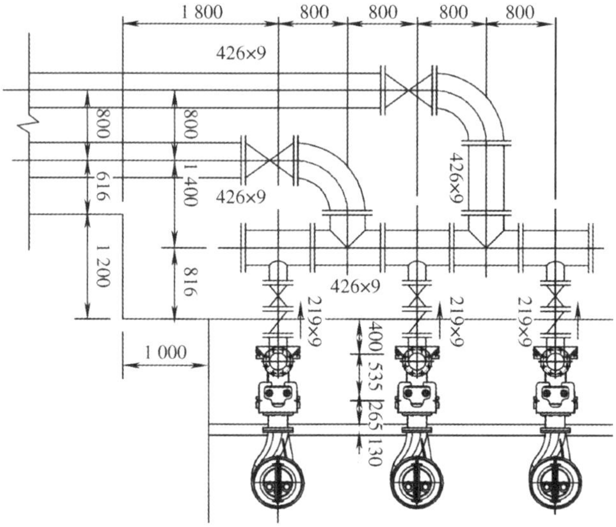

图2-5-6　泵站合流管示意（单位：mm）

合流管局部阻力系数计算如下：

三通拐弯1个：0.91；

三通过流1个：0.04；

三通汇流1个：0.36；

合流局部阻力系数：$k_2 = 0.91 + 0.04 + 0.36 = 1.31$。

局部阻力损失h_5为

$$h_5 = k_2\frac{v_2^2}{2g} = 1.31\times\frac{0.85^2}{2\times9.81} = 0.05(\text{m})$$

则合流管总阻力损失H_2为

$$H_2 = h_3 + h_4 + h_5 = 0.59 + 0.01 + 0.05 = 0.65(\text{m})$$

③出流总管水力损失

计算流量为800 m^3/h，管道内径r_2为408 mm，流速v_3取1.70 m/s，管道直线长度L_3取420 m，

为3号斜井总长（1 677 m）的1/4。根据相关资料查到，沿程的损失系数为0.9×10^{-2}。管道沿程的损失h_6为

$$h_6=420\times0.9\times10^{-2}=3.78\text{（m）}$$

出流总管局部阻力系数计算如下：

三通拐弯1个：1.28；

闸阀1个，全开：0.1；

弯头3个：$3\times0.3=0.9$；

自由出水1个：1；

出流总管局部阻力系数：$k_3=1.28+0.1+0.9+1=3.28$。

局部阻力损失h_7为

$$h_7=k_3\frac{v_3^2}{2g}=3.28\times\frac{1.7^2}{2\times9.81}=0.48\text{（m）}$$

则合流管的部分总阻力损失H_3为

$$H_3=h_6+h_7=3.78+0.48=4.26\text{（m）}$$

综上所述，总水力损失H_S为

$$H_S=H_1+H_2+H_3=1.61+0.65+4.26=6.52\text{（m）}$$

④静扬程

不考虑泵坑内的水位，在两台水泵同时开启的情况下，设计最高水位为与水池顶部基本持平，按照11%的斜度计算静扬程为

$$H_J=\frac{L\alpha}{4}=420\times11\%=46.2\text{（m）}$$

式中，H_J为静扬程；L为斜井总长度；α为斜井斜度。

⑤总扬程

安全水头H_A取0.5 m，总扬程H_Z为

$$H_Z=H_S+H_J+H_A=6.52+46.2+0.5=53.22\text{（m）}$$

2）4号斜井泵站

4号斜井位于中等富水区，地下水发育，地下水类型主要为基岩裂隙水和岩溶裂隙水，主要接受大气降水及克德陇沟地表水的侧向径流补给，通过裂隙和溶隙径流，向斜井内排泄。

斜井延深总长为1 571 m，坡度为11 %。斜井中两级泵站间隔为524 m，斜井建成后共需三级泵站。各泵站选用水泵的流量和扬程相同，以达到安全的泵站串联。4号斜井建设阶段排水如图2-5-7所示。

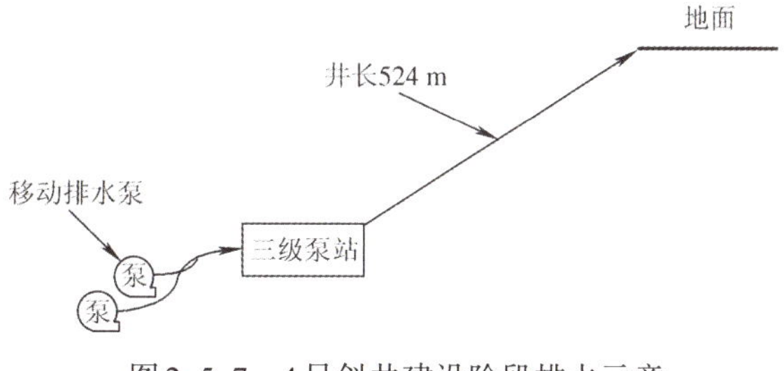

图2-5-7　4号斜井建设阶段排水示意

主隧道建设阶段采用移动排水泵将主隧道中的水收集至第一级泵站，再逐级抽取排出洞外。主隧道建设阶段4号斜井排水如图2-5-8所示。

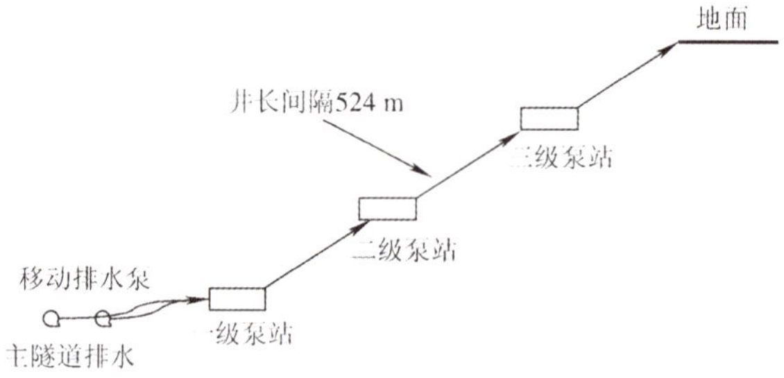

图2-5-8　主隧道建设阶段4号斜井排水示意

排水总流量为20 000 m^3/d，单台水泵流量为400 m^3/h。单个泵站设备数量是2用1备。总出水管、泵站支管采用426 mm × 9 mm和219 mm × 9 mm无缝钢管。

4号斜井泵站的支管、合流管、主管设计及损失计算与3号斜井泵站相同。支管损失1.61 m，合流管损失0.65 m，总出水管损失5.20 m，总水力损失为7.46 m。

不考虑泵坑内的水位，在两台水泵同时开启的情况下，设计最高水位为与水池顶部基本持平，按照11%的斜度计算静扬程：524 × 11%=57.64 m。

总扬程＝静扬程＋水力损失＋安全水头=57.64+7.46+0.5=65.6（m）。

2. 移动排水泵方案

采用移动排水的流量为200 m^3/h，最大水量时有4台移动排水泵同时工作。移动排水泵要求移动方便快捷，所以不宜太重，但由于需要管路连接，水泵的数量也不宜太多，需要合理选择。

（1）移动排水泵扬程计算

①移动排水泵管件局部损失

移动水泵只接一个软管，软管内部粗糙，因此内部粗糙度系数取1。管件局部阻力系数计算见表2-5-1。

表2-5-1　移动水泵局部阻力系数

接口1个	自由出水	阻力系数之和
0.4	1	1.4

局部阻力损失h_1为

$$h_1 = k\frac{v^2}{2g} = 1.4 \times \frac{3.15^2}{2 \times 9.81} = 0.71$$

②移动排水泵管线局部损失

移动排水泵管线局部损失可以分为两部分，即管线至软管之间的损失和管线至连接管之间的损失。移动排水泵软管连接为20 m和10 m两种，以20 m计算。计算流量取200 m^3/h，管道直径为150 mm，流速为3.14 m/s。根据相关资料查到，沿程的损失系数为0.11。管道沿程的损失h_2=20 × 0.11=2.2（m）。

两台移动排水泵软管连接到一根426 mm × 9 mm的无缝钢管。钢管铺设后连接下级泵站，不必拆除及二次建设。移动排水泵与连接管的连接如图2-5-9所示。

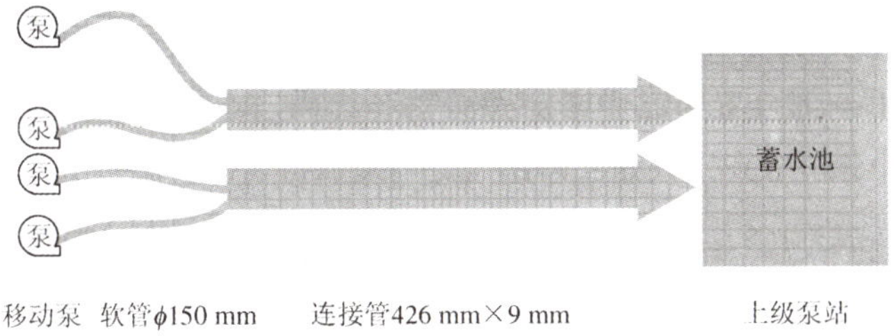

图2-5-9　移动排水泵与连接管连接示意

计算流量为400 m^3/h，管道内径取408 mm，流速取0.85 m/s，管道直线长度取200 m。根据相关资料查到，沿程损失系数为2.5 × 10^{-3}，因此管道沿程损失 h_3=200 × 2.5 × 10^{-3}= 0.5（m）。

综上所述，总水力损失 H_S 为

$$H_S= h_1+h_2+h_3=0.71+2.2+0.5=1.41\text{（m）}$$

按照11%的斜度计算，静扬程 H_J 为

$$H_J=200 \times 11\%=2.2\text{（m）}$$

在计算总扬程时，由于移动水泵不确定因素较多，因此安全水头 H_A 取1 m。总扬程 H_Z 为

$$H_Z= H_S+ H_J+ H_A=22+1.41+1=24.41\text{（m）}$$

（2）斜井建设阶段移动排水泵接力

移动式水泵的输送距离为200 m，因此还需要在距离上级泵站200 m的位置建立临时水仓。临时水仓的建设要求较低，只要水仓容积大于20 m^{3}即可。临时水仓如图2-5-10所示。

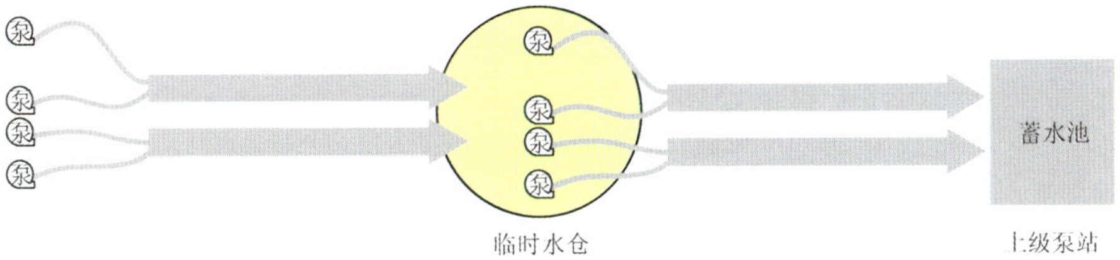

图2-5-10　临时水仓示意

（3）附加的低扬程移动排水泵

无论是在斜井建设阶段还是在主隧道建设阶段，附加的低扬程移动排水泵是必不可少的。

①在斜井建设阶段距离上一级泵站较近的情况下，容易出现扬程过低的情况。

②在即将建设下级泵站的时候，二级移动排水泵在满足总流量800 m^3/h的时候，最远排水距离不超过400 m，无法达到两个泵站之间420 m或者524 m的要求，在水量特别大的情况下，需要建设小型集水坑，如图2-5-11所示。

③在主隧道建设阶段，集水点与一级泵站已经没有较高的静扬程。该阶段除了主隧道低点尽头，基本不需要高扬程移动排水泵，但需要较多的低扬程移动排水泵将近距离集水点的水输送到一级泵站。因此，附加流量为200 m^3/h、扬程为4 ～ 15 m的水泵1组4台。

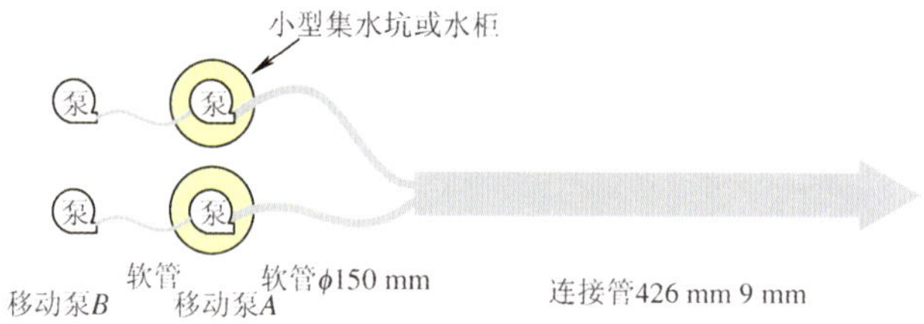

图2-5-11 小型集水坑示意

3.水泵机械配套

(1)水泵参数

3号斜井水泵参数见表2-5-2。

表2-5-2 3号斜井水泵参数

参数＼水泵	移动排水泵A	移动排水泵B	固定泵站
系统扬程	24.4 m	4～15 m	53.3 m
单台流量	200 m^3/h	200 m^3/h	400 m^3/h
数量	8台	4台	12台
备用	2台	2台	

4号斜井水泵参数见表2-5-3。

表2-5-3 4号斜井水泵参数

参数＼水泵	移动排水泵A	移动排水泵B	固定泵站
系统扬程	24.4 m	4～15 m	65.6 m
单台流量	200 m^3/h	200 m^3/h	400 m^3/h
数量	8台	4台	9台
备用	2台	2台	

(2)水泵选型

①泵站水泵选型

为减少水泵的种类和数量，3号斜井和4号斜井的泵站水泵和移动排水泵采用相同型号。3号斜井泵站静扬程为46.2 m，4号斜井泵站静扬程为57.64 m，所以选型水泵的最低扬程需要小于46.2 m，以免发生水泵过载，即选型水泵的扬程要求为：最高扬程大于65.6 m，最低扬程小于46.2 m，流量在400 m^3/h范围内。经过计算，静扬程占总扬程的绝大部分比例，属于不可避免的部分；水力损失所占比例比较小，应避免不必要的水力损失。由此，在流量变化、水力损失变化的情况下，总扬程不会变化很多，保证了水泵运行的稳定性和安全性。在水力损失中，沿程的损失为4.09 m，占绝大部分，局部损失为1.84 m，符合排水泵站局部损失在2 m之内的设计原则。扬程中最大的变量是静扬程，由于实际斜井的坡度有可能与计算坡度不一致而导致扬程降低，需要水泵的曲线范围足够宽广。选择的水泵扬程可以从80 m到30 m，以足够适应扬程的变化。

综上，选型泵站水泵型号：S2.100.200.1600.4.70H.C.430（400 m^3/h@65.6 m，最高扬程80 m，最低扬程30 m），设备功率为155 kW。

2）移动排水泵选型

根据参数要求：流量在200 m^3/h时扬程为24.4 m，选型设备为DW.150.200.A3（200 m^3/h@24.6 m），设备功率为20 kW。

3）低扬程移动水泵选型

根据参数要求：流量在200 m^3/h的范围内，扬程可以满足4～15 m，选型设备为DW.150.110.A.3（200 m^3/h@11 m，最低扬程4 m，最高扬程28 m），设备功率为11 kW。

4.泵站供电系统

新关角隧道主电源供电采用双系统，由天棚 110/35 kV临时变电所向隧道进口及 1～5号斜井供电，察汉诺110/35 kV临时变电所经出口标段向 6 号斜井供电。当任一变电所检修或电源故障时，合上35 kV施工电源线路 6 号斜井处分段开关，由另一变电所向所有斜井及进口的重要电力设备供电。各斜井抽排水电力设备作为新关角隧道主要电力设备的组成部分，需每天24 h持续运转。与正常隧道施工工序中用电设备共用一套供电系统时，易出现电压不稳，造成供电线路损坏，淹井事故风险较高，因此泵站电力设备需配置独立的供电系统。同时新关角隧道洞外供电线路较长，难免会出现线路故障，抢修期间同样会出现淹井事故，因此还需配置备用电源。经过调查研究，最终确定备用电源与供电电源并网、高压进洞的抽排水泵站供电系统，如图2-5-12所示。

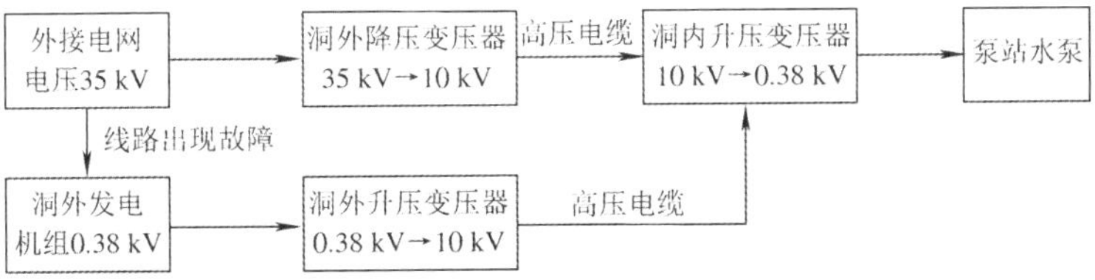

图2-5-12 抽排水泵站供电系统

正常情况下，泵站供电系统以35 kV主电源经洞外箱式变电站降压至 10 kV，利用高压电缆输送至洞内各泵站对应的变电站，经变电站降压至0.38 kV后为泵站电力设备供电。

主电源线路出现故障时，启动箱式柴油发电机组备用电源、经 0.38/10 kV升压变压器升压后通过高压电缆输送至洞内各级泵站对应的变电站，再经变电站降压至0.38 kV后为泵站电力设备供电。

5.泵站动态设计

（1）泵站设备选型优化

在高原、高寒、富水条件下，设备性能和效率的发挥受到了很大影响。结合新关角隧道的设计抽排水方案，对国产大功率水泵共 236台进行现场试验。通过统计分析，国产水泵排水量只能达到理论排水量的50%；其次在连续抽排水情况下使用寿命基本在8个月之内，维修、更换水泵洞内作业时间长且劳动强度高。在抽排水方案的不断改进过程中，采用进口水泵进行现场试验，排水量能够达到理论排水量的83%，使用寿命长（在新关角隧道 7 年建设时间里未进行更换），维修频率低，不易损坏，基本上在6个月到1年进行一次维修。因此，在新关角隧道长距离反坡抽排水采用了以进口设备为主、国产设备为辅的抽排水方案。

（2）排水管路优化

根据新关角隧道各斜井洞内涌水量，结合选用的抽水设备，将排水管路由原方案全部采用DN200无缝钢管优化为采用DN400、DN200无缝钢管串并联排水管路的方案，即将DN400无缝钢管作为主管路，DN200钢管作为辅助管路。泵站内每两台水泵对应一条DN400主管路将水抽排至上一级泵站；泵站内每一台水泵对应一条DN200管路将水抽排至上一级泵站。

为避免管路对接部位不牢，密封效果不佳，出现频繁维修、更换连接件，管路变形损坏等现象，管路接头除了采用常规连接方式外，还采用钢板自制加工了钢圈和橡胶垫圈进行密封加固的措施，如图2-5-13所示。

（3）泵站抽水能力加强

实际施工中，3号和4号斜井工区的水量远大于勘察期间预测涌水量（3～6号斜井的涌水量统计见表2-5-4），导致原设计的泵站抽水能力无法满足实际的抽水需要，为了保证正常的施工掘进，根据涌水量统计和预测结果，对泵站的抽水能力配置进行加强。另外，为了降低风险，确保不发生长大段落的淹井，水泵配置也考虑了一定的风险应急能力。基于上述两个原因，对3号和4号斜井泵站设计进行了优化。

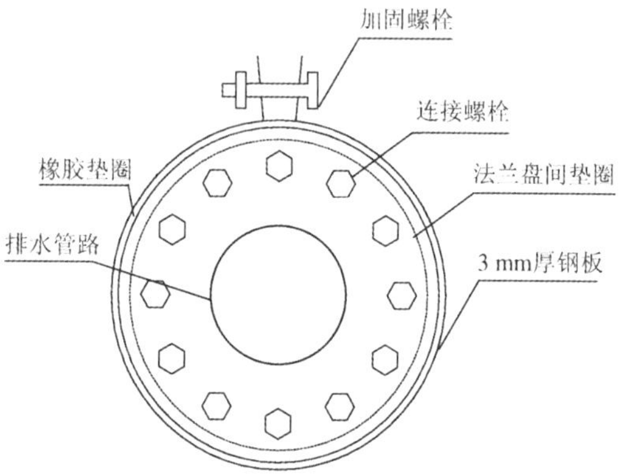

图2-5-13　加固钢圈及橡胶垫圈

表2-5-4　3～6号斜井涌水量统计

日　期	3号斜井		4号斜井		5号斜井		6号斜井	
	日平均（m³/d）	备注	日平均（m³/d）	备注	日平均（m³/d）	备注	日平均（m³/d）	备注
2008年3月	1 534.48					砂岩，水量小		水量小于4 000
2008年4月	3 385		2 841.667					
2008年5月	4 678.74		4 283.871					
2008年6月	6 370.27		7 802.767					
2008年7月	9 846.45		8 474.107					
2008年8月	14 665.4		22 572.48	淹井				
2008年9月	14 425.2		20 094.33	淹井				
2008年10月	24 202.1	淹井	18 796.55					
2008年11月	18 873.5	淹井	16 193.6					
2008年12月	14 848.6	淹井	17 663.87	注浆抽水				

续上表

日　期	3号斜井		4号斜井		5号斜井		6号斜井	
	日平均（m^3/d）	备注	日平均（m^3/d）	备注	日平均（m^3/d）	备注	日平均（m^3/d）	备注
2009年1月	18 182.6		14 218.55	注浆抽水		砂岩，水量小		水量小于4 000
2009年2月	24 980		5 932.893	注浆抽水				
2009年3月	18 499.1		7 261.194	注浆抽水				
2009年4月	14 055.4		9 739.353				3 775.688	
2009年5月	15 794.1		16 909.8				3 910.677	
2009年6月	15 707.2		14 577.6			砂岩，水量小	3 962.067	
2009年7月	15 754.1		34 495.23	淹井			4 318.194	
2009年8月	14 407		74 945.72	淹井			5 446.677	
2009年9月	14 764		97 573.31	淹井			6 064.267	
2009年10月	16 148.7		124 185	淹井			6 056.097	
2009年11月	13 371.9		66 731.16	淹井	12 501.42	淹井	6 854.4	
2009年12月	12 473.1		8 175	淹井	10 843.81		75 770.84	

1）泵站抽排水能力

施工中应加强超前地质预报的管理，尤其对已经预测的可能集中涌水段进行准确的超前水平钻探，提前实施堵水措施，能大大减少施工中的涌水量，但工程中发生风险事故往往不能完全避免，需要有足够的抽水能力，以尽量减小或缩短风险事件的危害程度和影响时间。新关角隧道通过采取超前预测技术、注浆堵水处治技术，对需要排出的涌水进行了泵站抽排水能力配置。

①考虑到目前的超前地质预报技术还不能将风险完全预报准确，风险事件往往不能避免，因此，主洞施工仍然需要考虑发生一次最大涌水后的抽水能力，排水数量为Q_1（主洞内预测的多个突水段中涌水量最大段落的最大涌水量）。

②斜井施工中采取帷幕注浆或通过后对一些集中涌水点进行注浆堵水，可以大大减少涌水量。根据各斜井注浆效果（集中涌水堵水效果可达70%），斜井堵水效果按70%考虑，排水数量为Q_2（预测的斜井的稳定涌水量）× 0.3。

③对各斜井预测的主洞的集中出水段（除Q_2段），也可以实施注浆堵水，主洞中主要的任务是掘进，堵水效果要求可以适当降低，因此，主洞堵水效果按 60%考虑，排水量为Q_3（主洞中预测的多个突水段中除涌水量最大的段落Q_2段外的稳定涌水量之和）× 0.4。

④其余段落的涌水量预测值Q_4。

泵站抽水能力按照以上四项涌水量之和进行配置，即$Q=Q_1+Q_2\times 0.3+Q_3\times 0.4+Q_4$。

2）排水工作方式

①掌子面积水采用移动潜水泵抽至斜井泵站，斜井已施工地段出水经自然汇积到集水坑后引至附近的泵站水仓，泵站工作泵将水仓内积水抽排至下一级水仓，如此接力抽排至

井外。

②每两级固定泵站之间扬程较大，为保证移动潜水泵能有效地将掌子面积水抽排至泵站水仓，防止掌子面被积水淹没，可增加临时泵站，提高抽水效率。

③正常情况下，根据实际排水量大小，选择工作泵台数，满足施工阶段的正常抽水需要。

3）3号斜井泵站配置调整

3号斜井原设计预测正常涌水量为4 867.64 m^3/d，最大涌水量为11 682.3 m^3/d，实际施工中涌水量发生了较大变化，最大涌水量达53 852 m^3/d，导致建井期间多次发生大规模涌水。涌水点主要分布在拱部及边墙，以股状涌水及淋雨状涌水形式沿裂隙出露，出水点分散。3号斜井涌水点调查见表2-5-5。现场情况如图2-5-14～图2-5-17所示。

表2-5-5　3号斜井涌水点调查汇总

序号	出水里程	部　位	备　注
1	Ⅰ线DK288+450-480段	夹层及裂隙水	散状裂隙，局部呈股状
2	Ⅰ线DK288+456	掌子面左侧底部	钻孔喷水15 m
3	Ⅰ线DK288+453	掌子面左侧底部	呈股状向外喷出10 m
4	Ⅰ线DK288+455～450段	掌子面左侧夹层	夹层有散状裂隙水局部股状
5	Ⅰ线DK288+440～435段	掌子面夹层	夹层有散状裂隙水局部股状
6	Ⅰ线DK288+960～990段	拱顶和边墙	有散状裂隙水
7	Ⅰ线DK289+030～070段	拱顶和边墙	有散状裂隙水
8	Ⅰ线DK289+120～130段	拱顶和边墙	有散状裂隙水
9	Ⅱ线DYK288+475	掌子面左侧边墙	夹层有股状出水
10	Ⅱ线DYK288+470	掌子面	夹层有散状裂隙水局部股状
11	Ⅱ线DYK288+970-289+000段	拱顶和边墙	有散状裂隙水
12	Ⅱ线DYK289+020-025段	拱顶和边墙	有散状裂隙水
13	Ⅱ线DYK287+759	掌子面右侧边墙	夹层有股状裂隙出水（注浆）
14	Ⅱ线DYK287+759-740段	右侧边墙和拱顶	夹层有股状裂隙出水（注浆）
15	Ⅰ线DK289+000+288-300段	边墙和拱顶	散状裂隙水
16	Ⅰ线DK289+317	拱顶钻孔	拱顶中心一个钻孔喷水4 m
17	Ⅰ线DK289+377	钻孔涌水	打完注浆孔后掌子面出现涌水
18	Ⅱ线DYK287+350～337段	拱部和边墙	拱部和右边墙有散状裂隙水、左侧边墙散状裂隙水局部股状
19	Ⅱ线DYK287+337	掌子面左侧下部周边眼	从钻孔中向外喷出6 m（2处）
20	Ⅰ线DK287+795～814段	底部	有散状裂隙水局部股状（16处）
21	Ⅱ线DYK289+380～413段	拱部和边墙	有散状裂隙水局部股状
22	Ⅱ线DYK289+413	拱顶周边眼	从钻孔中向外喷出5 m（3处）

根据排水量计算结果，泵站容量按照55 000 m^3/d设计，共布置7个泵站，斜井井身5个，井底正洞2个，如图2-5-18所示，排水主管采用4根DN400钢管，将每两台水泵出水管汇合至一根DN400管道内排入下一级泵站。

图2-5-14 DK289+377处掌子面出水

图2-5-15 DYK287+347.5处掌子面出水

图2-5-16 DYK287+328处掌子面出水

图2-5-17 DYK289+410处掌子面出水

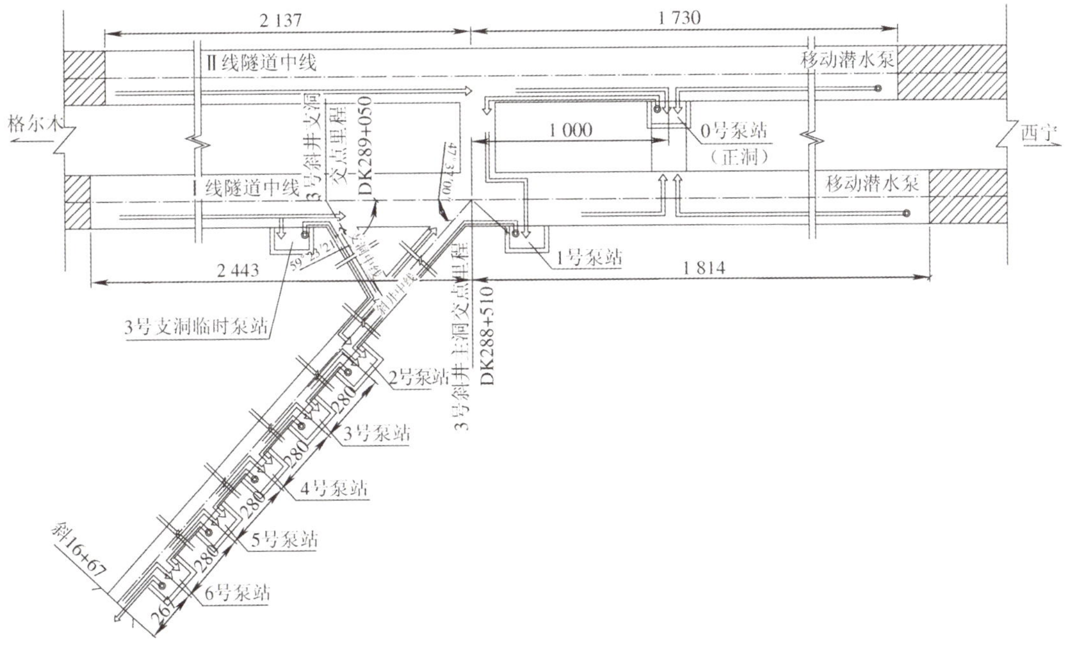

图2-5-18 3号斜井泵站布置（单位：m）

3号斜井水泵配置见表2-5-6和表2-5-7，高原条件下流量的折减系数按0.8考虑，$Q_{总}$=68 750 m^3/d，电机功率合计6 314 kW。

表2-5-6　3号斜井施工水泵配置

项　目	移动泵	0号泵站		1号泵站		2号泵站		3号泵站		4号泵站		5号泵站		合　计
型号	wQ 250	格兰富	wQ 600	格兰富	wQ 600	格兰富	wQ 600	格兰富	wQ 600	格兰富	wQ 600	格兰富	wQ 600	
数量	14	7	0	7	0	7	0	7	0	7	0	7	0	42
备用数量（台）	2	0	1	0	1	0	1	0	1	0	1	0	1	6
总数量	16	7	1	7	1	7	1	7	1	7	1	7	1	48
流量（m^3/h）	250	400	600	400	600	400	600	400	600	400	600	400	600	
扬程（m）	50	70	50	70	50	70	50	70	50	70	50	70	50	
单台电机功率（kW）	55	155	132	155	132	155	132	155	132	155	132	155	132	
总电机功率（kW）	770	1 085		1 085		1 085		1 085		1 085		1 085		6 510

表2-5-7　3号斜井管道配置

项　目	移动泵	0号泵站	1号泵站	2号泵站	3号泵站	4号泵站	5号泵站	合　计
站间距（m）	1 000	1 000	330	330	330	340	337	
钢管DN400（m）		4 000	1 320	1 320	1 320	1 360	1 348	10 668
钢管DN300（m）		40	40	40	40	40	40	240
橡胶管DN200（m）	14 000							
闸阀阀 DN400（个）		8	8	8	8	8	8	48
止回阀 DN400（个）		8	8	8	8	8	8	48

斜井供电方案：新关角隧道3号斜井水泵站总设备容量为6 510 kW，斜井泵站设备容量见表2-5-8。

表2-5-8　3号斜井泵站容量

工　区	移动泵	0号泵站	1号泵站	2号泵站	3号泵站	4号泵站	5号泵站	合计
3号斜井设备容量（kW）	770	1 085	1 085	1 085	1 085	1 085	1 085	6 510

①斜井泵站由35 kV电力线路供电。

②在3号斜井的1～5号泵站分别配置1台1 250 kVA的10/0.4 kV的变压器及相对应的低压配电柜向1～5号泵站水泵供电，洞外设2台容量为2 500 kVA的35/10 kV变压器向洞内1～4号变压器洞室供电，设1台容量为1 250 kVA的35/10 kV变压器向5号变压器洞室供电。

③变压器洞室电力采用环网接线形式。

④35 kV电源线路采用3×95 mm^{2}铠装电缆沿隧道壁铺设。洞内10/0.4 kV箱式变电站至水泵控制箱的低压电力电缆采用300 mm^{2}铜芯电缆。

各斜井临时水泵电源就近由水泵站10/0.4 kV变压器洞室变电站接引。

4）4号斜井泵站配置调整

4号斜井延深总长为1 571 m，坡度为11°，在预设计时，根据涌水量预测共设3处泵站接力排水，如图2-5-19所示，其中斜井井身设2处泵站，正洞内设1处泵站，每个泵站配备3台离心泵，备用和检修各1台，共计15台（移动潜水泵共配备5台），排水管为DN300钢管，最大排水能力为29 426.24 m^3/d（含正洞工区的水量）。施工期间斜井及正洞的涌水量远大于勘察期间的预测涌水量，导致建井期间多次发生淹井。最大的一次涌水发生于2009年7月5日，开挖过程中发生突然涌水，斜井淹没长度648 m，影响掘进长达半年时间，如图2-5-20和图2-5-21所示。2009年7月5日4号斜井X4+85处发生涌水淹井后，现场加强了洞口排水量与洞内水面位置的监测工作。洞口排水量观测采用流速仪法，观测频率为间隔2～3 h，由技术人员常驻现场进行测试。

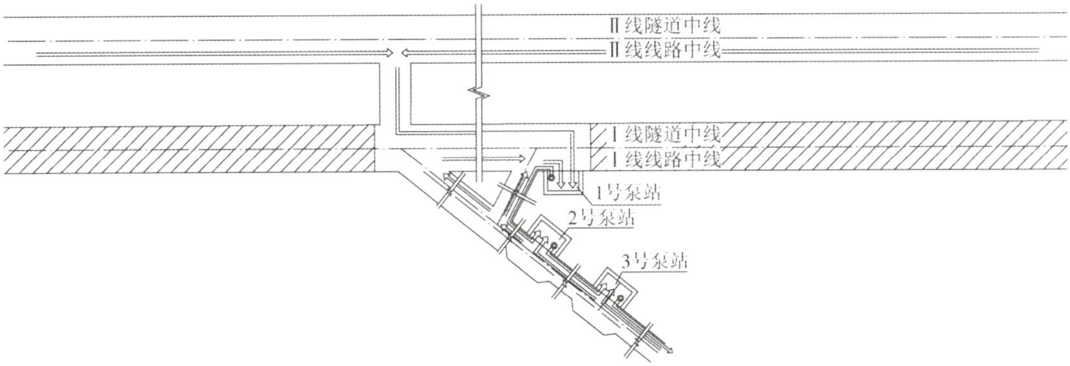

图2-5-19 4号斜井预设计泵站设置

图2-5-20 4号斜井洞口排水

图2-5-21 4号斜井工区淹井抽排水

4号斜井工区通过地段地下水类型为基岩裂隙水和岩溶裂隙水，涌水表现形式为股状涌水，涌水点较为集中，涌水量较大。涌水调查见表2-5-9。

表2-5-9 4号斜井涌水点调查汇总

序 号	里 程	出水部位	出水形式	水量（m^3/d）	备 注
1	X13+35	左侧拱脚	股状集中出水	1 100	
2	X13+30	左侧拱脚	股状集中出水	1 350	
3	X13+25	右侧拱部	股状集中出水	800	

续上表

序　号	里　程	出水部位	出水形式	水量（m^3/d）	备　注
4	X13+03	左侧边墙	股状集中出水	1 500	
5	X13+00 ~ X12+50	两侧起拱线	段落性集中出水	22 000	
6	X9+50 ~ X9+28	右侧边墙及拱脚	段落性集中出水	3 500	
7	X9+24	全断面	多股状喷射出水	28 000	
8	X8+80	左侧拱脚	股状集中出水	400	
9	X8+77	右侧边墙	股状集中出水	30 000	
10	X8+74	右侧底板	股状集中出水	1 200	
11	X4+85	底板	股状集中出水	170 000	
12	绕X4+09	全断面	多股状喷射出水	60 000	喷射35 m
13	绕X3+88	全断面	多股状喷射出水	40 000	喷射18 m
14	DK290+552	全断面	股状集中出水	6 500	
15	DYK290+547	全断面	股状集中出水	8 000	
16	DYK290+539	右侧边墙	股状集中出水	8 900	喷射7 m
17	DYK291+355	右侧拱顶	股状集中出水	6 000	
18	DYK291+492	左侧拱腰	股状集中出水	5 000	

图2-5-22 ~图2-5-25为涌水点现场情况。

图2-5-22　4号斜井掌子面涌水

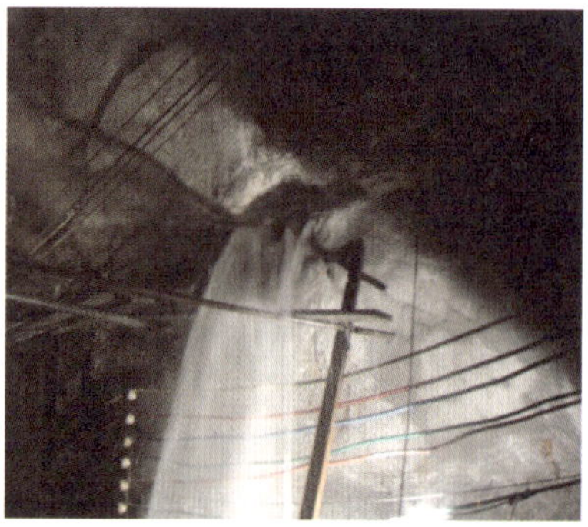

图2-5-23　4号斜井边墙部位的涌水

图2-5-24　4号斜井墙脚部位的涌水

图2-5-25　DYK291+460掌子面探孔出水

根据实际涌水量，调整4号斜井抽水能力及泵站配置，泵站容量按照120 000 m^3/d设计，以防止再次发生淹井。共布置12个泵站，斜井井身左右侧各5个，井底正洞西宁和格尔木方向各1个，如图2-5-26所示，右侧（面向井底）排水主管采用4根DN400钢管，左侧（面向井底）排水主管采用3根DN400钢管，将每两台水泵出水管汇合至一根DN400管道内排入下一级泵站。实际施工泵站及管道配置见表2-5-10和表2-5-11。

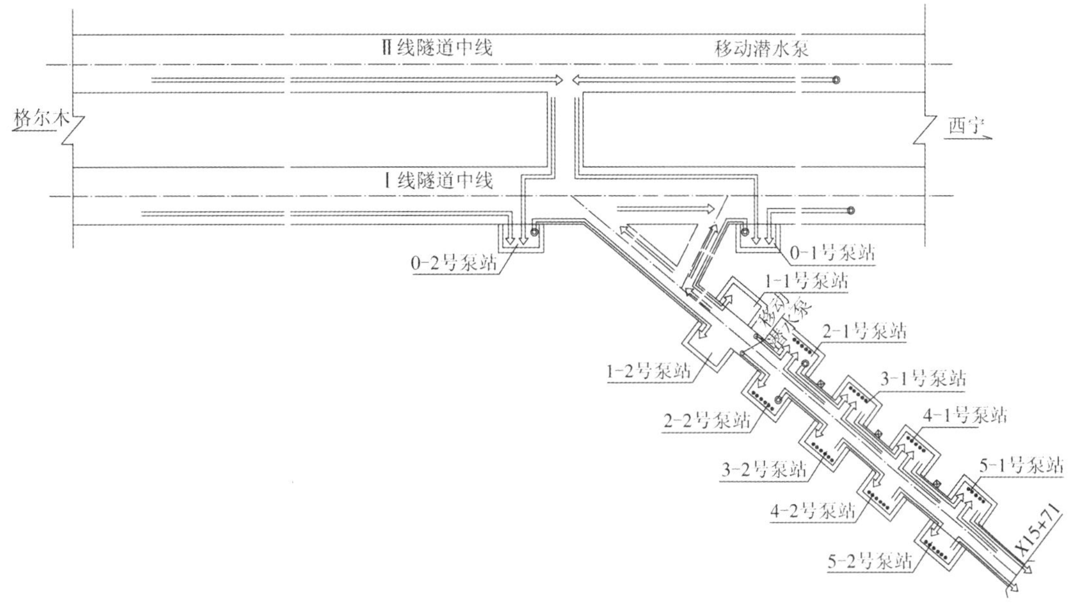

图2-5-26　调整后的4号斜井泵站设置

表2-5-10　4号斜井实际施工水泵配置

项　目	移动泵	0号泵站		1号泵站		2号泵站		3号泵站		4号泵站		5号泵站		合计
型号	wQ 250	格兰富	wQ 600	格兰富	wQ 600	格兰富	wQ 600	格兰富	wQ 600	格兰富	wQ 600	格兰富	wQ 600	
数量（台）	24	7	3	7	3	7	3	7	3	7	3	7	3	60
备用数量（台）	2	0	2	0	2	0	2	0	2	0	2	0	2	12
总数量（台）	26	7	5	7	5	7	5	7	5	7	5	7	5	70
流量（m^3/h）	250	400	600	400	600	400	600	400	600	400	600	400	600	
扬程（m）	50	70	50	70	50	70	50	70	50	70	50	70	50	
单台电机功率kW）	55	155	132	155	132	155	132	155	132	155	132	155	132	
总电机功率（kW）	550	1 481		1 481		1 481		1 481		1 481		1 481		8 886

表2-5-11　4号斜井管道配置

项　目	移动泵	0号泵站	1号泵站	2号泵站	3号泵站	4号泵站	5号泵站	合计
站间距（m）	385	260	263	260	260	260	271	
DN400钢管（m）		1 560	1 578	1 560	1 560	1 560	1 626	9 444

续上表

项目	移动泵	0号泵站	1号泵站	2号泵站	3号泵站	4号泵站	5号泵站	合计
DN300钢管（m）		80	80	80	80	80	80	480
DN200橡胶管（m）	9 240							
止回阀DN400（个）		12	12	12	12	12	12	72
闸阀DN400（个）		12	12	12	12	12	12	72

斜井供电方案：新关角隧道4号斜井水泵站总设备容量为8 886 kW，斜井泵站设备容量见表2-5-12。

表2-5-12　4号斜井泵站设备容量

工区	移动泵	0号泵站	1号泵站	2号泵站	3号泵站	4号泵站	5号泵站	合计
4号斜井设备容量（kW）	550	1 481	1 481	1 481	1 481	1 481	1 481	8 886

①斜井泵站由35 kV电力线路供电。

②在4号斜井的2号泵站设1台容量1 600 kVA的10/0.4 kV的变压器及相对应的低压配电柜向该泵站水泵供电；在0-1号、0-2号、1-1号、1-2号、3-1号、3-2号、4-1号、4-2号、5-1号、5-2号泵站附近分别设1台容量为800 kVA的10/0.4 kV的变压器及相对应的低压配电柜向各自相对应泵站水泵供电，另外在洞外设1台容量为2 500 kVA、4台1 600 kVA及1台800 kVA的35/10 kV变压器向洞内0-1、0-2号、1-1号、1-2号、2号、3-1号、3-2号、4-1号、4-2号、5-1号、5-2号变压器洞室供电。

③变压器洞室电力采用环网接线形式。

④35 kV电源线路采用3×95 mm^2铠装电缆沿隧道壁铺设。洞内10/0.4 kV箱式变电站至水泵控制箱的低压电力电缆采用300 mm^2铜芯电缆。

⑤各斜井临时水泵电源就近由水泵站10/0.4 kV变压器洞室变电站接引。

⑥各斜井水泵的控制设备由水泵生产厂家配套。

另外，新关角隧道斜井泵站设备用电为施工期间的重要负荷，中断供电会造成斜井因排水不畅而发生淹没事故，为保障新关角隧道有安全可靠的施工电源，在斜井水泵站配备应急电源。

在斜井口集中设置柴油发电机组发电，升压至35 kV作为斜井泵站应急电源。正常时，由35 kV电力线路作为箱式变电站的主供电源，当主供电源失电时，由柴油发电站向箱式变电站提供35 kV备供电源。

柴油发电站由箱式柴油发电机组、升压变压器、35 kV开关站组成。

3号4号斜井口较近，共用柴油发电、升压站，柴油发电站容量为15 000 kW。5号、6号斜井的柴油发电站容量分别为5 000 kW和4 000 kW。

5）优化后各斜井泵站配置

优化后各斜井泵站配置见表2-5-13。

表2-5-13　各斜井泵站配置

斜　井	泵站个数	进口水泵（台）	国产水泵（台）	排水功率（kW）
3号	7	35	33	10 705
4号	6	48	36	13 200
5号	6	24	24	7 560
6号	7	28	20	7 540

2.6　小　　结

新关角隧道突涌水防治技术包括超前地质预报方案和堵水、排水处理方案。其中超前地质预报属于“防”的范畴，而“治”是指洞内、外综合处治技术。洞内采用注浆堵水的方法，注浆方案根据突涌水模式及地层揭露情况确定，洞外采用地表导流方式，减少地表对洞内水源的补给，再利用反坡抽排水技术将渗入隧道的地下水排出，达到控制地下水对正常施工影响的目的。通过上述技术的研究总结，取得了以下认识：

（1）新关角隧道地下水类型为基岩裂隙水和岩溶裂隙水，溶腔构造不发育，对施工基本无影响。施工中遇到的突涌水灾害主要出现在3号、4号斜井灰岩发育段，洞内涌水点的分布具有随机性，克德陇沟地表水与3号、4号斜井具有较好的水力联系，是斜井涌水的重要补给来源。

（2）新关角隧道围岩为比较均匀的裂隙-溶隙含水介质，按与地下水的剖面分带的位置关系建立了五种水文地质概念模型，分别为垂向循环带突涌水模型、季节变动带突涌水模型、水平循环带突涌水模型、深部循环带突涌水模型和强径流带突涌水模型。

（3）新关角隧道突涌水模式分为掌子面突涌水模式和洞身突涌水模式，其中掌子面突涌水模式包含裂隙-溶隙和构造带两种突涌水模式；洞身突涌水模式是基于新关角隧道长距离反坡斜井涌水和排水特点提出的，并以洞身处于季节变动带时为洞身突涌水模式的典型。

（4）新关角隧道突涌水处治技术方案包括超前探测方案和处理方案。在以堵为主地段，实施洞内注浆堵水、地表导流、反坡抽排水等措施综合处治。其中，根据裂隙-溶隙型掌子面突涌水、构造带型掌子面突涌水和季节变动带洞身突涌水模式的机理，制定了针对不同突涌水模式的注浆处理方案，包括超前顶水注浆、帷幕注浆、局部顶水注浆和径向注浆。

（5）实践证明，采用C-S双液浆进行帷幕注浆超前堵水，基本能够实现预期的堵水目标，但应用于径向注浆和顶水注浆封堵地下水时效果较小。马丽散化学浆流动性好、扩散范围大，遇水膨胀固化，凝固时间快，固化后结石体不收缩，能实现对微小空隙的入渗，堵水效果好，尤其适合于散状涌水的径向注浆和顶水注浆封堵；跨越2000系列化学注浆材料遇水膨胀固化，凝固时间快，具有二次扩散的功能，能实现对微小空隙的入渗，扩散范围大，能够实现对压力水的封堵，耐久性较好，适合隧道开挖过后的径向注浆和顶水注浆。

（6）考虑支管水力损失、合流管水力损失、出流总管水力损失后，3号斜井泵站水泵的静扬程为46.2 m，总扬程为53.22 m，4号斜井泵站水泵静扬程为57.64 m，总扬程为65.6 m。为减少水泵的种类和数量，3号斜井和4号斜井的泵站水泵和移动排水泵采用相同型号，因此水泵的最高扬程需要大于65.6 m，最低扬程需小于46.2 m。由于实际斜井的坡度有可能与计算坡度不一致而导致扬程的降低，所以需要水泵的曲线范围足够宽广，最终选型泵站水泵型号：S2.100.200.1600.4.70H.C.430（400 m^3/h@65.6 m，最高扬程80 m，最低扬程30 m。），设备功率为155 kW。

3　浅埋贫水风积砂地层隧道施工技术

浅埋贫水风积砂段围岩存在工程地质复杂、结构松散、自稳性差、沉降变形大、支护易失效、掌子面易塌方等特点，在该类地层中施工的隧道往往成为铁路建设过程中的控制性工程。如何科学、高效的控制浅埋贫水风积砂地层隧道变形长期困扰着一线施工人员。为实现安全、优质、快速施工的目的，新关角隧道在施工过程中研发了四台阶九步开挖工法，完善了风积砂地层隧道施工稳定性控制技术，为相似工况下的隧道施工提供了有利参考。

3.1　浅埋贫水风积砂地层隧道稳定性特征

3.1.1　砂层地质成因及工程性质

新关角隧道通过区属青海南山高山区的关角日吉山，进口位于布哈河冲积平原后缘。进口DK280+570 ～ DK281+120段覆盖地层薄（2 ～ 23 m），为第四系砂质黄土、细砂及粉质黏土，如图3-1-1所示。其中，粉质黏土和细砂层为现代河床的冲积、洪积搬运、沉积作用而在山前形成的地层；砂质黄土层是由于风的搬运和沉积作用，断断续续厚度不等地覆盖在山前洪积物上。砂层下部的基岩是志留系变质砂岩夹板岩，为变质的海相类复理碎屑沉积，以变质砂岩为主，局部夹板岩和少量千枚岩，变质砂岩约占70%，局部呈不等厚互层状，是上部第四纪地层的母岩。因此，进口段岩层物质系冲积、洪积和风积的产物。

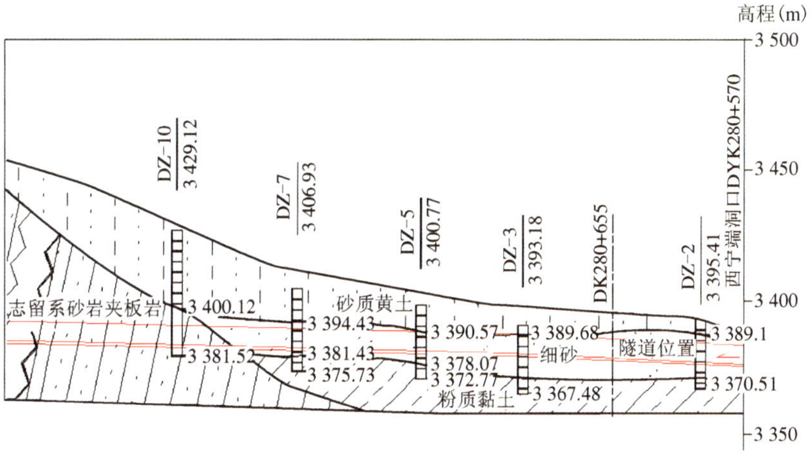

图3-1-1　隧道进口段地层分布示意

隧道主要穿越的细砂层的工程性质介于砂性土与黏性土之间，在天然状态下，结构松散，在自重的作用下即可压密，埋深较大的粉细砂层，密度也较大。细砂主要的工程性质有：

（1）粒径分布均匀，且粒径范围很小，结构松散，在外界荷载作用下很容易变形，在破坏滑移时往往是瞬间的、突然的；

（2）细砂体主要靠颗粒间法向压力形成的粒间摩擦力维持本身稳定和承载能力，在剪力的作用下土体很容易失稳。因此，开挖后洞室自稳能力极差，极易发生塌方事故，施工风险较高，施工难度较大。

3.1.2 围岩变形特征分析

采用有限元结构分析软件，选择DK280+655断面为数值计算的地质模型，隧道埋深16.71 m，地表层为砂质黄土，隧道穿越细砂层，基底为粉质黏土。数值模型材料的物理力学参数见表3-1-1，隧道断面具体形式如图3-1-2所示，计算模型如图3-1-3所示。

表3-1-1 地层物理力学参数

地 层	变形模量 E（MPa）	泊松比 μ	摩擦角 φ（°）	黏聚力 c（kPa）	容重 γ（kN/m^3）
砂质黄土	12	0.44	21	22.3	19.4
细砂层	25.6	0.33	36	0.2	17.4
粉质黏土	9.7	0.35	24.3	29	20.1

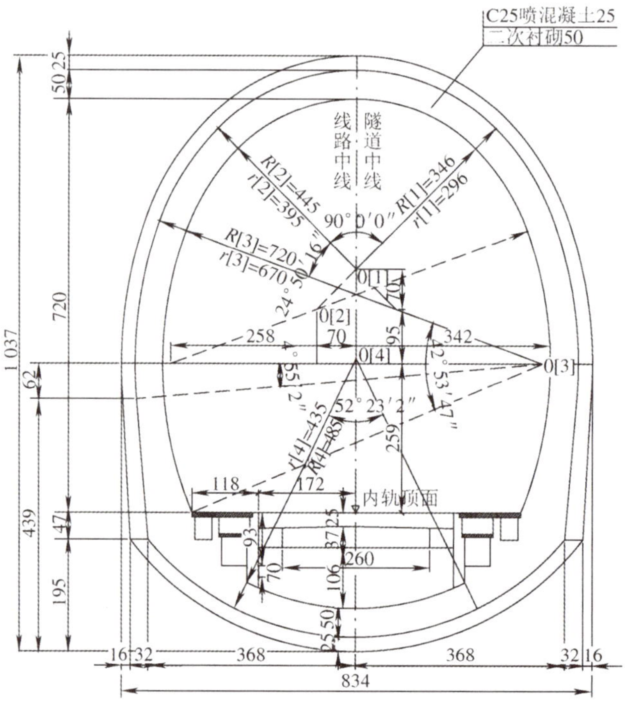

图3-1-2 进口段断面（单位：cm）

计算在不同应力释放系数下洞周监测点的位移值，通过契尔恩豪森（Tschirnhaus）变换可得尖点突变模型的标准形式：$U = x^4 + ux^2 + vx + c$。根据尖点突变理论，计算确定发生突变的

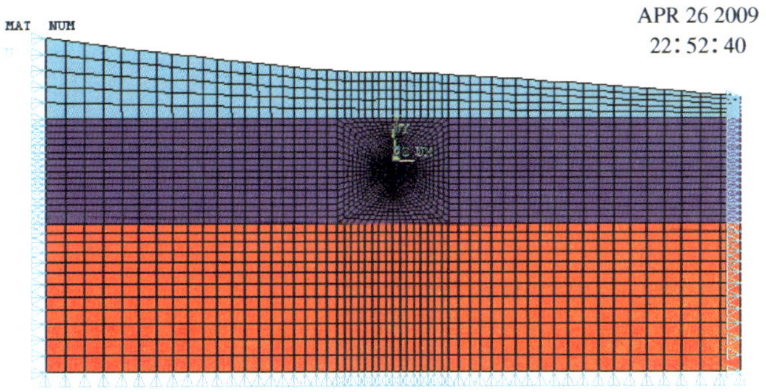

图3-1-3　浅埋贫水风积砂层段数值计算模型

能量阈值$\varDelta=8u^3+27v^2$，当$\varDelta>0$时，岩体系统处于稳定状态，当$\varDelta\leqslant 0$时，岩体系统处于不稳定状态。

1.隧道围岩稳定极限位移分析

洞周围岩的拱顶位移随地应力释放系数的变化规律如图3-1-4所示，突变特征值见表3-1-2。

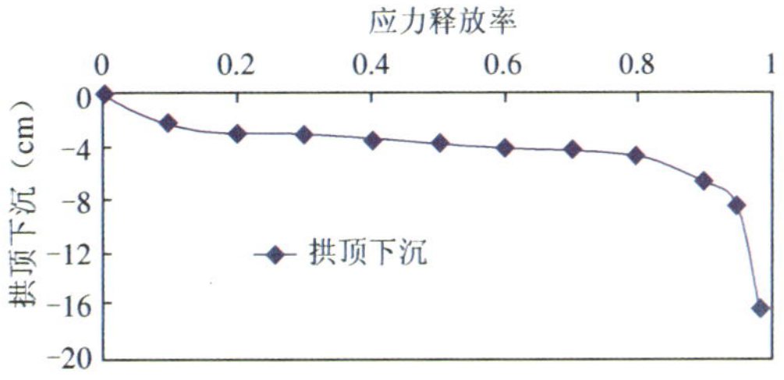

图3-1-4　拱顶沉降值与应力释放率关系曲线

表3-1-2　应力释放率与突变特征值关系

应力释放率（%）	80	90	95	98
u	0.66	-0.948	-4.27	-0.244
v	-0.041	-0.77	4.82	-0.026
$\varDelta$	2.25	9.193 3	4.448	-0.098

从表3-1-2可以看出，随着应力释放率的增加，其突变特征值成波动性变化，当应力释放率小于80%时，突变特征值$\varDelta>0$，位移变化较平缓，说明隧道围岩处于稳定状态；当应力释放率大于80%，位移开始不断增大，当应力释放率达到98%时，突变特征值$\varDelta=-0.098<0$，位移突然增大，说明围岩已失稳。因此，定义应力释放率80%为理论最佳支护时机，定义应力释放95%时的拱顶位移值85 mm为拱顶极限位移值。

2.隧道围岩位移变化规律

为了监测不同应力释放率条件下围岩深部的变形、位移的变化规律，在围岩的不同部位设置监测点，得到不同荷载释放率下，拱顶上方围岩和拱腰侧水平围岩深部位移变化规律，如图3-1-5～图3-1-7所示，拱顶沉降及拱腰收敛（取水平位移2倍）如图3-1-8所示。

由图3-1-5可知，随着应力释放率的增大，拱顶各部下沉呈现出增大趋势，应力释放率由10%增大到98%，拱部最大下沉值由4 cm增大到16.5 cm；当应力释放率小于80%时，应力释放率对拱顶下沉影响不明显，当应力释放率超过80%后，释放率对拱顶下沉量的影响明显增大，下沉值也明显变大。

由图3-1-6、图3-1-7可知，随着应力释放率的增大，拱腰处的水平变形也呈逐步增大趋势，当应力释放率由10%增大到98%时，右侧拱腰处的水平变形量由2.2 cm增大到10 cm，左侧拱腰处的水平变形量由3.6 cm增大到12 cm，且左侧腰处变形大于右侧拱腰处变形，这是由于地形偏压造成的。当应力释放率小于80%时，对拱腰收敛变形影响不明显，当应力释放率超过80%后，对拱腰收敛的影响明显增大，水平变形量显著增大。

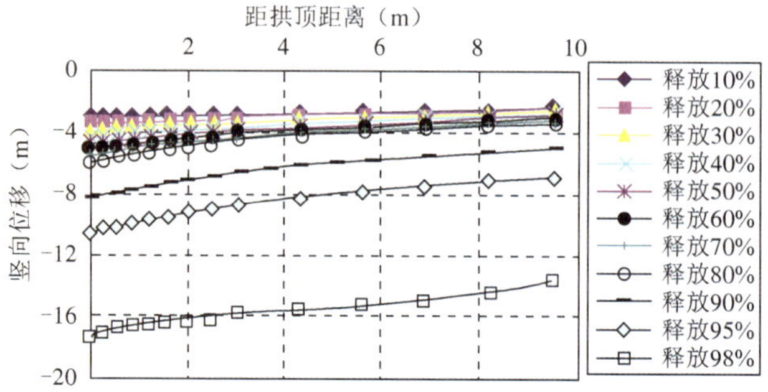

图3-1-5　拱顶上方围岩深部位移变化规律

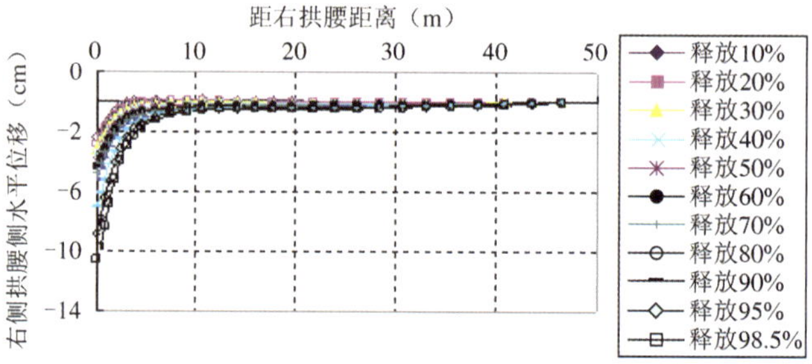

图3-1-6　右侧拱腰侧水平围岩深部位移变化规律

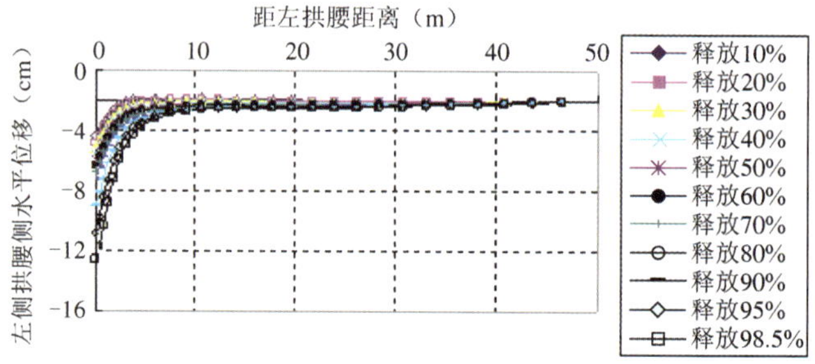

图3-1-7　左侧拱腰侧水平围岩深部位移变化规律

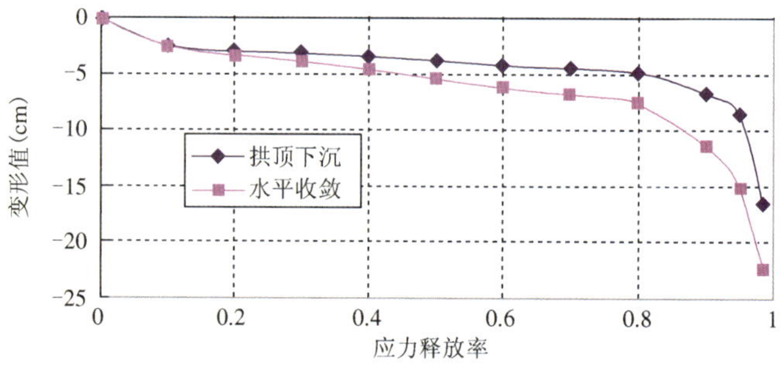

图3-1-8　拱顶沉降值、拱腰水平收敛值与应力释放率关系曲线

由图3-1-8可知，在不同的应力释放率下，隧道拱腰的收敛值大于拱顶的下沉值，拱腰的最大水平收敛值为22.4 cm，拱顶的最大下沉值为16.5 cm，这与围岩塑性区变化特征是一致的。当应力释放率小于80%时，变形发展缓慢，围岩的拱顶下沉变形量小于5 cm，拱腰收敛值小于8 cm，当应力释放率大于80%后，拱顶和拱腰的变形增量明显变大。

3.围岩塑性区变化分析

围岩的塑性区变化特征如图3-1-9～图3-1-12所示。

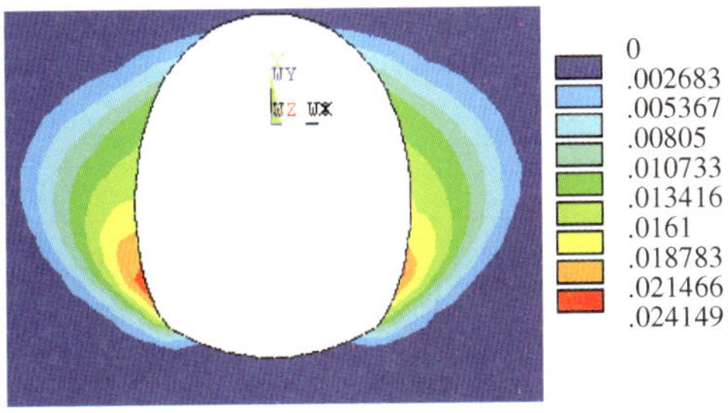

图3-1-9　10%释放率塑性区

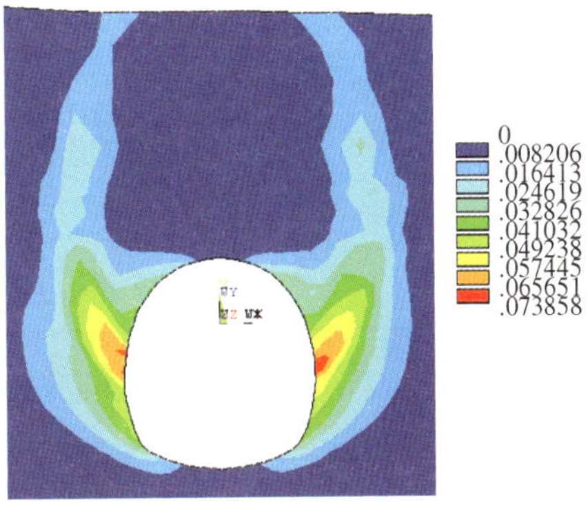

图3-1-10　释放率90%塑性区

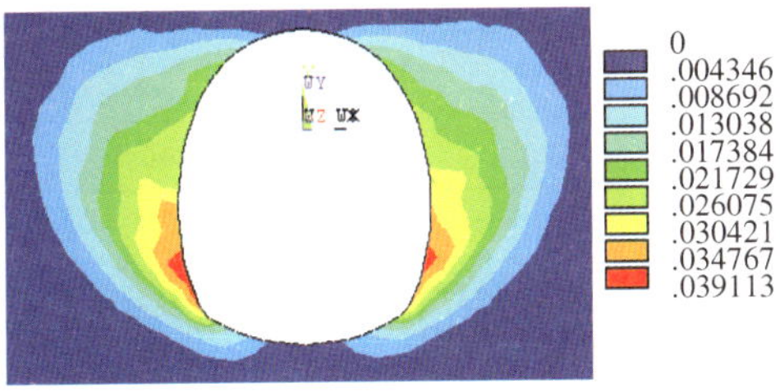

图3-1-11　释放率95%塑性区

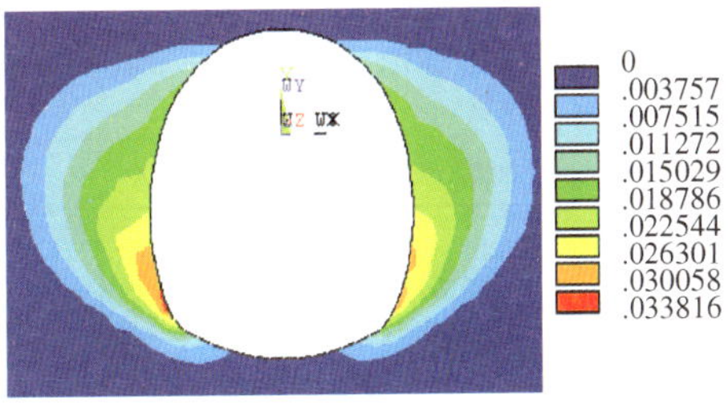

图3-1-12　释放率99%塑性区

从图中可以看出：(1)当应力释放率为10%时，围岩就出现了大的塑性区，浅埋贫水风积砂层表现出了极弱的强度特征。(2)隧道围岩的塑性区呈扁平的椭圆形形状，水平两侧的塑性区范围、深度较大，拱部塑性区范围较小，使得拱腰位置更易产生较大变形，且隧道侧壁的水平收敛量要大于拱部的下沉。(3)随着应力释放率增大，围岩承载环的形状也由初始的隧道轮廓线形状变为扁平椭圆形状，隧道更易失稳。(4)应力释放率为80%时出现拐点，即在应力释放80%以前，塑性应变一直保持平稳变化，应力释放系数超过80%后，洞周各点塑性应变相继发生增长突变，塑性区域迅速扩大，最后导致围岩失稳。

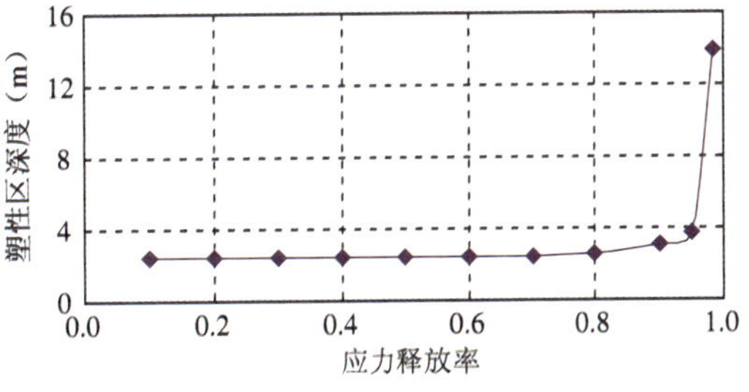

图3-1-13　塑性区深度与应力释放率关系曲线

塑性区深度随应力释放率的变化如图3-1-13所示。当设定应力释放率为10%～80%时，围岩的塑性区深度变化很小，基本在2.6 m左右；当应力释放率达到80%后，塑性区深度有一个急剧增大的现象，表现为塑性区深度对应力释放率的敏感性增强，当应力释放率为95%时，塑性区深度达到3.8 m，应力释放率达到98%时，塑性区与上部自由面贯通。由此可得，应力释放率达到80%后，塑性区域迅速扩大，屈服区内围岩发生塑性流动，最后导致围岩失稳。

3.2 浅埋贫水风积砂隧道开挖方法研究

3.2.1 隧道施工方法比选

1.施工方法定性评价

评价施工备选方案对新关角隧道进口段地质条件和施工的适用性，整理施工方法的定性评价见表3-2-1。

表3-2-1 施工方法定性评价

指标＼方法	明挖法	盾构法	浅埋暗挖法
安全性	确保基坑边坡稳定性后，施工安全性较好	施工安全	加强支护，施工安全性较高
施工速度	开挖土石方量较大，需回填，总体施工速度快	自动化程度高，施工速度较快	合理组织各工序，可提高施工速度
经济指标	明挖土石方量大，需购置设备，总体造价较高	初期购买设备费用高，短距离施工造价高	造价较低
环境影响	场地范围大，对环境破坏很大	对周边环境影响小	对周边环境影响小

2.施工方法模糊评判法评价

将各施工方案的安全性、施工速度、经济指标和对环境影响大小的定性描述进行量化，对方案优劣性定量评判，见表3-2-2。

表3-2-2 施工方法各指标优劣量化

指 标＼方 法	明挖法	盾构法	浅埋暗挖法
安全性	2	3	2
施工速度	3	2	1
经济指标	2	1	3
环境影响	1	3	3

（1）建立因素指标集

关角隧道进口段浅埋砂层施工备选方案的因素有安全性、施工速度、经济指标和环境影响四个因素，因此因素指标集为

$$U=(\text{安全性，施工速度，经济指标，环境影响})$$

（2）备选集

浅埋砂层段隧道施工有三种备选方案，其备选集为

$$V=(\text{明挖施工法，盾构施工法，暗挖施工法})$$

（3）建立权重集

采用模糊二元排序法和专家评判法确定权重大小。这两种方法较符合人们的分析和判断能力，排除了人们的偏爱和兴趣，可客观地得到所要的结果。

从因素集中的各项因素可以看出，各评价因素对评价结果所起的作用不同，按各因素重要程度划分为三个等级，建立模糊定量赋值表，见表3-2-3。

表3-2-3 模糊定量赋值

重要程度	$fu_j(u_i)$	$fu_i(u_j)$
u_i,u_j同样重要	1	1
u_i比u_j较重要	2	1
u_i比u_j很重要	3	1

对各因素重要程度，首先考虑保护当地脆弱的生态环境，工程施工要最大限度地减少对植被、水土的破坏；其次施工方法要经济可行，确保工程施工经济效益较好；最后，要在确保施工安全的原则下，保证施工速度和进度。基于上述原则，请有经验的专家对各因素的相对重要程度进行两两依次比较，并根据表3-2-2的方法赋值，得到各影响因素二元对比排序赋值表，见表3-2-4。

表3-2-4 各元素二元对比赋值

u_i \ u_j	安全性	施工速度	经济指标	环境影响
安全性	1	1	0.5	0.33
施工速度	1	1	0.5	0.33
经济指标	2	2	1	0.5
环境影响	3	3	2	1

注：表中数值为$fu_i(u_j)/fu_j(u_i)$。

由表3-2-3构造判断矩阵$\boldsymbol{K}$：

$$\boldsymbol{K}=(k_{ij})_{m\times n} \tag{3-2-1}$$

式中，$k_{ij}=fu_i(u_j)/fu_j(u_i)$，且满足$k_{ii}=1, k_{ij}=1/k_{ji}, (i,j=1,2,3,\cdots,m)$。

$$\boldsymbol{K}=\begin{bmatrix} 1 & 1 & 0.5 & 0.33 \\ 1 & 1 & 0.5 & 0.33 \\ 2 & 2 & 1 & 0.5 \\ 3 & 3 & 2 & 1 \end{bmatrix} \tag{3-2-2}$$

计算各因素的权重值：

$$\alpha_i=\left(\prod_{j=1}^{m}k_{ij}\right)^{\frac{1}{m}}, (i,j=1,2,3,4,m=4)$$

得：α_1=0.637，α_2=0.637，α_3=1.189，α_4=2.060

归一化处理后，得权重集为

$A=(\alpha_1,\alpha_2,\alpha_3,\alpha_4)=(0.14,0.14,0.27,0.45)$

（4）确定隶属度函数，建立模糊矩阵

施工备选方案的安全性、施工速度、经济和环境影响指标符合偏大型半梯形分布，如图3-2-1所示。

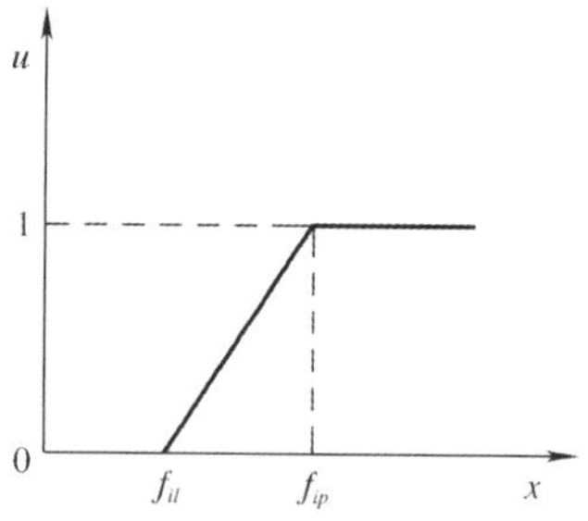

图3-2-1 偏大型半梯形分布

对于正指标（越大越优）有：

$$\mu_{ij}=\begin{cases}1, & f_{ij}\geqslant f_{ip}\\ \dfrac{f_{ij}-f_{il}}{f_{ip}-f_{il}}, & f_{ip}>f_{ij}>f_{il}\\ 0, & f_{ij}\leqslant f_{il}\end{cases} \tag{3-2-3}$$

式中，$\mu_{\rm ij}$为j方案i指标的隶属度；$f_{\rm ip}$为i指标的上限值；$f_{\rm il}$为i指标的下限值；$f_{\rm ip}$,$f_{\rm il}$为各方案的相对最大值和最小值。

根据式（3-2-3）和表3-2-4计算得安全性、施工速度、经济指标和环境影响等指标的隶属度为

$$r_{1j}=(0.5,1,0.5);\ r_{2j}=(1,0.5,0);\ r_{3j}=(0.5,0,1);\ r_{4j}=(0,1,1)$$

根据计算结果得到备选方案的定量指标的模糊评判矩阵为

$$\boldsymbol{R}=\begin{bmatrix}0.5 & 1 & 0.5\\ 1 & 0.5 & 0\\ 0.5 & 0 & 1\\ 0 & 1 & 1\end{bmatrix} \tag{3-2-4}$$

（5）综合评判与分析

$$\boldsymbol{B}=\boldsymbol{A}\cdot\boldsymbol{R}=(0.14,0.14.0.27,0.45)\cdot\begin{bmatrix}0.5 & 1 & 0.5\\ 1 & 0.5 & 0\\ 0.5 & 0 & 1\\ 0 & 1 & 1\end{bmatrix}=(0.345,0.66,0.79)$$

对结果进行归一化处理得：

$$\boldsymbol{B}=(0.19,0.37,0.44)$$

按照最大隶属度原则可以得出：浅埋暗挖法方案隶属度较大，为44%，浅埋暗挖法方案即为优等方案；盾构法方案次之，隶属度为37%。

3.2.2 施工方法确定

通过对浅埋贫水风积砂层隧道稳定性特征研究得知，浅埋贫水风积砂层的物理力学性质较差，强度低，黏聚力小，砂土体松散，致使开挖后围岩自稳能力差，拱顶、拱腰以及掌子面的变形大，易诱发围岩坍塌、甚至冒顶等事故。针对浅埋贫水风积砂层隧道的变形特点，施工应遵循小扰动、短进尺、强支护和早封闭原则，建议选用对围岩扰动小的机械开挖方式，及时喷射初支混凝土（包括掌子面），必要时加横撑来维持围岩稳定，仰拱尽早闭合成环。因此，初期

确定采用三台阶施工方法，一方面减小了台阶高度，有利于掌子面的稳定；另一方面初期支护可以及时封闭；同时，仰拱台阶紧跟上台阶掌子面，可以及早闭合成环，满足本工程特点的要求。

3.3 浅埋贫水风积砂隧道施工方案研究

3.3.1 三台阶法

1.超前管棚注浆及初期支护参数

拱部120°设ϕ89无缝钢管管棚超前支护，管棚每环长度15 m，外插角6°～8°，环向间距40 cm，管内设置钢筋笼，并预注水泥浆，两环搭接长度不小于3 m。管棚间超前小导管采用ϕ42无缝钢管，小导管长度3.5 m，外插角5°～10°。在大小超前支护下，采用三台阶法开挖施工，其中上台阶长度10～15 m，中台阶长度5～10 m，下台阶和落底长度2～3 m。

在中台阶及下台阶边墙施工中，因边墙流砂采用边墙超前支护。边墙超前支护小导管外插角45°，环向间距40 cm，预注水泥浆。每台阶一次性开挖长度0.5～1 m，开挖后及时喷射C25混凝土封闭开挖面，铺设网格间距20 cm×20 cm的ϕ8钢筋网，边墙设置长度3.5 m的ϕ22砂浆锚杆，架设2榀/m的I16钢架，钢架拱脚设置长度2.5 m的ϕ32钢管作为锁脚锚管，喷射厚度25 cm的C25混凝土，每台阶底部在开挖支护后喷射厚度10 cm的C10混凝土作为临时仰拱封闭成环，如图3-3-1和图3-3-2所示。

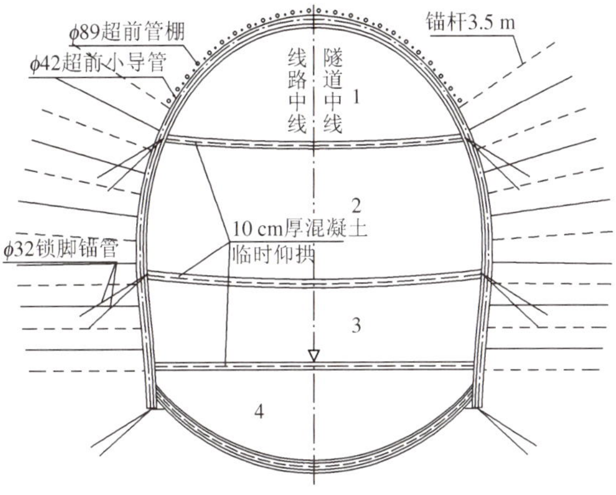

图3-3-1 三台阶施工支护横断面

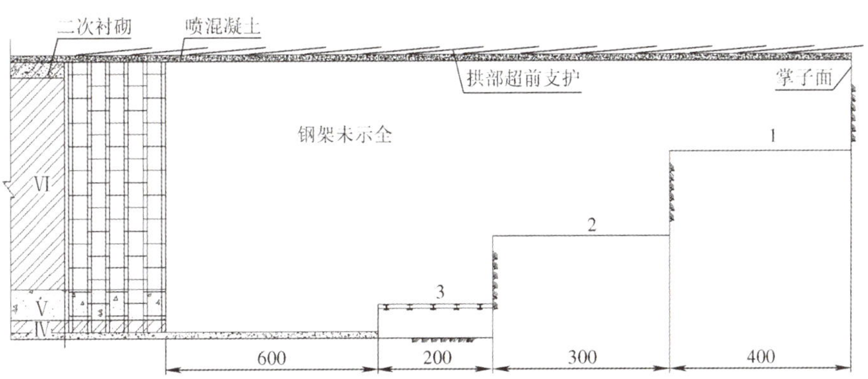

图3-3-2 三台阶施工、支护纵断面示意（单位：cm）

2.三台阶开挖支护

采用化整体为小断面法开挖控制变形量，分上中下三台阶开挖及支护。开挖方式采用人工配合挖掘机或弱振动光面爆破，每循环进尺控制在0.5～1.0 m，开挖前先施作超前小导管和超前管棚作支撑，开挖后初喷并及时架立钢架、挂网片、安装系统锚杆及ϕ32锁脚锚管，复喷混凝土至设计厚度。上中下台阶错开长度应以保证围岩稳定和机械效率充分发挥为前提。下台阶开挖后，应及时施作仰拱初期支护，使上下台阶闭合成环共同受力。施工中坚持“弱爆破、短进尺、强支护、早封闭、勤量测、衬砌紧跟”原则，并根据监控量测结果确定临时仰拱增设、施工方法调整以及二衬施作时机。

（1）上台阶开挖及支护

上台阶开挖支护施工布置如图3-3-3所示。

①施作1部超前管棚和超前小导管注浆加固。

②机械或弱爆破开挖1部台阶，每循环0.5 m。

③开挖后立即喷C25混凝土封面，打设ϕ22砂浆锚杆，锚杆长3.5 m，纵环向间距0.8 m，呈梅花形布置。

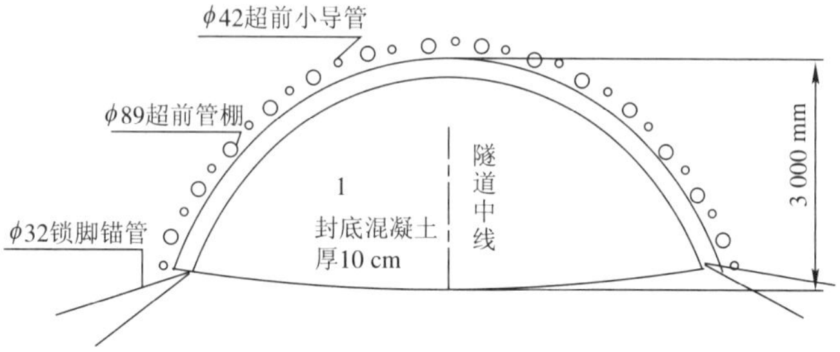

图3-3-3　上台阶开挖支护施工布置

④钢筋网挂设，钢筋采用ϕ8.0直径，网格间距20 cm × 20 cm；架立Ⅰ16钢架，间距为2榀/m，钢架采用ϕ22钢筋连接，施作锁脚锚杆，锚杆与钢架焊接牢固。

⑤喷射混凝土至设计厚度，同时底部喷10 cm混凝土封闭。

为防止初期支护变形失稳，加强初期支护，在超前支护等其他手段不能完全确保施工安全时，在拱部设置模筑混凝土护拱或模喷混凝土临时护拱，护拱的设置厚度及角度视现场具体情况确定。护拱如图3-3-4所示。

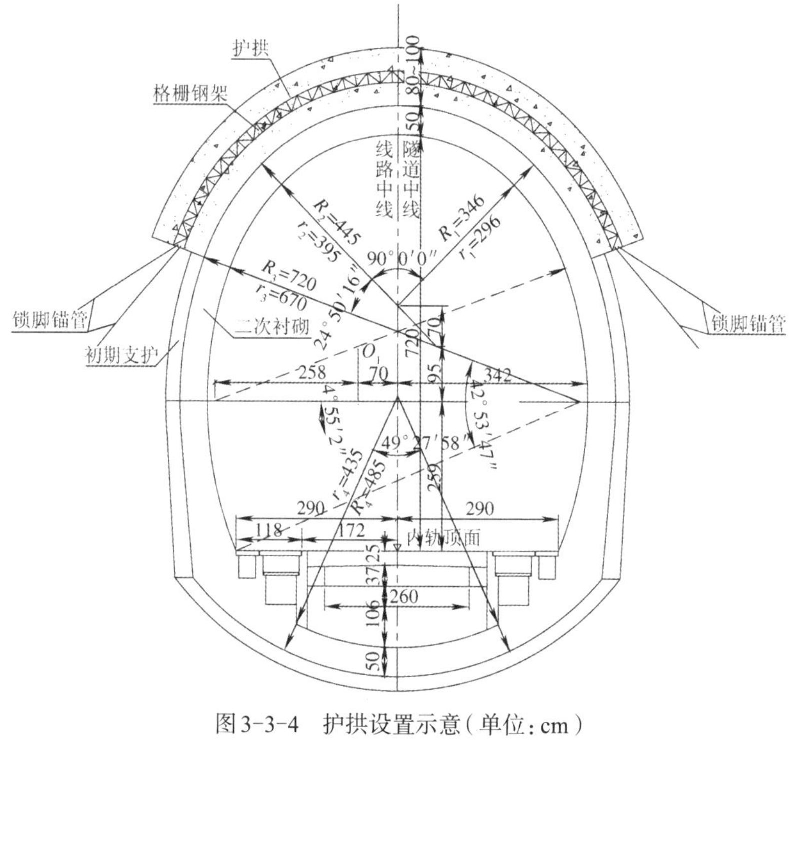

图3-3-4　护拱设置示意（单位：cm）

（2）中台阶开挖及支护

与上台阶纵向间距5～10 m后施作2部超前支护，开挖后先初喷混凝土，架立Ⅰ16型钢钢架与上循环钢架联结牢固，ϕ22钢筋环向1.0 m在钢架内侧焊接，安装网片及系统锚杆、锁脚锚管，复喷混凝土至设计厚度，同时底部喷10 cm混凝土封闭，如图3-3-5所示。

（3）下台阶开挖及支护

施作3部超前支护，开挖后立即初喷混凝土挂网喷锚，安装Ⅰ16钢架与相邻钢架联结牢固，ϕ22钢筋环向1.0 m在钢架内侧焊接，喷混凝土至设计厚度，同时底部喷10 cm混凝土封闭，如图3-3-6所示。具体施工工艺见上台阶开挖及支护。

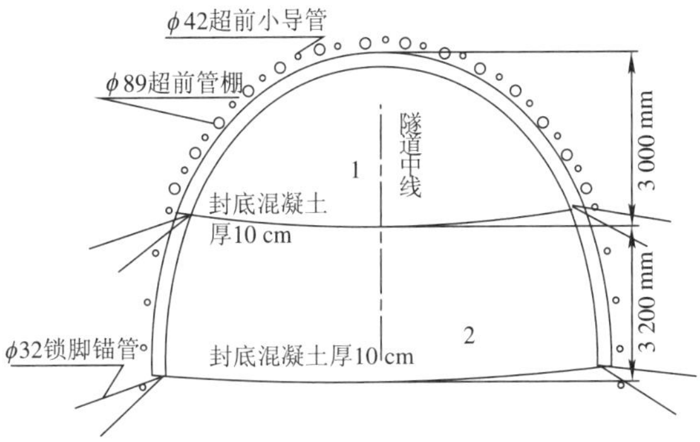

图3-3-5　中台阶开挖支护施工布置

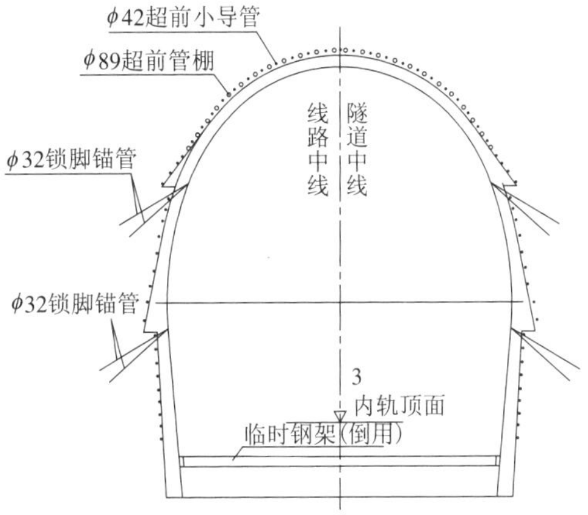

图3-3-6　下台阶开挖支护施工布置

3. 仰拱开挖及基底处理

仰拱开挖在距离上台阶掌子面17～28 m时施工，开挖后在基底施工ϕ42导管注浆进行基底加固。注浆管长度为3 m，间距1 m，梅花形布设，并注水泥浆，注浆压力为0.5～1 MPa，注浆完成后基底架设I16钢架，使钢架全断面成环，并喷射25 cm厚度的C25混凝土。

4. 仰拱浇筑及仰拱填充施工

基底处理完成后进行钢筋绑扎及仰拱浇筑施工。仰拱采用C35钢筋混凝土，仰拱填充采用C25混凝土。仰拱距离上台阶掌子面17～28 m。

5. 二次衬砌施工

二次衬砌采用C35钢筋混凝土浇筑，二次衬砌距上台阶掌子面23～36 m。施作仰拱、仰拱填充及拱圈，如图3-3-7所示。

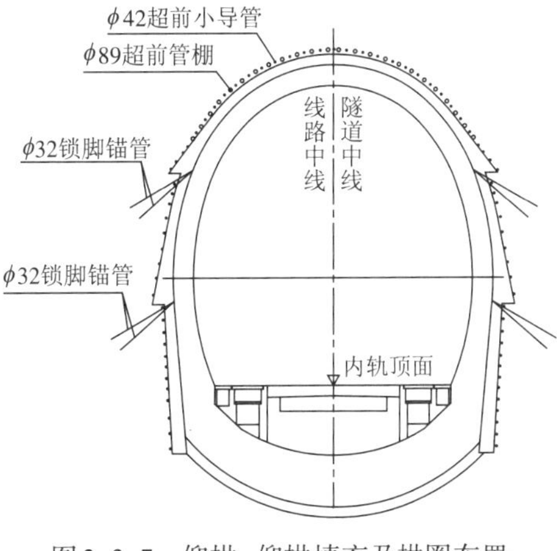

图3-3-7　仰拱、仰拱填充及拱圈布置

总之，砂质地层在施工过程中要遵守“管超前、弱爆破、短进尺、强支护、早封闭、衬砌紧跟”原则，充分发挥围岩自承能力，使初期支护与围岩共同承受周围荷载，将变形控制在允许范围内。

3.3.2　施工方法优化模拟

正洞进口自2007年12月17日开始进洞，按照上述施工方案组织施工，但在施工过程中，发现存在一些问题：

（1）超前管棚仰角过大，管棚和小导管注浆压力低，注浆固结、扩散效果不佳，管间和管下砂层掉落和流动。

（2）台阶高度过大，掌子面砂层流滑、不稳，掌子面锚管注浆加固成本高、效率低。

（3）多台阶拱脚仅依靠注浆锚管锁脚，拱脚下沉和收敛变形过大，拱脚不稳。

针对三台阶法施工中出现的问题，对支护参数、超前管棚设置、台阶长度及仰拱施作时机等进行改进、优化，初步拟定了三种备选施工方案，即四台阶+扩大拱脚与临时仰拱（工况二）、四台阶+扩大拱脚与临时横撑（工况三）和三台阶+留核心土+扩大拱脚与临时横撑（工况四）方案。对四种工况下的施工全过程进行三维数值模拟计算，围岩变形和支护结构受力情况见表3-3-1。

表3-3-1　四种工况下围岩变形和支护结构受力数据

项　目	工况一	工况二	工况三	工况四
初支最大主应力（MPa）	7.64	8.6	4.96	4.88
初支最小主应力（MPa）	−14.8	−10.7	−8.82	−7.91
拱顶下沉（mm）	40	28	18	18
最大水平收敛（mm）	41	27	25	26
上台阶掌子面挤出位移（mm）	8	6	5.5	5
掌子面最大挤出位移（mm）	13	12	11	11

由表3-3-1可知，在支护结构受力方面，各工况条件下的支护结构所受到的最大拉、压应力均较小；在围岩变形控制方面，与工况一和二相比，工况三、四的围岩拱顶下沉、水平收敛值均明显减小，表明后两种方案较好地控制了围岩周边变形；在掌子面挤出变形方面，四台阶（工况二、三）与预留核心土施工（工况四）时上台阶掌子面挤出变形皆小于三台阶施工（工况一）时掌子面挤出变形。同时，四台阶法开挖过程中所产生的塑性区面积小且未联通，如图3-3-8所示。综合上述结论，工况三、四相比工况一、二较好地控制隧道周边的收敛变形、掌子面挤出变形，支护结构受力明显得到改善。但考虑到预留核心土法相对于不留核心土的台阶法施工，其难度较大，速度慢，最终确定采用四台阶+扩大拱脚与临时横撑方案（四台阶九步开挖法）施工。

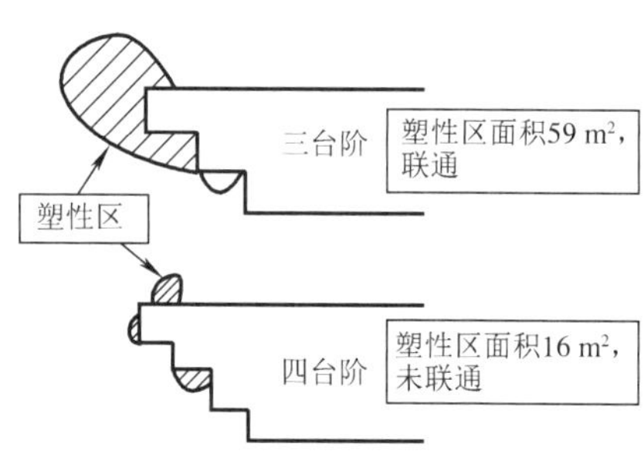

图3-3-8　稳定性示意

3.3.3　四台阶九步法

1.施工方案概况

鉴于三台阶施工的经验，现场经过研究、试验，不断进行开挖方案的改进，最终研发了四台阶九步开挖方法，如图3-3-9所示。

（1）施工工序

第一步：利用上一循环架立的钢架施作隧道超前支护→人工开挖1部，每循环进尺0.5 m，掌子面喷5 cm厚混凝土封闭→分部施作1部导坑周边的初期支护，即初喷4 cm厚混凝土，架

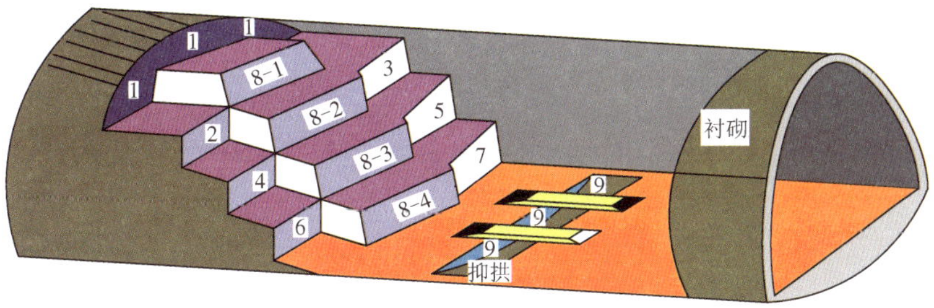

图 3-3-9　四台阶九步开挖法

立钢架→锁脚锚杆，钻设系统锚杆→架设临时横撑、复喷混凝土至设计厚度。

第二、三步：滞后于 1 部 3 m，左右交错开挖 2、3 部→喷 5 cm 厚混凝土封闭掌子面→导坑周边部分初喷 3 cm 厚混凝土，施作钢架锁脚锚杆→架设临时横撑、复喷混凝土至设计厚度。

第四、五步：滞后于 3、4 部 4 m，交错开挖 4、5 部→导坑周边部分初喷 4 cm 厚混凝土，施作钢架→钻设锁脚锚杆→架设临时横撑、复喷混凝土至设计厚度。

第六、七步：滞后于 5、6 部 4 m，交错开挖 6、7 部→导坑周边部分初喷 4 cm 厚混凝土，施作钢架→钻设锁脚锚杆→架设临时横撑、复喷混凝土至设计厚度。

第八步：分台阶开挖 8 部。

第九步：滞后于 8 部 5 m，开挖 9 部仰拱→隧底周边部分初喷 4 cm 厚混凝土，施作仰拱钢架、复喷混凝土至设计厚度→灌筑 7 部仰拱及隧底填充（仰拱及隧底填充应分次施作）。

根据监控量测结果分析，待初期支护收敛后，利用衬砌模板台车一次性浇筑拱部衬砌（拱墙衬砌一次施作）。

（2）仰拱及二次衬砌施工

初期支护仰拱每循环开挖不超过 3 m，架设栈桥平台保证前方掌子面正常施工，初期支护每循环闭合成环后及时拆除下台阶的临时水平横撑，控制仰拱距离掌子面不超过 16 m。

隧道衬砌遵循“仰拱超前、拱墙整体衬砌”的原则。初期支护仰拱完成后，为有效地控制其变形，二次衬砌仰拱尽量紧跟施工，待初期支护仰拱完成 6 m 后，及时绑扎二次衬砌仰拱钢筋、浇筑混凝土施工二次衬砌仰拱，并进行全幅一次性施工。二次衬砌仰拱施作完成后，利用多功能作业平台人工铺设防水板，绑扎钢筋，采用液压整体式衬砌台车进行拱墙二次衬砌一次性整体灌筑，控制二次衬砌距离掌子面距离不超过 36 m。

2. 施工工艺

四台阶九步开挖法施工工艺流程如图 3-3-10 所示。

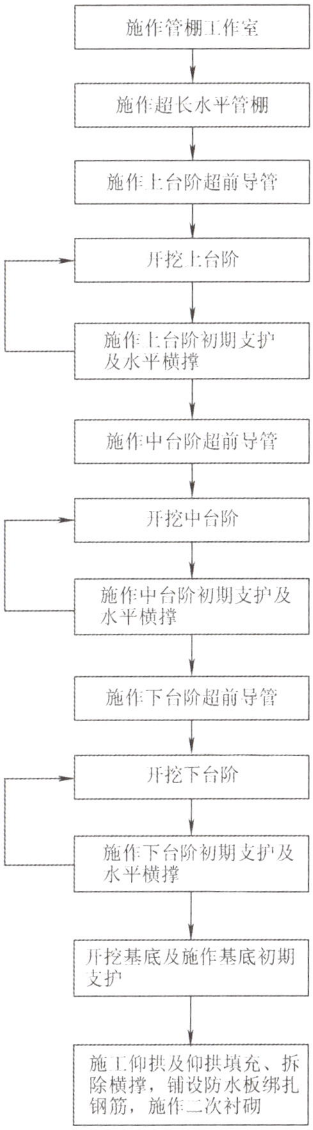

图 3-3-10　四台阶九步开挖法施工工艺流程

3. 支护参数

（1）超前支护

拱部120°范围内采用ϕ89管棚超前支护，管棚长25 m，外插角0°，环向间距40 cm，管棚间加设ϕ42小导管预注水泥浆加固地层，小导管长3.5 m，外插角5°～10°，环向间距40 cm；边墙采用ϕ42小导管预注水泥浆加固地层，小导管长3.5 m，外插角5°～10°，环向间距20 cm；二次衬砌采用C 35钢筋混凝土结构。管棚工作室及超前支护如图3-3-11所示。

（2）初期支护

全断面喷混凝土厚25 cm；拱墙设ϕ8钢筋网，网格间距20 cm × 20 cm；全断面设2榀/m 的I16型钢钢架，为保证落底时的施工安全，在轨面高度设置I16门型支撑，纵向按30 m考虑，横向支撑间距1 m，施工中进行倒用。

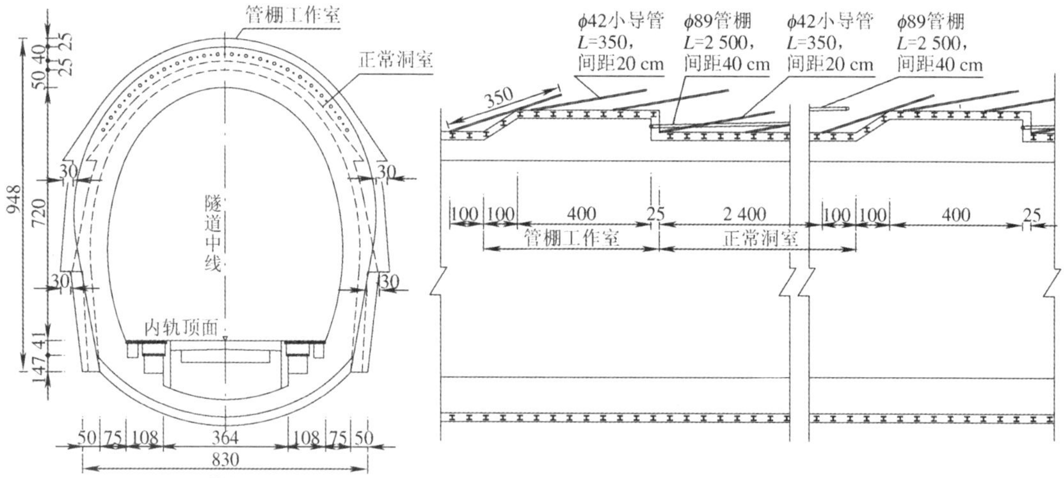

（a）横断面　　（b）纵断面

图3-3-11　四台阶方案管棚工作室示意（单位：cm）

4. 四台阶九步开挖法施工关键技术

（1）控制拱脚的稳定

上台阶先行施作的大拱脚在中台阶开挖时将发挥支撑拱部结构的重要作用，可明显减小中台阶开挖引起的拱部下沉，具有超前支护的特性，因此应重视大拱脚的施作。同样，锁脚锚杆对控制钢架的沉降的作用效果也非常明显。

（2）控制掌子面的稳定

根据现场施工反馈信息，在砂层中采用湿喷混凝土较干喷混凝土具有以下不足之处：①湿喷混凝土较干喷混凝土准备时间长，由于砂层的自稳能力很差，不能及时封闭开挖面；②湿喷混凝土风压较干喷高约0.5 MPa，对砂层的扰动较大，另外，过大的风压可将底部粉尘砂吹起，导致洞内空气污染加重；③湿喷初凝时间较干喷长，不能及时起到支护的作用。因此，将设计的25 cm厚的C25湿喷混凝土调整为30 cm厚的C20干喷混凝土。

（3）控制超前支护的稳定

在按照初期设计施工过程中，超前管棚仰角过大，不能起到稳定砂层的作用，且注入的水泥浆在粉细砂层中扩散效果不佳，呈线性分布，不能对粉细砂层起到固结作用。超前小导管注浆也是同样的情况。因此在开挖过程中，拱部时常出现小范围的坍塌，造成喷射混凝土工序时间增加，工程量增加，施工进度缓慢。

经过两次塌方经验教训后，总结出超前支护合理支护参数：管棚每30 m施作一次，包括5 m的管棚工作室及25 m的管棚施作段。拱部120°范围内采用ϕ89管棚超前支护，管棚长25 m，外插角0°，环向间距40 cm，管棚间加设ϕ42小导管预注水泥浆加固地层，小导管长3.5 m，外插角5°～10°，环向间距40 cm；边墙采用ϕ42小导管预注水泥浆加固地层，小导管长3.5 m，外插角 5°～10°，环向间距20 cm。

（4）取消系统锚杆

开挖支护施工中，每循环开挖进尺保持0.5 m，并及时进行支护，施工的系统砂浆锚杆与砂层黏结性差，甚至对砂层产生较大的扰动，更加容易坍塌，因此在实际施工过程中取消了系统锚杆。

（5）基底处理技术

为防止在运营期间隧道基底可能出现砂层的震动液化，原设计隧道基底采用小导管注浆加固的方案，由于存在导管施工及注浆困难，因此对基底处理方案进行变更。将原设计隧道基底的小导管注浆加固方案变更为基础换填方案，对隧道基底以下50 cm采用三七灰土进行换填，压实系数按不小于0.9进行施工，分两层进行夯实，每层厚25 cm。

（6）临时支护方案

临时仰拱施工难度较大，由于砂层不稳定，难于成型，因此取消了10 cm厚喷射混凝土临时仰拱，采用I16工字钢架设水平支撑代替。

（7）规范台阶法施工工艺

开挖支护过程中严格控制台阶长度，上台阶开挖长度不超过4 m，中、下台阶开挖长度不超过3 m，仰拱距离掌子面不超过16 m，二次衬砌距离掌子面不超过36 m。

（8）加强监控量测

施工过程中加强洞内外监控量测，洞外监测包括边仰坡稳定、地表水渗透、地表沉陷等；洞内监测分为开挖工作面和初期支护状况两部分。开挖工作面监测应在每次开挖后进行，地质情况基本无变化时，可每天进行一次，对初期支护净空水平收敛和拱顶下沉量测根据测点距开挖面的距离及位移速度分别按表3-3-2及表3-3-3确定，实际量测频率采用二者之中较高的一个，发现下沉、收敛较大时，则立即加强支撑，增加拱腰下沉及基底隆起量监测，停止掌子面施工，及时进行仰拱及二次衬砌施工。

表3-3-2　按距开挖面距离确定的监控量测频率

量测断面距开挖工作面距离（m）	量测频率
（0～1）*B*	2次/d
（1～2）*B*	1次/d
（2～5）*B*	1次/2～3 d
>5 *B*	1次/7 d

注：*B*为硐室的跨度。

表 3-3-3　按位移速度确定的监控量测频率

变形速度（mm/d）	量测频率
≥5	2次/d
1～5	1次/d
0.5～1	1次/2～3 d
0.2～0.5	1次/3 d
<0.2	1次/7 d

5.四台阶九步法法施工力学效应数值模拟分析

（1）三维数值模型和计算参数

隧道进口段浅埋砂层的围岩采用八节点六面体单元来模拟，初期喷射混凝土和横撑采用壳单元模拟，超前管棚支护和周边小导管注浆加固范围采用六面体单元来等效模拟，模型共划分了39 990个单元，124 126个自由度，如图3-3-12所示。支护结构模型如图3-3-13所示。

图3-3-12　隧道围岩三维数值计算模型

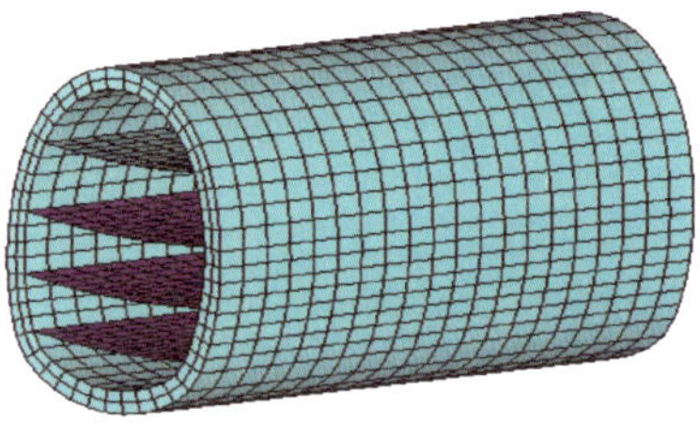

图3-3-13　支护结构模型

围岩、加固圈及初次支护结构材料按理想弹塑性考虑，采用德鲁克-普拉格（D-P）屈服准则，横撑按线弹性材料考虑。

围岩及支护的物理力学参数根据地质资料及现行《铁路隧道设计规范》确定，围岩物理力学参数见表3-3-4，支护物理力学指标见表3-3-5。

表 3-3-4　地层物理力学参数

地　层	变形模量 E（MPa）	泊松比 μ	摩擦角 φ（°）	黏聚力 c（kPa）	容重 γ（kN/m^3）
砂质黄土	12	0.44	21	22.3	19.4
细砂层	15.8	0.40	27	—	17.4
粉质黏土	9.7	0.35	24.3	29	20.1

表3-3-5　支护的物理力学性能指标

材料类型	容重（kN · m^{-3}）	弹性模量（GPa）	泊松比	内聚力（MPa）	内摩擦角（°）	剪胀角（°）
初期支护	25	32.1	0.2	1.3	60	—
临时横撑	78.5	210	0.2	—	—	—
超前管棚	26	2	0.2	30	60	—
超前加固圈	20	0.31	0.25	0.141	30	—

（2）数值模拟结果及分析

为了分析施工过程中围岩的变形规律，消除模型计算中边界效应的影响，数值模拟分析的目标面设在模型的中部位置，即z=−10 m处，对隧道开挖、支护后初支结构的受力和内力状况进行分析。考虑到由于地形起伏对隧道结构造成的偏压影响，在目标面上布置变形监测点，监测施工过程中隧道拱顶下沉和水平收敛情况，数值模拟分析中测点布置如图3-3-14所示。

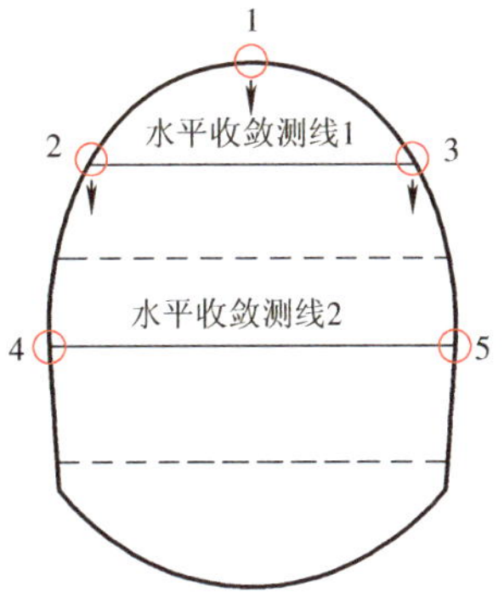

图3-3-14　目标面各测点布置

1）隧道变形分析

①顶部下沉

在上台阶（分部1）顶部布置设点1，在中上台阶（分部2）顶部布置设点2、3，如图3-3-14所示。顶部下沉随掌子面推进的变形曲线如图3-3-15所示。

从图3-3-15可以看出，三条变形曲线具有以下特征：随着掌子面向前推进、距离测点越来越近，顶部三个测点的下沉值呈逐步增大的趋势，当开挖到测点位置后，围岩变形增速变大，之后随着掌子面继续推进，测点下沉值逐渐增大，但增速逐渐变小，增量变缓，变形逐步趋于稳定。三条曲线的差异是，靠近山体内侧的测点2的下沉值最大，最大下沉量为22 mm；拱顶测点1下沉值次之，最大下沉量为18 mm；靠近山体外侧的测点3的下沉值最小，最大下沉量为13 mm。产生2、3点的不对称沉降主要是由于地形起伏造成隧道受到偏压作用和测点位置不同引起的。

②水平收敛变形

水平收敛量测分别在上部曲拱和边墙处布置了两条收敛测线，即水平测线1、2，测线1由测点2、3构成，测线2由测点4、5构成，如图3-3-14所示。水平变形随掌子面推进的变形曲线如图3-3-16所示。

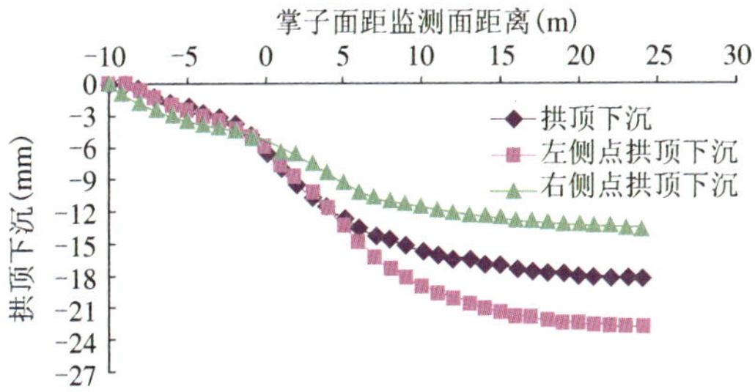

图3-3-15　拱顶下沉与掌子面距离关系曲线

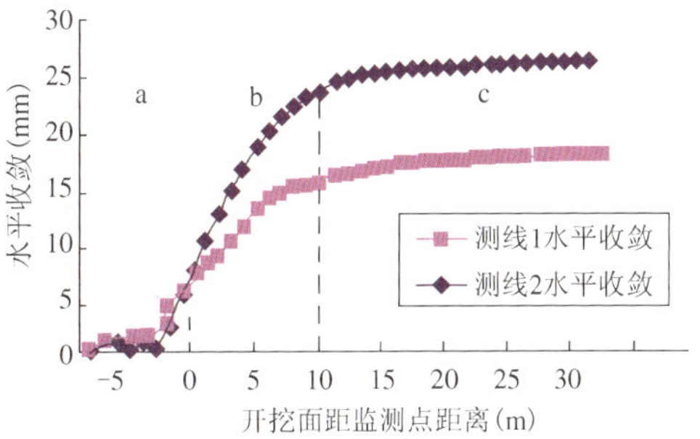

图3-3-16　水平位移与掌子面距离关系曲线

由图3-3-16可见，两条测线的水平变形随掌子面推进的变化规律相似，具体也可分为预收敛阶段（a阶段）、快速增长阶段（b阶段）和稳定变形阶段（c阶段）。

预收敛阶段：在掌子面推进到观察面之前，隧道内空已产生了一定的变形，由于台阶之间有一定的滞后距离，测线1处先于测线2处发生变形。上台阶推进到测线1时，其水平收敛达7 mm（约占总变形量的41%），测线2处开挖时，其水平收敛达6 mm（约占总变形量的24%），其增速趋于递增。两测线靠近山体内侧的2、4点的变形大于对应外侧点3、5的变形量。

快速增长阶段：在掌子面推进到测点位置并且进行开挖一定距离范围内，测线1、2处的水平变形有一个较大的增长，其中测线1累计收敛量达15 mm，占总变形量的88%；测线2累计水收敛值达到23 mm，占总变形量的92%。

稳定变形阶段；随着开挖继续进行，掌子面距离测点越来越远，两测线的水平变形量继续增大，但是增速却在减小，最终变形趋于稳定，此时测线1的水平变形量达到17 mm，测线2的水平变形量达到25 mm。

③纵向变形

为了了解浅埋贫水风积砂层隧道施工过程中掌子面的纵向变形特征，在四台阶开挖、支护过程中，在各台阶的掌子面上分别布设了纵向变形监测点，记录了工作面推进过程中掌子面不同位置的挤出变形情况。目标监测面设在模型中部位置，即z=−10 m处，在各台阶中间布置监测点，如图3-3-17所示。

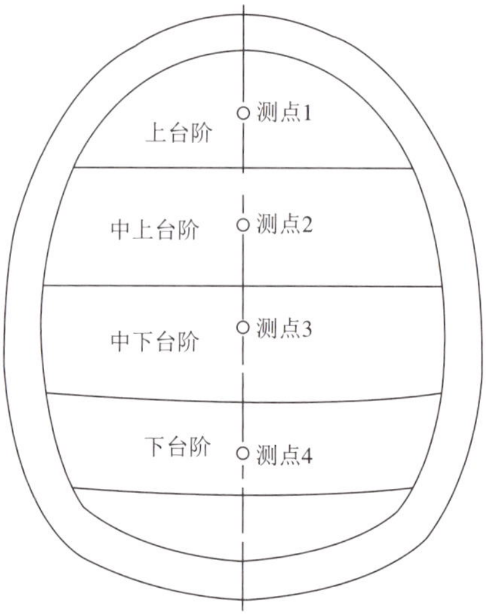

图3-3-17　掌子面挤出位移监测点布置

施工中下掌子面挤出位移测点1的纵向位移随工作面推进的变化规律如图3-3-18所示，掌子面中测点2、3、4的挤出位移变化规律与测点1的变化规律相似，掌子面的纵向位移云图如图3-3-19所示。

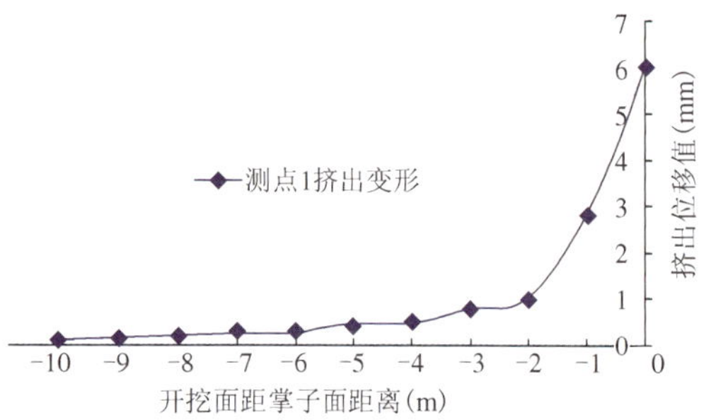

图3-3-18　测点1的纵向位移曲线

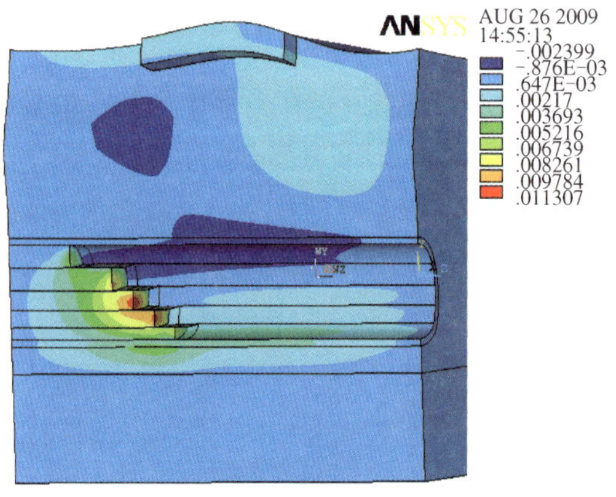

图3-3-19　掌子面的纵向位移云图（单位：m）

从图3-3-18和图3-3-19可以看出，随着工作面推进，目标监测面上监测点发生纵向挤出变形，且随着工作面距离监测面位置越来越近，其挤出位移值逐渐变大，当开挖到监测面位置，目标监测面前方处于临空状态时，挤出位移值达到最大。其中，测点1的最大挤出位移值为5.5 mm，测点2的最大挤出位移值为9 mm，测点3的最大挤出位移值为11 mm，测点4的最大挤出位移值为10 mm，掌子面的最大挤出位移值发生在中下台阶处。

2）支护结构应力分析

为了避免模型边界效应的影响，内力分析也取模型中部位置（即z=−10～11 m），即取沿隧道延伸方向取中间的支护结构为分析对象。支护结构的最大主应力和最小主应力如图3-3-20和图3-3-21所示。

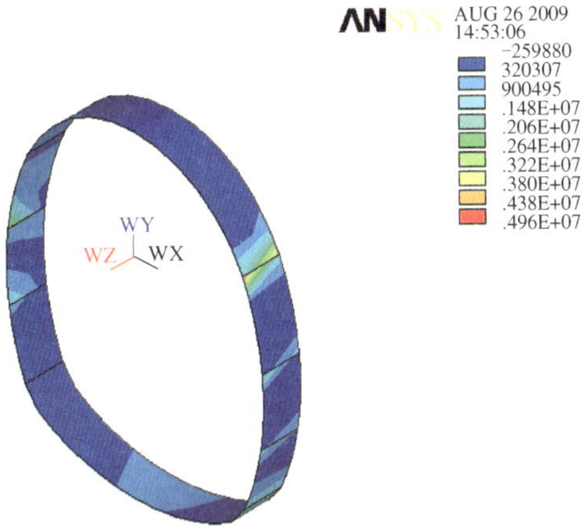

图3-3-20　支护最大主应力图（单位：Pa）

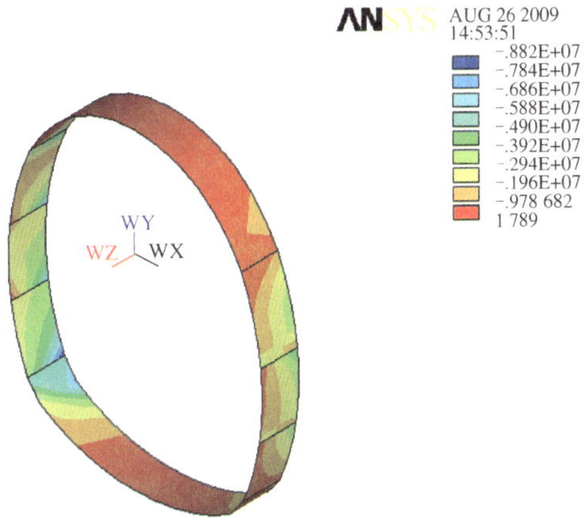

图3-3-21　支护最小主应力图（单位：Pa）

由图3-3-20和图3-3-21可知，总体上支护结构所受的拉、压应力较小。开挖后支护结构的最大主应力（拉应力）和最小主应力（压应力）位于隧道横撑和支护结合部位，分别为4.96 MPa和−8.82 MPa，支护结构的最大压应力均未超过C25混凝土抗压极限强度（18.5 MPa），最大拉应力超过C25混凝土抗拉极限强度（2.0 MPa），因此，对台阶1、2交接处应加强支护。

6.工程应用效果

在采用四台阶九步开挖法施工中，严格控制台阶长度，规范施工工艺，开挖后及时采用筛子网支护，防止贫水区风积砂开挖后滑溜。施工过程中加强初期支护监控量测，发现收敛较大，则立即增加支撑，如图3-3-22所示，减小收敛，及时停止掌子面施工，立即进行仰拱及二次衬砌施工，使工程顺利通过砂层。

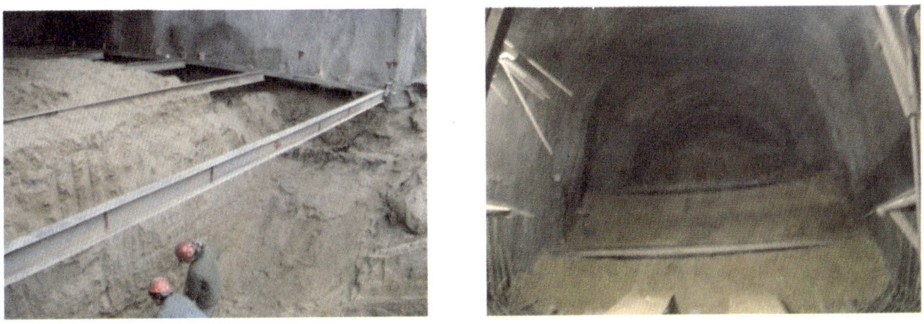

图3-3-22　四台阶+扩大拱脚与临时横撑方法

3.4　改进方案与原方案实测对比分析

3.4.1　浅埋贫水风积砂段隧道监控量测实施方案

隧道监控量测是新奥法的基本原则之一，对评价隧道设计参数的合理性、施工方法的可行性，了解隧道施工实际围岩级别及其变形特性等能够提供准确、及时的依据，是保障隧道建设成功的重要手段。浅埋贫水风积砂段隧道围岩变形对外界扰动极为敏感，监控量测以洞内外观察、水平收敛量测、拱顶下沉量测、洞身浅埋段地表下沉量测为主，主要任务是提供对比、修正设计、指导施工、提高安全性和积累建设经验。

1.监控量测仪器及工具

监控量测仪器及工具见表3-4-1。

表3-4-1　监控量测仪器及工具

名　称	型　号	数　量	精　度	用　途
精密水准仪	AT-G2	2台	S_1	地表沉降 拱顶下沉 隧底降起
水准铟钢尺	2 m	2对	0.05 mm	
钢尺	30 m	2把	0.1 mm	
全站仪	TCA1201+	1台	测角1″，测距1 mm+1.5 ppm	拱顶下沉 水平收敛
水平收敛仪	15 m	2台	0.01 mm	水平收敛
人字扶梯	4 m	4架		
数码相机	Sony	7部	500万像素	洞内外观察
地质罗盘		7台		

2.量测断面的布置

根据《铁路隧道喷锚构筑法技术规范》（TB 10108—2002）和《铁路隧道监控量测技术规程》（TB 10121—2007）要求，以及隧道的实际情况，对量测断面间距按以下原则布置。

（1）洞内量测

Ⅵ级围岩地段5 m，Ⅴ级围岩地段10 m，Ⅳ级围岩地段20 m，Ⅲ级围岩地段40 m，Ⅱ级围岩地段100 m。量测断面间距可根据围岩段落长度适当进行调整，但每种岩层至少设一个量测断面。

（2）地表监测

DK280+550 ～ DK281+000及DYK280+550 ～ DYK281+000段每15 m设置一处地表沉降测点，地表沉降测点和隧道内测点应布置在同一断面里程。

新关角隧道量测断面间距布置见表3-4-2。

3.量测测点的布置

量测断面测点的布置个数应根据施工方法确定。全断面法施工地段每个量测断面处设置1个拱顶下沉测点及2个水平净空收敛测点，如图3-4-1所示；两台阶法施工地段每个量测断面处设置1个拱顶下沉测点及4个水平净空收敛测点，如图3-4-2所示；三台阶法施工地段每个量测断面处设置1个拱顶下沉测点及6个水平净空收敛测点，如图3-4-3所示。

表3-4-2　量测断面间距

围岩级别	断面间距（m）			
	正　洞	平　导	斜　井	地　表
Ⅱ	100	100	100	10～20
Ⅲ	40	40	40	
Ⅳ	20	20	20	
Ⅴ	10	10	10	
Ⅵ	5		5	
Ⅵ（砂层）	5			

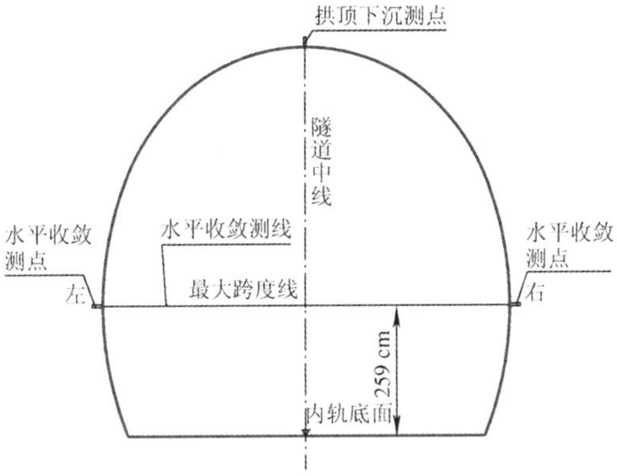

图3-4-1　全断面法施工段拱顶下沉及净空量测的测线布置

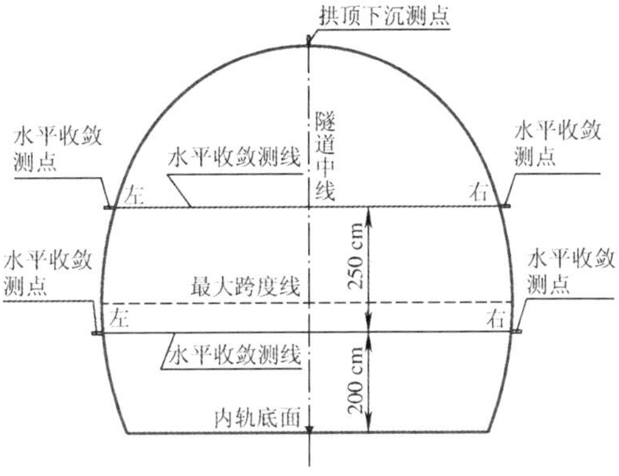

图3-4-2　两台阶法施工段拱顶下沉及净空量测的测线布置

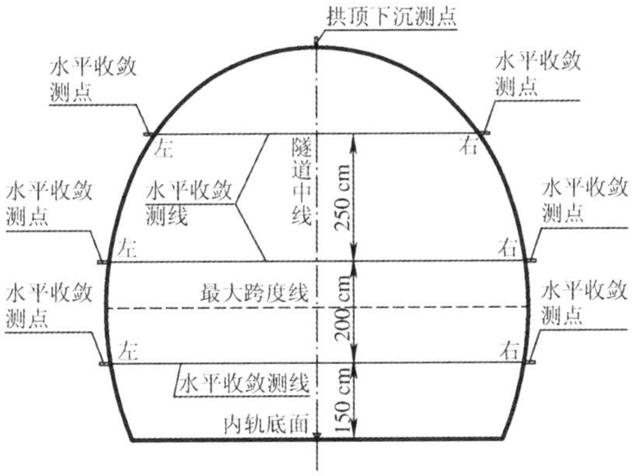

图3-4-3　三台阶法施工段拱顶下沉及净空量测的测线布置

地表沉降测点布置范围为隧道中线左、右侧各30 m范围，每个量测断面共布置17个监控测点及2个基准点，测点间距按以下原则布置：隧道中线处设置一测点，然后自中线开始依次按3 m、3 m、3 m、4 m、4 m、4 m、4 m、5 m的间距向左右两侧布置，如图3-4-4所示。

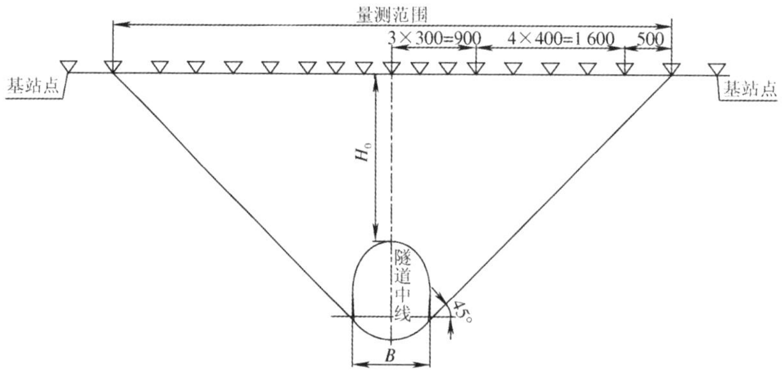

图3-4-4 地表沉降横向测点布置(单位:cm)

新关角隧道量测测点布置数量见表3-4-3～表3-4-5。

表3-4-3 正洞及平导扩挖量测断面测点数

围岩级别	每断面测点数量		
	水平测线	水平收敛测点	拱顶下沉测点
Ⅱ	1	2	1
Ⅲ	1	2	1
Ⅳ	1	2	1
Ⅴ	2	4	1
Ⅵ	2	4	1
Ⅵ(砂层)	3	6	1

表3-4-4 平导量测断面测点数

围岩级别	每断面测点数量		
	水平测线	水平收敛测点	拱顶下沉测点
Ⅱ	1	2	1
Ⅲ	1	2	1
Ⅳ	1	2	1
Ⅴ	2	4	1

表3-4-5 斜井量测断面测点数

围岩级别	每断面测点数量		
	水平测线	水平收敛测点	拱顶下沉测点
Ⅱ	1	2	1
Ⅲ	1	2	1
Ⅳ	1	2	1
Ⅴ	2	4	1
Ⅵ	2	4	1

4. 量测频率

(1)洞内外观察

洞内观察分为开挖工作面观察和初期支护状况观察两部分。开挖工作面观察应在每次开挖后进行，地质情况基本无变化时，可每天进行一次。对初期支护的观察也应每天至少进行一次，观察内容包括喷射混凝土、锚杆、钢架的状况。

洞外观察包括边仰坡稳定、地表水渗透、地表沉陷等观察。

(2)净空水平收敛量测和拱顶下沉量测

净空水平收敛量测和拱顶下沉量测采用相同的量测频率。量测频率应根据测点距开挖面的距离及位移速度分别按表3-4-6和表3-4-7确定。实际量测频率应从由位移速度决定的监控量测频率（表3-4-6）和由开挖面的距离决定的监控量测频率（表3-4-7）之中选择较高的一个量测频率。当地质条件复杂、下沉量大时，除量测拱顶下沉时，尚应量测拱腰下沉及基底隆起量。

表3-4-6　按距开挖面距离确定的监控量测频率

量测断面距开挖工作面距离（m）	量测频率
(0～1)*B*	2次/d
(1～2)*B*	1次/d
(2～5)*B*	1次/2～3 d
>5 *B*	1次/7 d

表3-4-7　按位移速度确定的监控量测频率

变形速度（mm/d）	量测频率
≥5	2次/d
1～5	1次/d
0.5～1	1次/2～3 d
0.2～0.5	1次/3 d
<0.2	1次/7 d

5. 监控量测流程

监控量测流程如图3-4-5所示。

6. 监控量测方法

(1)洞内外观察

洞内观察可分开挖工作面观察和已施工地段观察两部分，采用地质罗盘、数码相机和目测的方法进行。洞外观察主要是通过肉眼判识洞口、洞身及其周边的明显的变形或者开裂等。

(2)净空水平收敛量测

净空水平收敛量测采用收敛计或全站仪进行。为减少对施工作业的影响，在斜井（断面较小）、断面监测点较少的地段采用收敛计；在围岩较破碎、量测点较多的断面采用全站仪。

(3)拱顶下沉量测

由于拱顶下沉点距隧道底板较高，为避免对施工的影响，拱顶下沉的测量采用精密水准仪和全站仪。

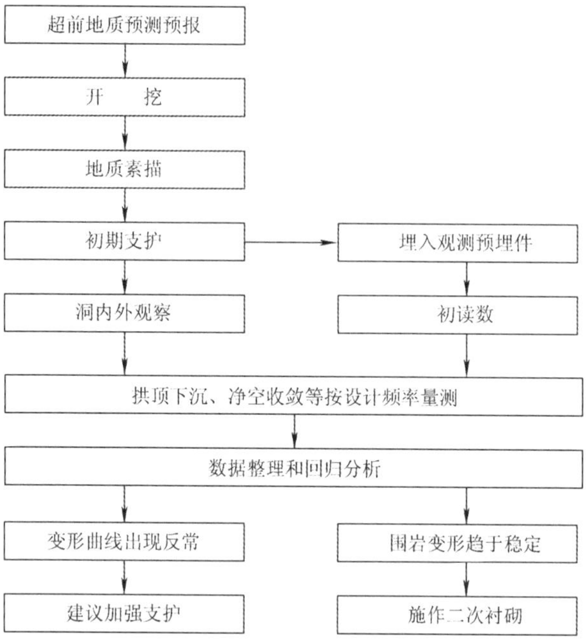

图3-4-5　监控量测流程

（4）隧底上鼓、地表下沉量测

采用精密水准仪和铟钢水准尺进行。

3.4.2　监控量测实施细则

1.洞内外观察

洞内观察可分开挖工作面观察和已施工地段观察两部分。

（1）开挖面观察应在每次开挖后进行，及时绘制开挖工作面地质素描图、数码成像，填写开挖工作面地质状况记录表，并与勘察资料对比。具体工作如下：

①做好正洞、平导和辅助坑道洞内地层、岩性的划分和描述；核对包括地层岩性、断层构造等在内的主要地质界线在隧道洞身的实际位置；进一步确定各断带及其主、次断层（包括影响带）的位置、产状，以及断层带的物质组成、宽度、富水程度及工程性质。

②对洞壁岩体主要结构面（断层、层理及节理、裂隙等）进行定性及定量统计量测，查明主要结构面的产状、性质、延伸长度、张开宽度、粗糙程度、蚀变情况、密度、地下水及充填情况等，并分析优势结构面对围岩稳定性的影响。

③对岩体受构造影响程度、节理发育程度、岩体完整程度、富水程度及围岩稳定状态等进行详细编录，据此对围岩级别及其他地质参数进行修正，并提出有针对性的支护、衬砌或超前加固措施。

④对重点地段，如断带、节理密集带、岩性接触带、地下水富集带、高地应力区、岩性变化频繁或软硬相间，以及掌子面地质情况与地面调绘出入较大等重点地段进行核对和详细的调查与分析评价，除地质编录外，还要进行必要的地质调绘和测试。

对岩溶发育地段，应描述岩溶发育的规模、形态、位置、所属地层和构造部位，充填物成分、状态以及岩溶展布的空间关系。

对塌方地段，应记录塌方的部位、方式与规模，及其随时间的变化特征，并分析产生塌方的地质原因。

对地下水发育地段，应描述地下水的分布、出露形态、水量、水压、水温、颜色及泥砂含量，以及地下水活动对围岩稳定性的影响；对涌水量较大的地段，必要时进行长期观测，并取样分析，判定地下水对结构材料的腐蚀性。

⑤对地质条件复杂地段，如断层、岩溶发育段、地下水发育的突涌水段等，需要进行物探超前预报的，及时提出进行物探超前预报。

（2）已施工地段应记录喷射混凝土、锚杆、钢架变形和二次衬砌等的工作状态。

（3）洞外观察重点应在洞口段和洞身浅埋段，记录地表开裂、地表变形、边坡及仰坡稳定状态、地表水渗漏及地表沉陷等情况。

2.净空水平收敛量测

净空水平收敛量测采用收敛计或全站仪进行，隧道开挖后按要求迅速安装收敛桩并编号，初始读数应在开挖后12 h内读取，最迟不得超出24 h，而且在下一循环开挖前获得初读数。测点应牢固可靠、易于识别，并注意保护，严防爆破损坏。

（1）收敛计量测

①收敛量测元件：挂钩用直径6 mm的圆钢做成等边三角形，如图3-4-6所示。

②当收敛计在处于测试状态时，仪器的弹簧必须处于正常的受拉变形状态之下，而不是在受压迫性或非正常受拉的状态之下，每次量测务必读三次数，然后取平均值作为最后的数值。

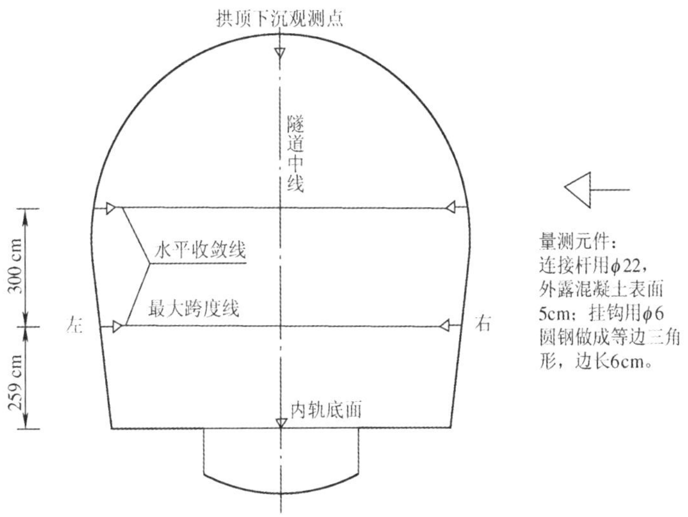

图3-4-6　量测元件布置

在每次量测前，对所使用的收敛计进行检查，查看每个构件是否发生了松动或者变形，如发现仪器损坏，立即进行更换。另外，还需要对温度计进行检查。

收敛量测元件的埋设也是保证量测精度的关键。元件不能焊接到钢构件上，要牢固地预埋在围岩中。

（2）全站仪量测

作为观测围岩净空位移量测技术的全站仪遥测技术，其基本原理是利用全站仪自由设站远距离测定量测点位不同时段相对的三维坐标，将测量数据输入计算机通过软件后进行处理，最后输出监测成果，准确、快速地为施工提供数据参考。全站仪围岩净空位移量测如图3-4-7所示。

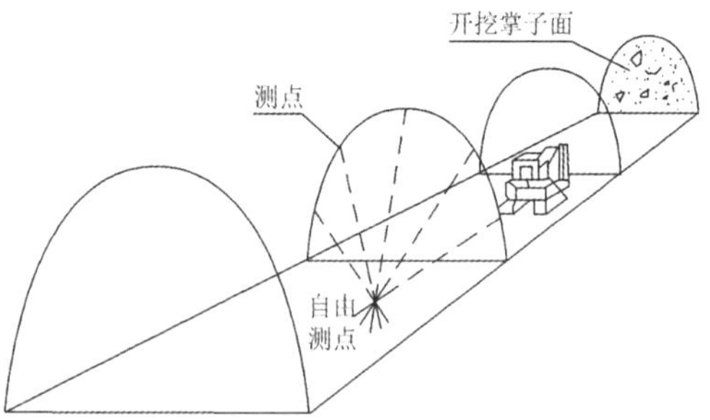

图3-4-7　净空位移量测示意

①贴片安装

根据规范要求及围岩条件、开挖方法等确定围岩净空位移量测断面的位置及间距，以及每个断面的基线布置形式。对于完整性较好的岩石，可直接在其表面贴片，但安设贴片前必须清洗欲置贴片位置的岩面，粘贴必须牢固，能满足量测周期要求；对于不稳定岩石，可采用锚杆焊接角钢在角钢上粘贴贴片，或用膨胀螺栓锚固钢板以粘贴贴片。贴片表面法线方向最好垂直隧道轴向，以使仪器接收到最强的反射信号。

②观测

将仪器设置在量测断面前后5 m范围内合适的位置，精确整平后，打开仪器电源，并按仪器 Prog 键进入 Deformation 量测程序，按围岩量测参数规范要求对仪器各项参数进行调整。

完成仪器设置后，首先对各目标点进行仪器确认，照准时可利用仪器的激光导向功能，激光点指向贴片正中点，防止每次测量照准不同而产生围岩变化误导信息。按 DIST 键，将该点位置信息（角度、平距、X、Y、H 等）作电子记录存入仪器内存（或 CF卡），并输入点号（编号为 1、2、3、4、5 等）。按次序对其余各点进行目标识别，仪器内置自动目标识别功能，可自动识别目标、瞄准目标、跟踪目标，进行自动测量，利用程序实现人工智能数据采集。

为了确保隧道量测的精度，便于对同一基线进行相互验校，测设时在隧道轴线的左右侧相对位置处，设置左右两测站，左右测站的距离可自由设置。

3.拱顶下沉量测

拱顶下沉主要用于确认围岩的稳定性。测量时先采用精密水准仪和铟钢水准尺将水准控制点引测到所测断面附近，并定设一临时水准点，然后再采用高精度全站仪用三角高程测量的方法测出临时水准点和拱顶下沉点之间的高差，进而算出拱顶下沉点的高程。

（1）在每个量测断面的拱部埋设钢筋预埋件。先用小型钻机在待测部位成孔，然后将预埋件（埋件上需贴片）放入，并用混凝土填塞，待混凝土凝固后即可量测，也可以用锚固剂固定预埋件。

（2）在所测断面附近在隧底设置一临时水准点（可以用尺垫代替），用水准测量的方法测出该点的高程。

（3）采用高精度全站仪用三角高程测量的方法测出临时水准点和拱顶下沉点之间的高差，进而算出拱顶下沉点的高程。

（4）量测频率及其他要求同净空水平收敛量测要求。

注意：每次测量都要从同一洞内高程控制点施测。

4.隧底上鼓

由洞内高程控制点，用水准测量方法采用精密水准仪和铟钢水准尺测出隧底点的高程。

量测频率及其他要求同净空水平收敛量测要求。

5.地表下沉

(1)按图3-4-4布设地表沉降点。

(2)沉降点和基准点的埋设:用长度为1 m、直径为22 mm的螺纹钢打入地下,钢筋露出地面1 cm左右,并用混凝土固定。

(3)在断面开挖之前,先用水准测量的方法测出断面所有点的高程。

(4)断面开挖后,按照要求采用附合水准测量测出地表下沉点的高程。

(5)量测频率及其他要求同拱顶下沉量测要求。

量测项目的观测内容和所使用的仪器见表3-4-8。

表3-4-8　量测项目的观测内容和使用仪器

序　号	量测项目	量测仪器	观测内容
1	洞内、洞外观察	数码相机 地质罗盘 目测	(1)开挖面围岩自稳性;(2)岩质破碎带;(3)围岩类别;(4)地下水及地表水;(5)支护变形;(6)浅埋段地表下沉情况
2	水平收敛	收敛仪 全站仪	根据收敛情况判断:(1)围岩稳定性;(2)支护设计和施工方法的合理性;(3)二次衬砌的施作时间
3	拱顶下沉 隧底上鼓	水准仪 水准尺	监视拱顶和隧底的变化值,了解断面变化,判断围岩的稳定性,防止塌方
4	地表下沉	水准仪 水准尺	监视浅埋段隧道地表的下沉值,判断围岩的稳定性

6.监控量测记录

监控量测工作应形成如下记录资料:

(1)洞内、洞外观察记录表;

(2)隧道拱顶下沉量测原始记录表;

(3)隧道水平收敛量测原始记录表;

(4)地表沉降观测原始记录表。

7.监控量测数据的整理和分析

监控量测数据的分析处理包括数据校核、数据整理及数据分析。

(1)每次观测后立即对观测数据进行校核,如有异常应及时补测。

(2)每次观测后及时对观测数据进行整理,包括观测数据计算、填表、填表制图、误差处理等。

(3)监控量测数据分析

监控量测数据可采用具有收敛特性的函数(指数模型、对数模型、双曲线模型等)对监控量测数据进行拟合回归分析,获取变形发展规律,并预测最大变形量及未来发展趋势。监控量测数据分析包括以下主要内容:

①根据量测值绘制时态曲线。

根据量测数据绘制位移u与时间t的关系曲线,可以较直观的看出围岩位移变化的情况,并初步判定围岩是否趋于稳定或出现异常情况。采用在Excel表格中及时输入量测结果,并利用其图表功能自动生成曲线图,能保证量测数据与曲线图同步,更能及时、直观的得到围岩变化情况。

②对初期支护时态曲线应进行回归分析，选择与实测数据拟合较好的函数进行回归，预测可能出现的最大位移，并与控制基准进行比较。

由于量测的偶然误差所造成的离散性，因此对量测数据采用统计学原理进行分析，并以相应的数学公式进行描述，采用回归分析对量测数据进行处理和计算，得到u、t两个变量之间的函数关系，用这个函数曲线能代表测试点数据的散点分布，并能推算出因变量的变化速率和极限值，主要采用指数、对数和双曲三种曲线函数进行线性回归计算。三种曲线函数的原形公式与换算公式如下：

指数函数：$u = A\cdot e^{(-B/T)}$　求导：$u' = AB\cdot e^{(-B/T)}\cdot t^{-2}$

将其转化为直线函数：$\ln u = \ln A + (-B)\dfrac{1}{t}$　极限公式：$\lim\limits_{t\to\infty} f(t) = A$

对数函数：$u = A + B/\lg(1+t)$　求导：$u' = -B\cdot\dfrac{1}{(1+t)\ln 10\times[\lg(1+t)]^2}$

将其转化为直线函数：$u = A + B\cdot\left[\dfrac{1}{\lg(1+t)}\right]$　极限公式：$\lim\limits_{t\to\infty} f(t) = A$

双曲函数：$u = \dfrac{t}{A+B\cdot t}$　求导：$u' = \dfrac{A}{(A+Bt)^2}$

将其转化为直线函数：$\dfrac{1}{u} = B + A\cdot\dfrac{1}{t}$　极限公式：$\lim\limits_{t\to\infty} f(t) = \dfrac{1}{B}$

式中，A、B为回归常数；u为位移值，mm；t为初读数后的时间，d。

线性回归分析需要分别将三种函数独立进行回归计算，将其转化为直线函数$y=a+bx$的形式求出a、b，并通过a、b换算出曲线函数常数A、B值。以指数函数为例，视ln$u$为Y，1/t为X，按直线方程进行回归计算，得到直线方程常数a、b，并计算其相关系数r，指数函数常数$A=e^a$、$B=-b$，由此可得到指数函数方程。对三种曲线函数进行回归分析后，根据三种曲线方程的相关系数r，取r最趋近于1的曲线方程代表所分析测点数据的变化情况，一般情况下所选择曲线函数的相关系数r的绝对值应大于0.9。a、b、r的计算公式如下：

$$a = \frac{\sum y - b\cdot\sum x}{n}$$

$$b = \frac{n\cdot\sum xy - \sum x\sum y}{n\cdot\sum x^2 - \left(\sum x\right)^2}$$

$$r = \frac{n\cdot\sum xy - \sum x\sum y}{\sqrt{\left\{n\cdot\sum x^2 - \left(\sum x\right)^2\right\}\left\{n\cdot\sum y^2 - \left(\sum y\right)^2\right\}}}$$

线性回归分析数据处理量大，计算复杂，一般采用EXCEL表格进行回归计算。

根据回归分析结果选定代表测点的曲线方程，并可根据求导公式计算某一天的位移速率，也可根据极限公式计算其总位移量，通过代表测点的曲线函数方程可消除偶然误差并推断出围岩的稳定情况，或估计二次衬砌施作的时机。

3.4.3　监控量测结果对比分析

为对比支护参数和施工方法对洞室稳定性的影响，选取原设计方案（三台阶）施工下的典型断面DYK280+680和改进设计方案（四台阶）后施工的典型断面DYK280+940处隧道内空和地表的变形进行比较。

DYK280+680断面处每组变形监测点进行了18天（除下部收敛量测11天外）的监测，拱顶下沉、水平收敛及地表下沉量随时间变化规律如图3-4-8所示，变形速率随时间变化规律如图3-4-9所示。

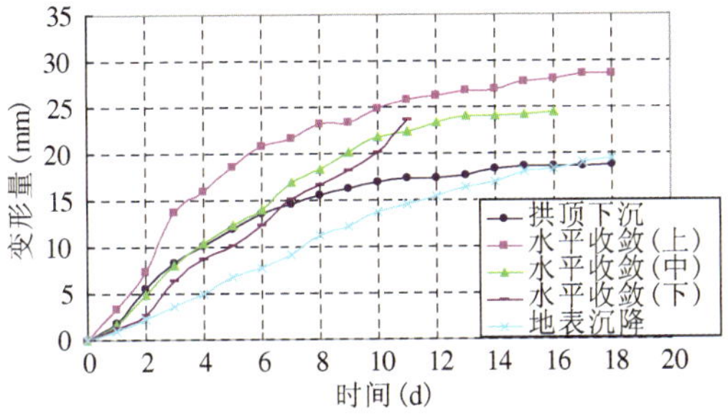

图3-4-8　DYK280+680变形-时间曲线

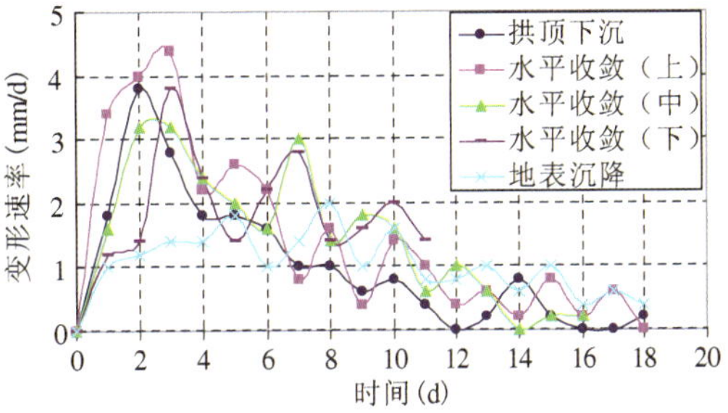

图3-4-9　DYK280+680变形速率-时间曲线

DYK280+940断面处每组变形监测点进行了16天（除下部收敛量测11天外）的监测，拱顶下沉、水平收敛及地表下沉量随时间变化规律如图3-4-10所示，变形速率随时间变化规律如图3-4-11所示。

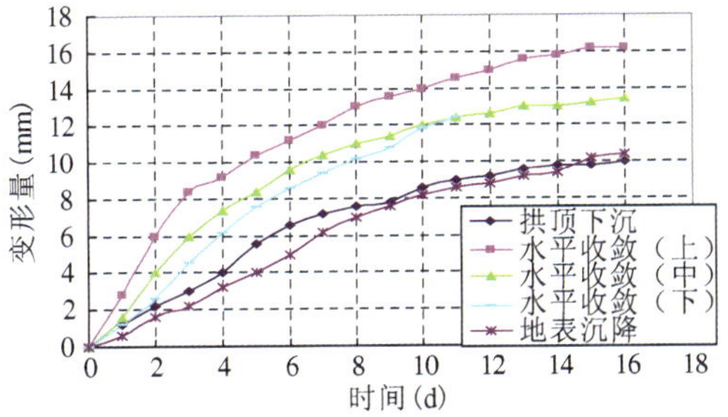

图3-4-10　DYK280+940变形-时间曲线

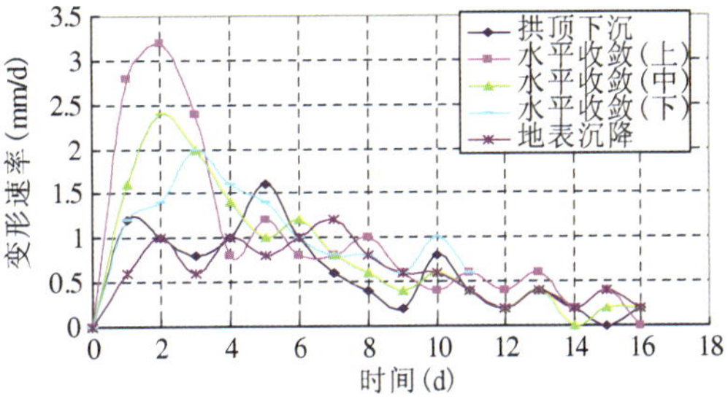

图3-4-11　DYK280+940变形速率-时间曲线

两个典型断面的变形量测结果对比见表3-4-9。

表3-4-9　DYK280+680和DYK280+940断面量测结果比较

位　置	拱顶下沉		水平收敛		地表沉降	
	累计下沉最大值（/mm）	最大变形速率（mm/d）	累计收敛最大值（mm）	最大变形速率（mm/d）	累计下沉最大值（mm）	最大变形速率（mm/d）
DYK280+680	18.8	3.9	28.7	4.5	19.0	2.0
DYK280+940	10.0	1.6	18.2	3.3	10.4	1.3

DYK280+680断面处的拱顶下沉、水平收敛和地表沉降的最大变形量和变形速率明显大

于DYK280+940断面，表明与原设计方案相比，改进设计方案施工与支护下洞室的变形明显减小，稳定性增强。

关角隧道西宁入口贫水区浅埋风积砂层段变形量测包括初期支护拱顶下沉和水平收敛，以及地表下沉量测。初期支护变形量测断面沿隧道纵向每5 m布置一个，地表下沉量测断面每15 m布置一个。量测区段为DYK280+680 ～ DYK280+980，皆为四台阶法施工范围，变形量测结果如图3-6-9所示，图中各点为量测到的最大绝对变形值。

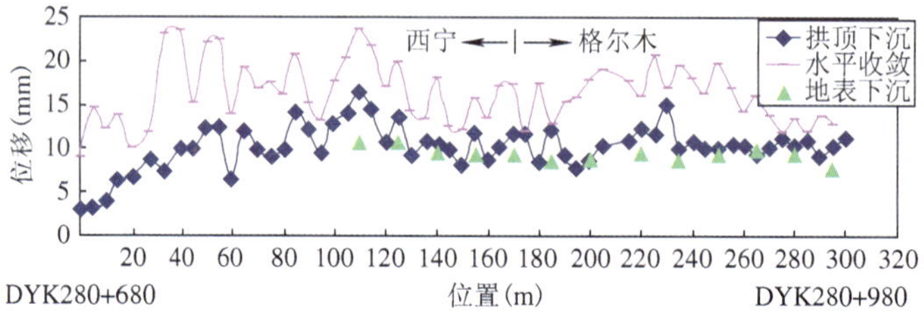

图3-4-12　关角隧道入口贫水区浅埋风积砂层段变形量测结果

由图3-4-12可知，隧道施工中内空的水平收敛变形最大，拱顶下沉次之，地表下沉相对最小。水平收敛最大值为24 mm，拱顶下沉最大值为16 mm，地表下沉最大值为10 mm，表明相对于原三台阶施工方案，四台阶施工方案较好地控制了围岩变形，洞室稳定性强。

3.5　小　　结

本章根据浅埋贫水风积砂层地质条件，利用理论分析、数值模拟试验和现场试验等综合方法，形成了浅埋贫水风积砂层隧道安全施工技术，通过该技术的全面实施，顺利完成了新关角隧道进口450 m浅埋贫水风积砂层的施工任务，并取得了以下认识：

（1）根据浅埋贫水风积砂层段的二维数值分析，得到了隧道的极限位移（拱顶下沉85 mm，水平收敛152 mm）及合理支护时机（应力释放率为80%）；数值模拟也证明围岩的塑性区变化特点和深部应力分布规律也呈现应力释放率达到约95%后出现突跳的现象，据此可定义隧道的极限状态。

（2）通过建立浅埋贫水风积砂层段隧道三维数值模型，分析了施工过程中隧道围岩的空间变形规律和支护结构受力特征，得出了四种工况下围岩拱顶下沉、水平收敛和掌子面挤出变形等空间变形特征，并对支护结构的受力情况进行了对比分析，综合考虑各方案的施工难度和速度，最终确定了关角进口浅埋贫水风积砂层段四台阶+扩大拱脚与临时横撑的安全施工方法。相对于原三台阶施工方案，四台阶+扩大拱脚与临时横撑方案施工时围岩的拱顶下沉、水平收敛及掌子面挤出变形明显减小，洞室稳定性增强；支护结构受力减小，支护结构更趋安全。

（3）现场施工实践表明，采用三台阶方案施工时，由于台阶长度大、喷射混凝土临时仰拱支护效果差、仰拱封闭晚等原因，致使洞室变形大，甚至出现塌方事故；采用四台阶+扩大拱脚与临时横撑方法，较好地控制了围岩变形，洞室稳定性增强。

（4）经过不断的施工实践及探索，最终确定长距离偏压浅埋贫水风积砂层隧道的关键技术：①设置管棚工作室，施工25 m长超前水平管棚，全断面设置ϕ42超前小导管，并预注浆加固地层，较好地稳定了掌子面变形；②采用超短台阶法开挖，施工过程中，严格控制台阶长度；③设置临时横向水平钢支撑控制边墙变形，并保证仰拱距掌子面距离不超过16 m；④开挖后及时采用筛子网支护，防止贫水区风积砂的滑溜，导致出现大范围的滑塌。这些措施很好地贯彻了浅埋隧道的“管超前、严注浆、短开挖、强支护、早封闭、勤量测”十八字施工方针，保证了砂层段施工的安全及有序进行，为大断面、长距离、浅埋贫水风积砂层段施工积累了宝贵的工程经验。

4 断层破碎带处理技术

山岭隧道断层破碎带是隧道掘进的大敌，断层破碎带隧道的设计及施工方法的合理与否，对整座隧道顺利施工、保证工期和质量起着极为重要的作用。尤其是埋深较浅时，由于围岩破碎，若处于富水环境将进一步削弱其自稳能力，如果在开挖之前不采取有效的预加固措施，因隧道开挖后围岩不能形成有效承载拱，必然造成隧道的坍塌，给施工人员的生命安全和设备安全造成直接威胁。

本章结合新关角隧道断层破碎带施工实际情况，通过归纳总结、理论分析、现场监测等方法，对断层破碎带隧道支护结构受力特性和施工初期出现的问题进行研究，并在此基础上全面分析富水环境对断层破碎带围岩稳定性的影响，由此提出一套适用于断层破碎带的开挖及支护技术。

4.1 断层破碎带工程特点

4.1.1 破碎围岩的定义

破碎围岩属于软弱围岩的一种。软弱围岩通常可以分为地质软岩和工程软岩。地质软岩是指强度低、孔隙度大、胶结程度差、受构造面切割及风化影响显著或含有大量膨胀性黏土矿物的松、散、软、弱岩层。工程软岩是指在工程力作用下能产生显著塑性变形的工程岩体。地质软岩强调软、弱、松、散的地质特点，而工程软岩强调软岩强度和工程力荷载的对立统一，揭示了软岩的相对实质，即取决于工程力和岩体强度的相互关系。当工程力一定时，不同岩体，强度高于工程力水平的表现为硬岩的力学性质，低于工程力水平表现为软岩特性。形成地质软岩的原因有三种：一是由于强烈的地质构造运动或风化作用造成岩体极度破碎，近乎散体，而岩块本身强度较高，例如处于断层破碎带，隧道进出口的强风化带等地区，此种围岩结构面极为发育，相互交织，将岩体切割成碎屑、颗粒状，称为破碎岩体；二是由于岩石块体本身强度很低，单轴抗压强度 $R_a<20$ MPa，稳定性差，尤其是在含水或风化潮解情况下，通常显示出很低的岩体强度，称为软弱岩体；三是二者的结合，即岩石本身抗压强度低且解理、裂隙发育，称为软弱破碎岩体。

4.1.2 断层破碎带围岩力学属性

断层破碎带围岩的力学性质主要表现在以下方面：

（1）破碎围岩由于裂隙发育，结构面相互交织，随机分布，没有明显的方向性，在一定程度上可以将其看作是各向均质连续体。

（2）破碎围岩整体抗压强度较低，洞室开挖后围岩稳定性差，极易失稳破坏。在将破碎岩体近似看作连续体的情况下，岩体总体上将会表现为一定的弹塑性特征，这种弹塑性特征可以理解为岩体中的应力引起岩体破坏而产生滑移后，随着变形的发展保持一定的强度，并具有应变强化特性，在理论分析时，可以采用连续介质的弹塑性理论作为分析工具。

4.2 断层破碎带隧道支护结构受力特性现场试验研究

4.2.1 概述

断层破碎带地质状况及结构受力条件复杂，因此有必要开展隧道支护结构压力监测试验研究，了解变形机理，掌握围岩应力释放与支护压力大小的规律，为隧道设计与施工决策提供理论依据和基础数据。

4.2.2 试验内容及方法

1.试验内容

测量试验的内容见表4-2-1。

表4-2-1 测试断面及测试项目

区 段	工 区	断面里程	量测项目			
			锚杆轴力	围岩压力	钢架应力	衬砌水压
浅埋河沟段	Z1斜井正洞	DK281+855	◎	◎	◎	◎
		DYK281+898	◎	◎	◎	◎
F2-1断层区段	1号斜井正洞	DK284+018	◎	◎	◎	
		DK284+080	◎	◎	◎	

2.测点布置

现场仪器埋设如图4-2-1所示。

（a）型钢钢架应变计埋设　（b）水压计埋设　（c）锚杆安装

图4-2-1（1） 现场试验仪器安装

（d）压力盒安装

（e）尾线保护

图4-2-1（2） 现场试验仪器安装

（1）初支钢架应力测点布置

钢拱架应力采用表面应变计监测，表面应变计以隧道中线对称布置，“WE”表示钢架的外侧应力测点，“NE”表示钢架的内侧应力测点，在仰拱架设钢拱架断面埋设9对表面应变计，如图4-2-2所示，仰拱无钢拱架断面埋设7对表面应变计。

（2）土压力测点布置

围岩-初期支护接触压力采用土压力盒监测，土压力盒以隧道中线对称布置，“Y1～Y10”表示10个压力测点，如图4-2-3所示。

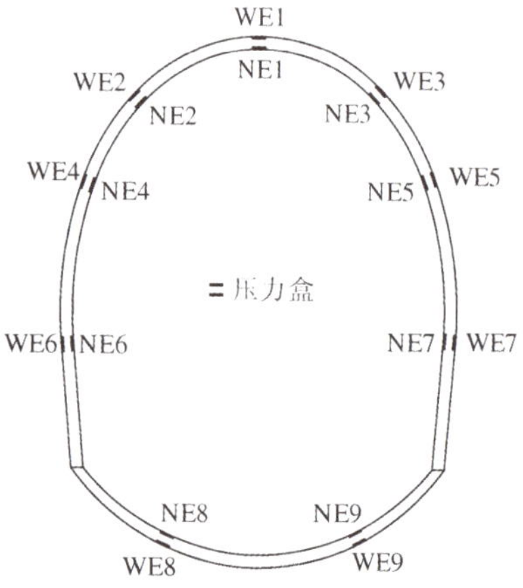

图4-2-2 支护结构应变计布置

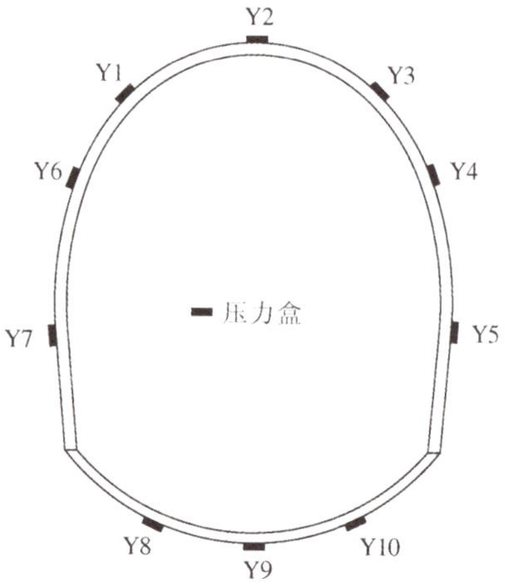

图4-2-3 土压力测点布置

（3）锚杆轴力测点布置

锚杆轴力采用锚杆轴力计，“MG”表示锚杆轴力测点，每根锚杆上布置3个锚杆轴力计，共12个测点，如图4-2-4所示。

（4）衬砌水压测点布置

衬砌背后水压力采用渗压计监测，渗压计以隧道中线对称布置，分别布置在隧道的拱顶、拱腰、边墙和仰拱，位于防水层与初期支护之间，每个断面共布置6个渗压计。

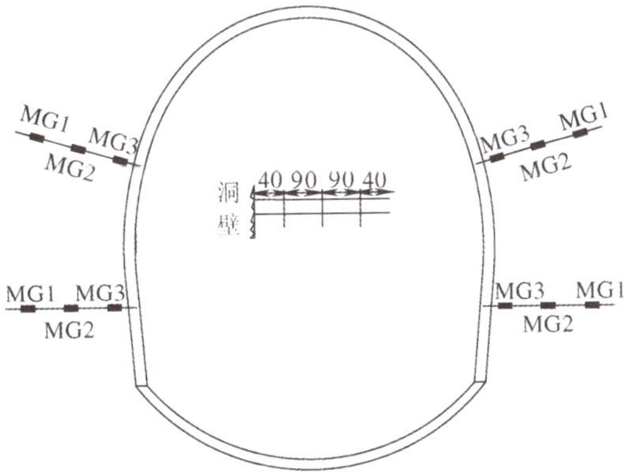

图4-2-4 锚杆轴力测点布置(单位:m)

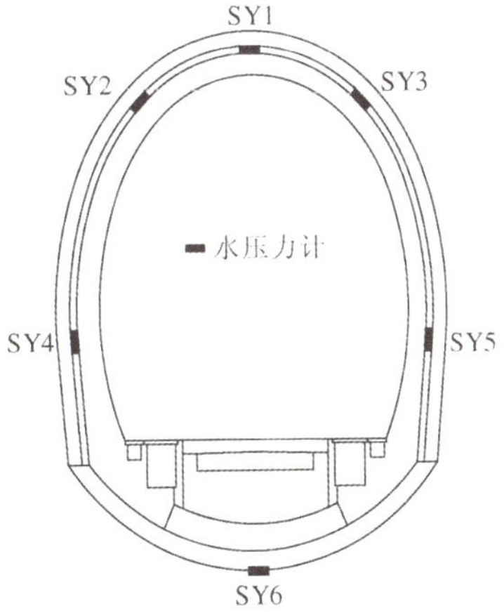

图4-2-5 衬砌水压力测点布置

4.2.3 试验结果及分析

1.浅埋河谷区段

(1)试验概述

1)地质情况

隧道浅埋河谷区段长380 m,地层以志留系变质砂岩为主,岩体受风化、构造影响严重,岩体破碎,层间结合力差,地下水较发育。DYK281+898、DK281+855两断面处于浅埋河谷区段,其中DYK281+898断面围岩判定为Ⅵ级围岩,DK281+855断面围岩判定为Ⅴ级围岩,覆土埋深约45 m。开挖后,拱墙掉块、拱部线状滴水、边墙股状出水,掌子面有突泥突砂现象、坍塌严重,整体稳定性差,如图4-2-6所示。

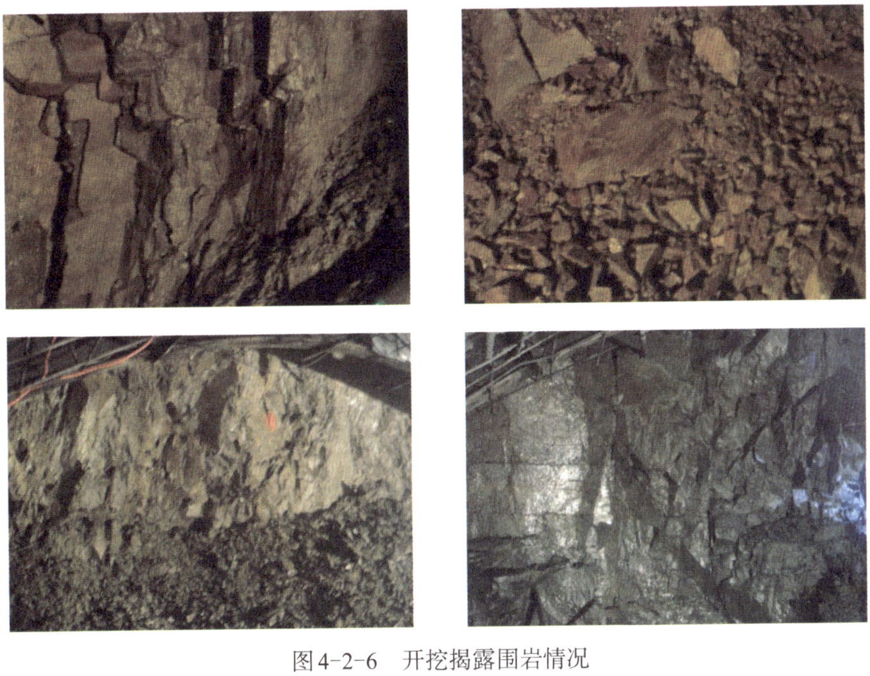

图4-2-6 开挖揭露围岩情况

2）支护结构设计参数

初期支护参数为：拱部120°范围设ϕ42超前小导管预支护，小导管长度3.5 m，注双液浆，环向间距30 cm。边墙设ϕ22砂浆锚杆，长3.0 m，间距1.2 m×1.0 m（环向×纵向），按梅花形布置，锚杆端部设垫板，垫板尺寸为150 mm×150 mm×6 mm（长×宽×厚）。采用双层ϕ8钢筋网，网格间距20 cm×20 cm，拱墙网喷混凝土厚25 cm，拱墙设2榀/m的I16型钢钢架，仰拱素喷混凝土厚10 cm。

（2）DYK281+898断面测试结果及分析

1）围岩压力分布规律

在DYK281+898断面围岩压力共布设10处测点。围岩压力时态曲线如图4-2-7所示，应力分布如图4-2-8所示。

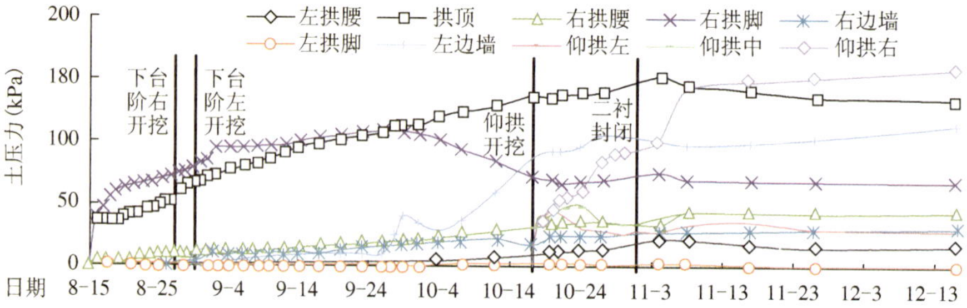

图4-2-7　DYK281+898断面围岩压力时态曲线

由围岩压力的时态图以及分布图可以看出：

①下台阶右侧开挖后的两天内，拱顶处围岩压力出现短期的突增，平均变化率为6.8 kPa/d。下台阶左侧开挖后，右拱脚处围岩压力突然增大，平均变化率为5.5 kPa/d。其余测点处围岩压力缓慢增大。

②仰拱封闭后，各测点开始收敛，趋于稳定。

③二次衬砌施作后，各测点均出现压力陡增或陡降的现象，围岩迅速到达平衡，且压力变化率不大。

④稳定后的断面土压在0～160 kPa之间，其中拱顶和仰拱右处压力较大，分别为134.3 kPa和160 kPa。

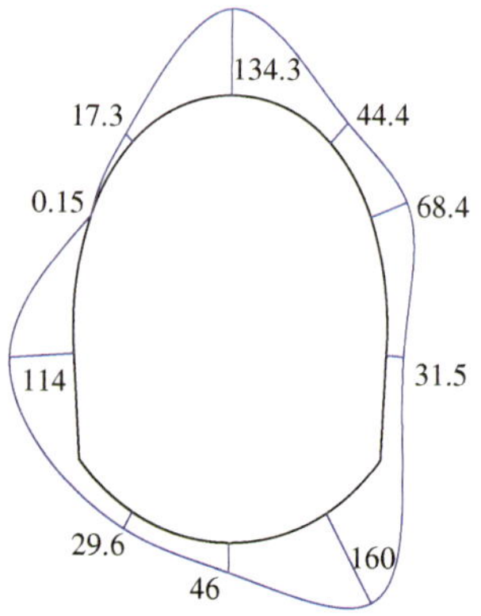

图4-2-8　DYK281+898断面围岩压力分布（单位：kPa）

2）初支内力分布规律

在DYK281+898断面，钢架应力共布设9对表面应变计。钢架应力时态曲线如图4-2-9和图4-2-10所示，应力分布如图4-2-11所示。

由钢架应力时态曲线及分布图可以看出：

①初支钢架的内外侧均受压。左拱腰外侧应力最大，达560.8 MPa；拱顶外侧压应力次之，为340.5 MPa。

②钢架施作初期，钢架应力剧烈变化，钢架在施作后立刻承担荷载，最大应力变化率达到433.9 MPa/d，出现在左拱腰处。

③仰拱封闭后钢架应力趋于稳定。二次衬砌施工完成，钢架应力变化率突增后，才最终稳定。

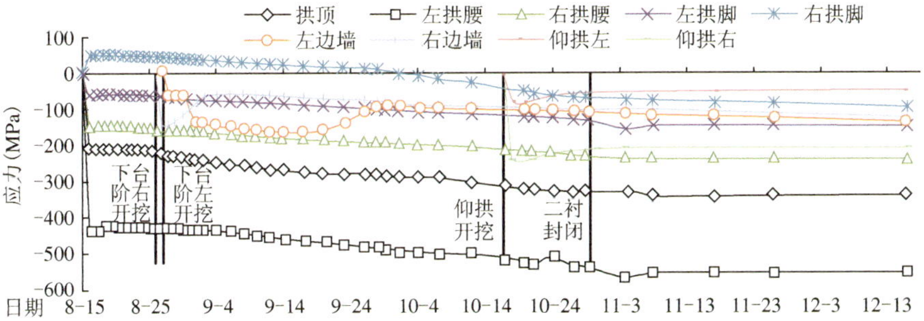

图4-2-9　DYK281+898断面钢架外环应力时态曲线

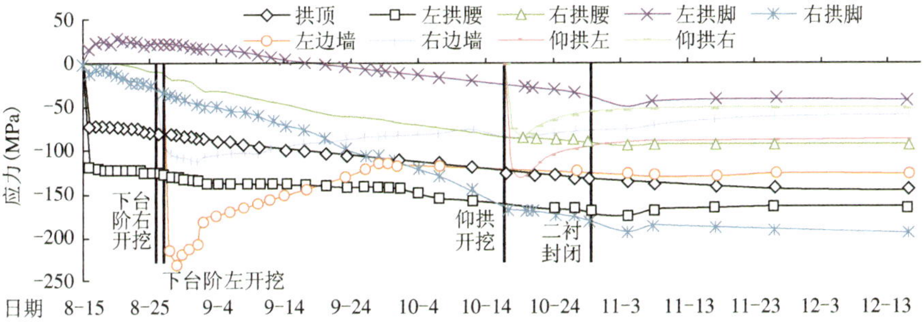

图4-2-10　DYK281+898断面钢架内环应力时态曲线

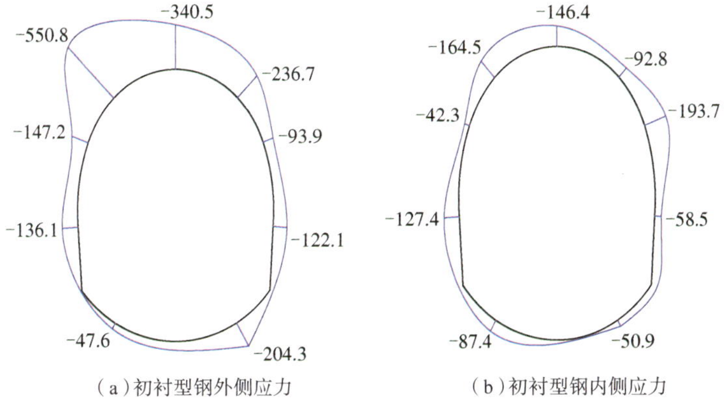

图4-2-11　DYK281+898断面型钢拱架应力分布(单位:MPa)

3)锚杆轴力分布规律

在DYK281+898断面,锚杆轴力共布设12个测点。其中右边墙2.2 m处测点在测试过程中损坏,锚杆轴力时态曲线如图4-2-12所示,锚杆轴力分布如图4-2-13所示。

由锚杆轴力时态曲线及分布图可以看出:

①锚杆安设后,其轴力随时间逐渐增大,不同深度处测点的轴力差异较大,各测点在施作8天后开始趋于稳定。二次衬砌施作后,锚杆轴力经历突变后达到稳定状态。

②右拱脚锚杆各测点均受拉,0.4 m测点处拉力最大,达到46.3 kN,其余测杆处各测点基本都受压,左边墙处2.2 m测点处压力最大,达到13.8 kN。

4)水压力分布规律

在DYK281+898断面,衬砌水压共布置6个测点。衬砌水压时态曲线如图4-2-14所示,水压分布如图4-2-15所示。

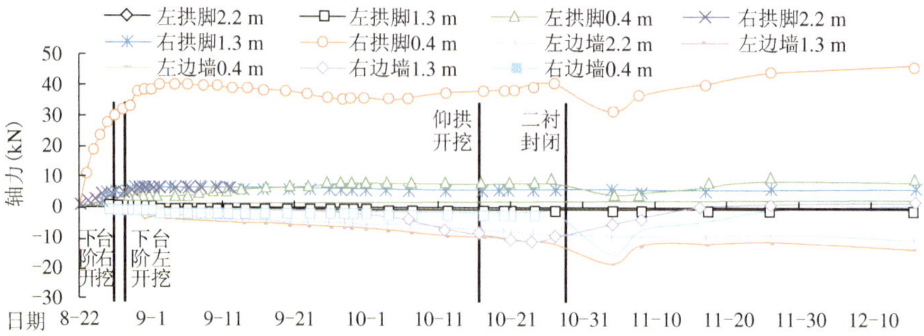

图4-2-12　DYK281+898断面锚杆轴力时态曲线

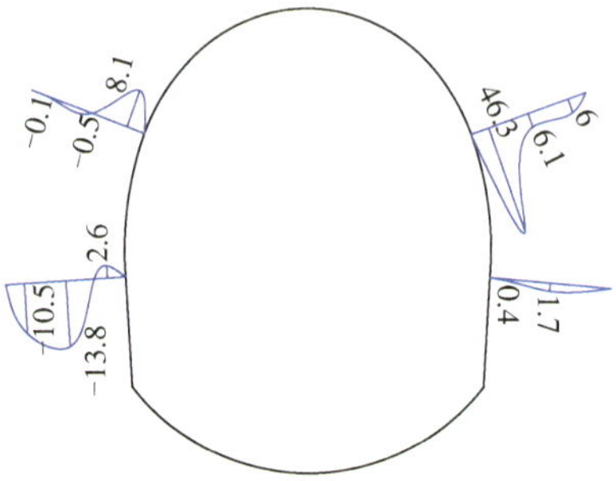

图4-2-13　DYK281+898断面锚杆轴力分布(单位:kN)

注:"−"为压,"+"为拉。

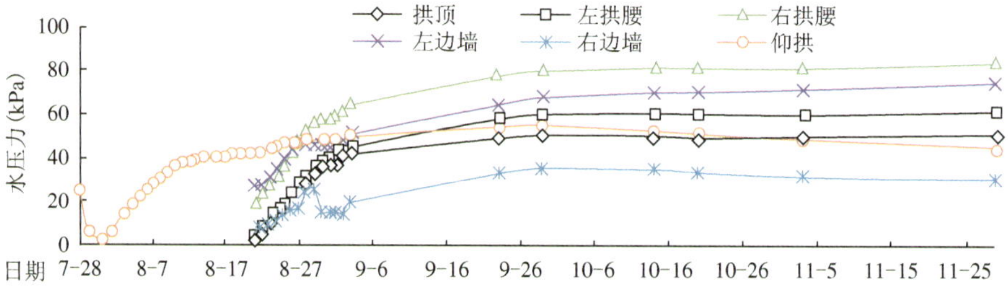

图4-2-14　DYK281+898断面衬砌水压时态曲线

由衬砌水压力时态曲线及分布图可以看出:

①由于仰拱超前二次衬砌施作,因此仰拱测点首先承受水压,并随着时间逐渐增大。二次衬砌施作后,其他测点水压同样随着时间逐渐增大。

②衬砌各部位水压分布较均匀,稳定后的水压在30～90 kPa之间,其中右拱腰和左边墙较大,分别为83.9 kPa和74.8 kPa。

5)测试数据综合分析

中台阶在上台阶支护6天后开挖,此时喷射混凝土已硬化,初期支护基本稳定,上台阶初期支护基本不受中台阶开挖的影响。

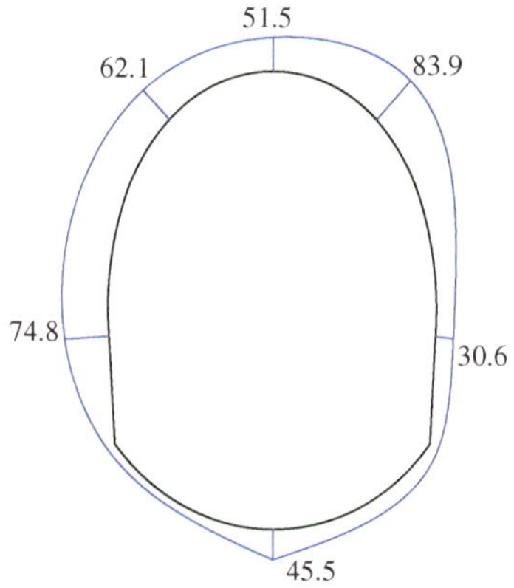

图4-2-15　DYK281+898断面水压分布(单位:kPa)

下台阶开挖对拱部测点压力影响明显，即初支围岩压力受下台阶开挖影响而突然增大。

仰拱封闭使初支压力和支护应力均趋于收敛，说明仰拱的施作完善了初期支护体系，因此应尽早施作仰拱衬砌。

二次衬砌施作后，由于二次衬砌刚度很高，限制了围岩压力的释放，短时间内围岩达到稳定平衡状态，因此初支压力、支护应力、锚杆轴力变化率突然增大，之后达到稳定状态。

（3）DK281+855断面测试结果及分析

1）围岩压力分布规律

在DK281+855断面，围岩压力共布设10处测点。其中左边墙测点在测试过程中损坏，围岩压力时态曲线如图4-2-16所示，应力分布如图4-2-17所示。

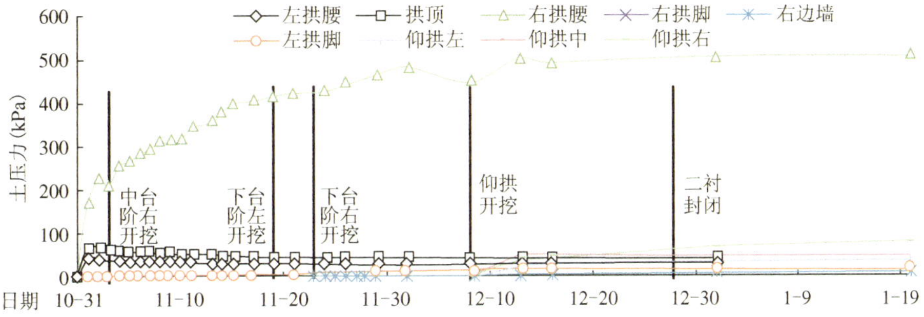

图4-2-16　DK281+855断面围岩压力时态曲线

由围岩压力的时态图以及分布图可以看出：

①中台阶右开挖当日，右拱腰处围岩压力突然降低，变化19 kPa。在中台阶支护完成后，右拱腰处围岩压力又突然增大，变化47 kPa。其余测点处围岩压力在支护完成当日达到最大值，之后随时间而逐渐减小。

②仰拱开挖后，右拱腰处围岩压力减小，仰拱填充施作完成后拱腰处围岩压力又增大，然后趋于稳定。

③稳定后的断面土压在8～507 kPa之间，断面土压分布不均，其中右拱腰处压力最大，达到506.7 kPa。

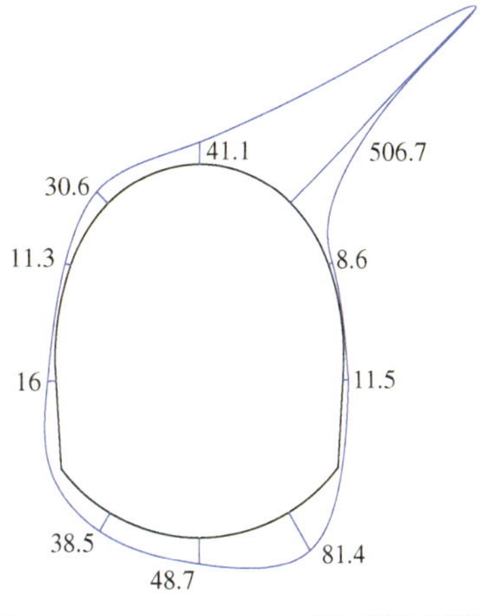

图4-2-17　DK281+855断面测试断面围岩压力分布（单位：kPa）

2）初支内力分布规律

在DK281+855断面，钢架应力共布设9对表面应变计。其中内环左拱脚、仰拱右测点在测试过程中损坏，钢架应力时态曲线如图4-2-18和图4-2-19所示，应力分布如图4-2-20所示。

由钢架应力时态曲线及分布图可以看出：

①中台阶右开挖及支护对右拱脚内侧应力影响显著，应力变化达174 MPa。

②初支钢架内外侧主要受压，个别部位受拉，且拉应力较小，最大拉应力仅为50.7 MPa。右拱脚内侧压应力最大，达610.7 MPa；拱顶内侧压应力次之，为558.2 MPa。

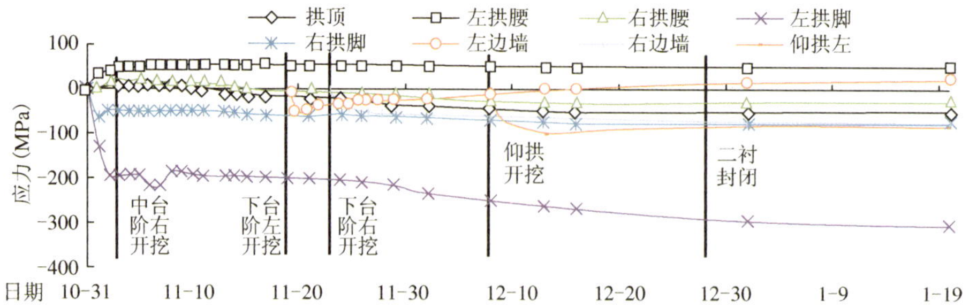

图4-2-18　DK281+855断面钢架外环应力时态曲线

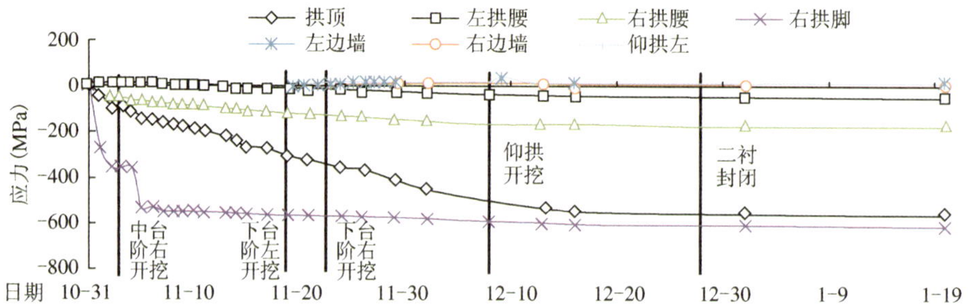

图4-2-19　DK281+855断面钢架内环应力时态曲线

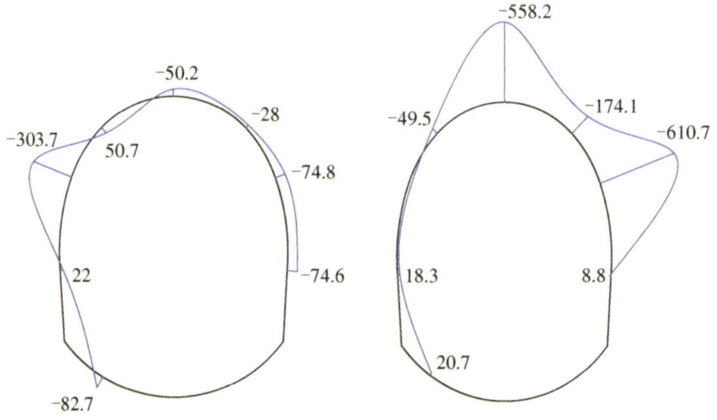

(a)初衬型钢外侧应力　　(b)初衬型钢内侧应力

图4-2-20　DK281+855断面型钢拱架应力分布(单位:MPa)

3)锚杆轴力分布规律

在DK281+855断面,锚杆轴力共布设12个测点。锚杆轴力时态曲线如图4-2-21所示,锚杆轴力分布如图4-2-22所示。

由锚杆轴力时态曲线及分布图可以看出:

①左边墙锚杆施作初期轴力变化剧烈,0.4 m、1.3 m测点处拉力最大值达到70.1 kN,2.2 m测点处拉力最大值达到20.1 kN,之后随着时间逐渐减小,并在仰拱封闭后开始趋于稳定。

②各测点埋设初期均受拉,随着时间而逐渐减小,锚杆受力稳定后,各测点基本均受压,其中左边墙锚杆1.3 m测点处压力最大,达34.8 kN。

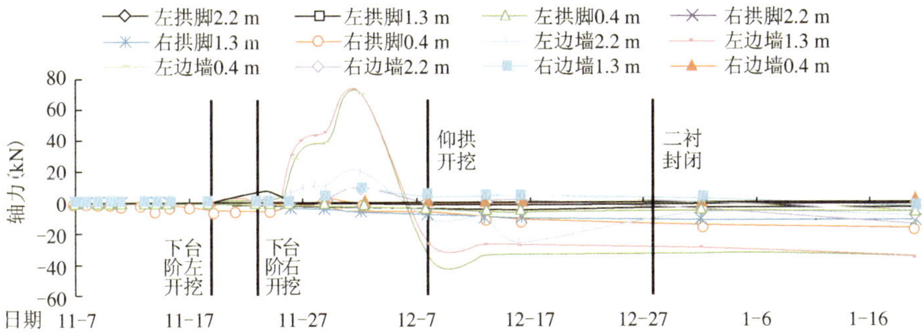

图4-2-21　DK281+855断面锚杆轴力时态曲线

③由锚杆前期受拉后期受压的规律可以看出，左边墙处围岩松动圈在逐渐扩大，当大于锚杆长度时，锚杆开始受压。在仰拱未封闭时，边墙块体会不断变形破碎，最终由形变压力转变为松散压力。因此，在仰拱未封闭段需要临时横支撑的辅助。

4）水压力分布规律

在DK281+855断面，衬砌水压共布置6个测点。衬砌水压时态曲线如图4-2-23所示，水压分布如图4-2-24所示。

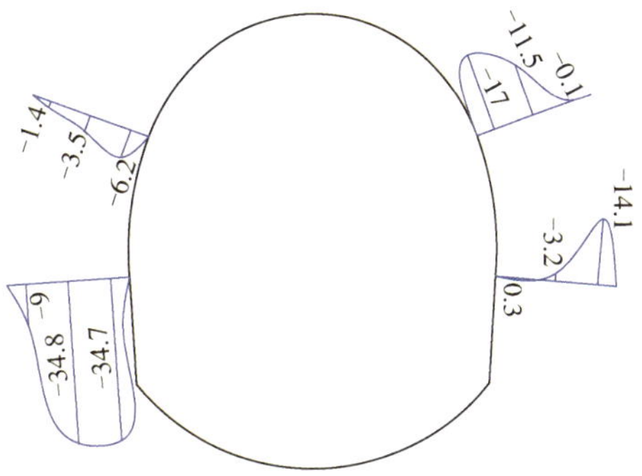

图4-2-22　锚杆轴力分布（单位：kN）

注："−" 为压，"+" 为拉。

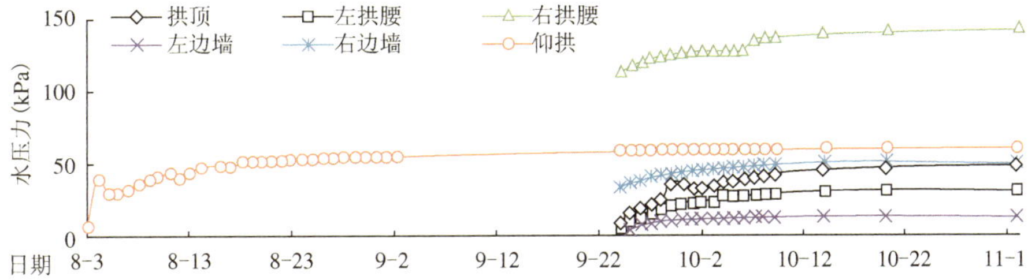

图4-2-23　DK281+855断面衬砌水压时态曲线

由衬砌水压力时态曲线及分布图可以看出：

①各部位测点随时间而逐渐增大，二次衬砌施作15天后达到稳定状态。

②衬砌各部位稳定后的水压在13 ～ 142 kPa之间，其中右拱腰和仰拱较大，分别为141.4 kPa和60.5 kPa。

5）测试数据综合分析

中台阶开挖造成初支围岩压力、初支应力均出现先减小再增大的趋势，说明中台阶开挖破除了上台阶初期支护的下部支承，从而使初支围岩压力及初支应力都出现下降趋势，随着后期墙部支护的施

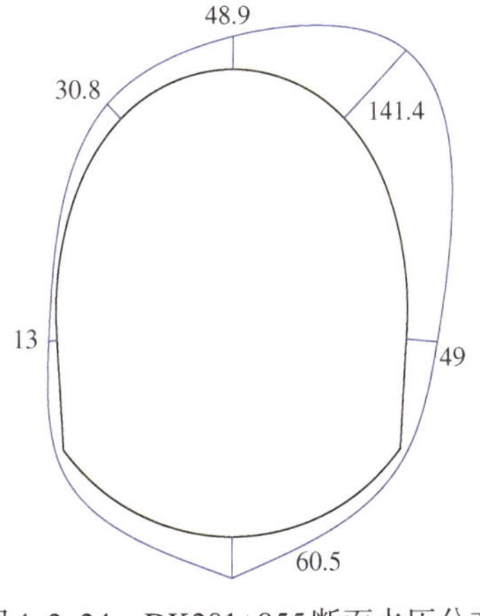

图4-2-24　DK281+855断面水压分布

作而又受围岩压力释放影响而增大。

下台阶开挖对初支压力及支护应力基本没有影响，这是因为初期支护喷射混凝土已经凝固稳定，达到设计强度，上部初期支护已形成整体。因此，台阶设计时应在初期支护喷射混凝土稳定后再开挖下部台阶。

仰拱封闭使初支压力和支护应力趋于收敛，说明仰拱的施作完善了初期支护体系，因此应尽早施作仰拱衬砌。

二次衬砌施作并未明显影响初支压力和支护应力，说明二次衬砌施作前，初期支护已经稳定，二次衬砌基本不承受荷载，主要作为安全储备使用。

2. $F_{2\text{-}1}$断层破碎带区段

（1）试验概述

1）地质情况

隧道$F_{2\text{-}1}$断层破碎带，长325 m，地层为碎裂岩，原岩成分为变质砂岩夹板岩，岩体受构造影响严重，挤压构造作用强烈，岩质较软，局部夹有灰白色灰黑色断层泥，地下水不发育。DYK284+018和DYK284+080两断面处于$F_{2\text{-}1}$断层破碎带中，覆土埋深约130 m。开挖后局部出现渗水，易滑塌，如图4-2-25所示。

图4-2-25　开挖揭露围岩

2）支护结构设计参数

支护参数为：拱部120°范围设ϕ42超前小导管预支护，小导管长度3.5 m，环向间距40 cm，注水泥浆。边墙设ϕ22砂浆锚杆，长3.0 m，间距1.2 m×1.0 m（环向 × 纵向），按梅花形布置，锚杆端部设垫板，垫板尺寸为150 mm×150 mm×6 mm（长 × 宽 × 厚）。拱墙网喷混凝土厚25 cm，设ϕ8钢筋网，网格间距20 cm×20 cm，拱墙设3榀/2 m的I16型钢钢架，仰拱素喷混凝土厚10 cm。

（2）DYK284+018断面测试结果及分析

1）围岩压力分布规律

在DYK284+018断面，围岩压力共布设10处测点。围岩压力时态曲线如图4-2-26所示，应力分布如图4-2-27所示。

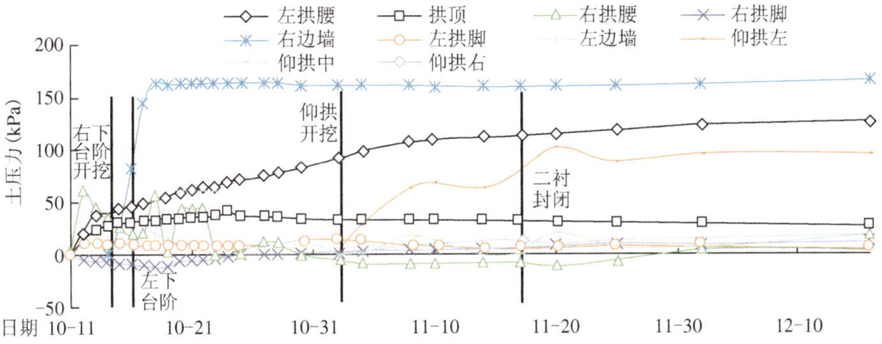

图 4-2-26　DYK284+018 断面围岩压力时态曲线

由围岩压力的时态图以及分布图可以看出：

①右边墙测点埋设后，4 天内达到最大值 165 MPa，之后趋于稳定。左拱腰处测点围岩压力随着时间逐渐增大，其余各测点基本在埋设初期 4 天内即趋于稳定。

②二次衬砌施作后，仰拱左和仰拱中测点出现压力陡增的现象，之后围岩趋于稳定。

③稳定后的断面围岩压力在 0 ～ 170 kPa 之间，围岩压力分布不均匀，其中右边墙、左拱腰和仰拱左处压力较大，分别为 166 kPa、127.1 kPa 和 160 kPa。

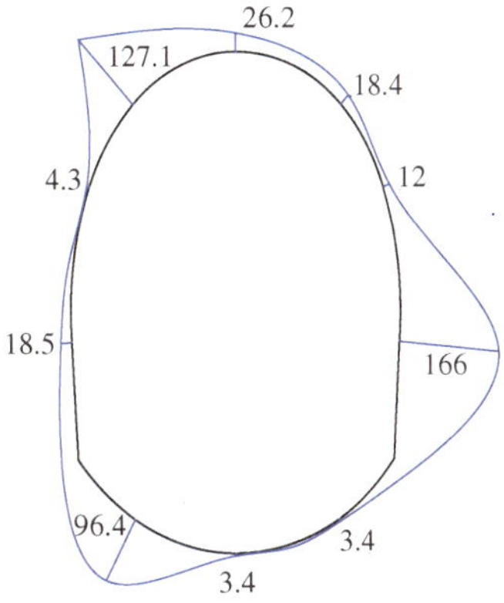

图 4-2-27　DYK284+018 断面围岩压力分布（单位：kPa）

2）初支内力分布规律

在 DYK284+018 断面，钢架应力共布设 7 对表面应变计。其中拱顶内环、外环测点在测试过程中损坏，钢架应力时态曲线如图 4-2-28 ～图 4-2-29 所示，应力分布如图 4-2-30 所示。

由钢架应力时态曲线可以看出：

①初支钢架右边墙和左边墙的内侧受拉，其他测点均为受压。左拱脚压应力最大，达 289.5 MPa，右边墙拉应力最大，为 89.5 MPa。各测点应力均随时间而增大。

②仰拱封闭能使钢架应力稳定，二次衬砌封闭对钢架应力变化影响微小。

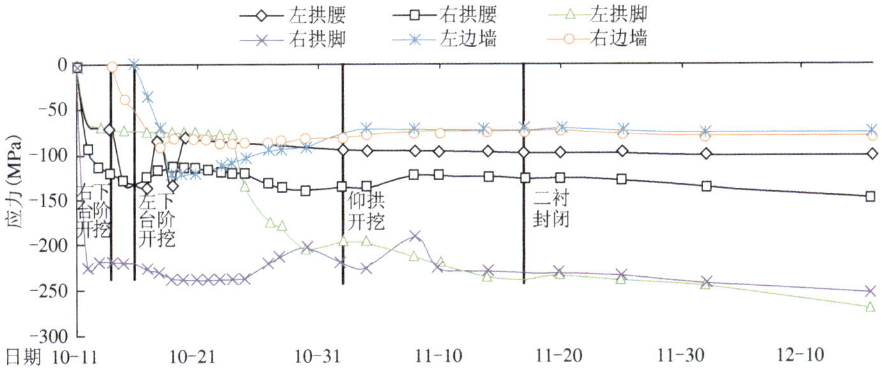

图 4-2-28　DYK284+018 断面钢架外环应力时态曲线

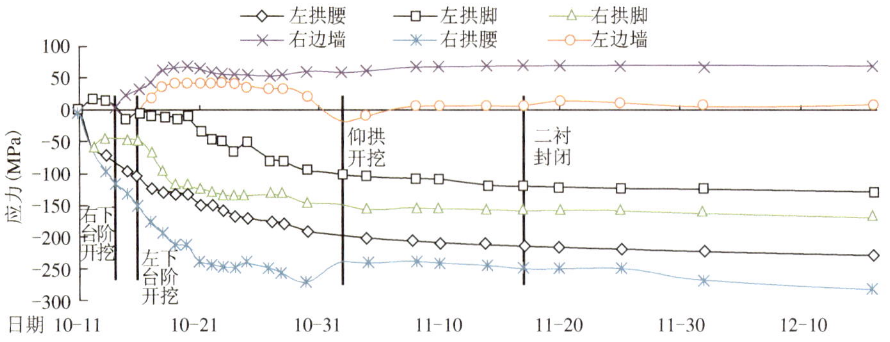

图4-2-29　DYK284+018断面钢架内环应力时态曲线

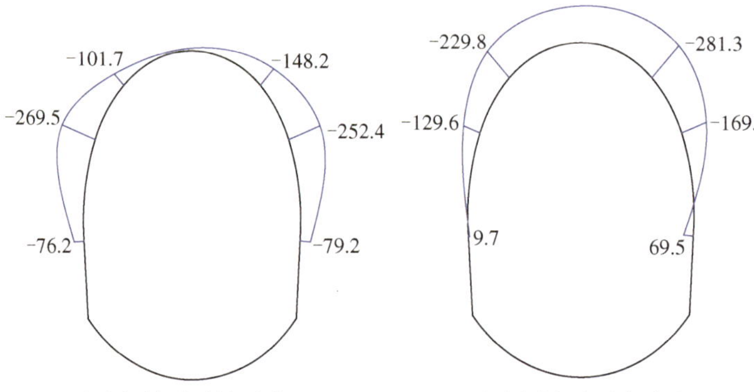

图4-2-30　DK284+018断面型钢拱架应力分布(单位:MPa)

3)锚杆轴力分布规律

在DK284+018断面,锚杆轴力共布设12个测点。锚杆轴力时态曲线如图4-2-31所示,锚杆轴力分布如图4-2-32所示。

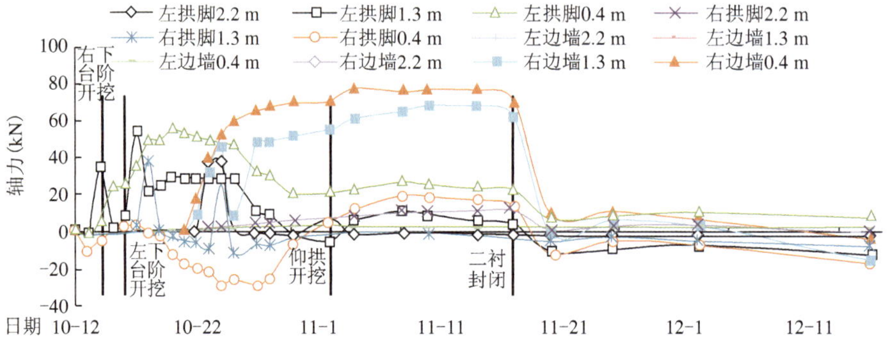

图4-2-31　DYK284+018断面锚杆轴力时态曲线

由锚杆轴力时态曲线及分布图可以看出:

①右边墙锚杆施作初期,轴力变化剧烈,0.4 m、1.3 m测点处拉力最大值达到77.4 kN和61.2 kN,2.2 m测点处拉力较小,仅为7.2 kN。

②各测点初期大部分受拉,随时间而逐渐减小,稳定后大部分受压。其中右拱脚0.4 m测点处压力最大,达17.1 kN,左边墙0.4 m测点处拉力最大,仅为2.3 kN。

③仰拱开挖至二次衬砌封闭期间，断面各测点基本都处于受拉状态。

④二次衬砌封闭后，各测点轴力均突然减小，之后达到稳定状态。

4）测试数据综合分析

下台阶的开挖对钢架应力外侧测点影响明显，而对初支压力和锚杆轴力影响甚微。这是由于下台阶开挖破除了上台阶初期支护的下部支承，同时对围岩应力释放影响不大，因此初支压力基本没有变化，但由于钢架拱脚悬空的原因，造成了个别测点钢架应力减小的现象。

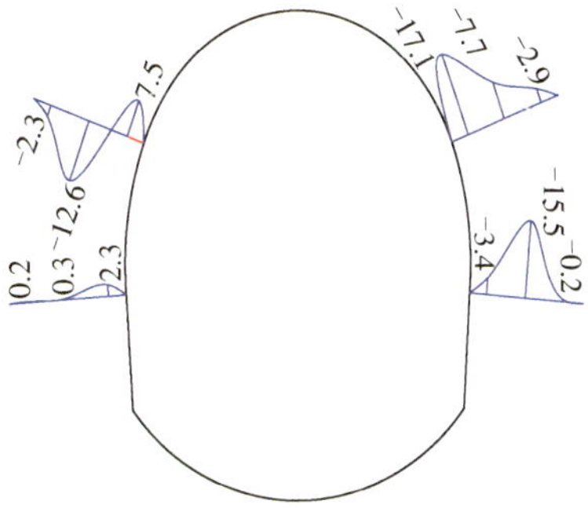

图4-2-32　锚杆轴力分布（单位：kN）

注："−" 为压，"+" 为拉。

仰拱封闭对初支压力和锚杆轴力影响较明显，均趋于收敛，钢架内力在仰拱开挖前已基本趋于稳定，未受到仰拱开挖的影响，仰拱封闭完善了支护结构，抑制了围岩的变形，使支护结构内力达到稳定。

二次衬砌的施作对锚杆轴力影响明显，短时间内锚杆轴力达到稳定平衡状态。

（3）DYK284+080断面测试结果及分析

1）围岩压力分布规律

在DYK284+080断面，围岩压力共布设10处测点。围岩压力时态曲线如图4-2-33所示，应力分布如图4-2-34所示。

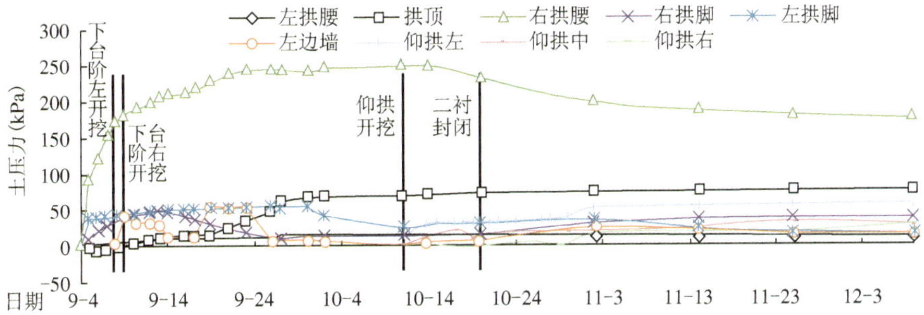

图4-2-33　DYK284+080断面围岩压力时态曲线

由围岩压力的时态图以及分布图可以看出：

①各测点围岩压力在短时间内达到峰值后即基本趋于稳定，受开挖工序影响较小。

②稳定后的断面大部分土压力在10～180 kPa之间，分布不均匀，其中右拱腰围岩压力最大，为176 kPa。

2）初支内力分布规律

在DYK284+080断面，钢架应力共布设7对表面应变计，其中外环右边墙、内环右拱腰测点在测试过程中损坏，钢架应力时态曲线如图4-2-35和图4-2-36所示，应力分布如图4-2-37所示。

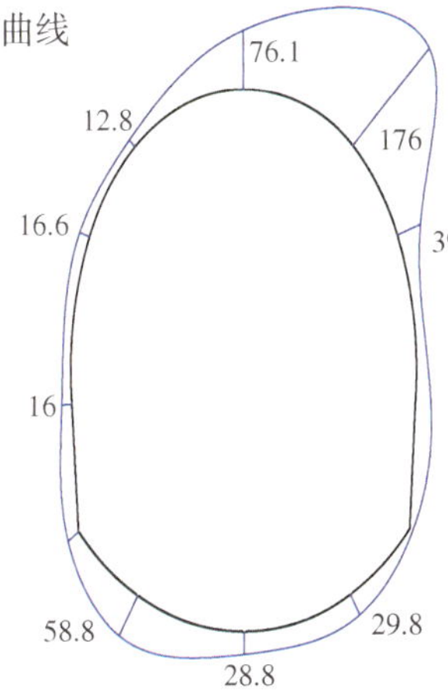

图4-2-34　DYK284+080断面围岩压力分布（单位：kPa）

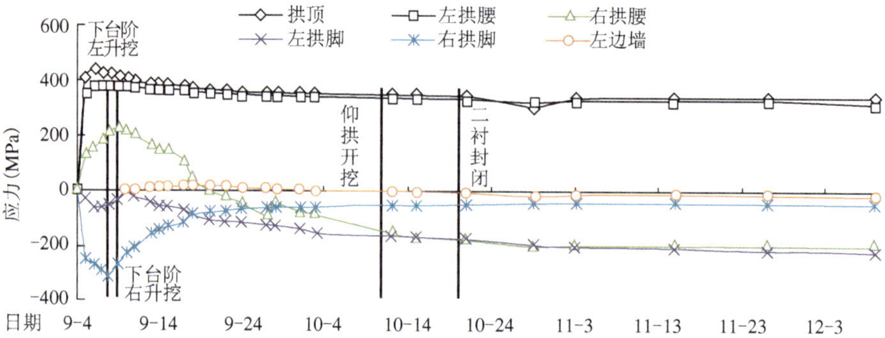

图4-2-35 DYK284+080断面钢架外环应力时态曲线

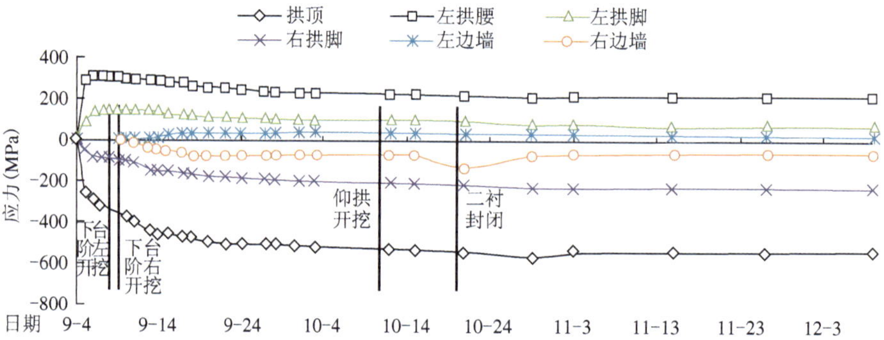

图4-2-36 DYK284+080断面钢架内环应力时态曲线

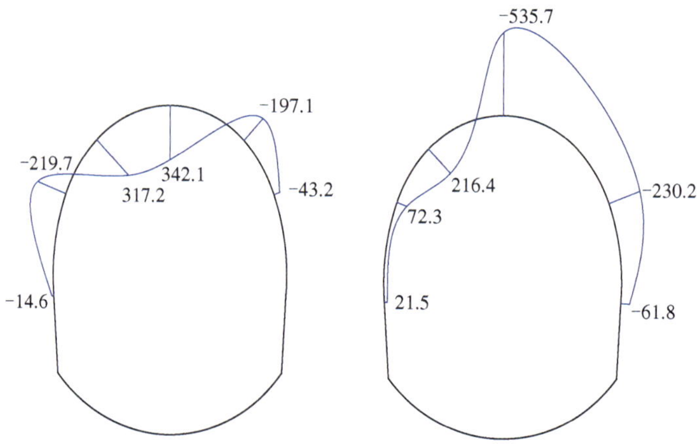

(a)初衬型钢外侧应力　　(b)初衬型钢内侧应力

图4-2-37 DK284+080断面型钢拱架应力分布(单位:MPa)

由钢架应力时态曲线可以看出:

①右拱腰外侧和右拱脚外侧受下台阶右侧开挖的影响明显,下台阶右侧开挖后,右拱脚外侧应力逐渐减小,最终由拉应力变为压应力;右拱脚外侧应力同样逐渐减小,由-309 MPa减小为-43.2 MPa。

②钢架各测点应力均在安装初期内(3天内)达到峰值,之后随时间而逐渐趋于稳定。

3）锚杆轴力分布规律

在DK281+855断面，锚杆轴力共布设12个测点，其中左拱脚2.2 m测点在测试过程中损坏。锚杆轴力时态曲线如图4-2-38所示，锚杆轴力分布如图4-2-39所示。

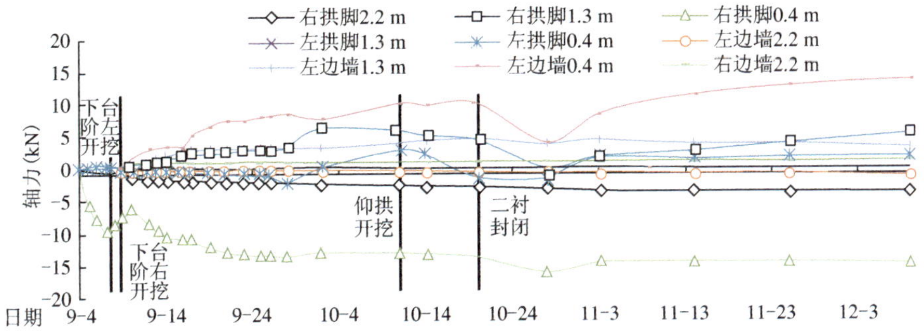

图4-2-38 DYK284+080断面锚杆轴力时态曲线

由锚杆轴力时态曲线及分布图可以看出：

①右拱脚0.4 m和左边墙0.4 m测点处轴力较大，分别为-14.8 kN和13.8 kN。其余测点主要受压，压力较小，最大仅为3.7 kN。

②各测点埋设后短期内即达到平衡，受施工步骤的影响不明显。

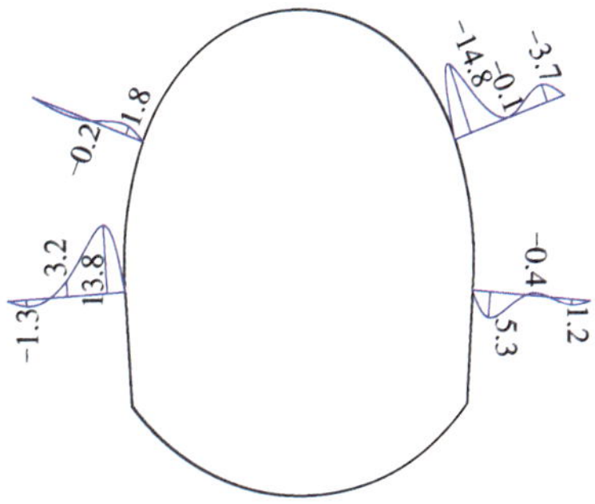

图4-2-39 锚杆轴力分布（单位：kN）

注："−" 为压，"+" 为拉。

4）测试数据综合分析

下台阶的开挖对钢架应力外侧测点影响明显，而对初支压力和锚杆轴力影响甚微。这是由于下台阶开挖破除了上台阶初期支护的下部支承，同时对围岩应力释放影响不大，因此初支压力基本没有变化，但由于钢架拱脚悬空的原因，造成了个别测点应力钢架减小的现象。

仰拱封闭对初支压力和锚杆轴力影响明显，均趋于收敛，钢架内力在仰拱开挖前已基本趋于稳定，未受到仰拱开挖的影响，说明此时仰拱封闭后，围岩压力主要由锚杆分担。

二次衬砌的施作对锚杆轴力影响明显，短时间内锚杆轴力达到稳定平衡状态。

4.3 施工方案与支护参数优化

由于隧道开挖后，围岩不能自稳，所以在隧道开挖之前必须对隧道周边围岩进行预加固，以改善围岩的物理力学特性，提高围岩的稳定能力。

根据预加固措施对周围地层的加固机理，可将预加固措施分为地层改良法和预支护法。地层改良法是提高开挖面周围地层力学特性的方法，包括各种静压注浆加固法和排水固结法等。预支护法是在隧道开挖前，沿隧道开挖轮廓形成预支护拱棚，在拱棚的保护下进行开挖。长期以来，在隧道工程中，软弱破碎围岩的维护一直是一个难题。一般破碎围岩中隧道结构所受侧压力较大，且围岩裂隙发育，其强度受软弱结构面控制又比较低，表现为弹塑性变形。在伴有黏土类软弱物质时，其受力还与变形速率有关而具有明显的时间依赖性。具有各种弱面的非连续岩体处于原始平衡状态，在开挖以后，这种平衡状态受到破坏，围岩发生应力重分布并产生变形，原有的围岩弱面进一步扩展，同时会产生若干新的裂隙，围岩发生应力重分布，洞周围岩进入塑性阶段并向深部扩展形成松动圈，必须及时支护以防松动圈继续发展造成塌方，而且支护形成后很长一段时间内围岩变形依然存在。

4.3.1 施工方法及工艺

1.浅埋河谷段区段

（1）施工初期

进入浅埋河谷段判断围岩为Ⅴ级围岩，初期采用预设计的短台阶法进行施工。上台阶高约4 m、长约4 m，开挖后立即架设钢架、钢筋网，喷射混凝土；下台阶高约5 m，开挖后立即架设钢架、钢筋网，喷射混凝土。仰拱距离掌子面不超过30 m，仰拱开挖后立即进行仰拱支护闭合，待仰拱喷混凝土凝固后即进行回填，以维持施工道路通畅，每次进尺约0.5 m。

（2）施工后期

施工过程中，由于掌子面围岩松散，稳定性差，加之沿裂隙有股状涌水，掌子面有突泥突砂现象，且掌子面和侧壁滑塌的现象严重。因此进行施工工艺的改进，正洞分为三个台阶开挖，上台阶预留核心土，中下台阶分左右侧开挖，如图4-3-1所示。

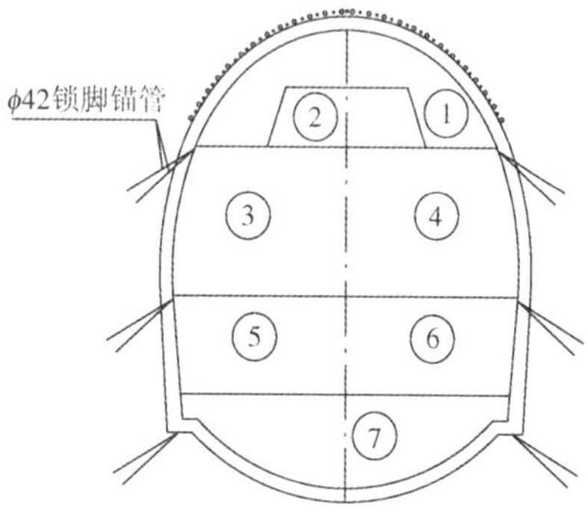

图4-3-1　三台阶法开挖示意

主要施工流程如下：

第一步：施作拱部超前支护后，上台阶预留核心土开挖，开挖高度3 m，进尺0.5 m，核心土高度1.5 m，长度2 m，两侧距开挖轮廓2 m，三面按施工需要适当放坡。上台阶开挖完成后及时进行初期支护及临时钢支撑。每榀钢架底部要求设置4根ϕ42的锁脚钢管，每侧2根，长度5 m。

第二步：中台阶开挖长度与上台阶进尺长度相同。中台阶在上台阶初期支护稳定后开挖，中台阶滞后上台阶约3 m，中台阶开挖高度3.2 m，中台阶开挖时左右错开1 m，中台阶开挖完成后及时进行初期支护及临时钢支撑。每榀钢架底部要求设置4根ϕ42的锁脚钢管，每侧两根，长度5 m。

第三步：下台阶在中台阶初期支护稳定后开挖，下台阶滞后中台阶约3 m，下台阶每次开挖与上台阶进尺长度相同。下台阶开挖时左右错开1 m。下台阶开挖完成后及时进行初期支护及临时钢支撑。每榀钢架底部要求设置4根ϕ42的锁脚钢管，每侧两根，长度5 m。

第四步：上台阶开挖核心土，开挖进尺与上台阶循环进尺相同。

第五步：仰拱开挖落底并及时施作仰拱初期支护和仰拱填充混凝土，及早封闭成环，保证距掌子面不超过30 m。

（3）改进原因

①初期采用两台阶法施工，上台阶高度大。将掌子面分为三个台阶开挖，减小了每步的开挖面积，并预留核心土、减小上中台阶长度，这样能有效控制掌子面的稳定。

②台阶长度由4 m改为3 m长，一方面3 m长度中台阶到达上台阶断面需要6天时间，喷射混凝土已经达到设计强度的70%，初期支护基本稳定，另一方面缩短了全断面封闭的时间，有利于围岩的稳定。

③由试验围岩压力分布可知，上台阶开挖后拱架即受到围岩压力，拱部围岩压力较大，最大达到506.7 kPa。中台阶开挖时使钢架处于最薄弱阶段，拱部过大的压力使钢架整体沉降严重，因此中下台阶分左右侧开挖，避免钢架拱脚同时悬空，有利于控制钢架的整体沉降。

2. F_{2-1}断层破碎带区段

（1）施工初期

F_{2-1}断层破碎带揭露后判断为Ⅴ级围岩，采用短两台阶法开挖。上台阶高约4 m、长约4 m，开挖后立即架设钢架、钢筋网，喷射混凝土；下台阶高约5 m，开挖后立即架设钢架、钢筋网，喷射混凝土。仰拱距离掌子面不超过30 m，仰拱开挖后立即进行仰拱支护闭合，待仰拱喷射混凝土凝固后即进行回填，以维持施工道路通畅，每次进尺约1.4 m。

（2）施工后期

由于施工初期经常出现掌子面滑塌及下台阶开挖后初期支护整体沉降大的现象，对短台阶法进行改进，上台阶预留核心土开挖，下台阶错台开挖，如图4-3-2所示。

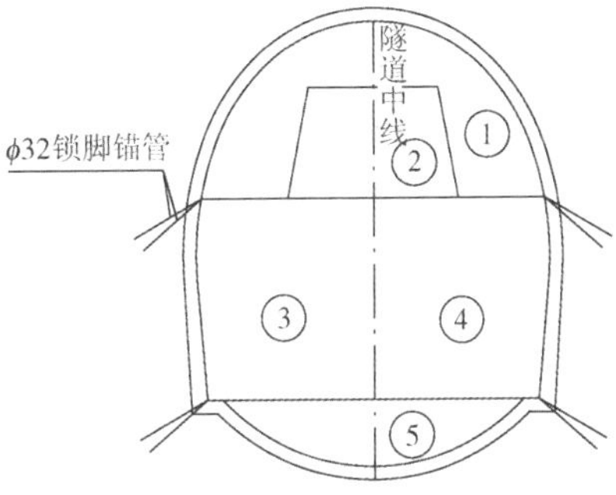

图4-3-2　两台阶预留核心土法开挖

主要施工流程如下：

第一步：上台阶开挖，预留核心土。开挖时采用挖掘机配合人工风镐或电镐开挖，在挖掘机开挖时沿轮廓线预留50 cm土体，然后采用人工风镐或电镐进行开挖，在拱脚底部至少留深20 cm土用人工开挖；上台阶开挖高度4 m、长度4 m，进尺0.5 m，核心土距拱顶开挖面1.5 m，两端距隧道轮廓2 m。

第二步：上台阶支护。当有渗水现象时，初喷混凝土对开挖面进行封闭，然后设置拱脚支垫，架设型钢拱架，相邻两榀工字钢之间纵向采用连接钢筋在工字钢内外缘交错连接，布设钢筋网随初喷射混凝土表面起伏铺设，钢筋网片之间相互搭接，施作锁脚锚管，继续喷射混凝土至设计厚度。

第三步：下台阶交错开挖支护。交错开挖左右部，开挖进尺0.5 m，错开长度约1 m，边墙的型钢钢架与拱部钢架上下对正，并螺栓连接牢固，钢架支立完成后进行钢筋网、锁脚锚管和喷射混凝土。

第四步：仰拱开挖及支护。仰拱开挖采用全幅施工，上面铺设仰拱栈桥。当仰拱有渗水现象时，立即初喷射混凝土封闭围岩，使初期支护成环。

（3）改进原因

①由于围岩主要为片岩，岩质较软，可采用机械和人工开挖的方法进行环形导坑的开挖，预留核心土，不仅对围岩扰动小，并且减小了上台阶的开挖面积，及早施作了上台阶初期支护，较好地控制了围岩的变形，可有效预防塌方的发生。

③由钢架试验结果可知，下台阶开挖对钢架应力影响明显，因此下台阶分左右侧开挖，可避免两侧钢架同时悬空，有利于控制钢架的整体沉降。

4.3.2 超前支护及初期支护

1.浅埋河谷Ⅴ级围岩段

（1）初期支护参数

在刚进入浅埋河谷段（DYK281+790 ～ DYK281+855），该段洞身揭露后掌子面描述情况为：志留系变质砂岩，灰黑色、青灰色，细粒结构，中－薄层状构造；岩体受风化、构造影响严重，节理、裂隙发育，多微张，不规则夹有石英脉；岩质较硬—较软，岩体破碎，碎石状镶嵌结构、松散结构，层间结合力差，拱墙掉块、坍塌严重，整体稳定性差；地下水较发育，拱顶淋雨状渗水，为Ⅴ级围岩。

超前支护形式为超前小导管，初期支护形式为喷锚支护，如图4-3-3所示。

具体支护参数如下：

①拱部120°范围设ϕ42超前小导管预支护，小导管长度3.5 m，注双液浆，环向间距30 cm。

②边墙设ϕ22砂浆锚杆，长3.0 m，间距1.2 m × 1.0 m（环向 × 纵向），按梅花形布置，锚杆端部设垫板，垫板尺寸为150 mm × 150 mm × 6 mm（长 × 宽 × 厚）。

③拱墙网喷混凝土厚25 cm，设ϕ8钢筋网，网格间距20 cm × 20 cm，拱墙设2榀/m的I16型钢钢架，仰拱素喷混凝土厚10 cm，喷混凝土采用湿喷工艺施工。

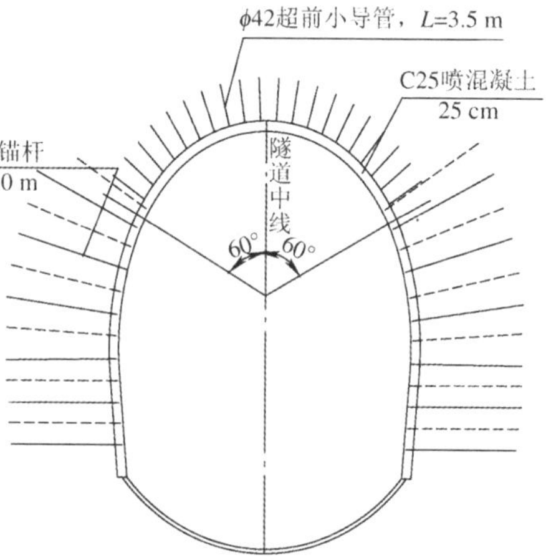

图4-3-3　浅埋河谷Ⅴ级围岩段初期支护参数

（2）加强支护参数

随着隧道的掘进，在DYK281+855 ～ DYK281+898段，揭露工作面范围内地下水发育，拱部有淋雨状滴水，拱墙沿裂隙有股状涌水，涌水量较大，判断为Ⅴ级围岩。

超前支护形式为超前管棚和超前小导管，初期支护形式为喷锚支护，如图4-3-4所示。

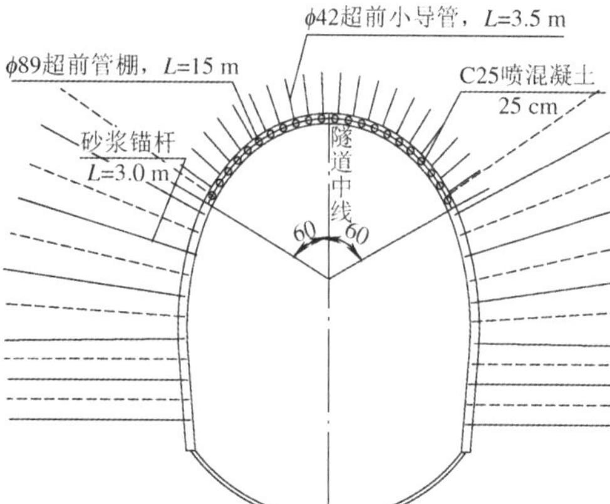

图4-3-4　浅埋河谷Ⅴ级围岩段加强支护参数

具体支护参数如下：

①拱部120°范围设ϕ89超前管棚，长15 m，外插角6° ～ 8°，管棚环向间距40 cm；管棚中间设ϕ42超前小导管预支护，小导管长度3.5 m，注双液浆。

②边墙设ϕ22砂浆锚杆，长5.0 m，间距1.5 m × 0.5 m（环向 × 纵向），按梅花形布置，锚杆端部设垫板，垫板尺寸为150 mm × 150 mm × 6 mm（长 × 宽 × 厚）。

③采用双层ϕ8钢筋网，网格间距20 cm × 20 cm，拱墙网喷混凝土厚25 cm，拱墙设2榀/m的I20型钢钢架，仰拱素喷混凝土

厚10 cm，喷混凝土采用湿喷工艺施工。

④存在宽大节理，内充填细角砾地段，对掌子面进行超前小导管注浆加固后再开挖施工。采用10 cm厚的喷混凝土作为止浆墙，注浆加固范围按大跨宽度，高1 m计列。

（3）改进原因

①浅埋河谷段施工初期，采用小导管超前支护手段，在掘进至DYK281+855时拱部发生了突泥现象，说明小导管对拱顶的加固效果不理想，因此在加强段采用超前管棚对拱部进行超前支护，同时管棚太长时施作精度难以保证，有的管棚距挖轮廓线较远，如果不加以保护，这部分围岩很容易坍塌，并且长管棚注浆加固范围有限，很难达到4 m的加固圈。为此在开挖过程中，需施作小导管注浆补强。

②由于拱墙渗水较严重，喷混凝土成形效果不理想，采用双层$\phi8$钢筋网可以有效减小喷混凝土的回弹率，并保证喷混凝土与岩面黏结牢固。

③由锚杆试验结果可知，锚杆3 m长度不能穿出松动圈，锚杆未发挥支护作用，因此将锚杆长度由3 m变更为5 m。

④钢架试验结果显示钢架最大压应力达610.7 MPa，因此将初期设计的I16型钢后期变更为I20型钢钢架。

⑤由于隧道正处于浅埋河沟段，洞周围岩破碎、裂隙发育，稳定性差，并与地表连通现象明显，地表水下渗较严重，已开挖地段拱墙沿裂隙有股状涌水，且涌水量较大，开挖揭露的宽大节理都有可能成为地表水的下渗通道，因此，在开挖前对节理进行超前加固，对可能的透水通道进行封堵，可有效防止突泥突水现象的发生。

2. 浅埋河谷Ⅵ级围岩段

（1）初期支护参数

隧道掘进至DYK281+898～DYK281+903段，该段已接近托洛合拢洼的沟心地段，地下水较发育，拱部线状滴水，边墙股状出水，掌子面有突泥突砂现象且坍塌严重，综合评定为Ⅵ级围岩。

超前支护形式为超前管棚和超前小导管，初期支护形式为喷锚支护，如图4-3-5所示。

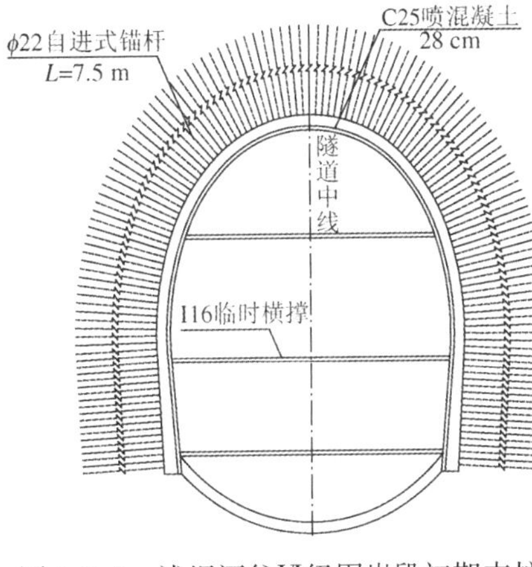

图4-3-5　浅埋河谷Ⅵ级围岩段初期支护参数

具体支护参数如下：

①拱部120°范围设$\phi89$超前管棚，长15 m，外插角6°～8°，管棚环向间距40 cm，管棚中间设$\phi42$超前小导管预支护，小导管长度3.5 m，外插角5°～10°，环向间距40 cm，搭接长度不小于1 m，注双液浆。

②拱墙设置自进式注浆锚杆，长度7.5 m，间距0.4 m×2 m（环向×纵向），斜向前倾角45°，注双液浆。

③全断面初喷混凝土厚28 cm，拱墙设$\phi8$双层钢筋网，网格间距20 cm×20 cm；拱墙复喷10 cm厚的喷混凝土，设$\phi8$单层钢筋网，网格间距20 cm×20 cm；全断面设2榀/m的I20型钢钢架；上、中、下台阶均设置I16临时横撑，间距1 m，施工中进行倒用。

（2）后期改进支护参数

开挖至DYK281+903后，超前支护形式为超前管棚、超前小导管和超前水平注浆加固，初期支护形式为喷锚支护，如图4-3-6所示。

具体支护参数如下：

①设置管棚工作室，工作室断面在一般断面基础上全断面外放65 cm。拱部180°范围内及以下1 m采用ϕ89管棚超前支护，管棚长15 m，外插角0°，环向间距40 cm，管棚中间不制作孔眼，在端头1 m范围内设置孔眼，并压注双液浆。管棚间加设ϕ42小导管超前预注双液浆，小导管长3.5 m，外插角5°～10°，环向间距40 cm。

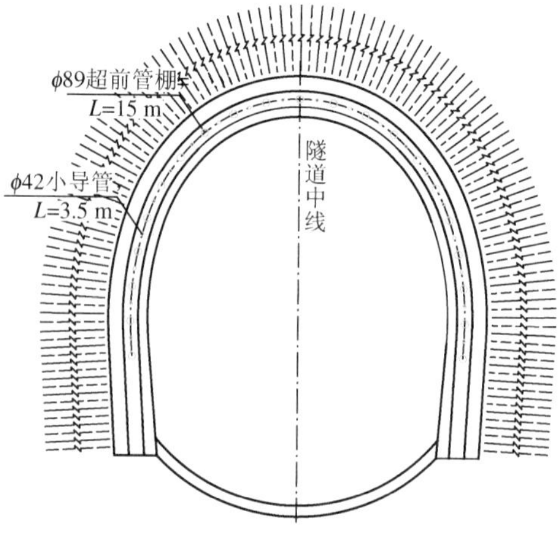

图4-3-6　浅埋河谷Ⅵ级围岩段后期改进管棚扩大段支护参数

②全断面超前水平钻孔注浆管采用ϕ25无缝钢管，长度超出管棚垂直投影长度1 m，全断面布设，布孔间距1 m×1 m。注浆管不制作成花管，浆液通过端头压入地层。

③拱墙设置自进式注浆锚杆，长度7.5 m，间距0.4 m×2 m（环向×纵向），斜向前倾角45°，注双液浆。

④全断面初喷混凝土厚28 cm，拱墙设ϕ8双层钢筋网，网格间距20 cm×20 cm；为防止受松散体的影响导致拱部下沉，拱墙再施作10 cm厚的喷混凝土，设ϕ8单层钢筋网，网格间距20 cm×20 cm。全断面设2榀/m的I20型钢钢架。上、中、下台阶均设置I16临时横撑，间距1 m，施工中进行倒用。

⑤采用防水板代替无纺布，即铺设双层防水板。

（3）改进原因

①在按照初期设计施工过程中，超前管棚仰角过大，管间和管下岩块掉落现象严重。由试验结果知围岩压力分布不均匀，拱顶和左边墙处压力较大，说明超前支护加固效果不好，因此后期采用管棚工作室施作0°角长管棚，将管棚施作范围由120°变更为180°及以下1 m，且在上、中、下台阶均设置I16临时横撑以平衡洞室变形。

②管棚施作初期由于围岩破碎，在钻孔过程中孔内岩屑会掉入管内，造成堵管等问题，因此在后期管棚中间不制作孔眼，仅在端头1 m范围内设置孔眼。

③由于地下水较发育，拱部线状滴水，边墙股状出水，掌子面有突泥突砂现象且坍塌严重，地下水的赋存导致围岩整体性降低、承载能力下降，因此需要对周边围岩进行堵水加固，后期采用全断面超前水平钻孔注浆加固堵水，将地下水隔离于隧道之外。

④采用中空自进式锚杆取代普通砂浆锚杆，克服了普通砂浆锚杆诸如塌孔、无法插杆、注浆不饱满等难题，发挥了锚杆支护的作用，提高了围岩的承载能力，保证了围岩的整体稳定。

⑤由于拱墙渗水较严重，为降低无纺布吸水后的作业难度，后期采用防水板代替无纺布，即铺设双层防水板。

3. F_{2-1}断层破碎带

（1）原设计支护参数

隧道掘进至DYK283+635处时，洞身揭露后掌子面描述情况为：地层为碎裂岩，灰色，灰白色，碎裂结构，原岩成分为变质砂岩夹板岩，岩体受构造影响严重，挤压构造作用强烈，节理、裂隙发育，岩体破碎，岩质较软，呈碎石状压碎结构，局部夹有灰白色灰黑色断层泥，松散结构，稳定性差。该段地下水不发育，局部渗水，Ⅴ级围岩，正处于F_{2-1}断层破碎带中。

超前支护形式为超前小导管，初期支护形式为喷锚支护，具体支护参数如下：

①拱部120°范围设ϕ42超前小导管预支护，小导管长度3.5 m，环向间距40 cm，注水泥浆。

②边墙设ϕ22砂浆锚杆，长3.0 m，间距1.2 m × 1.0 m（环向 × 纵向），按梅花形布置，锚杆端部必须设垫板，垫板尺寸为150 mm × 150 mm × 6 mm（长 × 宽 × 厚）。

③拱墙网喷混凝土厚25 cm，设ϕ8钢筋网，网格间距20 cm × 20 cm，拱墙设3榀/2 m的I16型钢钢架，仰拱素喷混凝土厚10 cm，喷混凝土采用湿喷工艺施工。

（2）加强支护参数

隧道掘进至DYK283+945处时，DYK283+920 ～ DYK283+945段出现了不同程度的变形导致部分地段进行了拆换处理，但初期支护变形还是比较严重。为防止变形再次发生，导致拆换对施工及结构安全构成威胁，故将该段措施进行如下加强：

①拱部120°范围设ϕ42超前小导管预支护，小导管长度3.5 m，环向间距40 cm，注水泥浆。

②拱墙网喷混凝土厚28 cm，设ϕ8双层钢筋网，网格间距20 cm × 20 cm；仰拱素喷混凝土厚28 cm；拱墙设2榀/m的I20a型钢钢架，并设置I16临时横撑，间距1 m。

③边墙采用ϕ42小导管预注水泥浆加固地层，小导管长4 m，外插角90°，环向间距100 cm，纵向间距100 cm，梅花形布设。

（3）改进原因

①钢架试验结果显示钢架最大压应力达289.5 MPa，因此将原设计的I16型钢后期变更为I20型钢钢架。

②围岩压力试验结果显示，断面初期支护受压不均匀，拱部及边墙处偏压较严重，为平衡洞内变形，后期采用设置I16临时横撑辅助施工。

③F_{2-1}断层破碎带围岩呈碎石状，松散结构，稳定性差。依据锚杆试验结果和施工过程中发生的多次塌方，说明初期支护背后围岩随着应力释放逐渐变破碎，直至完全变为松散体，导致初期支护突然开裂、滑塌，因此施工后期边墙处采用小导管预注水泥浆措施，改善隧道围岩状况，预防隧道塌方。

4.4 断层破碎带大变形及塌方段整治技术

4.4.1 发生塌方的原因

引起隧道塌方的原因可以概括为两个方面：一是自然因素，即工程地质条件和水文地质条件的变化；二是人为因素，即不合理、不适当的设计，不合理、不适当的施工方法。

1. 自然因素

（1）隧道穿过断层及其破碎带，一经开挖，潜在应力释放，承压快、围岩失稳而坍塌。

（2）当通过各种堆积体时，由于结构松散，颗粒间无胶结或胶结差，开挖后引起坍塌。

（3）在挤压破碎带，岩脉穿插带、节理密集带等碎裂结构地层中，岩块间互相挤压钳制，一经开挖则失稳，常见围岩掉块、塌落。在软弱结构面发育的情况下，或泥质充填物过多，均易产生较大的坍塌。

（4）薄层岩体在构造运动的作用下形成的小褶曲、错动发育地段，施工中常常发生塌方。

（5）岩层软硬相间或有软弱夹层的岩体，在地下水的作用下，软弱面的强度大大降低，因而发生滑塌。

（6）地下水的软化、浸泡、冲蚀、溶解等作用加剧岩体的失稳和塌落。

2. 人为因素

（1）施工方法选择不当，或工序间距安排不合理。各工序间距较长，地层暴露时间过久，引起围岩松动、风化、导致塌方的发生。

（2）喷锚不及时，或喷混凝土质量、厚度不符合要求。

（3）采用钢支撑时，支撑架设质量欠佳，支撑与围岩不密贴，两者间的空隙填塞不密实，或连接不够牢固，不能满足围岩压力所需要的强度要求。

（4）抽换支撑操作不当，或当支撑受力过大时未及时加固。

（5）爆破作业不当，用药量过多。

（6）处理危石措施不当，引起危石坠落，牵动岩层坍塌。

4.4.2 塌方前的征兆

（1）量测信息所反映的围岩变形速度或数值超过允许值；

（2）喷射混凝土产生纵横向的裂纹或龟裂；

（3）在坑顶或坑壁发现不端掉下土块、小石块，或构件支撑间隙不断漏出砂、石屑；

（4）岩层的层理、节理缝或裂隙变大、张开。

（5）支撑梁、柱变形或折断，楔子压扁压劈，填塞木弯曲折断，扒钉受力变形，木支撑发出破裂声。

（6）坑道内渗水、滴水突然加剧或变浑。

4.4.3 浅埋河谷段塌方处理措施

1. 浅埋河谷区段拱部突泥

2010年6月23日，Ⅱ线隧道施工至DYK281+855时，隧道拱部发生了突泥现象。

（1）突泥原因

经现场勘察，原因如下：

①由于该地段已位于进口山背后的河沟底部，埋深30～40 m，洞身埋深浅，岩体受风化、构造影响严重，岩层节理、裂隙发育，岩体破碎，碎石状镶嵌结构，局部呈碎石、角砾状，部分宽大节理充填细角砾状碎石，围岩稳定性差，当存在临空面时易发生坍塌。

②隧道上部为季节性流水河沟，如图4-4-1和图4-4-2所示，丰水期水量较大，河沟内的

卵碎石地层厚约13 m，含水性、透水性好；下伏基岩节理、裂隙发育，节理、裂隙间具较好的连通性，洞身开挖后地下水与地表连通现象明显，地表水下渗较严重，洞内地下水较发育，在水压力作用下，易发生突泥。

图4-4-1　上游流水

图4-4-2　下游流水

（2）处理方案

①对掌子面进行封堵后，对塌腔回填混凝土。

②对松散体进行超前注浆，减少涌水，加固围岩。

③采用ϕ89管棚进行超前预支护，管棚长15 m，外插角6°～8°，环向间距40 cm。

④在大管棚间实施超前小导管预支护并注双液浆，长3.5 m。

2.浅埋河谷区段施工期结构大变形导致塌方

2011年4月6日20:30，正洞进口Ⅱ线DYK281+930.5～DYK281+931上台阶扒砟完成准备立架时，发现自DYK281+903～DYK281+914段起拱线位置初期支护混凝土开始剥落，随即撤出所有施工人员，10 s后DYK281+903～DYK281+914段初期突然变形开裂，同时DYK281+914～DYK281+931段突然坍塌，2 min后坍塌体堆满整个断面，从DYK281+903～DYK281+914段线路右侧钢架整体变形，最大变形量42 cm，裂缝宽度约15 cm。因坍塌速度过快，DYK281+914～DYK281+931段塌腔体积无法确定。

（1）变形原因

①该段岩体受构造影响严重，节理、裂隙发育，围岩风化严重，破碎、松散，层间结合力差，自稳能力较差，地下水丰富，极易发生突泥突砂，因此，饱和的风化岩自重压力是造成初期支护变形、塌方的主要原因。

②该段变形部位发育软弱结构面，有泥质软弱夹层，且岩层产状与节理、裂隙的组合极不利于围岩稳定，是造成变形、塌方的重要原因。

（2）处理方案

1）掌子面反压

为了防止塌方的继续发展，从洞外调运砟料对掌子面进行反压，确保变形段处理的安全。

2）DYK281+890～DYK281+903段加固补强

①受塌方的影响，DYK281+890～DYK281+903段拱墙出水点的涌水量明显变大，故对该段径向注浆加固并堵水，拱墙采用ϕ42小导管径向压注水泥-水玻璃双液浆，小导管长5.0 m，孔口间距1.0 m，梅花形布设，外露20 cm，前端做成尖锥形，注浆管前端4 m制作成花管，眼孔

直径为6～8 mm，注浆扩散半径为1.5 m。

②DYK281+898～DYK281+903段为管棚工作室，有补强空间，故对该段拱墙补喷15 cm的网喷混凝土，设ϕ8钢筋网，网格间距20 cm×20 cm。

3）DYK281+903～DYK281+910段拆换处理

受塌方的影响，该段线路右侧（面向掌子面）钢架整体变形，最大变形量42 cm，裂缝宽度约15 cm，净空严重侵限，故对该段进行拆换处理。

①对该变形段利用I16工字钢施作上、下两道水平横向支撑，间距1 m，上、下台阶交接部位连接板上部50 cm内施作一道，下台阶底脚上80 cm施作一道，且利用钢板制作托架，与初支拱架焊接牢固。

②对该段拱墙采用ϕ42小导管压注水泥-水玻璃双液浆来加固围岩及堵水，小导管长5.0 m，孔口间距1.0 m，梅花形布设，外露20 cm，前端做成尖锥形，注浆管前端4 m制作成花管，眼孔直径为6～8 mm，扩散半径1.5 m。

③DYK281+903～DYK281+906.5段，拱部180°范围及以下1 m采用ϕ42双层小导管预注水泥-水玻璃双液浆超前支护，小导管长3.5 m，环向间距40 cm，小导管外插角30°，在超前小导管的保护下进行拆换扩挖。

④DYK281+906.5～DYK281+910段，拱部180°范围及以下1 m采用ϕ42双层小导管预注水泥-水玻璃双液浆超前支护，小导管长3 .5 m，环向间距40 cm，小导管外插角10°，在超前小导管的保护下进行拆换，扩挖为新的管棚工作室。

⑤拆换处理支护参数。

此段下穿河沟，围岩破碎，风化严重，涌水量大，为防止再次发生变形或塌方，此段拆换后按双层支护进行施工。

第一层初期支护：全断面喷混凝土30 cm，拱墙设ϕ8双层钢筋网片，网格间距20 cm×20 cm；全断面设置2榀/m的I20a型钢钢架，预留变形量5 cm。第一层初期支护施工完成，待下一循环超前支护完成后，即可施工第二道支护。第二道初期支护参数如下：拱墙网喷混凝土厚20 cm，拱墙设置ϕ8单层钢筋网片，网格间距20 cm×20 cm；拱墙设置2榀/m的I16型钢钢架，预留变形量10 cm。其中DYK281+903～DYK281+906.5段为过渡段，DYK281+906.5～DYK281+910.4段为管棚工作室。

4）塌方段处理

① DYK281+910处，拱部180°及以下1 m范围范围设置管棚，管棚长15 m，环向间距40 cm，外插角6°～8°。

②帷幕注浆。DYK281+903～DYK281+910段拆换处理完后，在DYK281+911处施作止浆墙，墙厚3 m，设置段落为DYK281+911～DYK281+914。对掌子面前方的塌方体内采用帷幕注浆的方式进行固结及堵水，注浆材料采用水泥-水玻璃双液浆，帷幕长度27 m。

③超前小导管预支护。帷幕注浆完成后，从DYK281+910处开始在拱部180°范围内及以下1 m，在管棚间加设ϕ42小导管超前预注双液浆，小导管长3.5 m，外插角5°～10°，环向间距40 cm。

④对DYK281+910～DYK281+914段进行拆换，采用双层支护，支护参数同DYK281+903～DYK281+910段。

⑤ DYK281+914～DYK281+930段，塌方后重新开挖，采用双层支护，支护参数同DYK281+

903 ～ DYK281+910段。

4.4.4　深埋F_{2-1}断层破碎带塌方处理措施

1. 区段施工初期塌方及大变形处理技术

隧道掘进至DYK283+926时，正通过F_{2-1}断层破碎带，由于倾角陡倾且不规则，走向基本与线路一致非常不利，围岩受构造影响严重，自稳能力差，掌子面前方发生较大塌方，自右侧拱脚向左侧拱脚沿隧道纵向坍塌，坍塌高度约8 ～ 12 m，坍塌长度约10 m。

（1）DYK283+926处塌方

①对塌方空腔压注水泥砂浆进行回填，并对坍塌体进行固结。

②拱部120°设ϕ108大管棚，管棚长20 m，外插角5° ～ 7°，环向间距40 cm，管棚必须打入稳定基岩中。

③掘进开挖时，管棚间设ϕ42超前小导管预支护，小导管长度3.5 m，注水泥浆，环向间距40 cm。

④Ⅴ级围岩，考虑到塌方段衬砌及支护结构所受荷载大，对支护和结构进行加强，断面采用Ⅵ级围岩支护参数。

（2）DYK283+921 ～ DYK283+926塌方影响段

由于受DYK283+926处塌方及塌方处理过程的影响，DYK283+921 ～ DYK283+926段变形再次加剧，初期支护喷混凝土开裂，部分部位初期支护严重侵入二次衬砌空间，导致二次衬砌空间不足。为保证施工及运营的安全，对该段按照以下参数进行了拆换处理：

①拱墙采用ϕ42小导管径向压注水泥浆，固结初期支护背后的岩体。小导管长4 m，间距1 m，扩散半径1.5 m。

②待固结体达到一定的强度后，利用风镐逐榀凿除初期支护喷混凝土，割除纵向连接筋，全断面按照2榀/m架立I16型钢钢架，并设ϕ8钢筋网，ϕ22纵向连接筋间距1 m，ϕ32锁脚锚管8根/榀，喷层厚度27 cm。拱部120°范围内设置ϕ42超前小导管预注水泥浆，小导管长3.5 m，环向间距40 cm。

（3）DYK283+925 ～ DYK283+945塌方影响段

DYK283+925 ～ DYK283+945段线路左侧出现环向裂缝一道，初期支护混凝土出现向线路中心变形现象，对初期支护质量造成很大影响，局部初期支护已经侵占二次衬砌混凝土范围，最大侵占数据达20 cm，二次衬砌混凝土厚度无法保证，形成严重的工程质量安全隐患。

2. F_{2-1}断层破碎带区段施工后期塌方及大变形处理技术

2011年7月12日晚10时，施工至DYK283+977处，正在准备掘进施工时，发现自DYK283+941（已施工仰拱里程）开始在距内轨顶3 m左右边墙出现一道纵向裂缝，随即裂缝急剧扩大，并且在DYK283+941 ～ DYK283+977段内初期支护均出现环、纵向裂缝，并导致初期支护喷混凝土剥落，在约20 min时间内，变形迅速发展，致段内初期支护侵限。在同一时间内，掌子面（DYK283+977）发生塌方，如图4-4-3所示。

（1）塌方、变形原因分析

1）地质条件分析

DYK283+941 ～ DYK283+977段通过的地层为F_{2-1}断层破碎带，岩层为碎裂岩及片岩，碎

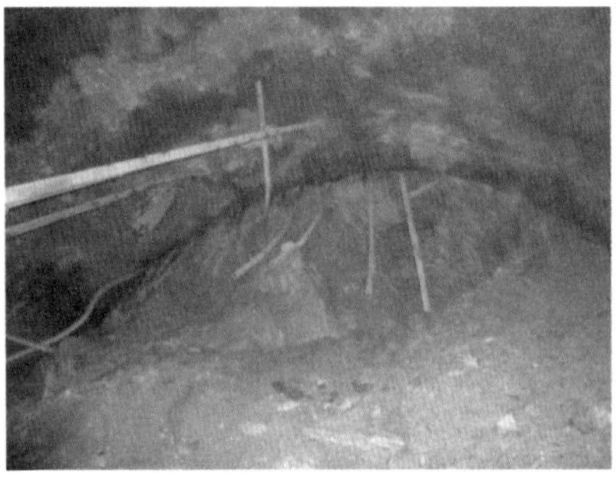

图4-4-3　掌子面塌方

裂岩原岩成分以志留系板岩、片岩为主，岩体受构造影响严重，挤压构造作用强烈，挤压揉皱明显，岩体破碎，岩质软，呈碎石状压碎结构、松散结构。地质条件差是附近段落及本次塌方的主要原因。

2）施工条件分析

附近段落的施工情况统计见表4-4-1。

表4-4-1　施工情况统计

时　间	里　程	地质条件	工程措施	施工情况
2009年11月25日	DYK283 +920 ～ DYK283+930	F_{2-1}，Ⅴ级	D-6，支护加强	正常掘进
2009年12月12日	DYK283+926 ～ DYK283+940	F_{2-1}，Ⅴ级	D-7，支护加强	塌方处理
2010年2月12日	DYK283+921 ～ DYK283+926	F_{2-1}，Ⅴ级	D-7，支护加强	变形处理
2010年3月22日	DYK283+940 ～ DYK283+950	F_{2-1}，Ⅴ级	D-7，支护加强	正常掘进
2010年3月25日	DYK283+925 ～ DYK283+945	F_{2-1}，Ⅴ级	D-7，支护加强	变形处理
2010年6月18日	DYK283+945 ～ DYK283+960	片岩，Ⅴ级	D-7，支护加强	正常掘进
2010年6月25日	DYK283+960 ～ DYK283+970	片岩，Ⅴ级	D-7，支护加强	正常掘进
2010年7月09日	DYK283+970 ～ DYK283+980	片岩，Ⅴ级	D-7，支护加强	正常掘进
2010年7月12日	DYK283+941 ～ DYK283+977			塌方变形

通过对以施工段的施工情况进行总结，分析如下：

①由于DYK283+926 ～ DYK283+940段发生塌方，导致DYK283+921 ～ DYK283+926段初期支护变形较大。

②塌方处理完成后，在后续掘进施工中，DYK283+925 ～ DYK283+945段又发生了较大变形，分析原因如下：

a.片岩的工程稳定性差，对支护的侧向压力大，该段围岩F_{2-1}断层带，岩层受构造影响严重，局部可能存在应力集中；

b.塌方处理时，拱部回填后依然存在较大空洞，导致支护抗收敛变形的反力变小；

c.塌方段处理时间过长，为隧道的变形提供了时间。

③掘进至DYK283+977时，DYK283+941 ～ DYK283+977段发生较大变形，同一时间掌子面发生塌方，分析原因如下：

a.受前段隧道变形的影响，导致本段隧道围岩变形加大、初期支护破坏；

b.隧道的变形又导致掌子面附近围岩松弛，并最终发生塌方；

c.掌子面的塌方同时也再次加剧了DYK283+941 ～ DYK283+977段隧道的变形。

综合塌方、变形的发生及临近其他段落的隧道塌方、变形情况，对本次塌方、变形的原因分析如下：

片岩受构造影响严重，岩层破碎，岩质软，结构松散，爆破后极易产生塌方，破碎片岩的片状构造易导致隧道围岩岩体产生滑动，为隧道的变形提供侧压力，这是本次塌方和变形的主要原因。

隧道的塌方导致临近段隧道变形，隧道的变形也是下一段塌方的一个诱因，因此，塌方与变形相互影响，互为因果，这也是本次塌方、变形的重要原因和特点。

（2）处理方案

1）塌方口反压及空洞回填

①为了防止塌方的继续发展，从洞外调运砟料对塌方口处进行反压，确保变形段处理的安全。

②对塌方空洞泵送混凝土进行回填，并保证拱顶背后的回填厚度不小于2 m。可以在塌方封堵口砂袋码砌时预留泵送混凝土钢管，也可以在初期塌方前钻孔设置。塌方空洞的回填应在变形段拆换工作完成前进行。

2）DYK283+941 ～ DYK283+977段支护拆换

①采用工字钢或大直径钢管对变形段设置横撑及竖向临时支撑，以防止变形加大及再次塌方。

②支护拆换前应进行径向注浆加固，确保支护拆换时的施工安全。径向注浆的具体参数为：拱墙采用ϕ42小导管径向压注水泥浆，小导管长5.0 m，孔口间距1.0 m，梅花形布设，外露20 cm，前端做成尖锥形，注浆管前端4 m制作成花管，眼孔直径为6 ～ 8 mm，注浆扩散半径为1.5 m。

③对该段初期支护进行拆换，为了防止此变形段处理后再次发生变形或塌方，拆换过程中采用双层支护。具体支护参数如下：

拆换及塌方必须在超前支护的保护下进行，拱部120°范围设ϕ89管棚进行超前支护，管棚长15 m，环向间距40 cm，外插角6° ～ 8°，搭接长度不小于3 m。

拱部大管棚间加设超前小导管预支护并压水泥浆加固围岩，小导管长3.5 m，环向间距40 cm，小导管外插角5° ～ 10°，搭接不小于1 m。小导管施工中应根据围岩的破碎程度调整施作位置，但总根数不得小于设计数量。

第一层初期支护：全断面喷混凝土30 cm，拱墙设ϕ8双层钢筋网片，网格间距20 cm × 20 cm；全断面设置2榀/m的I20a型钢钢架，预留变形量5 cm。第一层初期支护封闭成环后，即可施工第二层支护。

第二道初期支护：拱墙网喷混凝土厚20 cm，拱墙设置ϕ8单层钢筋网片，网格间距20 cm × 20 cm；拱墙设置2榀/m的I16型钢钢架，预留变形量10 cm。

二次衬砌结构进行加强，参照Ⅵ级围岩断面，采用50 cm厚钢筋混凝土结构。

（3）后续施工方案

为了防止在后续施工中再次发生变形或塌方，DYK283+977 ～ DYK284+000段拱部120°

范围内设置$\phi 42$超前小导管预注水泥浆，小导管长3.5 m，环向间距40 cm；拱墙采用$\phi 42$小导管径向压注水泥浆加固围岩，小导管长4.0 m，孔口间距1.0 m×1.0 m（环向×纵向），初期支护采用双层支护结构，结构及支护参数同DYK283+941～DYK283+977段。

（4）施工要点

①必须在完成掌子面的反压工作后方可进行径向注浆等工作，拆换处理工程完成后再进行塌方段掘进。

②塌方段初期支护完成后，应对初期支护拱部背后进行钻孔检查，塌方段拱部背后如果没有保证2 m厚的回填，应补充回填水泥砂浆。检查孔按每断面3个钻孔（拱顶1个、拱腰或拱脚2个），断面间距3 m。

③拆换段及新掘进施工段必须保证初期支护背后回填密实，不得存有空洞空隙。

④拆换及塌方段施工时，按三台阶法施工，每开挖台阶设临时横撑封闭。采用单工序作业，及时跟进仰拱和二次衬砌。

⑤拆换及塌方段施工时，每次拆换的长度不大于0.5 m，每台阶长度不大于3 m。

⑥支护拆换时，不得采用爆破扩挖。

3. $F_{2\text{-}1}$断层破碎带区段施工后期塌方预防

掌子面施工至DK283+900处，开挖后渣体基本为碎屑状且局部渗水、拱顶掉块、坍塌严重，DK283+873～DK283+889段出现变形开裂，最大侵限数据达30 cm，导致该段初期支护拆换，如图4-4-4所示。借鉴Ⅱ线塌方段处理经验，为防止DK283+889～DK283+900段受DK283+873～DK283+889变形段的影响导致变形加大或掌子面塌方，对DK283+889～DK283+900段拱墙采用径向注浆，以控制变形的加剧。

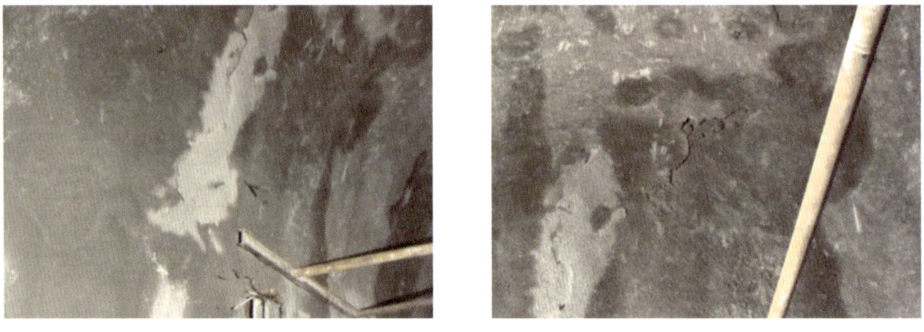

图4-4-4 初支变形开裂

（1）加固处理

①停止掌子面施工。上台阶拱架锁脚锚管焊接牢固后，停止掌子面各项施工，且不允许人员进入掌子面停留。

②施作横向支撑。DK283+873～DK283+889变形开裂段利用I16工字钢施作上、下两道水平横向支撑，上、下台阶交接部位连接板上部50 cm内施作一道，下台阶底脚上80 cm施作一道，且利用钢板制作托架与初支拱架焊接牢固，根据初支钢架位置逐榀加固横撑。

③加强监测。横向支撑完成后，增加监控量测点，加强监控量测频率，及时掌握量测成果，以便及时采取加固措施。

④上台阶喷锚支护。支撑加固后，上台阶架立拱架段进行喷锚支护，并进行掌子面喷锚封

闭，厚度不小于10 cm，且喷锚封闭完后停止掌子面各项施工。

（2）径向注浆

①DK283+873 ～ DK283+889段拱墙施作ϕ42小导管径向注浆。小导管长4.0 m，孔口间距1.0 m，梅花形布设，外露20 cm，前端做成尖锥形，注浆管前端3 m制作成花管，眼孔直径为6 ～ 8 mm。

②小导管安设后，用塑胶泥封堵孔口，施作止浆阀。

③设备连通后，通过已施作注浆导管注单液浆，水灰比为1∶1 ～ 0.6∶1，直至注浆压力达到注浆终压，并继续注浆10 min以上方可结束。注浆范围为拱墙，注浆扩散半径为1.5 m。

（3）拆换处理

①利用风镐逐榀拆换DK283+873 ～ DK283+889段拱架，按照原初期支护拱架位置架立I20a型钢钢架，并设ϕ8双层钢筋网，ϕ22纵向连接筋间距1 m，ϕ32锁脚锚管8根/榀，喷层厚度28 cm，预留变形量20 cm。

②紧跟衬砌施工。径向注浆期间组织施作仰拱，施作长度严格按照要求执行，一次长度不得超过3 m，且及时施作仰拱支护。

4.4.5　塌方处理关键技术

1. 中小型塌方处理

中小型塌方发生后，一般存在暂时稳定期，且拱部不会堵塞，处理相对容易。具体方法及步骤如下：

（1）先加固坍方附近未坍塌的部分。采用喷锚支护和小管棚ϕ60 ～ 80 mm的钢花管）对为坍塌的边墙及拱部进行加固，以防止拱部的进一步发展和扩大。

（2）利用塌方发生后围岩处于相对的暂稳定状态，抓紧时间沿坍塌面设外层初期支护，如图4-4-5所示，采用锚网喷联合支护，分两层喷射混凝土。

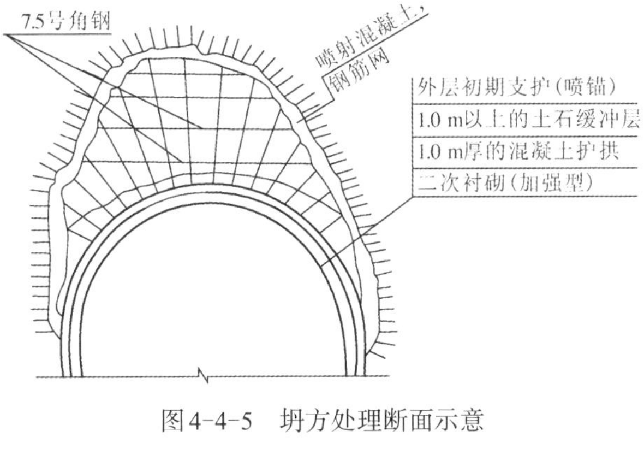

图4-4-5　坍方处理断面示意

（3）当塌腔的横断面矢跨比H ： B>0.7时不设内层初期支护，但在塌腔设置横向和竖向的支撑杆件，采用7.5号角钢横向和竖向支撑两侧及顶部的坍塌面，角钢的两端与锚杆头焊接。

（4）清渣。从洞口向洞内的方向逐步清渣，同时逐步进行二次衬砌。

（5）待二次衬砌完成后，设置防水层，顶埋注浆孔。

（6）施作1.0 m厚的混凝土护拱。

（7）设土石缓冲层，厚度1.2 ～ 1.5 m。

（8）衬砌背后注浆（填充注浆）。

2. 大型塌方处理

当塌穴断面较大，采取常规方法对塌穴进行支护、锚喷无法实施时，采用“护壳暗挖法”通过塌体，如图4-4-6所示。塌方体的施工始终坚持“稳塌体、管超前、小进尺、多循环、强支护、少扰动、快封闭、勤量测、速反馈”的原则。

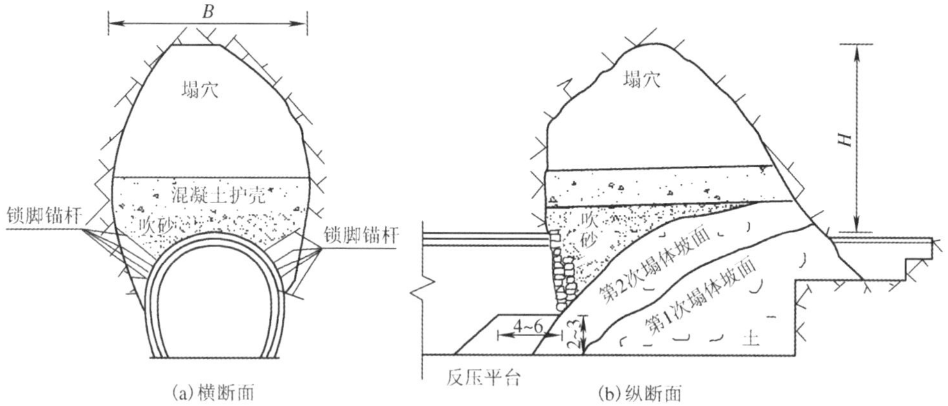

图4-4-6　塌方处理示意（单位：m）

（1）塌体反压

为了保证塌体的稳定性，在塌体坡脚处设置一个反压平台，平台高3 m，顶面长6 m，坡度为30°。施工方法是从洞外拉土进洞，分层填筑压实。

（2）空隙填充

在已完成二次衬砌和塌方分界点处用编织袋装土或砂码墙，编织袋墙一直升高到内拱顶，采用预压喷浆管向编织袋挡渣墙和塌体坡面形成的三角空隙内吹砂（石粉）。

（3）塌体混凝土护壳的设置

在处理塌方过程中，为防止塌穴掉石块危及施工安全，以及为暗挖通过塌体创造条件，在吹砂（石粉）上面需施作混凝土护壳，形成暗挖通过塌体条件。

（4）拱部超前小管棚施工

沿坑道拱部设计轮廓线环向设置超前小导管。小导管环向间距为30 cm，采用两台注浆泵同时进行双液注浆，保证开挖轮廓线外的环状固结塌体有一定强度和密实度。

（5）塌体开挖

塌体开挖分上、下半断面分部进行。上半断面塌体的开挖采用弧形开挖、保留核心土的方法进行。弧形开挖完成后，立即进行初期支护；下半断面开挖采用侧壁导坑，分台阶开挖，两边交错进行。

（6）仰拱施工和二次混凝土衬砌

当下半断面开挖进尺达5 m以上时，进行仰拱施作，尽快使衬砌支护形成闭合圈，仰拱施工完成后紧跟着完成全断面二次衬砌。

（7）处理塌方过程中的围岩量测

塌方处理阶段要严格进行围岩量测，使围岩活动处于有效监控之下，断面开挖循环进尺根据围岩量测情况随时作适当调整。

4.5 富水环境对破碎围岩稳定性的影响

4.5.1 概述

新关角隧道正洞进口DK281+765 ～ DK282+165段经过河沟浅埋段，穿越长度400 m，局部埋深不足40 m。隧道与地表河沟有水力连通，因此地表径流及降水对洞内围岩影响极大，富水环境使得破碎带围岩的稳定性进一步下降，洞内围岩岩体破碎、来压快，极易在未出现大变形的征兆下就突发塌方现象。该段施工中出现了数次突发的地质灾害，严重影响了工程进度。地层以志留系变质砂岩为主，如图4-5-1所示，局部为夹板岩及少量千枚岩，变质砂岩占70%，局部呈不等厚互层状。变质砂岩为中、细粒结构，中薄层状为主，单层厚10 ～ 40 cm；板岩呈粉砂质、泥状结构，岩体受构造影响严重，节理、裂隙发育，岩体破碎，为Ⅳ～Ⅵ级围岩。隧道上部为季节性流水河沟，如图4-5-2所示，丰水期水量较大，河沟内的卵碎石地层厚约13 m，含水性、透水性好，下伏基岩节理、裂隙发育，节理、裂隙间具较好的连通性，洞身开挖后地下水与地表连通现象明显，地表水下渗较严重，洞内地下水较发育，正常涌水量Q_{st}=2 674.4 m^3/d，最大涌水量Q_{max}=5 348.8 m^3/d，涌水类型以围岩相对薄弱破碎段涌水为主，涌水分散，拱顶股状涌水，如图4-5-3所示。

图4-5-1　揭露围岩情况

图4-5-2　上游流水

图4-5-3　破碎围岩涌水现象

隧道施工过程中因岩体松动因素，造成大量的岩块或岩屑涌入隧道中。隧道开挖面周围层理、岩体节理发育，造成岩体松动与破坏，而富水破碎围岩因岩体胶结不良、破碎易风化等因素，在重力作用、基岩裂隙水及施工震动下，发生掉块，甚至局部垮塌。

2010年6月23日，Ⅱ线隧道施工至DYK281+855处时，隧道拱部发生了突泥现象，导致隧道发生塌方。2011年4月6日，正洞进口Ⅱ线DYK281+930.5 ～ DYK281+931段上台阶扒砟完成准备立架时，DYK281+903 ～ DYK281+914段起拱线位置初期支护混凝土开始剥落，然后突然变形开裂，同时DYK281+914 ～ DYK281+931段突然坍塌，坍塌体堆满整个断面，DYK281+903 ～ DYK281+914段线路右侧钢架整体变形，最大变形量42 cm，裂缝宽度约15 cm。施工中遭遇的地质灾害统计见表4-5-1。

表4-5-1　地质灾害情况统计

围岩级别	断　面	地质概况	灾害现象
Ⅳ	DYK281+784 ～ DYK281+791	围岩为砂岩夹板岩，受地质构造影响较为严重，岩体完整性较差，掌子面局部掉块、渗水现象	掌子面开挖后，上台阶左侧出现滑塌，长度7 m，深2 m，高4 m
	DK281+475 ～ DK281+485	围岩为砂岩夹板岩，岩体的整体性较破碎，掌子面局部掉块、渗水现象	左边墙出现坍塌，掌子面处3榀钢架未坍塌，塌腔纵向约10 m长，最高处约3 m
	DK281+653 ～ DK281+657	围岩为砂岩夹板岩，受构造影响，岩体的整体性较破碎，自稳性较差，掌子面局部有渗水	上台阶左侧出现滑塌，滑塌长度4 m，深度3 ～ 4 m，高度5 ～ 6 m
	DK281+722	围岩为砂岩夹板岩，岩体的整体性较破碎，自稳性较差；局部有掉块、蚀变现象；拱部至右侧拱脚围岩破碎，且多处渗水	超前小导管及锁脚锚管打孔时，拱部至右侧拱脚处发生滑塌，造成拱部出现宽2 m、深2 m、长2 m的塌腔

工程实践表明，隧道开挖扰动造成了地下水的赋存状态和运动规律发生变化，地下水是造成隧道初期支护变形甚至坍塌的主要原因。隧道支护不及时或支护强度不足以抵抗围岩的形变压力导致塑性区的范围进一步扩大，进一步诱发破碎围岩富水性的改变。地下水作用对围岩的稳定性影响显著。

4.5.2　地下水对岩体力学性质的影响

地下水作为地质环境内最活跃的成分，对岩土体的力学性质的影响不可忽视。地下水对岩土体的力学性质的影响主要表现在物理作用、化学作用及力学作用。地下水对岩土体强度的影响主要有以下三个方面：

（1）地下水通过物理的、化学的作用改变岩土体的结构，从而改变岩土体的c、φ值；

（2）地下水通过空隙静水压力P作用，影响岩体中的有效应力而降低岩土体的强度；

（3）地下水通过空隙动水压力的作用，对岩土体施加推力，即在岩土体中产生剪应力，从而降低岩土体的抗剪强度。

1.地下水对岩块抗压强度的影响

岩石的软化系数k_R一般是通过室内岩石抗压强度实验测定的，它被定义为岩石试件饱水状态抗压强度R_{cd}（饱和抗压强度）与其干燥状态抗压强度R_c的比值，即

$$k_R = \frac{R_{cd}}{R_c}$$

所有的岩石浸水后都有强度降低的现象，只是强度降低的程度略有不同。《工程地质手册》中将岩石按软化系数k_R分为软化岩石（$k_R \leqslant 0.75$）和不软化岩石（$k_R \geqslant 0.75$），软化系数体现了水对岩石强度的影响。表4-5-2给出了部分岩石的软化系数。

表4-5-2　部分岩石软化系数的经验数据

岩石分类			极限抗压强度（MPa）		软化系数
			干	饱　和	
坚硬的岩石	岩浆岩	花岗岩、闪长玢岩、辉绿岩、闪长岩、花岗闪长岩、流纹斑岩、玄武岩、安山岩、凝辉岩、凝灰角砾岩、火山角砾岩	100.00 ～ 280.0	80.0 ～ 250.0	0.70 ～ 1.00
	沉积岩	砂质砾岩、石英砂岩、砂质页岩、石灰岩、白云质灰岩	74.0 ～ 160.0	60.0 ～ 120.0	0.70 ～ 0.90
	变质岩	角闪片麻岩、花岗片麻岩、长英角岩、石英片岩、角闪片岩、砂质板岩	80.0 ～ 150.0	62.5 ～ 120.0	0.69 ～ 0.84
半坚硬的岩石	岩浆岩	半风化花岗岩、半风化流纹斑岩、半风化辉碧岩、二迭系凝灰岩、凝灰熔岩	25.0 ～ 68.0	4.6 ～ 32.0	0.16 ～ 0.50
	沉积岩	泥质砂岩、侏罗系砂岩、砾岩、角砾岩	30.0 ～ 80.0	5.0 ～ 45.0	0.21 ～ 0.75
		侏罗、白垩系黏土岩，侏罗、白垩系页岩、灰岩、泥灰岩	20.0 ～ 45.0	10.0 ～ 30.0	0.40 ～ 0.66
			50.0 ～ 60.0	13.0 ～ 40.0	0.24 ～ 0.55
			13.4 ～ 100.0	7.8 ～ 52.4	0.44 ～ 0.54
	变质岩	片麻岩、绿泥石片岩、云母片岩、碳质板岩、千枚岩	40.0 ～ 90.0	20.0 ～ 30.0	0.40 ～ 0.68

由表4-5-2可知，半坚硬的岩石普遍比坚硬岩石的软化系数大，对照岩石坚硬程度分类表，上述软化的岩石基本上属于软质岩石的范畴，即岩石的单轴饱和抗压强度R_c<30 MPa，而不软化的岩石基本上属于硬质岩石，即岩石的单轴饱和抗压强度$R_c \geqslant 30$ MPa，说明岩石越硬，地下水的软化效果越差，岩石越软，地下水的软化效果越明显。

2.地下水对岩块抗剪强度参数的影响

为研究地下水对岩石抗剪强度的影响程度，对大量的试验结果进行调研。为表征岩石在饱和状态下抗剪强度参数的降低程度，引入抗剪弱化系数的概念，并分别用η_c与η_φ表示岩石黏聚力与内摩擦角的降低程度，可分别按下式计算：

$$\eta_c = (c - c_{sat})/c \qquad (4\text{-}5\text{-}1)$$

$$\eta_\varphi = (\varphi - \varphi_{sat})/\varphi \qquad (4\text{-}5\text{-}2)$$

式中，c_{sat}与φ_{sat}分别为饱和状态下的黏结力与内摩擦角。岩石抗剪强度参数降低程度如图4-5-4所示。

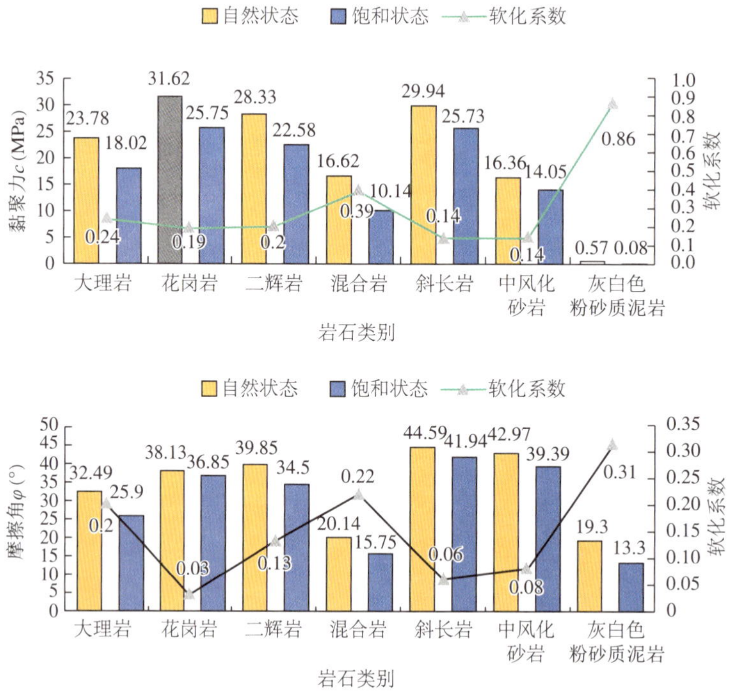

图4-5-4 岩石抗剪强度参数降低程度

由图4-5-4可知，地下水对岩石抗剪强度的影响表现为降低岩石的黏聚力与摩擦角；从不同岩性的降低幅度可看出，岩石坚硬程度越高，抗剪强度的弱化作用越小。对于大理岩等硬岩，其弱化系数较小，而对于泥岩等软岩，其弱化系数较大。对于同一种岩性，其黏聚力的弱化程度大于内摩擦角的弱化程度。

3. 地下水对结构面强度的影响

岩体的完整程度由结构面性质、组数、张开度以及充填物性质所决定，可划分为完整、较完整、较破碎、破碎、极破碎五个等级。由此可见，岩体完整程度完全由结构面的状况所决定。地下水对结构面的影响实际上可归结为对岩体完整性的影响，一般而言，岩体完整性越差，则岩体结构面越多，结合也越差，因而地下水对岩体结构面强度降低程度越大，对岩体结构面产生力学作用也越大，进而对岩体完整性的影响也就越大。

经过调研总结得出了不同完整程度条件下地下水对围岩稳定性的影响，见表4-5-3。

表4-5-3 不同完整程度条件下地下水对岩体完整性的影响

完整程度	主要结构面结合程度	相应结构类型	地下水对岩体完整性的影响
完整	好或一般	整体状或巨厚层状结构	地下水对岩体结构无影响
较完整	较好或一般	块状或厚层状结构、块状结构	泥化结构面的充填物质，降低结构面的抗剪强度
较破碎	差	裂隙块状或中厚层状结构	地下水能泥化软弱结构面的充填物质，降低其抗剪强度
	好	镶嵌碎裂结构	地下水对结构面有一定的渗透压力，从而降低结构面强度
	一般	中、薄层状结构	地下水对结构面有渗透压力，同时对结构面强度有一定的弱化作用

续上表

完整程度	主要结构面结合程度	相应结构类型	地下水对岩体完整性的影响
破碎	差	裂隙块状结构	地下水对软弱结构面的抗剪强度影响较大，地下水较大时，能冲刷结构面中的充填物质
	一般或差	碎裂状结构	
极破碎	很差	散体状结构	地下水能明显降低结构面的结合强度，能冲刷带出结构面中的充填物质，分离岩体

由表4-5-3可知，围岩完整程度越差，围岩越破碎，地下水对岩体完整性影响越大；特别当水量大的时候，地下水能冲刷带出结构面中的充填物质以及破碎带，分离岩体，对围岩造成很大的影响。

4.5.3 工程规范对地下水状态的考虑

《铁路隧道设计规范》中规定，围岩基本分级中，按照岩石的坚硬程度以及岩体的完整性状态组合进行分类，岩石的坚硬程度按岩石的单轴饱和抗压强度进行分类，说明已经考虑了地下水对岩石的软化作用。水的其他作用在基本分级中得不到反映，需采用修正措施来反它映们对岩体质量的影响。

地下水状态是一个连续的变量，很难直接使用，在国内外的各种围岩分级方法中，一般选择出水量q、水压P、水头高度H作为评价地下水状态的的指标，并按照对围岩稳定性的影响程度划分为2～3个等级。表4-5-4对围岩分级方法中地下水状态等级划分标准进行了总结。

表4-5-4 常用规范地下水状态等级统计

资料来源	地下水状态等级		
	渗水滴水	线状流水	涌流状出水
《工程岩体分级标准》	—	$P \leqslant 0.1$ MPa或$q \leqslant 100$ L/min	$P > 0.1$ MPa或$q > 100$ L/min
《公路隧道设计规范》			
《水工隧洞设计规范》	$q \leqslant 25$ L/min或$H \leqslant 10$ m	25 L/min$< q \leqslant 125$ L/min或10 m$< H \leqslant 100$ m	$q > 125$ L/min或$H > 100$ m
《水利水电工程地质勘察规范》			
《铁路隧道设计规范》	$q \leqslant 10$ L/min	10 L/min$< q \leqslant 25$ L/min	25 L/min$< q \leqslant 125$ L/min
RMR分级法	$P \leqslant 0.2$ MPa或$q \leqslant 25$ L/min	0.2 MPa$< P \leqslant 0.5$ MPa或25 L/min$< q \leqslant 125$ L/min	$P > 0.5$ MPa或$q > 125$ L/min
RSR分级法	$q \leqslant 25$ L/min	25 L/min$< q \leqslant 125$ L/min	$q > 125$ L/min

注：①表中流量均为10 m洞长水量，工程岩体分级标准、公路隧道设计规范流量由单位延米洞长换算为10 m洞长水量；
②RMR分级法地下水状态分为5级，本表将$q \leqslant 25$ L/min三级合并为一级。

由表4-5-4可知，各规范划分相邻等级的出水量界限，主要以25 L/min、125 L/min为主，由此确定地下水状态的等级划分情况见表4-5-5。《铁路隧道设计规范》对地下水状态的划分值较其他规范小，在一定程度上反映了铁路隧道设计时，考虑的地下水影响权重较大。

表4-5-5 地下水状态等级划分

评价指标（10 m洞长）	地下水状态		
	渗水滴水	线状流水	涌流状出水
出水量	$q \leqslant 25$ L/min	25 L/min $< q \leqslant 125$ L/min	$q > 125$ L/min
水压	$P \leqslant 0.2$ MPa	0.2 MPa $< P \leqslant 0.5$ MPa	0.5 MPa $< P$
水头高度	$H \leqslant 10$ m	10 m $< H \leqslant 100$ m	$H > 100$ m

目前国内外在围岩分级中，考虑水的影响时主要有四种方法：修正法、降级法、限制法、不考虑。因各规范采用的方法不完全一致，不便于比较，故将各规范换算成修正法，换算后见表4-5-6。

表4-5-6 地下水状态对围岩基本级别影响修正系数

地下水状态	资料来源	围岩基本级别				
		Ⅰ	Ⅱ	Ⅲ	Ⅳ	Ⅴ
渗水滴水	《工程岩体分级标准》	0	0	0.1	0.2 ~ 0.3	0.4 ~ 0.6
	《大型水电站地下洞室围岩分类》（水利电力部昆明勘测设计院）	0	0	0 ~ 0.1	0.2 ~ 0.4	0.4 ~ 0.5
	《隧道工程岩体（围岩）分级》（铁道部科学研究院西南研究所）	0	0.1	0.1 ~ 0.25	0.1 ~ 0.25	0.1 ~ 0.25
	《国防工程喷锚支护技术暂行规定》（总参，1984年）	0	0	0.1	0.25	0.5
	《水利水电地质勘察规范》	0	0 ~ 0.1	0.1 ~ 0.3	0.3 ~ 0.5	0.5 ~ 0.7
	《水工隧洞设计规范》	0	0 ~ 0.1	0.1 ~ 0.3	0.3 ~ 0.5	0.5 ~ 0.7
	《公路隧道设计规范》	0	0	0.1	0.2 ~ 0.3	0.4 ~ 0.6
	《铁路隧道设计规范》	0	0	0	0	0
线状流水	《工程岩体分级标准》	0	0.1	0.2 ~ 0.3	0.4 ~ 0.6	0.7 ~ 0.9
	《大型水电站地下洞室围岩分类》（水利电力部昆明勘测设计院）	0	0 ~ 0.1	0.1 ~ 0.25	0.3 ~ 0.6	0.6 ~ 0.9
	《隧道工程岩体（围岩）分级》（铁道部科学研究院西南研究所）	0	0.1	0.1 ~ 0.5	0.1 ~ 0.5	0.1 ~ 0.5
	《国防工程喷锚支护技术暂行规定》（总参，1984年）	0	0.1	0.25	0.5	0.75
	《水利水电地质勘察规范》	0 ~ 0.1	0.1 ~ 0.3	0.3 ~ 0.5	0.5 ~ 0.7	0.7 ~ 0.9
	《水工隧洞设计规范》	0	0 ~ 0.1	0.1 ~ 0.3	0.3 ~ 0.5	0.5 ~ 0.7
	《公路隧道设计规范》	0	0.1	0.2 ~ 0.3	0.4 ~ 0.6	0.7 ~ 0.9
	《铁路隧道设计规范》	0	0	1	1	1
涌流状出水	《工程岩体分级标准》	0	0.2	0.4 ~ 0.6	0.7 ~ 0.9	1
	《大型水电站地下洞室围岩分类》（水利电力部昆明勘测设计院）	0	0 ~ 0.2	0.2 ~ 0.5	0.4 ~ 0.8	0.8 ~ 1.0
	《隧道工程岩体（围岩）分级》（铁道部科学研究院西南研究所）	0	0.25	0.25 ~ 0.75	0.25 ~ 0.75	0.25 ~ 0.75
	《国防工程喷锚支护技术暂行规定》（总参，1984年）	0	0.25	0.5	0.75	1

续上表

地下水状态	资料来源	围岩基本级别				
		Ⅰ	Ⅱ	Ⅲ	Ⅳ	Ⅴ
涌流状出水	《水力水电地质勘察规范》	0.1 ～ 0.3	0.3 ～ 0.5	0.5 ～ 0.7	0.7 ～ 0.9	0.9 ～ 1
	《水工隧洞设计规范》	0.1 ～ 0.3	0.3 ～ 0.5	0.5 ～ 0.7	0.7 ～ 0.9	0.9 ～ 1
	《公路隧道设计规范》	0	0.2	0.4 ～ 0.6	0.7 ～ 0.9	1
	《铁路隧道设计规范》	1	1	1	1	1

注：①昆明院、西南所、《水利水电地质勘察规范》和《水工隧洞设计规范》都是用评分法确定岩体质量指标，水的影响采用评负分对岩体质量进行修正，表中所列系数是按负分值和极差换算的；
②《铁路隧道设计规范》采用降级法对岩体基本分级进行修正，表中所列系数按照降级系数为1、不降级系数为0换算。

从前面的研究可以知道，地下水对岩体质量的影响，不仅与水的赋存状态有关，还与岩石性质和岩体完整程度有关。岩石越致密、强度越高、完整性越好，水的影响越小；反之，水的不利影响越大。

遵循这一客观规律，分析表4-5-6发现，采用评分法和修正系数法的规范，不仅考虑了出水状态，还考虑了岩体的基本质量级别，即在同一出水状态下，基本质量越差的岩体，对其影响程度越大，修正系数也随之增大；在同一基本级别下，出水量越大或水压越高，修正系数越大。采用降级法的《铁路隧道设计规范》，换算的修正系数仅为0或1，即水对岩体无不利影响或水对岩体有极大不利影响。在同一出水状态下，水的作用对基本质量的变化无敏感性。

4.5.4 地下水作用对隧道稳定性影响的数值解

使用有限元软件，采用流固耦合单元建立模型计算富水地层中隧道围岩的力学性态。为方便比较位移控制效果，各级围岩均采用Ⅳ级围岩初期支护参数，围岩及初期支护参数见表4-5-7。

表4-5-7 围岩及初期支护物理力学参数

围岩及支护结构	密度（kg/m³）	弹性模量E（GPa）	泊松比μ	摩擦角φ（°）	黏聚力c（MPa）	渗透系数（m/s）
Ⅱ级围岩	2 000	20	0.2	50	1.5	1×10^{-6}
Ⅲ级围岩	2 000	6	0.25	39	0.7	3×10^{-6}
Ⅳ级围岩	2 000	1.3	0.3	27	0.2	8×10^{-6}
Ⅴ级围岩	2 000	1	0.35	20	0.05	1×10^{-5}
Ⅵ级围岩	2 000	0.5	0.4	18	0.03	3×10^{-5}
初期支护	2 500	30	0.2	—	—	1×10^{-7}

1.地下水位的影响

地下水位变化，特别是地层由无水到有水环境的改变时，对围岩的变形和应力影响明显。

（1）围岩变形

分别计算水头高度为0、10 m、50 m、100 m、130 m、200 m时围岩的变形情况，拱顶沉降量见表4-5-8，拱顶相对下沉如图4-5-5所示。

表4-5-8　不同水头高度时拱顶沉降量(mm)

水头高度(m)	拱顶沉降量				
	Ⅱ级围岩	Ⅲ级围岩	Ⅳ级围岩	Ⅴ级围岩	Ⅵ级围岩
0	1.544	5.03	21.02	28.31	36.28
10	1.714	5.592	23.28	30.76	39.64
50	2.246	7.21	30.04	38.22	50.54
100	2.742	8.766	36.66	45.46	61.18
130	3.046	9.702	40.66	49.82	67.56
200	4.132	12.77	53.62	57.92	90.06

由表4-5-8可知,随着水头高度增大,Ⅱ、Ⅲ级围岩隧道拱顶沉降增幅很小,而对于Ⅳ、Ⅴ、Ⅵ级围岩,随着水头高度的增大,隧道拱顶沉降增幅较大。以上规律说明,隧道围岩质量越差,地下水的影响越明显。

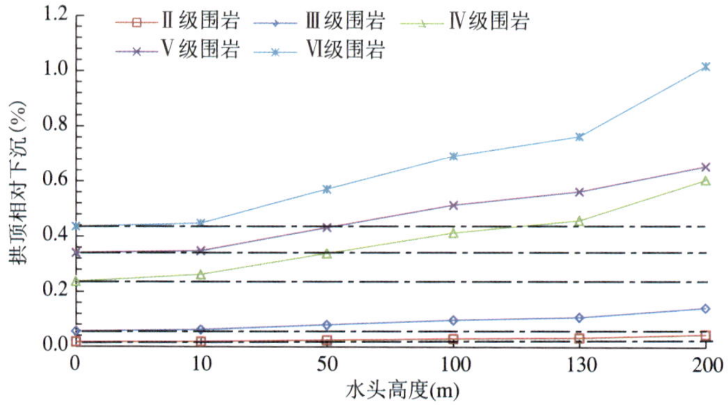

图4-5-5　拱顶相对下沉随水头高度变化规律

由图4-5-5看出,不同的围岩级别,拱顶相对下沉随水头高度变化规律不同。在水头高度为0～10 m时,各级别围岩拱顶相对下沉增量都不大,且均处于其相应级别的相对下沉允许区间内。当水头高度从10 m上升至50 m时,对于Ⅳ、Ⅴ级围岩,隧道拱顶相对下沉均出现较大的增幅,根据图4-5-5所标示的围岩位移基准,分别降至Ⅴ、Ⅵ级的位移分级标准范围。因此,考虑到地下水的影响,此时围岩级别应做降一级处理。当水头高度超过100 m之后,对于Ⅳ级围岩,其相对拱顶沉降量降至Ⅵ级围岩的位移分级标准范围,围岩级别应做降两级处理。当水头高度为200 m时,Ⅱ、Ⅲ级围岩拱顶相对下沉分别为0.047%和0.145%,Ⅲ、Ⅳ级围岩的位移基准为0.057%和0.239%,Ⅱ、Ⅲ级围岩若要达到降级的位移标准需要更大的水头高度。

根据上述计算结果可以看出,关角隧道通过地层的水头高度对于Ⅱ、Ⅲ级围岩影响不大,不会出现降级现象,而对于Ⅳ、Ⅴ级围岩均会降1～2级。Ⅳ、Ⅴ级围岩富水区是坍塌、初期支护开裂现象的高发地段。

(2)围岩应力分布

地下开挖后,洞壁的应力集中最大,当它超过围岩屈服极限时,洞壁围岩就由弹性状态转化为塑性状态,并在围岩中形成一个塑性松动圈。随着距洞壁距离增大,径向应力σ_r由零逐渐增大，应力状态由洞壁的单向应力状态逐渐转化为双向应力状态，围岩也就由塑性状态逐渐转化为弹性状态。弹性区以外则是应力基本未产生变化的天然应力区（或称原岩应力区）。

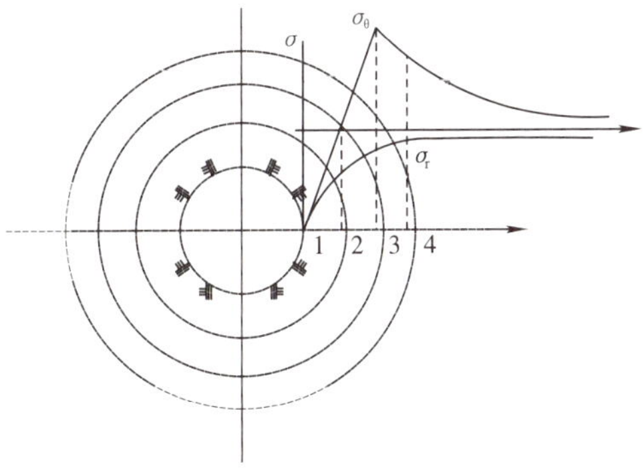

图 4-5-6 弹塑性围岩应力状态

1,2—松动区；2,4—围岩承载区；1,3—塑性区；3,4—弹性区应力升高区

塑性松动圈的出现，使圈内一定范围内的应力因释放而明显降低，而最大应力集中由原来的洞壁移至塑、弹性圈交界处，使弹性区的应力明显升高。与开挖前的初始应力相比，围岩中的塑性区应力可分为两部分：塑性区外圈是应力高于初始应力的区域，它与围岩弹性区中应力升高部分合在一起称作围岩承载区；塑性区内圈应力低于初始应力的区域称作松动区。塔罗勃（J.Talober）、卡斯特奈（H.Kastner）等给出了弹塑性围岩中的应力图形，如图 4-5-6 所示。基于以上分区方法，分析各级围岩和不同水头高度下的洞周围岩应力分布。

①绘出各级围岩在无水时的弹塑性应力图形。Ⅱ～Ⅵ级围岩隧道外侧水平各点竖向应力绘制如图 4-5-7 所示。

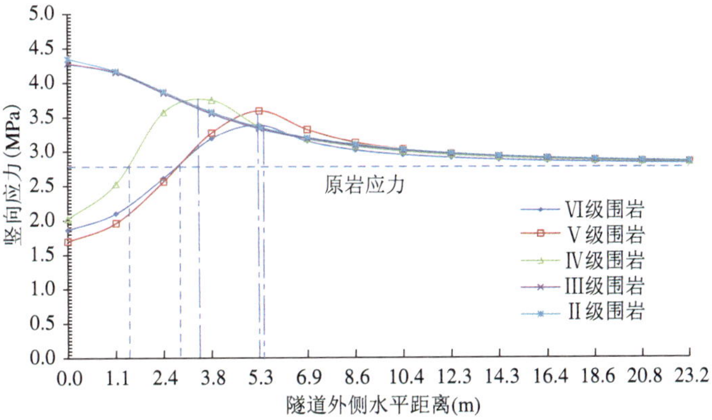

图 4-5-7 各级围岩隧道外侧水平各点竖向应力分布

由图 4-5-7 可知，围岩越差，隧道开挖引起的松动区和塑性区范围越大，并且竖向应力最大值越小。其中Ⅱ、Ⅲ级围岩无塑性区出现；Ⅳ级围岩塑性区约 3.4 m，松动区约 1.5 m；Ⅴ级围岩塑性区约 5.3 m，松动区约 2.8 m；Ⅵ级围岩塑性区约 5.5 m，松动区约 3.1 m。

②绘出围岩在不同水头高度时的弹塑性应力图形。以Ⅴ级围岩为例，水头高度为 0、50 m、100 m、130 m 时围岩隧道外侧水平各点竖向应力绘制如图 4-5-8 所示。

由图 4-5-8 可知，随着水头高度的增大，塑性区范围逐渐增大，松动区范围减小，并且竖向应力最大值逐渐减小。水头高度为 0 时，塑性区约 5.3 m，松动区约 2.8 m；50 m 水头高度时，塑性区约 5.7 m，松动区约 3.1 m；100 m 水头高度时，塑性区约 6.3 m，松动区约 3.8 m；130 m 水头高度时，塑性区约 6.7 m，松动区约 4.4 m。130 m 水头高度时的塑性区厚度比水头高度为 0 时增大约 26.4%，松动区增大约 50%。其中松动区与塑性区厚度之比，水头高度为 0 时为 53%，

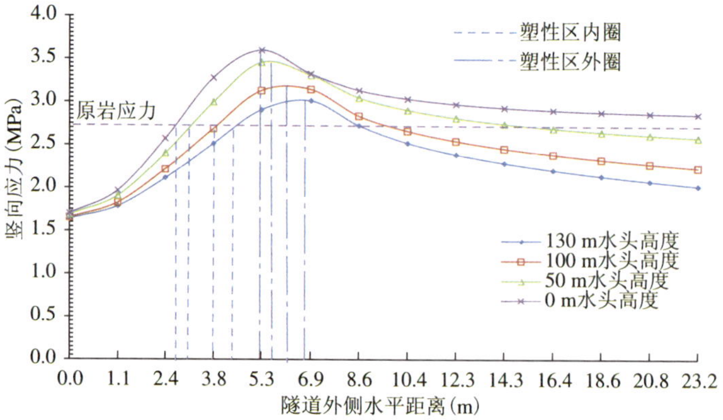

图4-5-8 不同水头高度下隧道外侧水平各点竖向应力分布

130 m水头高度时为66%。

由以上研究结果看出，增大水头高度会产生和围岩变差（围岩等级提高）时一样的效果，导致隧道周边的塑性区和松动区范围变大，并且松动区占塑性区比例显著增大。因此，增大水头高度会恶化围岩的受力状态，导致围岩的破坏失稳。

2. 埋深的影响

分别计算埋深130 m、300 m、500 m、1 000 m在水头高度为0、50 m、100 m、200 m、400 m时V级围岩的变形情况，拱顶沉降量见表4-5-9，不同埋深时拱顶沉降随水头高度增大的增幅如图4-5-9所示。

表4-5-9 不同水头高度时拱顶沉降量（mm）

水头高度（m）	拱顶沉降量 埋深 130 m	300 m	500 m	1 000 m
0	18.2	42.9	72.9	150.0
50	27.9	52.6	81.6	155.0
100	35.2	59.9	88.9	162.3
200	—	74.5	103.5	176.9
400	—	—	132.7	205.6

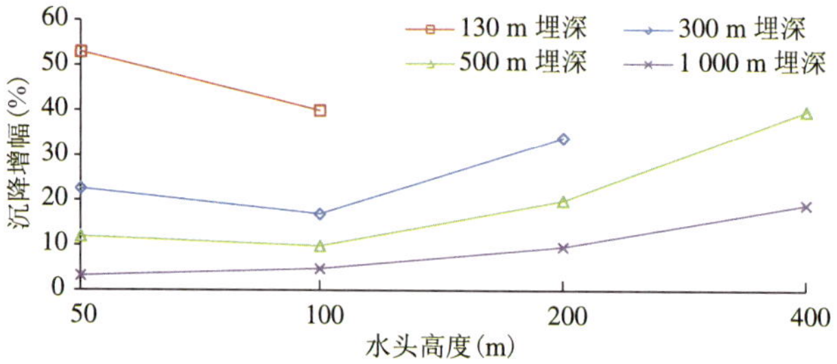

图4-5-9 拱顶沉降随水头高度增大的增幅

由表4-5-9和图4-5-9看出，同一埋深时，拱顶沉降量随水头高度的增大而增大；同一水头高度时，随着埋深的增加，拱顶沉降量增幅逐渐减小。50 m水头高度时，130 m埋深增幅为53%，300 m埋深增幅为22.6%，500 m埋深增幅为12.1%，1 000 m埋深增幅为3.3%。400 m水头高度时，500 m埋深增幅为40%，1 000 m埋深增幅为19.1%。

由此看出，当隧道埋深较小时，围岩变形量主要受地下水作用控制；当隧道埋深较大时，围岩变形主要受地应力控制。

3. 初期支护施工的影响

（1）分别计算初期支护刚度为18 GPa、27 GPa、36 GPa、45 GPa在水头高度为0、10 m、50 m、100 m、130 m时Ⅴ级围岩的变形情况，拱顶沉降量见表4-5-10，不同支护刚度时拱顶沉降随水头高度增大的降幅，如图5-10所示。降幅=（各级支护刚度沉降量-18 GPa支护刚度沉降量）/18 GPa支护刚度沉降量。

表4-5-10　不同水头高度时各支护刚度的拱顶沉降量（mm）

水头高度（m）	拱顶沉降量			
	18 GPa	27 GPa	36 GPa	45 GPa
0	28.3	18.2	14.2	11.9
10	30.8	20.6	16.5	14.2
50	38.2	27.9	23.8	21.5
100	45.5	35.2	31.2	30.2
130	49.8	40.4	38.5	37.4

由表4-5-10可知，在各级水头高度时，拱顶沉降量随着支护刚度的增大而减小，并且水头高度越高，沉降量减小的程度越小。水头高度为0时，支护刚度从18 GPa增大到45 GPa，沉降量从28.3 mm减小为11.9 mm，降幅为58%；水头高度130 m时，支护刚度从18 GPa增大到45 GPa，沉降量从49.8 mm减小为37.4 mm，降幅为24.9%。

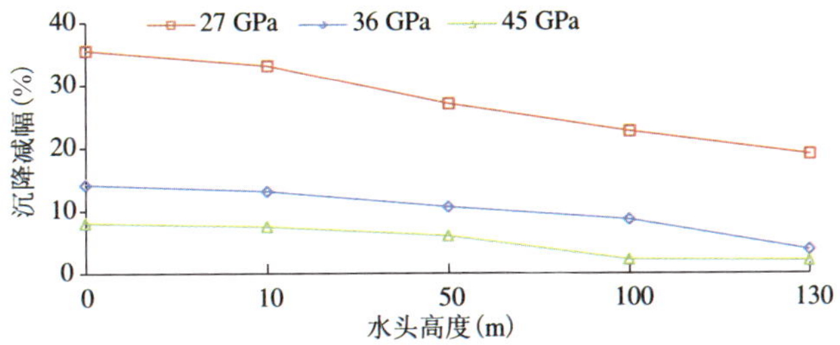

图4-5-10　不同支护刚度时拱顶沉降随水头高度增大的降幅

由图4-5-10可知，各级支护刚度的拱顶沉降量降幅随着水头高度的增大而减小。其中45 GPa支护刚度在50 m水头高度时降幅为6.1%，100 m水头高度时降幅突降为2.2%；36 GPa支护刚度在100 m水头高度时降幅为8.7%，130 m水头高度时降幅陡降为3.9%，可以认为从最经济的角度，当水头高度达到50 m时，支护刚度不应超过45 GPa；当水头高度达到100 m时，支护刚度不应超过36 GPa。

这是由于当水头高度较大时，由于地下水对围岩的弱化作用，围岩受力状态恶化严重，变形破坏主要发生在初期支护施作前，此时再提高支护刚度对围岩的变形控制效果改善甚微。

（2）分别计算水头高度为0、10 m、50 m、100 m、130 m时围压应力释放率为10%～90%的Ⅴ级围岩毛洞变形情况，各水头高度下拱顶沉降随围岩应力释放系数的变化规律如图4-5-11所示。

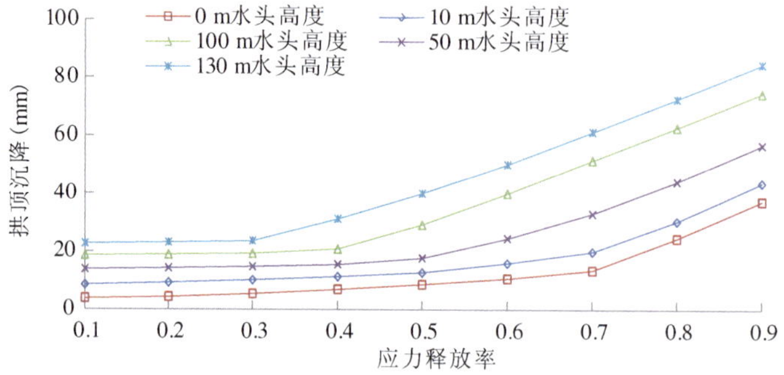

图4-5-11　不同水头高度时拱顶沉降量随应力释放率的变化曲线

由图4-5-11可知，同一应力释放率时，拱顶沉降随着水头高度的增大而增大；同一水头高度时，拱顶沉降随着应力释放率的增大而增大，并在应力释放率达到限值时出现突变，其中水头高度越大，拱顶沉降出现突变时的应力释放率越小。水头高度为0时，应力释放率大于70%后位移出现突变；在10 m水头高度时，应力释放率大于70%后位移出现突变；在50 m水头高度时，应力释放率大于50%后位移出现突变；在100 m水头高度时，应力释放率大于40%后位移出现突变；在130 m水头高度时，应力释放率大于30%后位移出现突变。

由以上结果可知，在水压力作用下，松动区、塑性区范围变大，应力释放率较小时，围岩位移会突然增大。从发生时间上看，地下水使隧道围岩破坏来得更早、更突然。因此，在富水破碎围岩地段，尽量采用超前支护措施，尽早初喷，封闭开挖面，提供足够的支护刚度，以控制围岩的变形，保证围岩的稳定性。

4.6　小　结

本章以新关角隧道为背景，结合断层破碎带围岩隧道施工的实际情况，通过归纳总结、理论分析、现场监测等方法，对其施工技术和施工过程动态力学性态进行详细研究，主要取得了以下方面的成果：

（1）明确断层破碎带隧道支护结构受力特性。采用现场试验手段，研究浅埋河谷段和F_{2-1}断层破碎带区段支护结构的围岩压力、型钢钢架受力、衬砌背后水压力分布规律、锚杆受力特性，为现场支护设计提供参考依据。

（2）提出断层破碎带隧道开挖及支护技术。通过初期施工中出现的问题对施工方法和支护技术进行改进，结合现场试验资料分析成果，最终提出适用于断层破碎带的开挖及支护技术。

（3）形成断层破碎带大变形及塌方段整治技术。采用资料调研手段，提炼新关角隧道浅埋河谷区段和F_{2-1}断层破碎带区段塌方及大变形处理技术，总结塌方发生规律，形成塌方整治技术体系。

（4）理清富水环境对破碎围岩稳定性的影响。结合理论分析与数值模拟发现，隧道埋深较小时，围岩变形量主要受地下水作用控制；隧道埋深较大时，围岩变形主要受地应力控制；随着水头高度的增大会恶化围岩的受力状态，导致围岩的破坏失稳。在水压力作用下，松动区范围增大，应力释放率较小时围岩容易失去稳定。

5 高海拔隧道长距离施工通风技术

在高海拔地区，空气中氧含量低，尤其是在负荷条件下，氧气进气量不足，CO和碳烟排放比低海拔地区多，而传统长距离隧道普遍采用接力压入式通风技术，存在斜井长、风管断面积小，供风量受限，设备投入成本及耗能高等问题，通风质量难以保证。此外，新关角隧道所在地区一年内长达8个月时间处于低温环境，温度在0℃～-20℃，最低达到-35℃。施工通风运行过程中从隧道外吸入洞内的新鲜空气温度低，导致整个隧道内温度降低，对隧道掘进、支护、仰拱及二次衬砌施工影响较大。这些问题共同制约着高海拔地区隧道建设。本章基于新关角隧道的工程实践，提出斜井上下分隔+双正洞射流巷道通风技术，以解决高海拔隧道四工作面同时掘进、长度均达到5 km的施工通风难题；通过设置高寒隧道通风节能升温装置，有效提升隧道作业温度3℃～4℃，以达到节能环保的目的。

5.1 高海拔隧道施工工程机械有害气体排放特性

隧道施工作业中的主要污染源有：爆破产生的炮烟和工程施工机械排放的有害气体（尾气）。低海拔地区氧气充足，工程机械排放的有害气体浓度较低，污染程度不高，因此，低海拔地区隧道施工中对工程机械有害气体排放问题考虑不多，其污染主要为炮烟所致，炮烟是低海拔地区隧道施工通风设计的主要问题。而高海拔地区空气稀薄，空气中氧气含量低，环境温度、湿度和大气压力均变化较大，尤其是在负荷条件下，工程机械运行时氧气进气量不足，工程机械排放的有害气体浓度较低海拔地区明显增加，污染严重，此时，工程机械排放的有害气体便成为高海拔隧道施工通风设计的主要问题。隧道施工中，工程机械排放的有害气体受众多因素影响，其成分比较复杂，有氮氧化合物、含氧碳氢化合物、低碳氧化物、油烟等，其中主要为CO、NO_x和HC（碳烟）。这些有害气体在有限空间的隧道内如果不及时加以稀释和排除，不仅直接影响施工人员的身心健康，而且作业人员劳动效率会大幅降低。NO_x在空气中不稳定，且可溶于水，喷雾洒水就能降低；但CO较稳定，在隧道施工中通常用有害气体CO的浓度和HC的含量评价施工环境状况及通风效果。因此，研究和掌握隧道施工机械在高海拔地区排放有害气体CO、HC的特性，对高海拔隧道施工通风设计和改善高海拔隧道作业环境具有重要意义。

5.1.1 工程机械有害气体排放测试与数据处理

1.测试依据与参考标准

测试依据和参考标准为《车用压燃式、气体燃料点燃式发动机与汽车排气污染物排放限值及测量方法》（GB 17691—2005）、《车用压燃式发动机和压燃式发动机汽车排气烟度排放限值及测量方法》(GB 3847—2005)、《金属非金属地下矿山安全规程》(GB 16424—2006)、《工业企业设计卫生标准》(GB Z1—2002)等。

2.测试对象与测试内容

测试对象为关角隧道施工的工程机械，主要包括装载机、自卸汽车和挖掘机，主要测试这些工程机械在高海拔地区隧道施工工况中，不工作无荷载时的排放情况和一般负载时的排放情况。测试内容主要为上述隧道施工工程机械排放有害气体CO、HC的含量。测试CO时，用容积百分数表示；测试HC时，利用烟度测量室来测量排烟中碳烟微粒污染程度，用不透光度(%)表示。测量原理为，使光束通过一段给定长度的排烟，通过检测排烟对光的吸收程度(透光衰减率)，测定排烟对环境的污染程度。

3.测试设备与方法

(1)测试设备

测试中所用仪器均按照联合国欧洲经济委员会(ECE)标准生产，能充分满足国家最新的标准要求，有奥地利AVL Di Com4000型汽、柴油两用五气分析仪、烟度测量室、美国复合气体分析仪、美国LEVEL CO分析仪、UT56万用表、LDC-300电源特性转换器和DT-2236转速测量仪等。

(2)测试方法

无荷载工况测试安排在隧道外进行。工程机械处于热车状态，测试每辆车各个样本观测转速点的有害气体排放浓度值，每个观测点分别记录CO及不透光度测试数据。测试按由低速到高速的顺序进行，一般从怠速值开始，每测试一转速后，缓慢加速到下一转速值，读数稳定后开始计数。最高转速为发动机全负荷时的对应转速。一般重载工况测试安排在关角隧道内进行。装载机或自卸汽车在一般工作状态下，测试排气筒有害气体排放浓度值。测试自卸汽车时，测量自卸汽车装满渣以不大于5 km/h速度在隧洞爬坡行驶和平地行驶的排放情况。测量挖掘机时，挖掘机处于推渣、举高和装渣工况。测试工程机械排放的CO时，由于仪器响应速度慢，测试数据应为稳定不再升高的数据。测试不透光度时，当工程机械处于突然加速、减速或其他不稳定的工况时，测试数据可能不准确，因此，其测试值为去掉偏离稳定值较大者后的平均值。

4.工程机械有害气体排放量计算

对于总排放量未知的高海拔隧道工程施工机械，可以通过实际测定的数据和已有的机械参数计算其总排放量。

内燃机的排量V_H计算公式为

$$V_H = N\frac{\pi}{4}D^2S\times 10^{-6}$$

式中，N为内燃机气缸数；D为气缸内径，mm；S为行程值，mm。

每小时内燃机排放的CO体积计算公式为

$$V_{CO} = \frac{R}{2}V_H t_0 \frac{P_V}{1\ 000\ 000}$$

式中，V_{CO}为单位时间内燃机排放的CO体积，L/h；R为内燃机转速，r/min；V_H为有害气体排放体积浓度值；t_0为单位时间，取值60 min。

比排放计算公式为

$$g=\rho_{CO}V_{CO}/P_e=G/P_e$$

式中，g为比排放量，g/(kW·h)；ρ_{CO}为CO的密度，g/L；P_e为内燃机功率，kW；G为CO质量排放量，$G=V_{CO}\cdot\rho_{CO}$。

5.1.2 工程机械有害气体排放特性

1.有害气体排放与过量空气系数α_a的关系

(1)HC排放与α_a的关系

α_a(实际进气量与理论进气量的比值)是影响内燃机排放HC的最基本因素，因为烃类燃料在缺氧(α_a太小)条件下有部分未参与燃烧或不完全燃烧。α_a减小时HC浓度增加，α_a增大时HC浓度迅速下降。高海拔环境下空气中的氧含量低，内燃机实际进气量偏离理论进气量，α_a远小于1。因此，高海拔环境下工程机械排放的HC浓度增加，其HC排放特性由转速与不透光度值的关系表示。

(2)CO排放与α_a的关系

α_a为1或者接近1，表明混合气浓度正好接近理论混合比，当燃烧室及供油系统结构参数一定时，对于某一α_a值，CO排放浓度最低，偏离这一数值时，CO浓度增加。高海拔环境下空气中的氧含量低，内燃机实际进气量偏离理论进气量，α_a远小于1，α_a降低使CO浓度增加。原因是循环喷油量增加，转速也增加，而氧浓度未增加，从而使实际用于混合气体形成及燃烧的时间变短，混合不均匀，混合气品质变差，CO和O_2的化学反应时间缩短，使部分CO来不及继续氧化成CO_2，就变成CO的形式排出机外，导致高海拔环境下工程机械排放的CO浓度偏高。

2.工程机械CO排放特性

(1)装载机CO排放特性

对隧道施工中所使用的各型装载机进行研究得知，HC性能相似，以其一为例，说明排气中CO比排放量计算。装载机的气缸数为6，内径为126 mm，行程值为130 mm，额定功率为162 kW，额定转速为2 200 r/min，怠速转速为600～900 r/min，工作转速范围为1 800～2 000 r/min，距排气筒5倍直径处测量排气温度为700 K，密度为0.875 g/m³。装载机工作时，其有效功率大约为额定功率的70%～80%；无负荷运转时，有效功率为总功率的30%。以转速为573 r/min、CO的体积浓度为405×10⁻⁶为例，计算装载机的比排放值。

内燃机排量 $V_H=N\dfrac{\pi}{4}D^2S\times10^{-6}=6\pi\times126^2\times130\times10^{-6}/4=9.72(\text{L})$

单位小时CO排放体积 $V_{CO}=\dfrac{R}{2}V_Ht_0\dfrac{P_V}{1\,000\,000}=67.67(\text{L/h})$

CO比排放量$g=\rho_{CO}V_{CO}/P_e=0.875\times67.67/(162\times0.7)=0.52[\text{g/(kW·h)}]$

不同转速下装载机有害气体中CO体积浓度值及计算的比排放值见表5-1-1。

表5-1-1 装载机不同转速的比排放

转速(r/min)	573	822	900	1 274	1 678	1 883	2 346
CO体积浓度($\times10^{-6}$g/m³)	405	527	237	567	710	784	1 021
比排放[g/(kW·h]	0.52	0.98	0.48	1.63	2.68	3.23	5.39

其他各类型工程机械CO比排放量计算与此类似，不再赘述。

根据测试数据和计算结果，采用多项式拟合方法绘制装载机转速与CO比排放值的关系曲线，如图 5-1-1 所示。

从图 5-1-1 中可以看出，装载机CO排放量以指数方式变化，随转速增大而增大，在1 600 r/min左右，CO排放量变化缓慢，高于此转速时，CO排放量随转速增大而显著增加。

（2）挖掘机CO排放特性

根据测试数据和计算结果，用多项式拟合方法绘制挖掘机转速与比排放的多次拟合关系曲线，如图 5-1-2 所示。从图5-1-2 可以看出，挖掘机CO排放量以指数方式变化，随转速增大而增大，在1 600 r/min左右，CO排放量变化随转速增大而显著增加，高于此转速时，CO排放量略变缓慢。

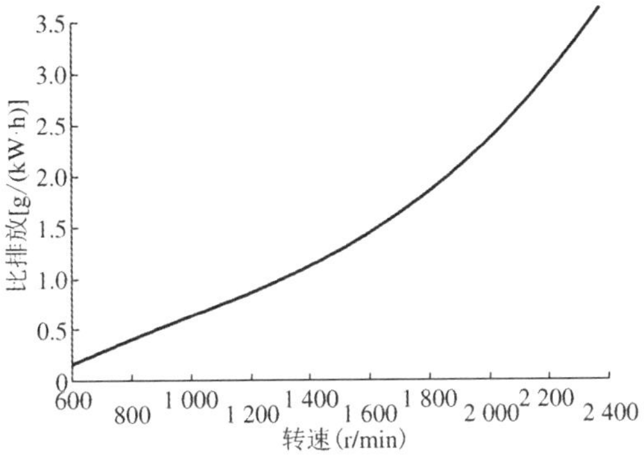

图5-1-1　装载机转速与CO比排放关系

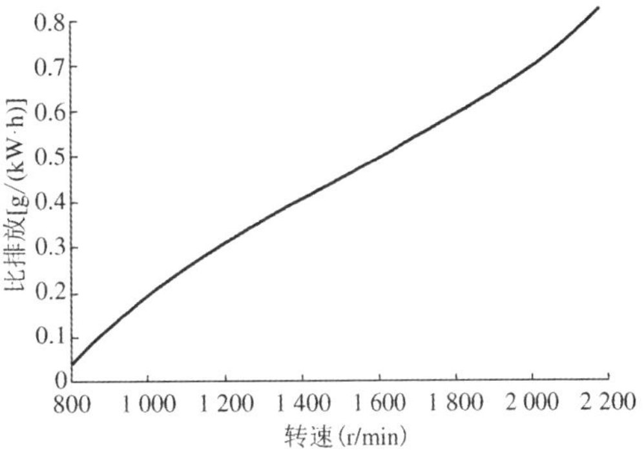

图5-1-2　挖掘机转速与CO比排放关系

（3）自卸汽车CO排放特性

根据测试数据和计算结果，用多项式拟合法绘制自卸汽车转速与CO比排放的多次拟合关系曲线，如图 5-1-3 所示。

从图 5-1-3 可以看出，装载机CO排放量以指数方式变化，随转速增大而增大，在不超过1 000 r/min时，CO排放量变化缓慢；在1 000 ～ 18 000 r/min范围内，CO排放量随转速增大而显著增加；高于1 800 r/min时，CO排放量有降低趋势。

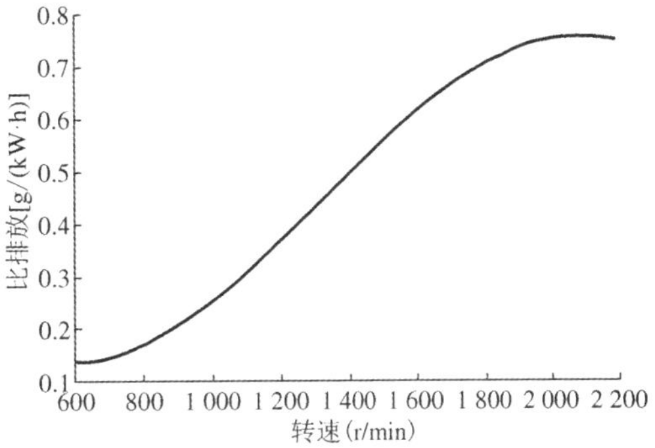

图5-1-3　自卸汽车转速与CO比排放关系

3.工程机械HC排放特性

高海拔地区工程机械在低于工作转速时，排烟量较低，排烟变化缓慢，在工作转速以内排烟量随着转速的增大的幅度不明显，而在高于工作转速时排烟量随转速增大的幅度很显著。速度越大，有害气体排放越多。

（1）装载机HC排放特性

对隧道施工中使用的各型装载机进行研究得知，其HC性能相似，以前述装载机为例，以实测数据用多项式拟合法绘制装载机转速与不透光度值的关系曲线，如图 5-1-4所示。

从图 5-1-4 中可以看出，装载机的排烟量以指数方式变化，随转速增大而增大。在低于1 500 r/min时，排烟量较低，排烟变化缓慢，在工作转速以后，排烟量随转速增大而显著增大。也就是说，装载机处于工作状态下有害气体排放较多，尤其是在高于工作转速时，转速越大，HC排放越大。

（2）挖掘机HC排放特性

隧道施工中所使用的各型挖掘机的HC性能相似，同样，以其一为例，挖掘机的额定功率为66 kW，额定转速为2 200 r/min，怠速转速为900 r/min，发动机排量为3.26 L，距排气筒5倍直径处取排气温度为200℃，CO比排放为额定功率的30%。图 5-1-5为挖掘机转速与不透光度的多次拟合曲线。

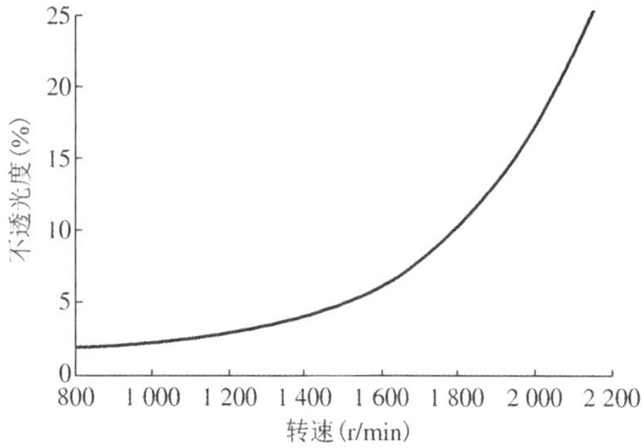

图5-1-4　装载机转速与不透光度关系

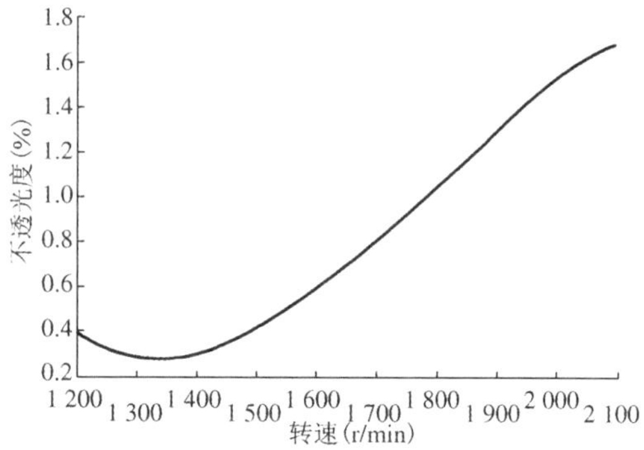

图5-1-5　挖掘机转速与不透光度的关系

从图 5-1-5 中可以看出，挖掘机的排烟量以指数方式变化，转速在怠速至1 400 r/min间，排烟量较低，排烟量随转速增大而减小，但变化缓慢；转速在1 400 r/min以上时，排烟量随转速增大而增大。也就是说，挖掘机处于工作状态下有害气体排放较多，尤其是在高于工作转速时，转速越大，HC排放越大。

（3）自卸汽车HC排放特性

隧道施工中所使用的各型自卸汽车的HC性能相似，也以其一为例，自卸汽车的额定功率为191 kW，额定转速为2 200 r/min，怠速转速为500 r/min，工作转速值为1 500 r/min，发动机排量为9.726 L。图 5-1-6为自卸汽车转速与不透光度和比排放的多次拟合曲线。

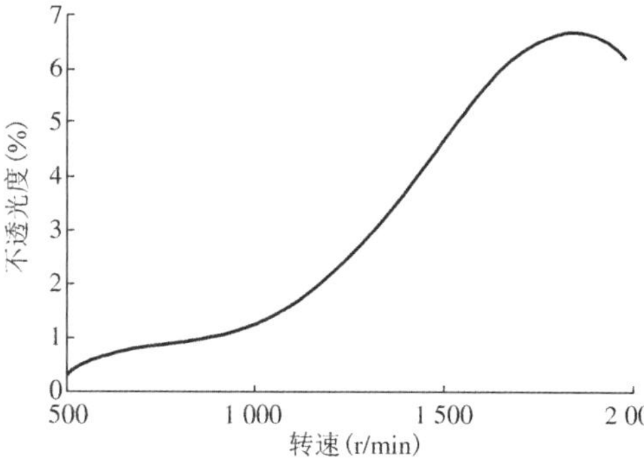

图5-1-6　自卸车转速与不透光度的关系

从图 5-1-6可以看出，自卸汽车的排烟量以指数方式变化，随转速增大而增大。在低于1 000 r/min时，排烟量较低，排烟变化缓慢，在工作转速以后排烟量随转速增大的幅度显著。也就是说，自卸汽车处于工作状态下有害气体排放较多，尤其是在高于工作转速时，转速越大，HC排放越大。

综上所述，在高海拔地区高寒缺氧，空气稀薄，大气压仅为正常的60%～70%，空气的含氧量降低了约40%，与此同时机械排放的有毒气体CO不能够有效的转化为CO_2。因此，解决好施工过程中的通风问题是保证施工质量的一个关键因素。

5.2 关角隧道施工通风方案

5.2.1 关角隧道施工通风难点

1.高海拔地区隧道施工通风作业标准提高

《铁路隧道施工规范》（TB 10204—2002）规定，隧道内有害气体最高容许浓度：一氧化碳最高容许浓度为30 mg/m³，在特殊情况下，施工人员必须进入工作面时，浓度可为100 mg/m³，但工作时间不得超过30 min。《工作场所有害因素职业接触限值：化学有害因素》（GBZ2.1.2007）规定海拔大于3 000 m的工作场所，一氧化碳最高容许浓度为15 mg/m³。关角隧道施工由于通风作业标准的提高，施工通风难度大大增加。

2.通风距离长，需要的通风量大

关角隧道通过辅助坑道施工的工作面多，斜井、Ⅰ、Ⅱ隧道及二者之间的横通道共同组成了通风网络系统，随着施工不断推进，通风环境不断复杂化。隧道的通风需风量由无轨运输内燃机械需风量控制，由于高海拔施工内燃机械效率下降，有害气体排放量增加，稀释风量需要量增大。而通风作业标准的提高，导致需风量进一步增大，对高海拔独头近5 000 m的隧道施工而言是非常难以实现的。

另外，在高海拔环境中，低气压、缺氧条件下内燃机型废气排放量更大，炮烟、粉尘、内燃废气组合危害比低海拔地区更加严重，通风不良的施工安全隐患更多，通风技术难度更大。

3.通风机性能降低

由于海拔高度的改变造成空气的温度、压力和重率发生相应的改变，这对通风机性能产生一定的影响。风机以一定的转速在不同海拔高度上运转，其风量是不变的，风压随海拔高度的增加而降低，与空气的重率成正比。

关角隧道的整体海拔在3 000 m以上，通过计算通风机的全压降低近40%。通风机的全压用于克服通风阻力、保障送风距离和送风量，通风机全压的降低对于保证送风距离和送风量是极其不利的。

4.各作业线对施工通风影响大

由衬砌台车到开挖面作业工序多，衬砌台车移动、防水板作业、检底放炮等工序作业过程中都会破坏通风管路，造成管路漏风严重，影响通风效果。无轨运输的机械行走位置不固定，移动过程中也会经常损坏通风管路，造成出渣过程中的停风。

5.施工污染源排放量增大

关角隧道在低气压、寒冷、缺氧条件下施工，隧道内作业机械化程度高，机械效率大幅降低，内燃机械工作时的有害气体发生量较常压下大大增加。开挖采用钻爆法、无轨运输系统出渣，污染源数量增多，全隧道都有新的污染发生，很难实现集中控制。

5.2.2 施工通风设计的原则、依据及参数

1. 施工通风设计的原则

（1）适当提高工作面的供风标准。除考虑高原空气重率修正系数外，在风量计算中各参数选取时宜坚持增加风量的取值倾向。

（2）风量的增加必然导致管道损失和电能消耗增加。为节约电能，必需采用较大直径的通风管道。但管道直径增大也要求较大的斜井断面满足安装管道的要求，导致工程量及投资增加。必须权衡这两个方面做较优的选择。为此，斜井中的通风管道直径选用1.5 ～ 1.8 m为宜。

（3）为了实现较好的节能降耗的效果，尽量采用双级调速轴流式通风机。当要求风量大时，风机以高转速运行；当要求风量较低时，风机可以较低转速运行。

（4）为降低设备购置量，减少费用和便于管理，同一标段各工区配置的设备型号规格不宜过多、过杂。射流风机的数量亦不宜过多。

（5）多工作面同时作业的通风系统，在满足施工要求的条件下，合理安排，将施工工序错开，然后核算通风量，以控制系统的设计规模。事实上，斜井的运输能力限制也要求各工作面的施工工序适当错开，尽可能避免同时爆破，同时出渣的工况。

（6）系统中的控制风门应尽可能少，以减少通风对施工运输的干扰。

（7）坚持“以人为本、改善环境、确保安全、节约能源、节约投资”的设计原则，适当增加一次性投入，减少通风系统的长期运行成本。

2. 设计依据及参数

（1）《铁路隧道施工规范》（TB 10204—2002）；

（2）钻孔深度平均取4.5 m，有效爆破深度4.0 m；

（3）炸药用量，全断面开挖时取1.8 kg/m^3，一次爆破炸药用量767 kg，导洞开挖取1.8 kg/m^3，一次爆破炸药364 kg；

（4）排除炮烟通风时间：全断面开挖和平导均取20 min；

（5）软管百米漏风率，取P_{100}在1.0% ～ 2.0%之间；

（6）巷道通风时风门等漏风率取1.5%；

（7）洞内柴油机采用安装废气净化装置后的用风指标取4.0 m^3/（min · kW）；

（8）海拔高度：取隧道平均海拔高度3 600 m；

（9）空气的重率高程修正系数$K_\gamma=\left(1-\dfrac{z}{44\ 300}\right)^{4.256}$，取关角隧道地区平均海拔$z$=3 600 m，则$K_\gamma=\left(1-\dfrac{3\ 600}{44\ 300}\right)^{4.256}$=0.697；

（10）取管道的沿程摩擦阻力系数即达西系数λ为0.012 ～ 0.015；

（11）自卸汽车设计标准车速为10 km/h，具有5°左右的坡度或者出现路面不平整时，车速为5 km/h。

5.2.3 通风方案

1.施工通风方案选择

常规斜井进入正洞施工采用压入式通风方式，隧道施工通风分成三个阶段。第一阶段斜井井身开挖，只有一个掌子面在施工；第二阶段，对正洞Ⅱ线展开两个开挖面；第三阶段，通过横通道对正洞Ⅰ、Ⅱ线四个工作面进行开挖、供风。虽然不需要同时供风，但是四个掌子面的施工通风风管都需要占用斜井内空间。长距离送风，为了保证掌子面的工作环境，需要增大送风管直径，并且送风管均需要从斜井上方通过，但斜井的空间有限，多条通风管设置与出渣运输之间必然产生矛盾。经多方研究探讨，提出斜井中隔法通风方案。

2. 中隔式通风工作方式

为解决施工通风和无轨运输作业的环境问题，将斜井横断面分隔为上下两部分，上部为半径2.6 m的半圆形，作为进风通道，然后在斜井底部与正洞交汇处安装四台风机与软管形成压入式通风系统，分别向四个工作面供风。所有回风流经斜井下部矩形通道排往洞外，如图5-2-1和图 5-2-2所示。考虑进风道内的风压损失，根据实际施工情况，在进风道内部设置射流风机，以加大风速和风量。

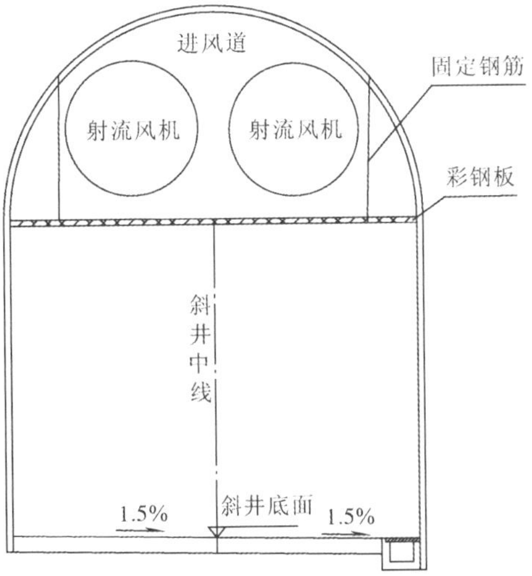

图5-2-1　斜井中隔式通风断面

图5-2-2　斜井中隔式通风现场

3.中隔式通风技术方案

用彩钢板将隧道分为进风道及排风道两部分，上部为进风道，下部为排风道及施工通道。根据隧道宽度采用15 mm × 15 mm的方钢制作横梁，采用膨胀螺栓横向锚固在隧道两侧的支护上，横梁中间采用钢筋和隧道拱部的锚杆相连接，没有锚杆的采用膨胀螺栓固定在隧道拱部，防止中间受力过大而影响结构安全。横梁沿隧道纵向间隔2 m设置。将彩钢板用螺丝固定在横梁上，将隧道断面分割成上下两部分，如图 5-2-3和图 5-2-4所示。

4.中隔式通风施工工艺

（1）膨胀螺栓及托架安装

预留隧道下部足够车辆正常运行的高度，在此高度上沿隧道两侧对称安装膨胀螺栓，并将

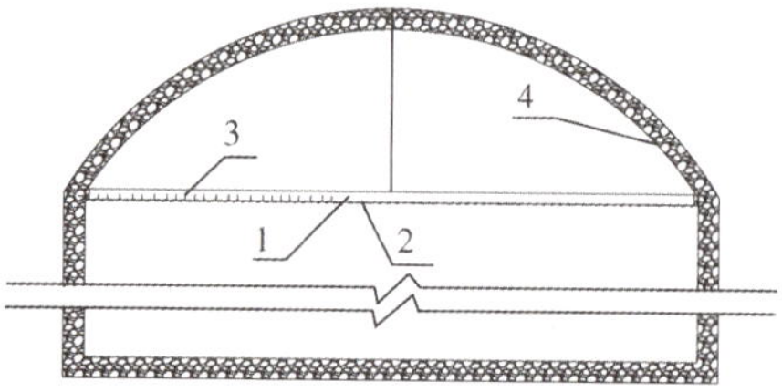

图 5-2-3　彩钢板分隔隧道断面后示意

1—方钢横梁；2—安装的彩钢板；3—固定彩钢板螺丝；4—隧道拱部支护

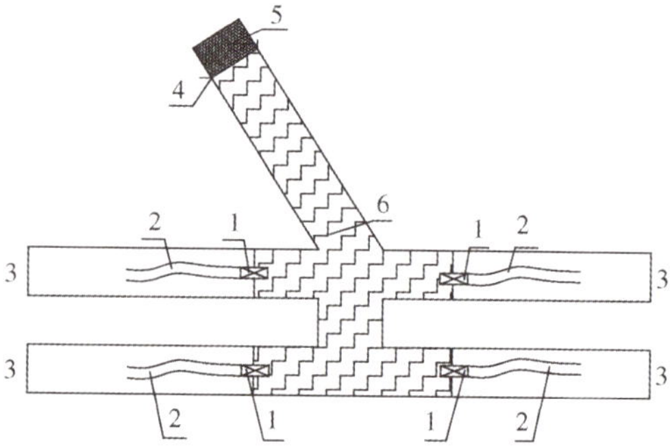

图 5-2-4　通过斜井进入隧道主洞施工的分隔隧道断面通风示意

1—通风机；2—通风筒；3—作业面；4—斜井洞门口；5—洞外延长区；6—采用彩钢板上下分隔区域

钢板托架安装在膨胀螺栓上，拧紧膨胀螺栓。

（2）方钢横梁安装

按照隧道宽度截取方钢，将方钢放置在托架上，并与托架焊接牢固，安装方钢中间与隧道拱部的连接钢筋。

（3）彩钢板安装

彩钢板沿隧道纵向设置，纵向搭接处采用螺丝与方钢连接，横向搭接处也采用螺丝连接到方钢上，如图 5-2-5 所示。搭接沿隧道进风方向，距离洞口远的彩钢板在距离洞口近的彩钢板的下方，与隧道边墙处存在的缝隙采用乳胶密封。

图 5-2-5　横梁与钢脚板连接

（4）结构封堵

安装完成分隔结构后，在结构的端头进行封堵，安装风机。随隧道开挖长度的增加，输送到工作面的新鲜空气逐渐减少，当输入到工作面的空气量小于工作面实际所需风量时，应加设接力风机。接力风机型号与正洞交接口处相同。将风机与支架连接牢固，然后用中隔板将风机包裹形成一个封闭的空间，尾部与进风软管连接，头部与接力风机尾部连接，形成新鲜空气中转站，如图 5-2-6 所示。

图 5-2-6　隧道内空气中转站设置

（5）洞口段处理

分隔结构在洞口段向外延伸 5 ～ 15 m，同样采用彩钢板进行除进风口外的封闭，防止污浊空气再次进入进风口。

（6）工作原理

分隔后形成上下断面，上断面为新鲜空气进入通道，下断面为污浊空气出风道。在上部进风通道内设置射流风机，利用射流风机的卷吸升压作用将外部的新鲜空气诱导至上部进风通道内，在斜井底与正洞交接处（斜井上部进风通道末端）安装四台轴流风机，通过风管将上部进风通道内的新鲜风分别压送到各个开挖作业面。污风由正洞经斜井下部通道排出洞外。

5.通风布置方案

按照隧道施工的总体方案，第一阶段：斜井施工；第二阶段：进入Ⅱ线施工，按两个工作面安排；第三阶段：Ⅱ线部分贯通，进入Ⅰ线施工；第四阶段，Ⅱ线贯通Ⅰ线施工；第五阶段：双线贯通。根据上述安排，工程施工通风系统分为五个阶段。

根据设计图和地面现场勘察，DK282+000处覆盖层约45 m，DK284+500处覆盖层约95 m，初步拟定在这两处设置竖向通风管路，加强通风效果。

（1）第一阶段通风方案

在斜井洞口以及正洞的两个洞口设置轴流式通风机，洞身施工时采用压入式通风，如图 5-2-7所示。

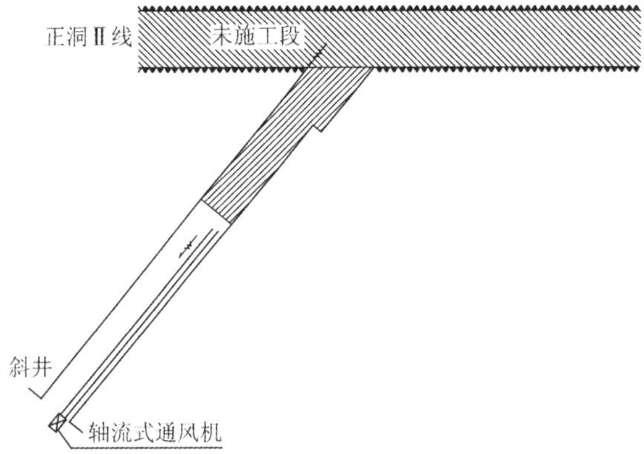

图5-2-7　斜井段通风示意

（2）第二阶段通风方案

斜井与Ⅱ线正洞连通后，斜井担负正洞施工，洞口轴流风机增加一台，分别供给两个正洞工作面风量，并在斜井底部设射流风机排风，当正洞长度超过500 m后，每隔250 m增加一台射流风机提高排风速度，如图 5-2-8所示。

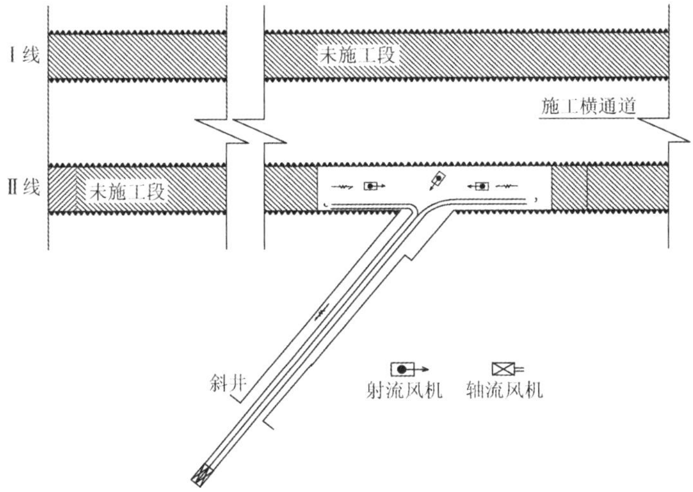

图5-2-8　斜井第二阶段通风示意

（3）第三阶段通风方案

Ⅱ线正洞已部分贯通，转入Ⅰ线施工。洞口轴流式通风机通过横通道对Ⅰ线掌子面采用压入式通风。利用横通道和斜井形成排风巷道，在Ⅰ线横通道位置安装一台射流风机，与斜井底部已安装的射流风机接力将污浊空气排出，如图 5-2-9所示。

（4）第四阶段通风方案

Ⅱ线已经全部贯通，Ⅰ线施工利用Ⅱ线和斜井作为通风道。作为排风通道，轴流式通风机设置在施工横通道处，对Ⅰ线进行压入式通风。在Ⅰ线施工横通道设置射流风机，促进通风顺畅，如图 5-2-10 所示。

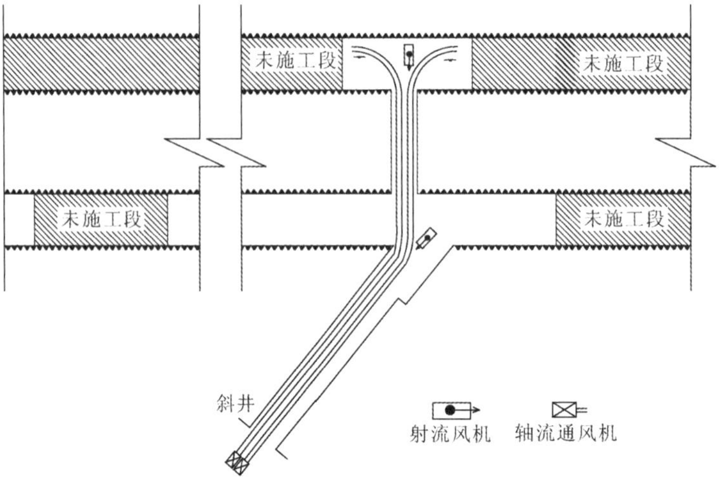

图 5-2-9　斜井第三阶段通风示意

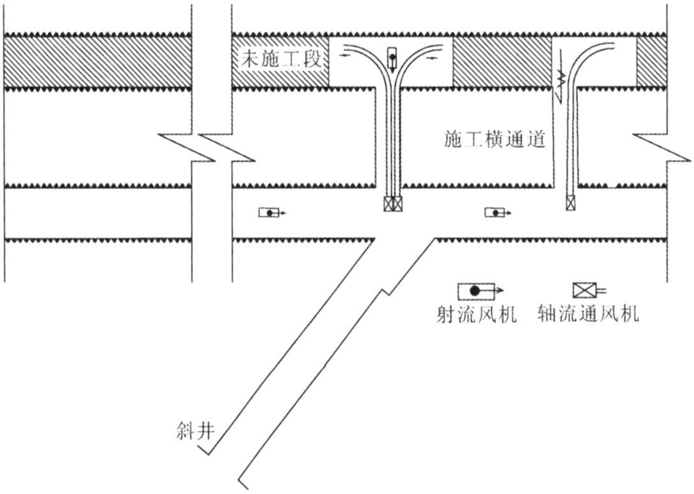

图 5-2-10　第四阶段斜井通风示意

（5）第五阶段通风方案

Ⅱ线、Ⅰ线已贯通，转入二次衬砌、沟槽和轨道板安装施工。在正洞洞顶安装射流风机促进空气流通。

6. 通风设计参数及选用的计算公式

（1）通风设计参数

隧道采用钻爆法施工，在进行通风设计时需考虑的设计参数有：断面尺寸、一次爆破用药量、工作人数、通风长度、炮烟弥散时间、漏风系数、最小风速、风管材质、风管直径、局部风阻等。

（2）施工通风量计算

①按洞内同时作业的最多人数计算风量

$$Q_1=kmq$$

式中，q为洞内每人每分钟所需新鲜空气，高寒高海拔地区不应低于4 m^3/min；m为洞内同时工作的最多人数，正洞取50人；k为风量备用系数，一般1.1 ～ 1.25。

②按洞内同一时间爆破使用的最大炸药量计算风量

根据国内实验证明，在常态下，1 kg炸药爆破时所产生的炮烟量相当于0.1 m^3 CO有害气体。一般情况下，按排出炮烟计算风量

$$Q=\frac{7.8}{t}\sqrt[3]{AV^2}=\frac{7.8}{t}\sqrt[3]{AS^2L^2} \tag{5-2-1}$$

式中，Q为工作面风量，m^3/min；t为通风时间，min；A为同一时间爆破炸药量，kg；S为掘进隧道开挖的断面积，m^2；L为通风区段的长度，m。

在高原隧道，由于空气稀薄，气压降低，炮烟体积膨胀，此时产生的有害气体体积增加为平原地区的$1/K_\gamma$倍，其风量应增大为$K_\gamma^{-\frac{1}{3}}$倍，故式（5-2-1）应乘以系数$K_\gamma^{-\frac{1}{3}}$，得：

$$Q=\frac{7.8}{t}\sqrt[3]{\frac{AS^2L^2}{K_\gamma}} \tag{5-2-2}$$

③按允许平均风速计算风量

$$Q_3=VS\times 60$$

式中，S为最大断面，m^2；V为洞内允许最小风速，m/s。

④按内燃机械设备总功率计算风量

洞内每个掌子面内的通风量由内燃机的制造型号、结构、燃料、负荷等因素确定。

$$Q_4=\sum_{i=1}^{n}kN_i \tag{5-2-3}$$

式中，N_i为第i台内燃机械功率，kW；n为各种设备的台数；k为单位功率内燃机械作业供风量。

洞内每个掌子面使用的内燃机按2台自卸汽车（162 kW）、1台装载机（162 kW）计算。

⑤最大风量确定

$$Q_{供}=KPQ_{max}$$

式中，K为高原修正系数；P为通风管漏风系数。

（3）通风阻力计算

管道摩擦阻力：

$$h_f=6.5\frac{\alpha LQ^2}{d^5}g \tag{5-2-4}$$

式中，d为风管直径，m；α为风管摩阻系数；g为自重加速度；L为管道长度，m；Q为设计风量，m^3/s。

管道总阻力：

$$h_{总}=1.15h_f \tag{5-2-5}$$

（4）计算结果与通风设备选型

以6号斜井为例进行隧道通风量的计算和通风设备的选择。

关角隧道6号斜井全长2 808 m，净断面6.6 m × 7.3 m（宽 × 高），进风通道为半径3.3 m 的

半圆形，排烟通道为6.6 m×4 m（宽×高）的矩形，断面积26.4 m²，进入正洞后将分别在Ⅰ、Ⅱ线向进、出口方向施工，共四个工作面。

①按施工隧洞内的最多人数计算风量

洞内每人每分钟需要新鲜空气量q=4 m³/min，风量备用系k=1.2，同时最多工作人数m=50人，则

$$Q = kmq = 1.2\times 50\times 4 = 240\text{（m}^3\text{/min）}$$

②按排尘风速计算风量

取排尘风速v=0.2 m/s，则

$$Q = 60vA = 0.2\times 43.49\times 60 = 521.88\text{（m}^3\text{/min）}$$

③按最低允许风速计算风量

最低允许风速v=0.15 m/s，则

工作面风量 $$Q = 60vS = 60\times 0.15\times 43.5 = 391.5\text{（m}^3\text{/min）}$$

④按洞内同一时间内爆破使用的最多炸药用量计算风量

取单位炸药用量1.8 kg/m³，循环进尺量3.5 m，开挖断面积A=43.5 m²，则一次爆破炸药用量G=1.8×（43.5×3.5）=274.05（kg）。

炮烟抛掷长度：

$$L_0 = 15 + G/5 = 15 + 274.05/5 = 69.81\text{（m）}$$

取爆破后通风时间t=20 min，压入式通风工作面要求新鲜风量为

$$Q = \frac{7.8}{t}\sqrt[3]{AV^2} = \frac{7.8}{t}\sqrt[3]{AS^2L^2} = \frac{7.8}{20}\sqrt[3]{274.05\times 43.5^2\times 69.81^2} = 531.23\text{（m}^3\text{/min）}$$

从各种计算结果比较，按排除炮烟计算风量是所有计算风量中最大的，工作面的设计风量取排除炮烟风量Q=531.23 m³/min。

关角隧道海拔3 600 m，必须考虑空气高程重率修正系数：

$$K_\gamma = \frac{\gamma_Z}{\gamma_0} = \left(1 - \frac{Z}{44\ 300}\right)^{4.256} = \left(1 - \frac{3\ 600}{44\ 300}\right)^{4.256} = 0.697$$

工作面要求风量用以下公式计算：

$$Q = Q' / \sqrt{K_\gamma} = 531.23 /^3\ \sqrt{0.697} = 599.15\text{（m}^3\text{/min）}$$

修正计算后得到的工作面风量Q=599.15（m³/min）。

平均风速：

$$\bar{v} = \frac{Q}{A} = \frac{599.15\ \text{m}^3/\text{min}}{43.5\ \text{m}^2\times 60} = 0.23\text{（m/s）}$$

斜井开挖断面取43.5 m²，单位炸药用量1.8 kg/m³，循环进尺量3.5 m，一次爆破炸药用量G=43.5×（1.8×3.5）=274.05（kg）。炮烟抛掷长度L_0=15+G/5=15+274.05/5=69.81（m），取爆破后通风时间t=15 min。计算过程同上。平导工作面要求新鲜风量624 m³/min，考虑海拔3 600 m，实际要求风量747 m³/min，平均风速$\bar{v}$=Q/A=747/40/60=0.31（m/s）。

⑤风阻系数

斜井上部进风道断面积17.1 m²，半圆形周长16.96 m，当量直径4.03 m；斜井下部排风道

断面积26.4 m^2，矩形周长21.2 m，当量直径4.98 m。

斜井施工采用钻爆法，按光面爆破和喷锚支护，地面为无轨运输车辆路面条件，不考虑车辆形成的风流阻力时，取壁面摩阻系数α=90 × 10^{-4} N · s^2/m^8，计算上部沿程风阻系数：

$$R_{f进}=\frac{\alpha LU}{s^3}=\frac{90\times10^{-4}\times2\ 808\times16.96}{17.1^3}=0.086(\mathrm{N\cdot s^2/m^8})$$

下部排风道沿程风阻系数：

$$R_{f进}=\frac{\alpha LU}{s^3}=\frac{90\times10^{-4}\times2\ 808\times21.2}{26.4^3}=0.029(\mathrm{N\cdot s^2/m^8})$$

斜井上部进风道的局部阻力系数包括进风口局部阻力系数ξ_1=0.6，井底与正洞交汇处分岔阻力系数ξ_2=1.5，总局部阻力系数$\sum_\xi$=7.1。

风流在斜井上部进风道的阻力损失

$$h_{f进}=R_{f进}Q^2{}_{进}+\sum{}_\xi\frac{\rho}{2}U^2{}_{进}==0.086\times123.07^2+7.1\times1.2/2\times7.2^2=1\ 523.42(\mathrm{Pa})$$

斜井下部断面积26.4 m^2，矩形周长2 ×（6.6+4）=21.2（m），当量直径$d_e=\frac{4s}{U}=\frac{26.4\times4}{21.2}=4.98$（m）。

沿程风阻系数：

$$R_{f进}=\frac{\alpha LU}{s^3}=\frac{90\times10^{-4}\times2\ 808\times21.2}{26.4^3}=0.029(\mathrm{N\cdot s^2/m^8})$$

斜井下部排风道的局部阻力系数包括井底部汇流局部阻力系数ξ_1=0.5，中部会车洞局部阻力系数10处，取10 × 0.5=5.0，洞口局部阻力系数ξ_3=1.0，总的局部阻力系数$\sum_\xi$=6.5。

风流在斜井下部排风道的阻力损失：

$$h_{f出}=R_{f出}Q^2{}_{出}+\sum{}_\xi\frac{\rho}{2}U^2_{出}=0.029\times123.07^2+6.5\times1.2/2\times4.66^2=523.93(\mathrm{Pa})$$

风流在斜井上、下两部分通道中的总阻力损失：

$$h_f=h_{f进}+h_{f出}=1\ 523.42+523.93=2\ 047.35(\mathrm{Pa})$$

这些阻力损失都由通风机提供的能量来克服，因此在确定通风机的全压时应将这些损失计算在内。

⑥通风机的选择

a.进口段工作面通风机的选择

进口段方向施工长度1 312 m，选择风机风量1 800 m^3/min，配用风管直径1.5 m，管道风阻系数为

$$R_f=\frac{6.5\alpha l}{d^5}=\frac{6.5\times0.002\ 1\times1\ 312}{1.5^5}=2.358(\mathrm{N\cdot s^2/m^8})$$

通风管道沿程阻力损失（漏风系数取1.2）为

$$h_f=2.358\times30\times\frac{30}{1.2}=1\ 768.5(\mathrm{Pa})$$

考虑斜井进风道的风阻，风机总压力损失为3 174 Pa，风机设计全压应大于3 250 Pa，可选用3SZ-100型轴流通风机（设计风量2 400 m^3/min，全压4 700 Pa），以及SDS112T-4P-45型

（设计风量 1 806 m^3/min）。

b. 出口段工作面的通风机选择

出口段Ⅰ、Ⅱ线正洞施工长度 1 812 m，选择风机风量 2 400 m^3/min，配用风管直径 1.6 m，管道风阻系数为

$$R_f=\frac{6.5\alpha l}{d^5}=\frac{6.5\times 0.002\ 1\times 1\ 812}{1.6^5}=2.359\,(\mathrm{N\cdot s^2/m^8})$$

通风管道沿程阻力损失（漏风系数取 1.5）为

$$h_f=2.359\times 40\times\frac{40}{1.5}=2\ 516.27\,(\mathrm{Pa})$$

当总风量为 6 000 m^3/min 时，风流在斜井上、下两部分进、出风道的总阻力损失为 1 424 Pa，风机总全压为 3 920 Pa，可选用 SDA142BD-2SE110 型对旋式轴流通风机，设计风量 2 400 m^3/min，全压 4 100 Pa，电动机功率 2 × 110 kW，双级调速。

各斜井及正洞通风计算结果和通风设备选用见表 5-2-1。

表 5-2-1　各斜井采用分隔法通风方案设备配备

井号	斜井长（m）	进口方向施工长度（m）	出口方向施工长度（m）	斜井内总风量 Q（m^3/min）	进风道风速（m/s）	排风道风速（m/s）	斜井风流总损失 h（Pa）	小里程方向风机参数 $F_{进}$	大里程方向风机参数 $F_{出}$
1	637	825.5	1 180	7 200	7.0	5.45	439	SF-NO12.5/110 Q=1 800 m^3/min H_t=2 200 Pa N=2 × 110 kW ϕ=1.8 m	SF-NO11.5/75 Q=1 800 m^3/min H_t=2 200 Pa N=2 × 75 kW ϕ=1.8 m
2	1 038	520	1 885	7 800	7.6	5.9	716	SF-NO11.5/75 Q=1 500 m^3/min H_t=2 200 Pa N=2 × 75 kW ϕ=1.8 m	SF-NO12.5/110 Q=2 400 m^3/min H_t=4 100 Pa N=2 × 110 kW ϕ=1.8 m
3	1 667	1 615	1 414	9 600	9.36	7.27	1 150	SDA125B2D-2FS110, Q=2 400 m^3/min H_t=4 100 Pa N=2 × 110 kW ϕ=1.8 m	SF-NO12.5/110 Q=2 400 m^3/min H_t=4 100 Pa N=2 × 110 kW ϕ=1.8 m
4	1 571	1 186	1 635	8 400	8.18	6.36	1 084	SDF（D2）NO15 Q=1 800 m^3/min H_t=2 200 Pa N=2 × 90 kW ϕ=1.8 m	SF-NO12.5/110 Q=2 400 m^3/min H_t=4 100 Pa N=2 × 110 kW ϕ=1.8 m
5	1 935	965	1 088	7 200	7.0	5.45	1 335	SDF（D2）NO15 Q=1 800 m^3/min H_t=2 200 Pa N=2 × 90 kW ϕ=1.8 m	SDF（D2）NO15 Q=1 800 m^3/min H_t=2 200 Pa N=2 × 90 kW ϕ=1.8 m
6	2 808	1 312	1 812	8 400	8.18	6.36	1 938	SF-NO12.5/110 Q=1 800 m^3/min H_t=5 000 Pa N=2 × 110 kW ϕ=1.8 m	SF-NO12.5/110 Q=2 400 m^3/min H_t=4 100 Pa N=2 × 110 kW ϕ=1.8 m

5.3 独头巷道压入式风口距掌子面距离

5.3.1 二维物理模型

压入式通风风管布置在独头巷道的侧壁。根据现场实际情况，同时也为了便于分析，将计算模型简化为6 m × 6 m的矩形断面，风管出口距巷道迎头的距离为L，根据独头掘进压入式通风的特点，随着隧洞施工的推进，风管出口到迎头的距离是在不断变化的，因此，风管出口处风管直径为D，模拟长度L分别取50 m、40 m、30 m、20 m、18 m、15 m、12 m、9 m，风流出口速度v_0可分别取11 m/s、10 m/s、8 m/s、6 m/s、4 m/s。图5-3-1为二维物理模型。

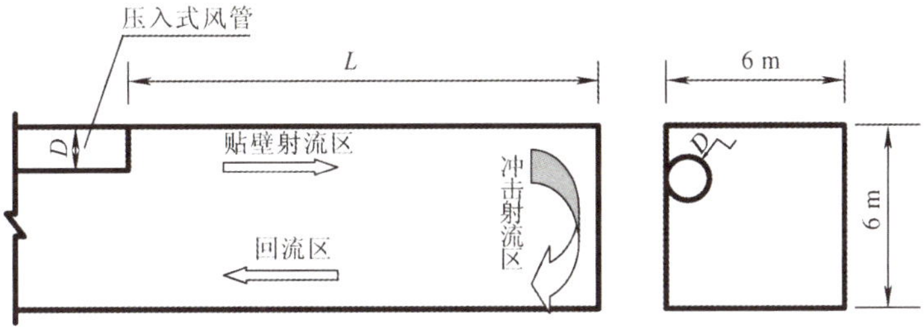

图5-3-1 独头巷道压入式通风二维物理模型

选用计算模型为k-ε模型；边壁采用标准壁面函数处理。

空气的密度ρ取0.86 kg/m^3，动力黏度系数μ为9.218×10^{-6}，当地相对压强P为6.49×10^4 Pa。

5.3.2 计算结果

图5-3-2至图5-3-17为风管距迎头50 m，出口风速分别为11 m/s、10 m/s、8 m/s、6 m/s的速度场图及示意图。

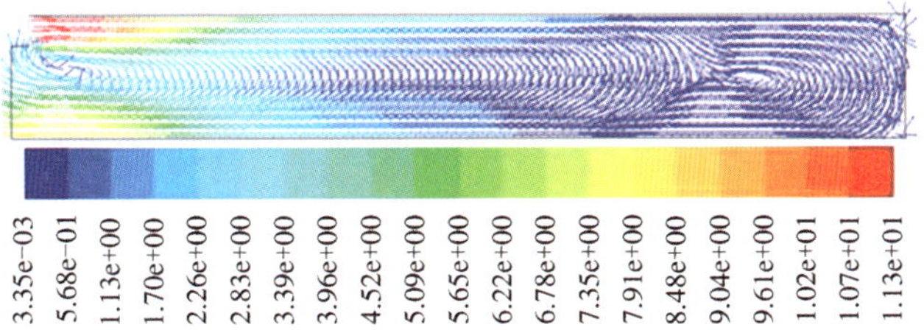

图5-3-2 二维隧道内风速分布矢量方向图（L=50 m，D=1.5 m，v=11 m/s）

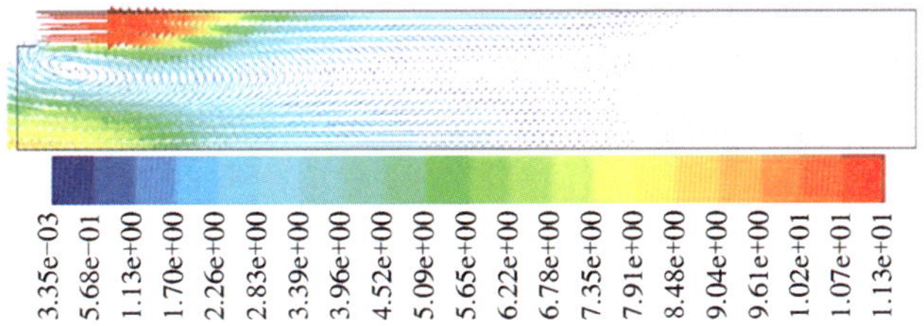

图5-3-3 二维隧道内风速分布矢量图（L=50 m，D=1.5 m，v=11 m/s）

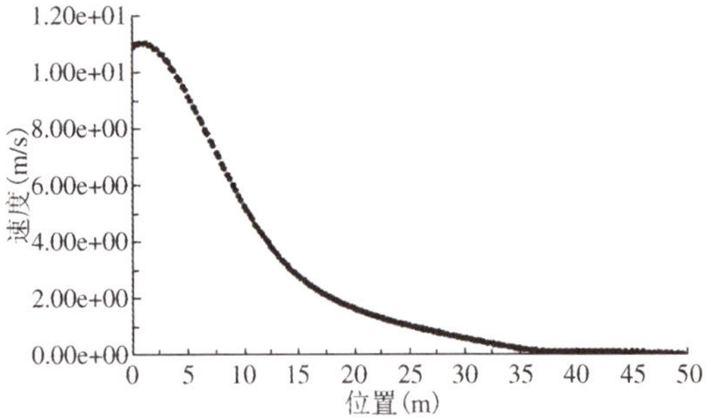

图5-3-4　风管出口中心线沿程速度变化曲线
（L=50 m，D=1.5 m，v=11 m/s）

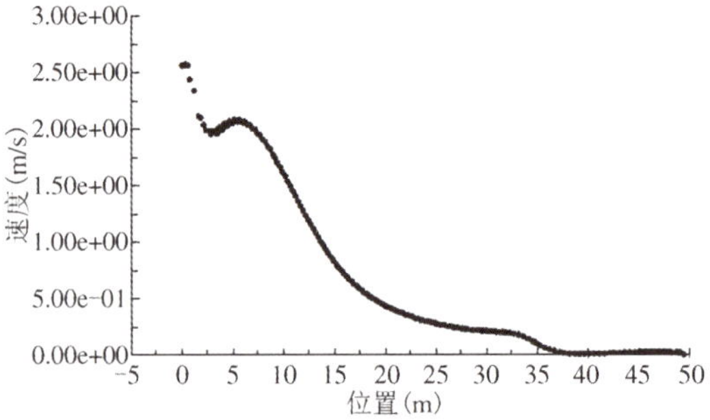

图5-3-5　隧道中心线风速沿程变化曲线
（L=50 m，D=1.5 m，v=11 m/s）

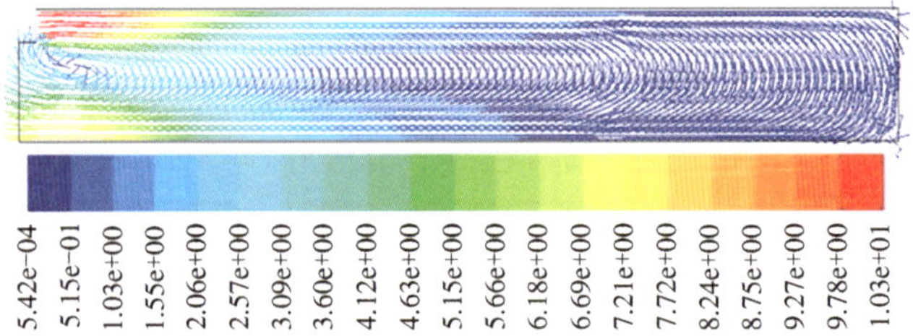

图5-3-6　二维隧道内风速分布矢量方向图（L=50 m，D=1.5 m，v=10 m/s）

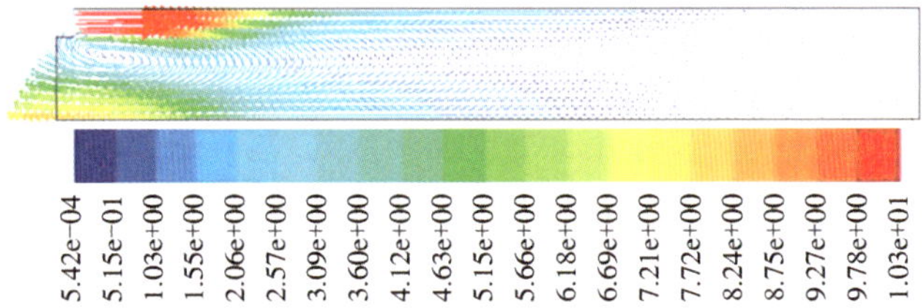

图5-3-7　二维隧道内风速分布矢量图（L=50 m，D=1.5 m，v=10 m/s）

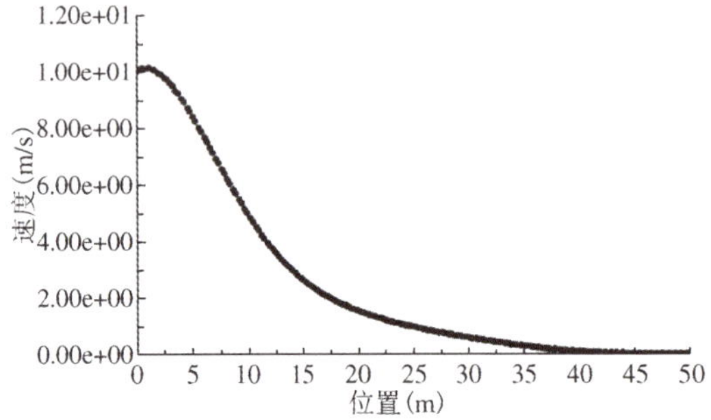

图5-3-8　风管出口中心线沿程速度变化曲线
（L=50 m，D=1.5 m，v=10 m/s）

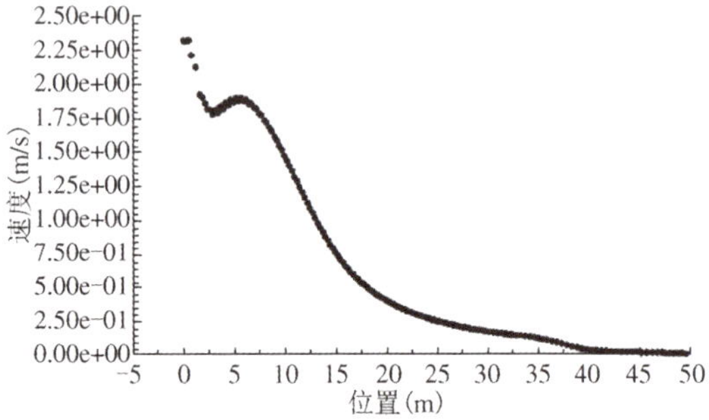

图5-3-9　隧道中心线风速沿程变化曲线
（L=50 m，D=1.5 m，v=10 m/s）

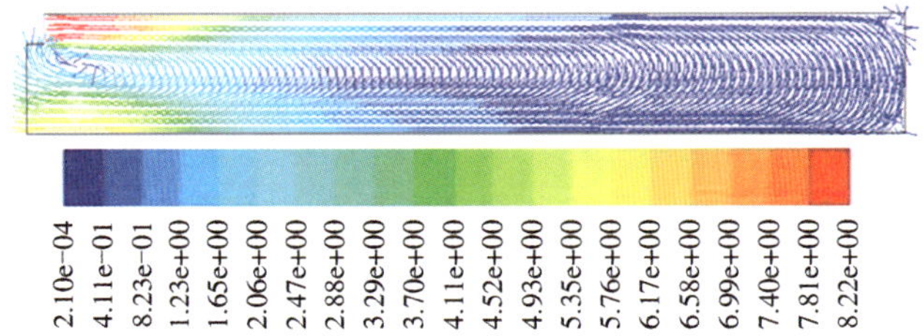

图5-3-10　二维隧道内风速分布矢量方向图（L=50 m，D=1.5 m，v=8 m/s）

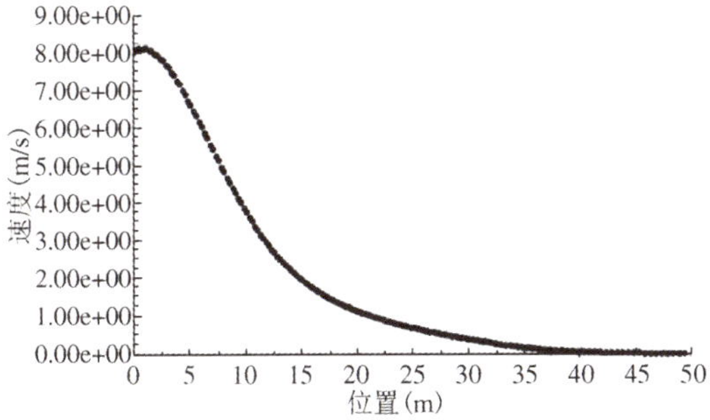

图 5-3-11　风管出口中心线沿程速度变化曲线
（L=50 m，D=1.5 m，v=8 m/s）

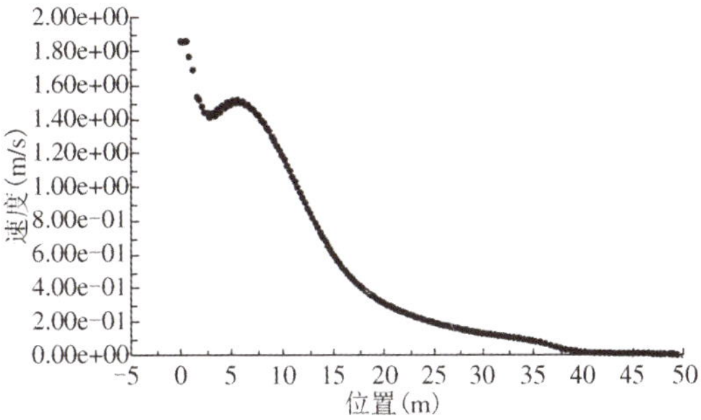

图 5-3-12　隧道中心线风速沿程变化曲线
（L=50 m，D=1.5 m，v=8 m/s）

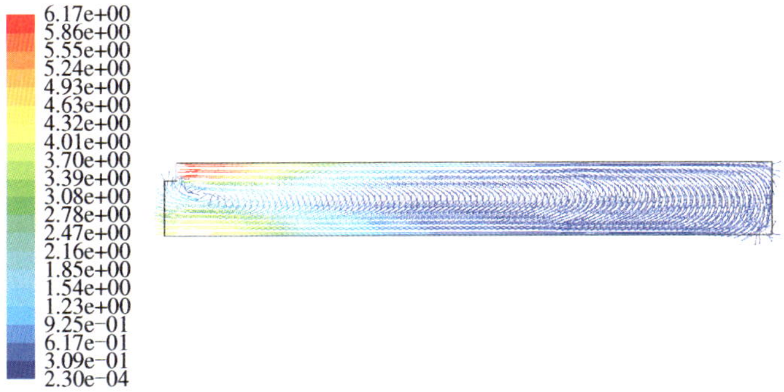

图 5-3-13　二维隧道内风速分布矢量方向图（L=50 m，D=1.5 m，v=6 m/s）

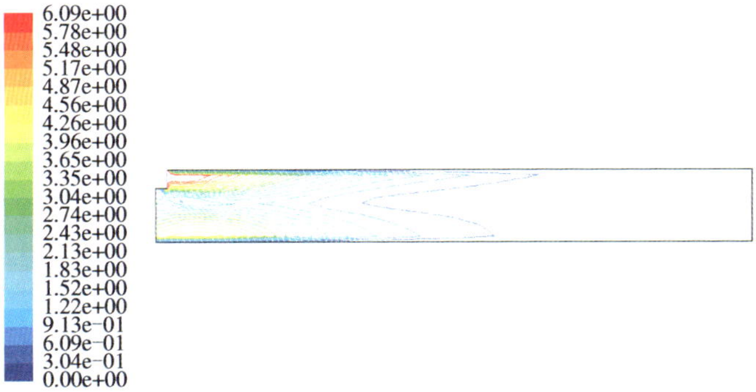

图 5-3-14　二维隧道内风速分布云图（L=50 m，D=1.5 m，v=6 m/s）

图 5-3-15　二维隧道内风速分布云图（L=50 m，D=1.5 m，v=6 m/s）

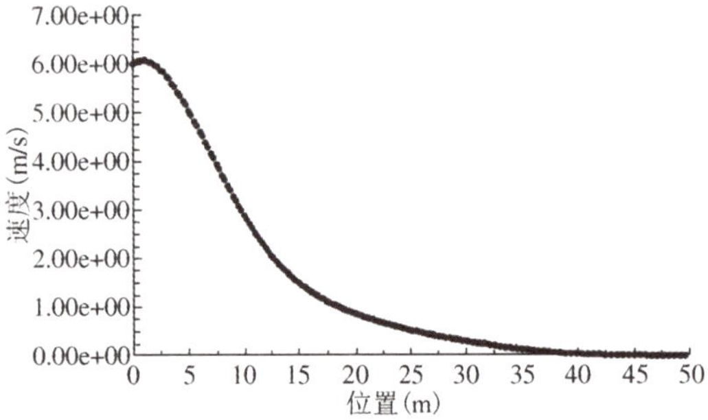

图5-3-16　风管出口中心线沿程速度变化曲线
（L=50 m，D=1.5 m，v=6 m/s）

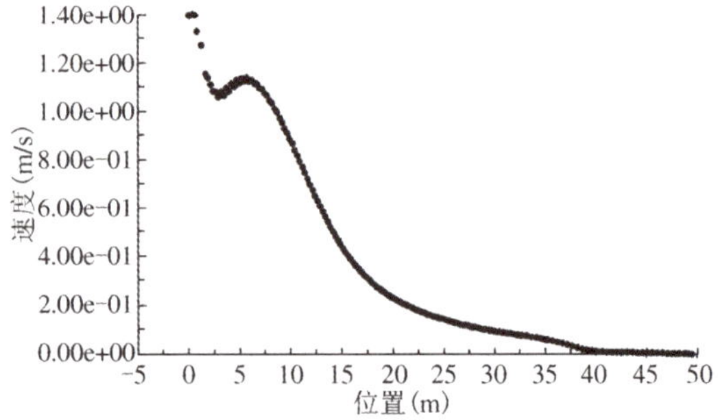

图5-3-17　隧道中心线风速沿程变化曲线
（L=50 m，D=1.5 m，v=6 m/s）

从图5-3-2可以看出，在距离掌子面约15 m的地方，风流出漩涡和回流，结合图5-3-3和图5-3-4可知，在风速为11 m/s时，射流的射程大约在40 m，即最后10 m风速非常小（0.1 m/s以下）。沿风口轴线方向速度为0.5 m/s时约在距风口30 m处。图5-3-5代表了隧道中的平均风速，同样也说明了这一状况。图5-3-6和图5-3-7为风速10 m/s时隧道内速度场分布矢量图，从图5-3-8可以看出，该风速下射流射程大约为37 m，从图5-3-9可知在隧道内风速为0的地方，距风口的距离约为40 m。出风口圆心轴线方向上风速为0.5 m/s的地方距离风管出口约28 m。图5-3-10、图5-3-13 ～图5-3-15为出口风速8 m/s和6 m/s时隧道内流场矢量图，比较图5-3-11和图5-3-16可以看出，尽管两者速度大小不同，但射程相差不大，图5-3-12和图5-3-17也表明了隧道中心线方向沿程速度大小基本一致。图5-3-18 ～图5-3-34为风筒出口距迎头40 m不同速度时隧道内速度场矢量图。

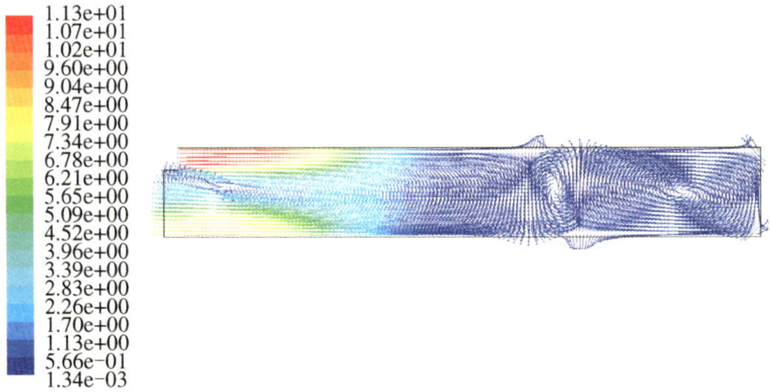

图5-3-18　二维隧道内风速分布矢量方向图（L=40 m，D=1.5 m，v=11 m/s）

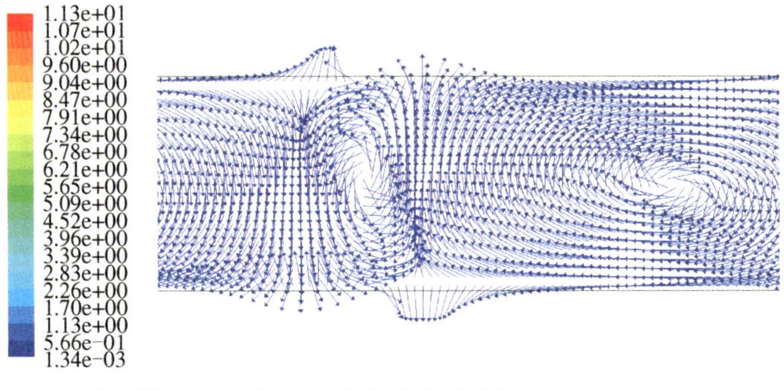

图5-3-19　二维隧道内局部风速分布矢量放大图（L=40 m，D=1.5 m，v=11 m/s）

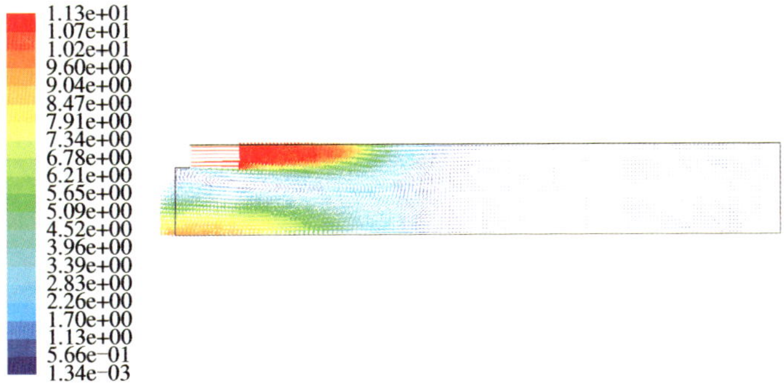

图 5-3-20　二维隧道内风速分布矢量图（L=40 m，D=1.5 m，v=11 m/s）

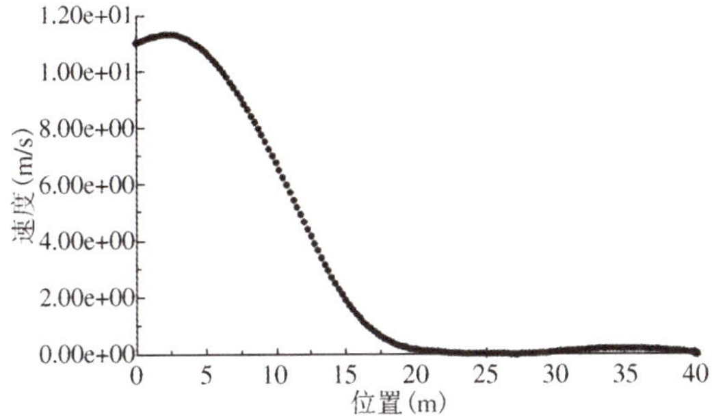

图 5-3-21　风管出口中心线沿程速度变化曲线（L=40 m，D=1.5 m，v=11 m/s）

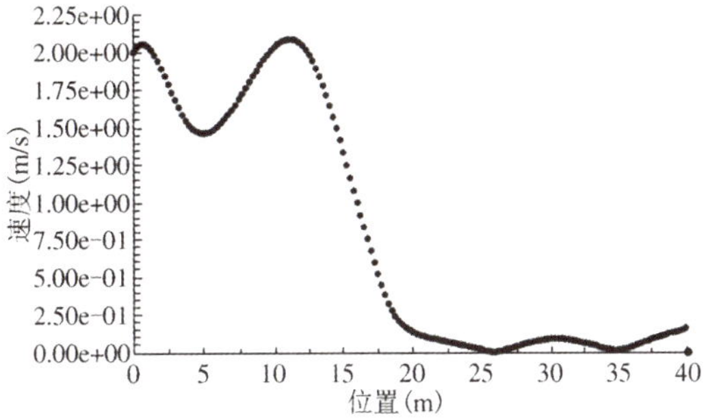

图 5-3-22　隧道中心线风速沿程变化曲线（L=40 m，D=1.5 m，v=11 m/s）

图 5-3-23　二维隧道内风速分布矢量方向图（L=40 m，D=1.5 m，v=10 m/s）

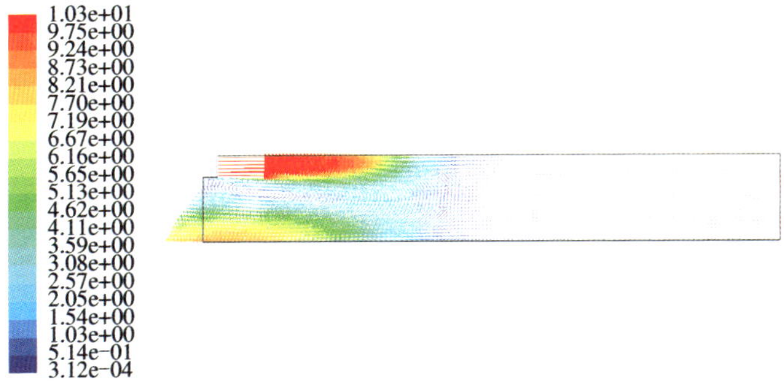

图 5-3-24　二维隧道内风速分布矢量图（L=40 m，D=1.5 m，v=10 m/s）

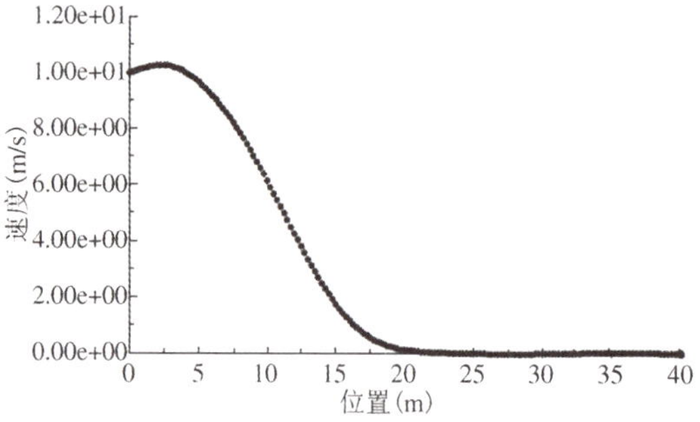

图 5-3-25　风管出口中心线沿程速度变化曲线
（L=40 m，D=1.5 m，v=10 m/s）

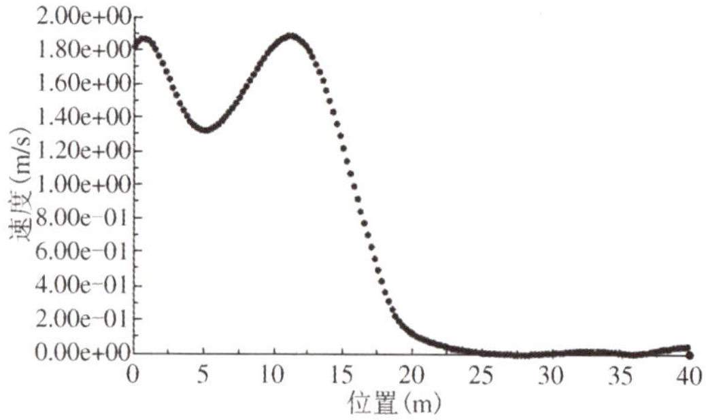

图 5-3-26　隧道中心线风速沿程变化曲线
（L=40 m，D=1.5 m，v=10 m/s）

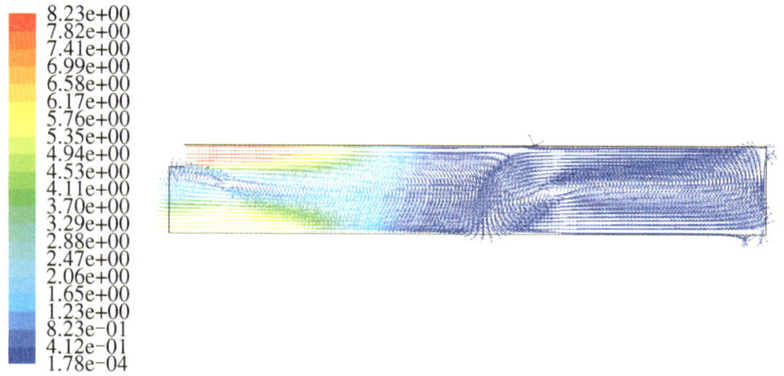

图 5-3-27　二维隧道内风速分布矢量方向图（L=40 m，D=1.5 m，v=8 m/s）

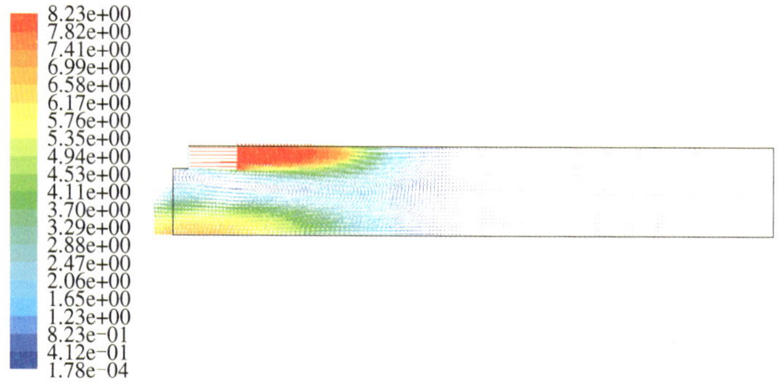

图 5-3-28　二维隧道内风速分布矢量图（L=40 m，D=1.5 m，v=8 m/s）

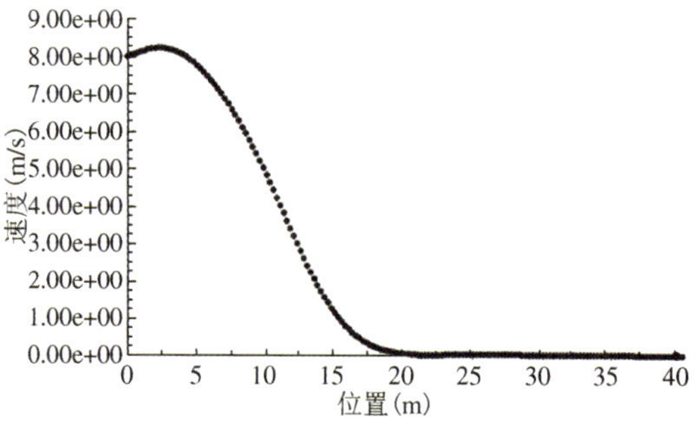

图 5-3-29　风管出口中心线沿程速度变化曲线
（L=40 m，D=1.5 m，v=8 m/s）

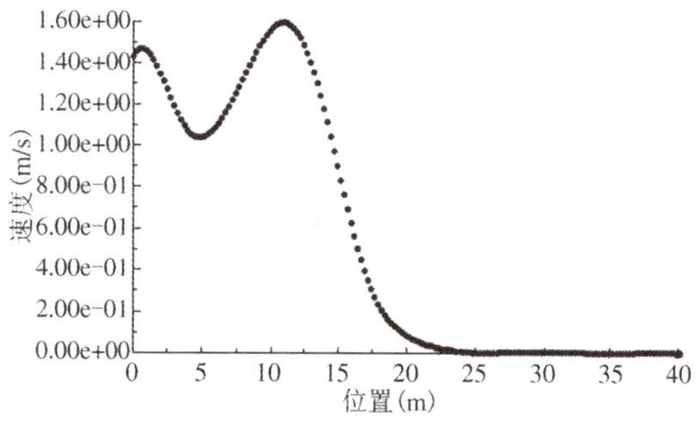

图 5-3-30　隧道中心线风速沿程变化曲线
（L=40 m，D=1.5 m，v=8 m/s）

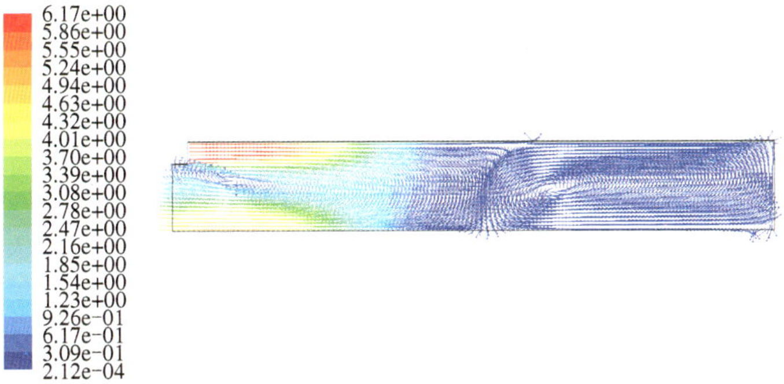

图 5-3-31　二维隧道内风速分布矢量方向图（L=40 m，D=1.5 m，v=6 m/s）

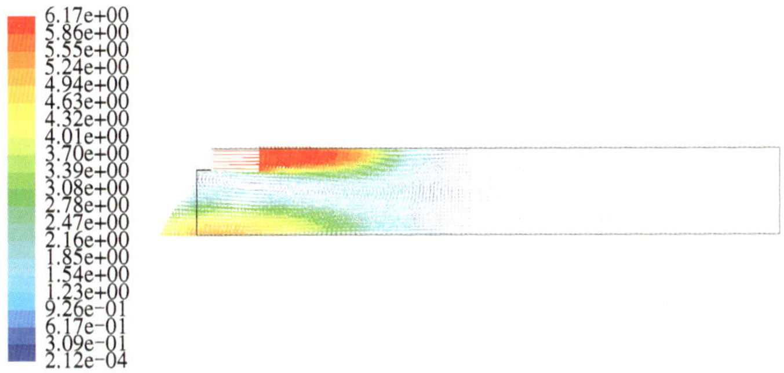

图 5-3-32　二维隧道内风速分布矢量图（L=40 m，D=1.5 m，v=6 m/s）

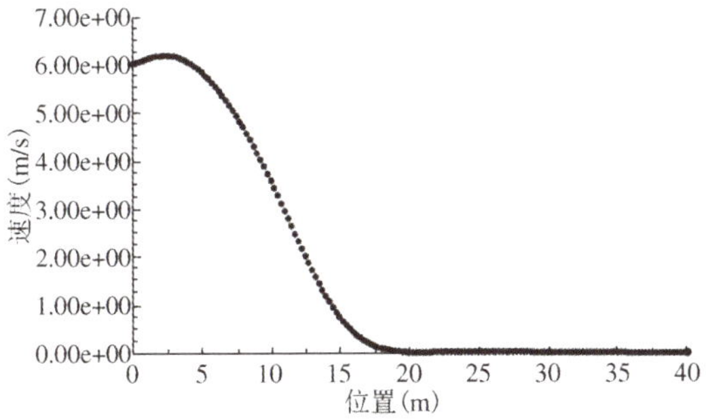

图 5-3-33　风管出口中心线沿程速度变化曲线（L=40 m，D=1.5 m，v=6 m/s）

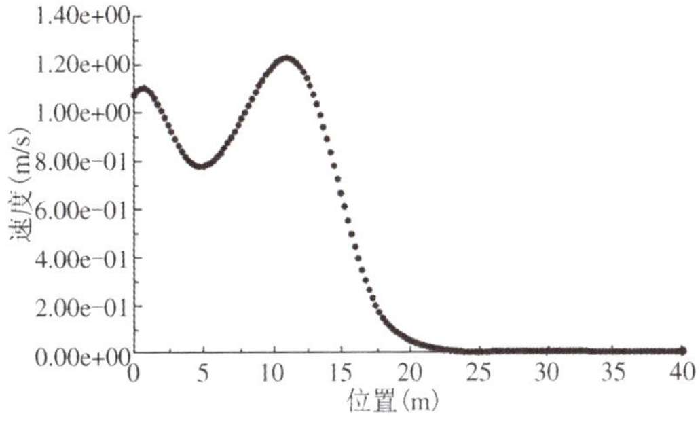

图 5-3-34　隧道中心线风速沿程变化曲线（L=40 m，D=1.5 m，v=6 m/s）

图 5-3-19 和图 5-3-20 为出口速度 11 m/s 时速度矢量图，通过图 5-3-18 和图 5-3-19 可以看到在整个模型约 2/3 处形成一个漩涡，风流在这里经过卷吸涡漩一周后又继续向前流动，在图 5-3-21 可以看出在这个过程中，漩涡的发展过程约 8 m，稳定后继续以较小速度向前流动不到 10 m；从图 5-3-22 可以看到，由于漩涡的原因隧道模型全程都有风速。当出口风速为 10 m/s 时，同样也出现涡流（图 5-3-23），但并没有图 5-3-19 所示那样强烈，所以当射流射程达到约 21 m 时（图 5-3-25），速度较小，但是微弱风流到达迎头后返回时，速度稍微提高（图 5-3-26）。当出口风速为 8 m/s 和 6 m/s 时，隧道内的流场分布比较接近（图 5-3-27 和图 5-3-31），管道内沿轴线方向和沿隧道几何中心线方向速度沿程分布也比较相似（图 5-3-29、图 5-3-33 ～ 图 5-3-34），射流射程约为 20 m，隧道中心线方向速度降至约为 0 时大约距风口 23 m。图 5-3-35 ～ 图 5-3-50 为风筒出口距迎头 30 m 时不同出口风流速度模拟在隧道内速度场矢量图。

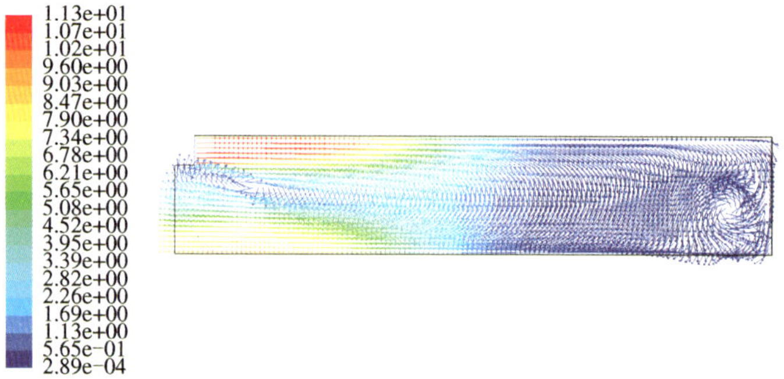

图 5-3-35　二维隧道内风速分布矢量方向图（L=30 m，D=1.5，v=11 m/s）

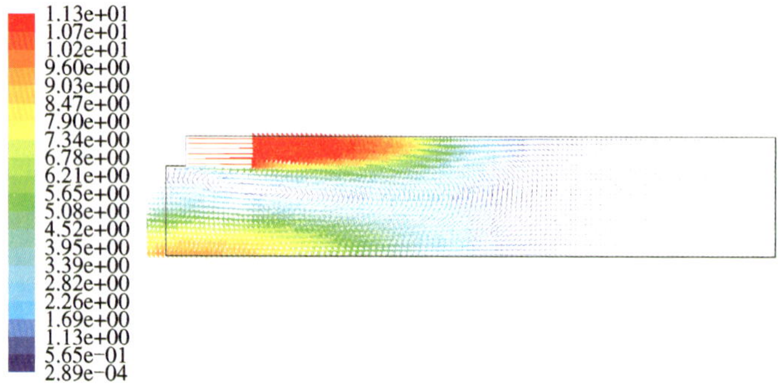

图 5-3-36　二维隧道内风速分布矢量图（L=30 m，D=1.5，v=11 m/s）

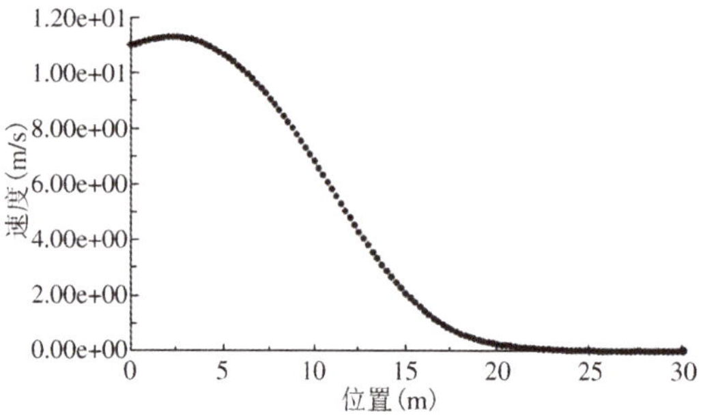

图 5-3-37　风管出口中心线沿程速度变化曲线（L=30 m，D=1.5，v=11 m/s）

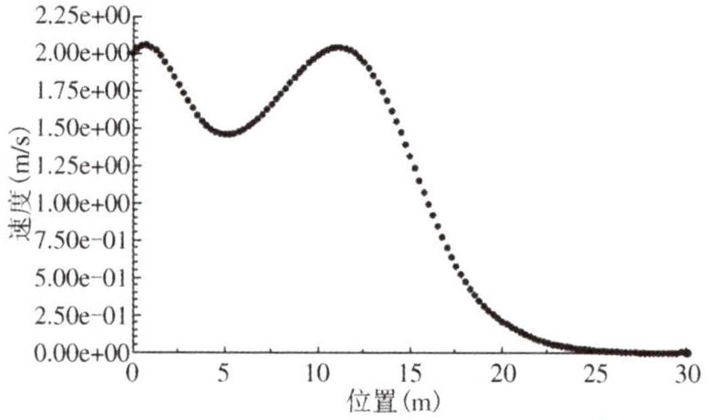

图 5-3-38　隧道中心线风速沿程变化曲线（L=30 m，D=1.5，v=11 m/s）

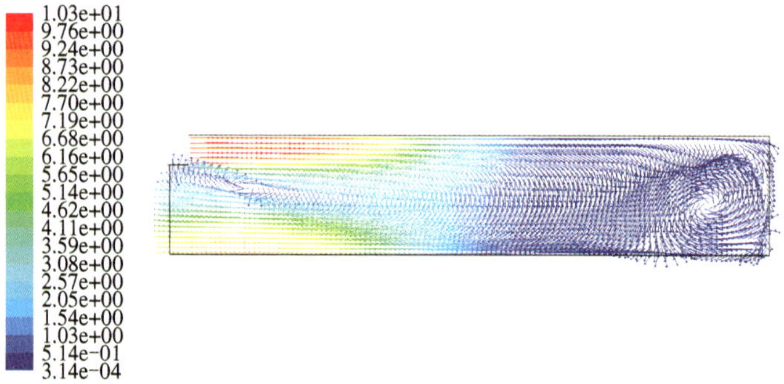

图 5-3-39　二维隧道内风速分布矢量方向图（L=30 m，D=1.5 m，v=10 m/s）

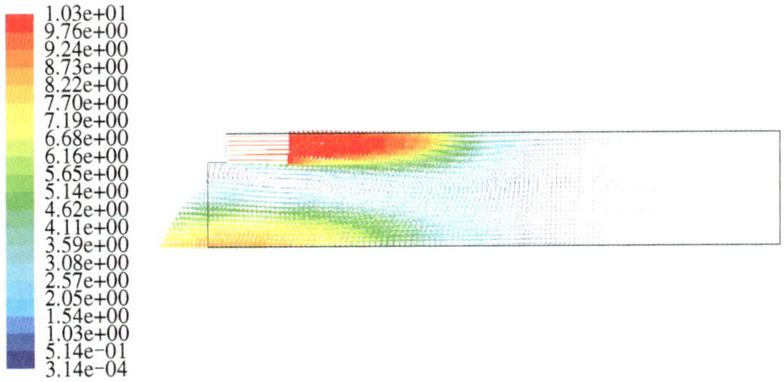

图 5-3-40　二维隧道内风速分布矢量图（L=30 m，D=1.5 m，v=10 m/s）

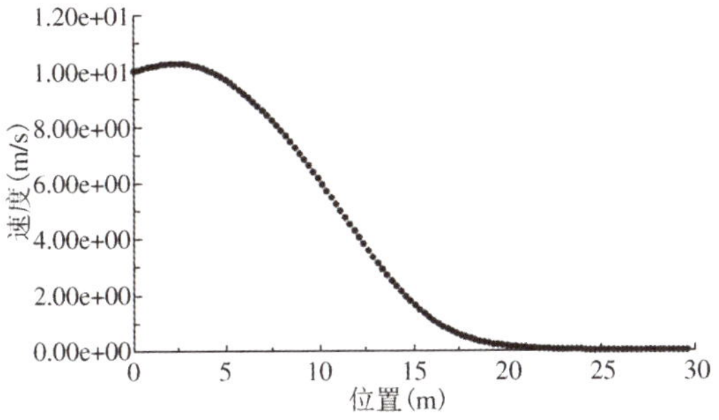

图 5-3-41　风管出口中心线沿程速度变化曲线（L=30 m，D=1.5，v=10 m/s）

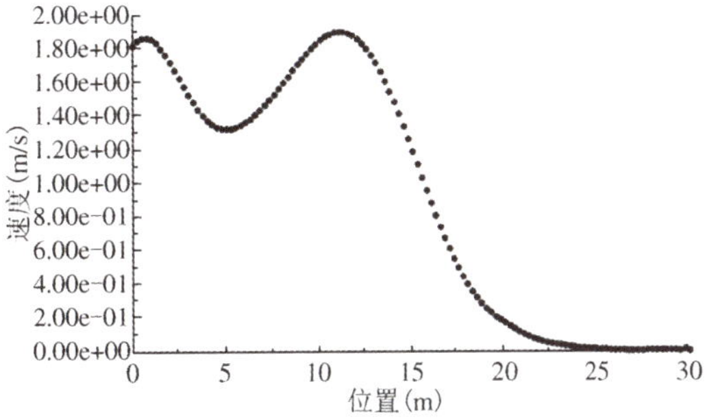

图 5-3-42　隧道中心线风速沿程变化曲线（L=30 m，D=1.5，v=10 m/s）

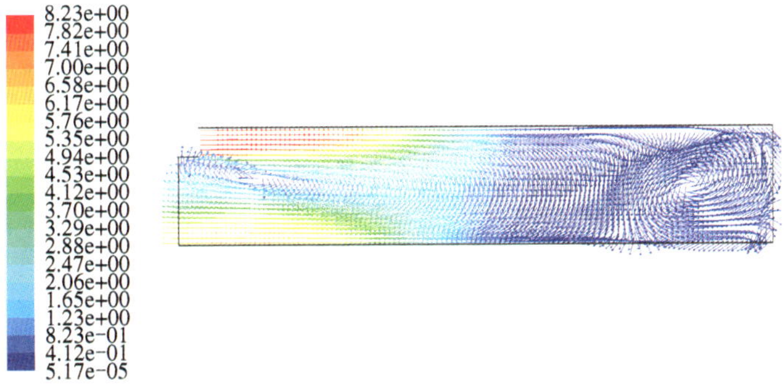

图 5-3-43　二维隧道内风速分布矢量方向图（L=30 m，D=1.5 m，v=8 m/s）

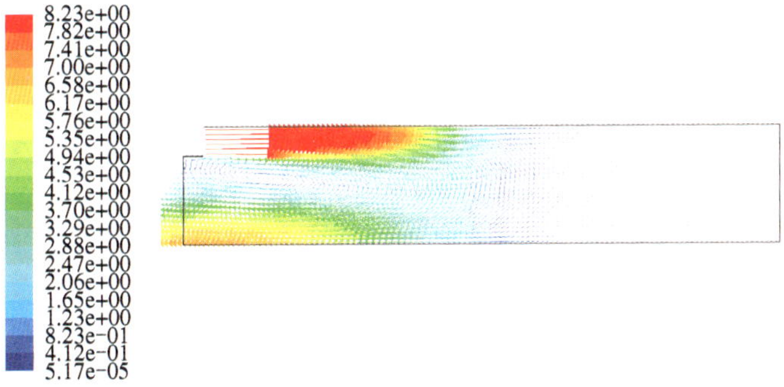

图 5-3-44　二维隧道内风速分布矢量图（L=30 m，D=1.5 m，v=8 m/s）

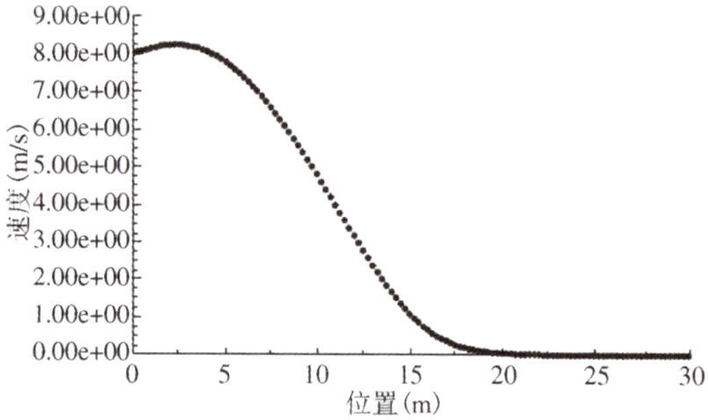

图 5-3-45 风管出口中心线沿程速度变化曲线
（L=30 m，D=1.5 m，v=8 m/s）

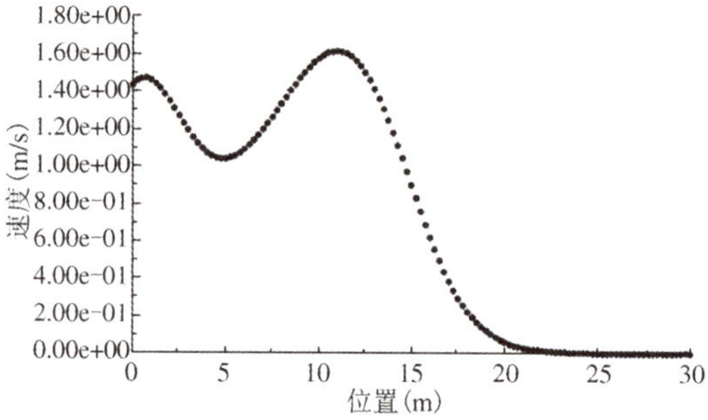

图 5-3-46 隧道中心线风速沿程变化曲线
（L=30 m，D=1.5 m，v=8 m/s）

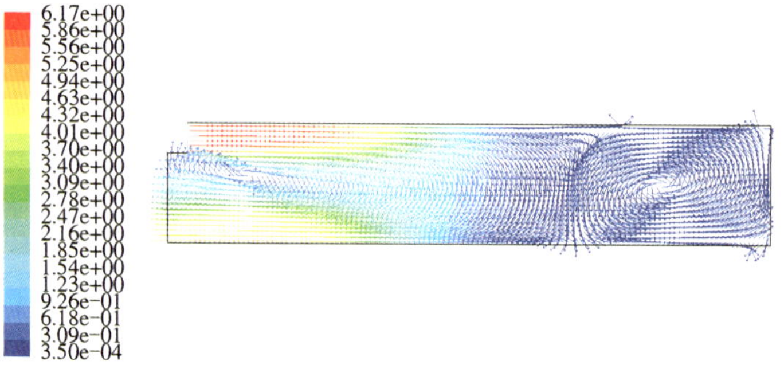

图 5-3-47 二维隧道内风速分布矢量方向图（L=30 m，D=1.5 m，v=6 m/s）

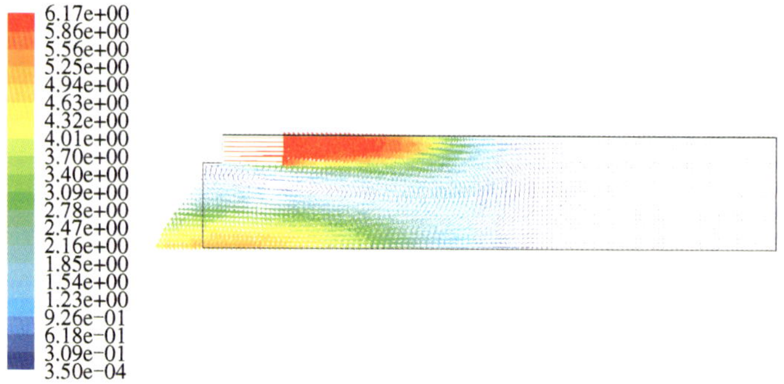

图 5-3-48 二维隧道内风速分布矢量图（L=30 m，D=1.5 m，v=6 m/s）

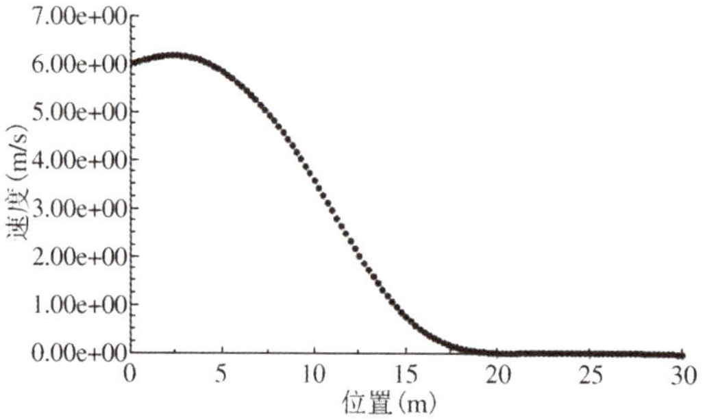

图 5-3-49 风管出口中心线沿程速度变化曲线
（L=30 m，D=1.5，v=6 m/s）

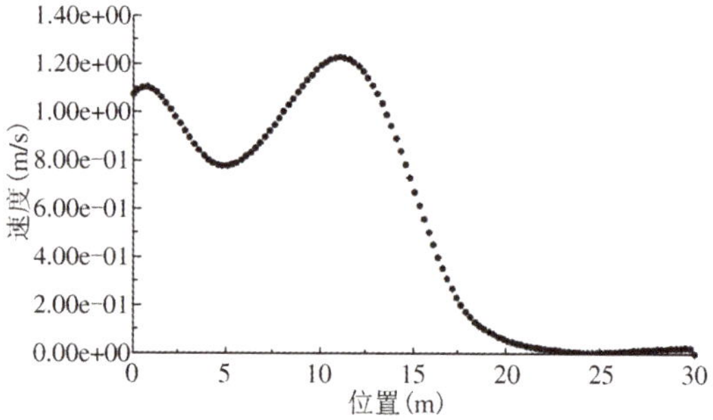

图 5-3-50 隧道中心线风速沿程变化曲线
（L=30 m，D=1.5，v=6 m/s）

图5-3-35 ～图5-3-42是出口速度为11 m/s和10 m/s时的相对应的速度矢量场和速度图显示，速度矢量场和速度大小比较相似，射流射程均约为22 m，在距风口约25 m处因出现漩涡及部分风流到达迎头后返回等原因，在此形成一漩涡地带，中间部分风速微小，实际上可以认为该处的风速可以忽略，因为这满足不了排尘最低风速要求。图5-3-43 ～图5-3-50分别为出口风速8 m/s和6 m/s时的速度矢量场图和速度图。从图5-3-39和图5-3-43对比看，由于风流的动能在减弱，漩涡逐渐远离工作面。图5-3-47显示，6 m/s速度时，迎头附近的漩涡区域和射流主体区域分界更加明显，漩涡区域更大。图5-3-45和图5-3-49为沿风管出口中心线方向速度沿程变化图，可以看出射流在20 m处到达末端。从图5-3-46和图5-3-50可以看出，隧道内风速在距风口约22 m处到达末端。图5-3-51 ～图5-3-65为风筒出口距迎头20 m时不同出口风流速度的模拟在隧道内速度场矢量图。

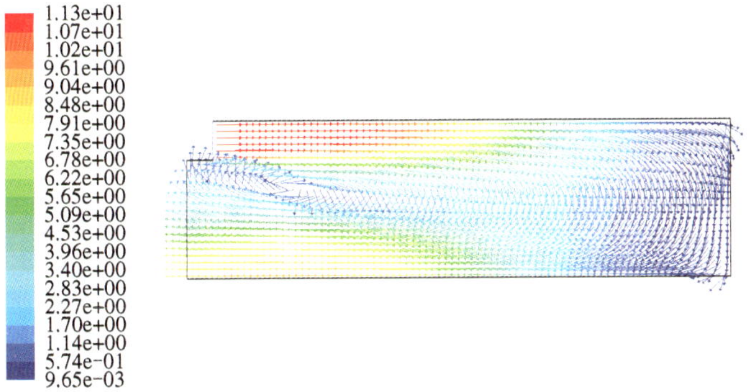

图5-3-51　二维隧道内风速分布矢量方向图（L=20 m，D=1.5 m，v=11 m/s）

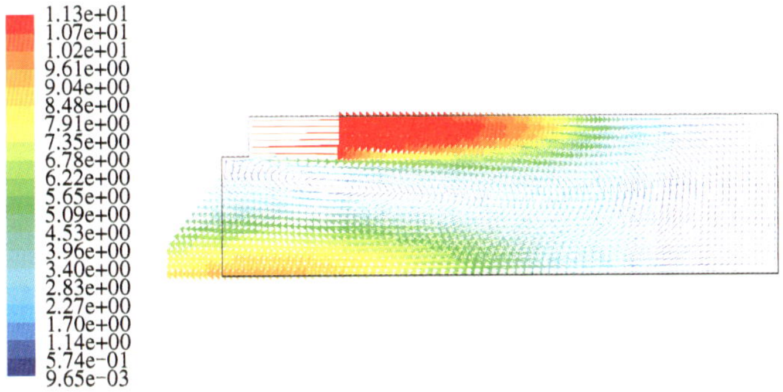

图5-3-52　二维隧道内风速分布矢量图（L=20 m，D=1.5 m，v=11 m/s）

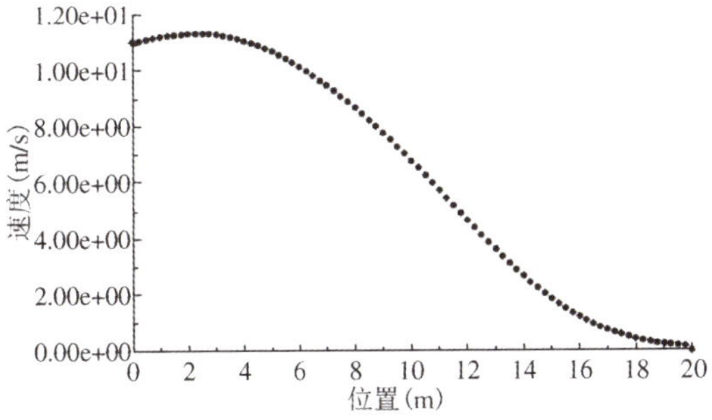

图5-3-53　风管出口中心线沿程速度变化曲线（L=20 m，D=1.5，v=11 m/s）

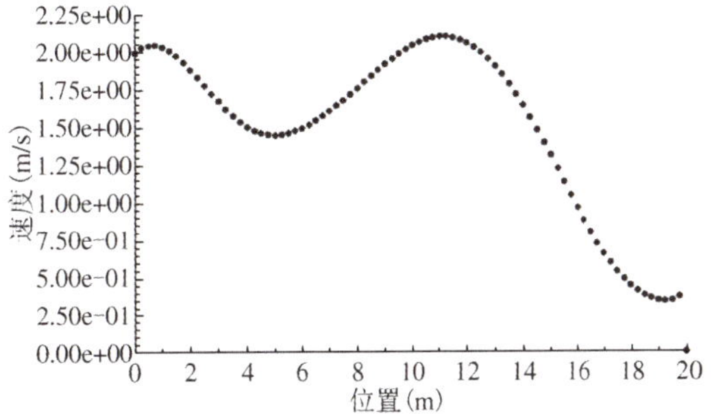

图5-3-54　隧道中心线风速沿程变化曲线（L=20 m，D=1.5，v=11 m/s）

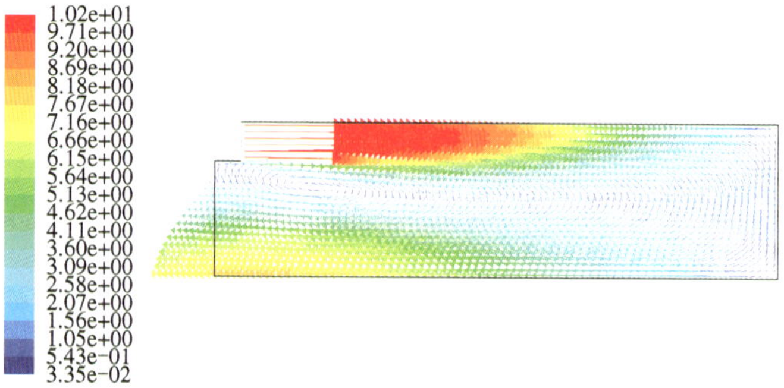

图5-3-55　二维隧道内风速分布矢量图（L=20 m，D=1.5 m，v=10 m/s）

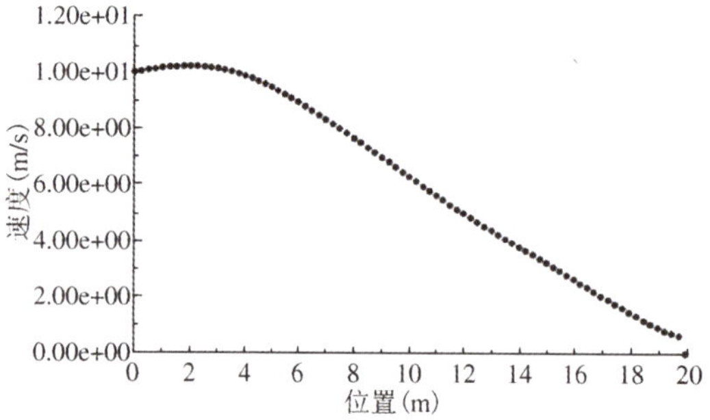

图5-3-56　风管出口中心线沿程速度变化曲线
（L=20 m，D=1.5 m，v=10 m/s）

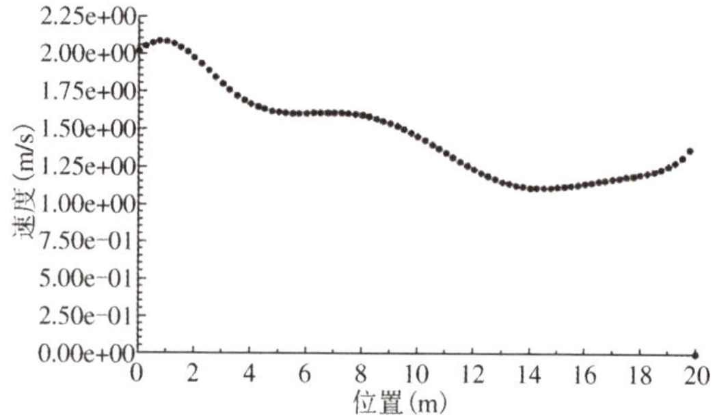

图5-3-57　隧道中心线风速沿程变化曲线
（L=20 m，D=1.5 m，v=10 m/s）

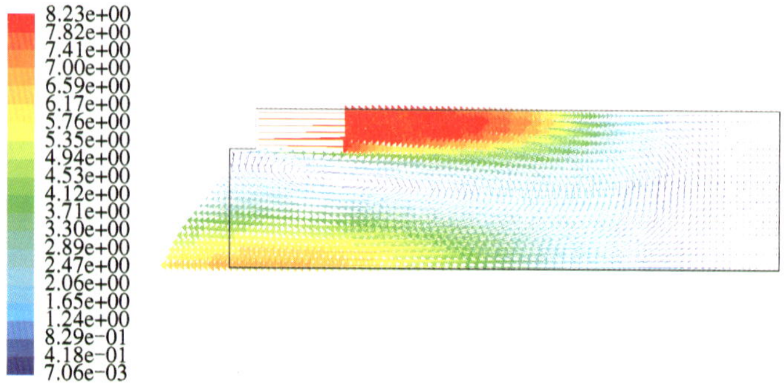

图5-3-58　二维隧道内风速分布矢量图（L=20 m，D=1.5 m，v=8 m/s）

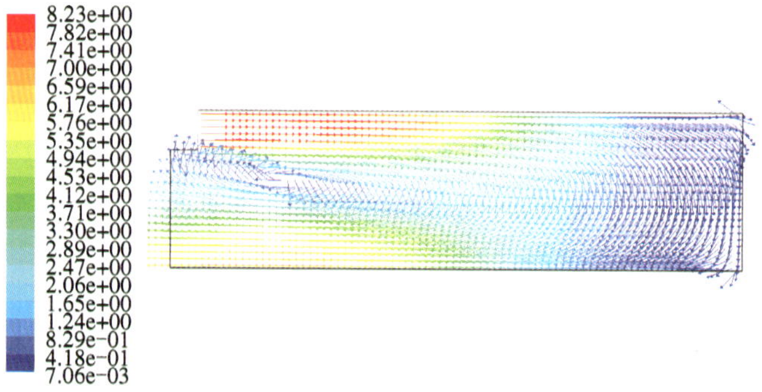

图5-3-59　二维隧道内风速分布矢量方向图（L=20 m，D=1.5 m，v=8 m/s）

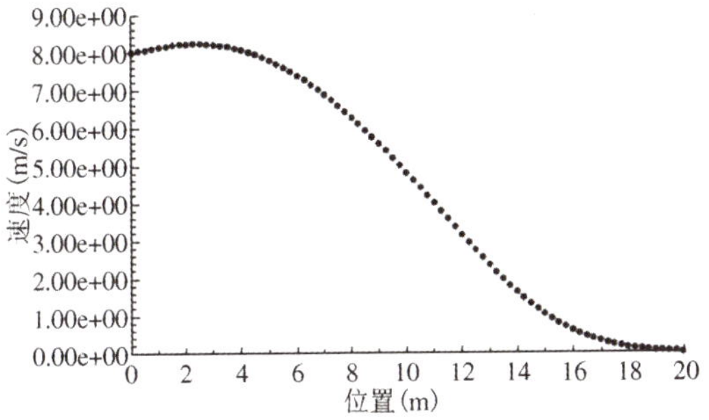

图 5-3-60 风管出口中心线沿程速度变化曲线
（L=20 m，D=1.5 m，v=8 m/s）

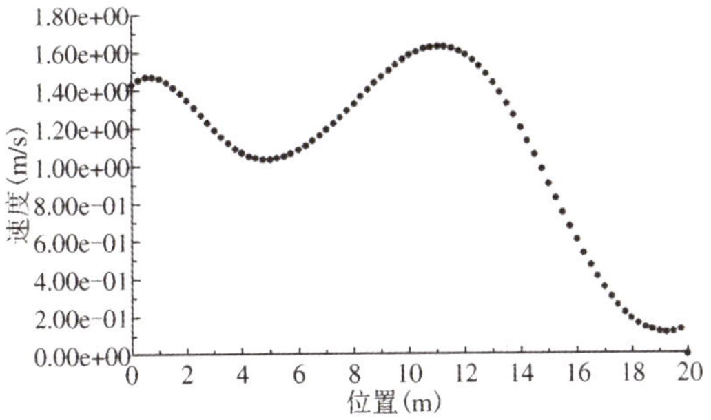

图 5-3-61 隧道中心线风速沿程变化曲线
（L=20 m，D=1.5 m，v=8 m/s）

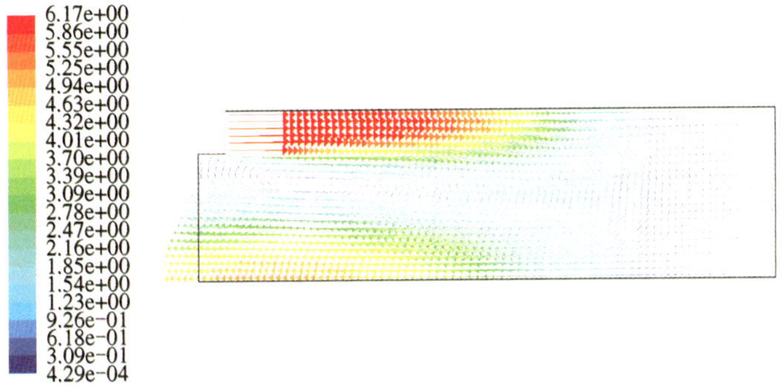

图 5-3-62 二维隧道内风速分布矢量图（L=20 m，D=1.5 m，v=6 m/s）

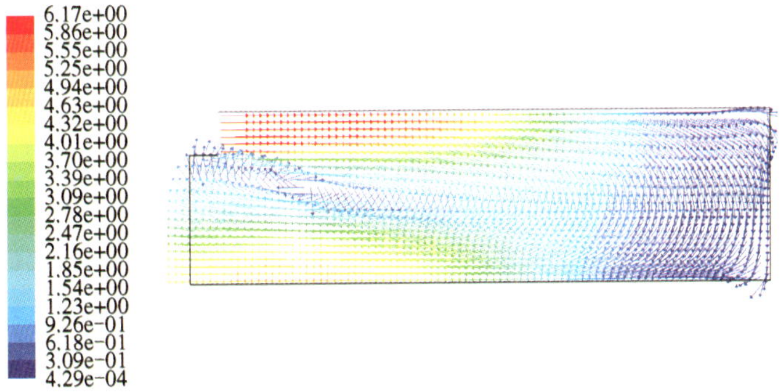

图 5-3-63 二维隧道内风速分布矢量方向图（L=20 m，D=1.5 m，v=6 m/s）

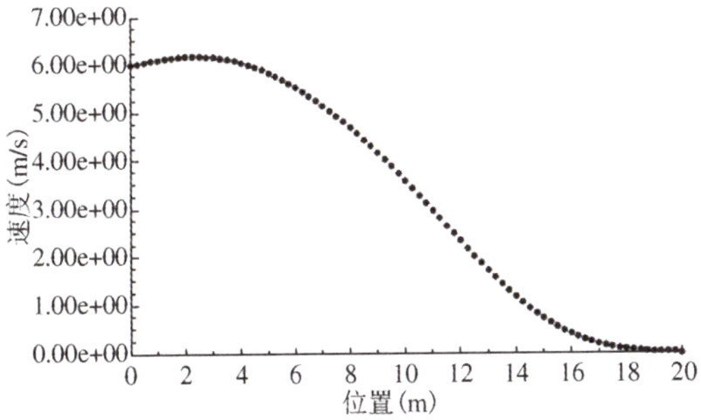

图 5-3-64 风管出口中心线沿程速度变化曲线
（L=20 m，D=1.5 m，v=6 m/s）

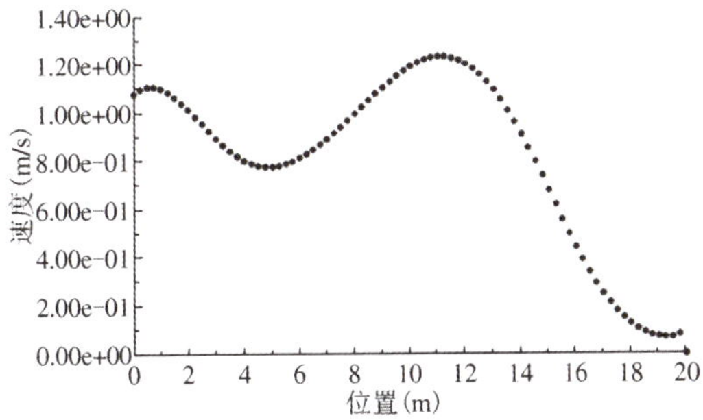

图 5-3-65 隧道中心线风速沿程变化曲线
（L=20 m，D=1.5 m，v=6 m/s）

由图5-3-51、图5-3-52和图5-3-55可以看到，在出口风管为10 m/s和11 m/s时风流能够顺利到达隧道末端，在整个隧道空间内不形成任何环流和涡流。图5-3-53和图5-3-56两曲线比较相近，前者显示风速到达迎头时约为0.2 m/s，后者显示风速到达迎头后约为0.5 m/s。图5-3-54和图5-3-57相比，前者显示隧道内末端的风速约为0.3 m/s，后者显示隧道内风速沿程变化缓慢，且最低风速约为1.1 m/s，迎头处风速约为1.3 m/s。当出口风速降至8 m/s或6 m/s时，风流也能顺利到达迎头，但强度相对减弱，如图5-3-58、图5-3-59和图5-3-62、图5-3-63所示。图5-3-60和图5-3-64走势相似，到达迎头后速度也基本相同，在距离出口19 m后，风速已经比较小，可以认为射流的末端为19 m远。

根据射流理论，在射流运动过程中，射流不断卷吸周围的空气，射流范围扩大，但由于隧道边壁限制了射流边界层的发展扩散，射流不再卷吸周围的空气，而是向外析出空气。同时，射流半径及流量也不是一直增加，增大到一定程度后反而逐渐减小，当达到射流送风喷射长度时，射流末端流场方向便会发生改变。一方面，由于射流主体流量减至为零和射流末端压强相对较低，原来射流主体空气的方向会出现回流；另一方面，隧道掌子面的气压由于射流的作用，压强增高，在主体射流出现回流时，此时主体射流区域压强突然降低，而射流外的区域压强相对升高，这样便会形成漩涡。图5-3-2、图5-3-18、图5-3-19、图5-3-23、图5-3-27、图5-3-31、图5-3-39、图5-3-43和图5-3-47等的数值计算结果明确表明了附壁射流区、回流区，以及射流的卷吸与析出。射流的卷吸与析出有明显的分界，分界处有涡流，射流不能到达迎头，在巷道迎头形成涡流区，而且涡流区的流动方向与射流区的流动方向相反。这种情况下，工作面粉尘和烟不但无法排出，而且还会在原地形成漩涡，使环境更加恶化，所以，应尽量避免。

从以上对二维模型模拟计算可以总结以下两点：

（1）距风口距离50 m时，11 m/s和6 m/s风速因均达不到迎头，在效果上差别不是十分明显。距风口距离40 m时，若出口风速为11 m/s，会因为在接近迎头处出现振荡和涡流而使到达迎头风速稍微有所提高，而10 m/s、8 m/s、6 m/s风速时，因达不到迎头，效果比较相似，速度场中均出现涡流。距风口距离30 m时，风速为11 m/s、10 m/s两速度矢量场和速度大小图比较接近，风速为6 m/s或8 m/s时速度矢量场和速度大小图比较接近，但总体趋势变化不很明显。距风口距离20 m时，四种风速风均能直接到达迎头且中间没有涡流，但以10 m/s速度效果较佳。

（2）若以6 m/s供风，可选择距工作面20 m；若以8 m/s供风，对隧道通风设计可考虑选择距工作面23 m以下；若以10 m/s供风，距工作面不宜超过35 m；若以11 m/s供风，可选择距工作面40 m为宜。

5.3.3 隧道三维数值计算

采用三维实体模型模拟通风管出口至工作面附近，隧道长度为L，风管直径为D，出管口速度为v，隧道采用关角隧道标准断面，断面面积为67 m^2，风管出口采用直径为D的圆面代替，模型如图5-3-66所示。模型长度L分别取50 m、40 m、30 m、20 m和15 m。当进行三维实体模型时，采用标准k-ε模型求解。

图5-3-67～图5-3-74为风口距迎头20 m的模型结果。

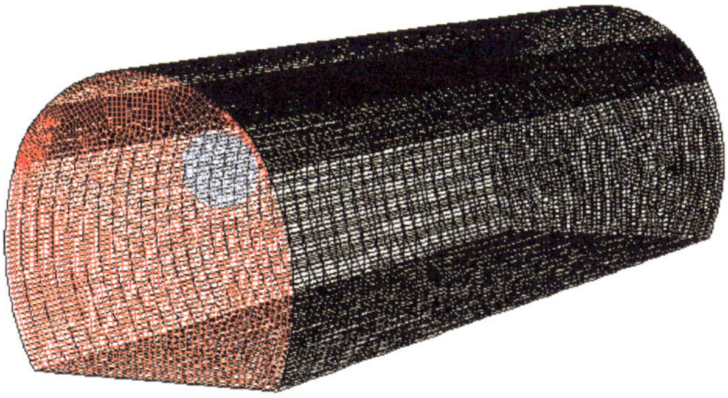

图 5-3-66　三维实体模型网格划分

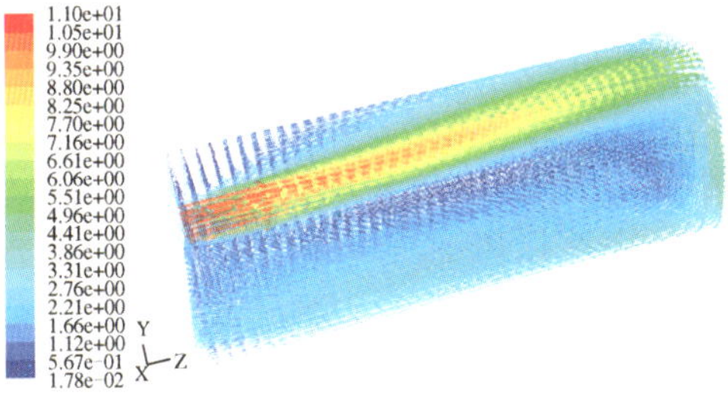

图 5-3-67　隧道内速度矢量图
（L=20 m，D=1.5 m，v=11 m/s）

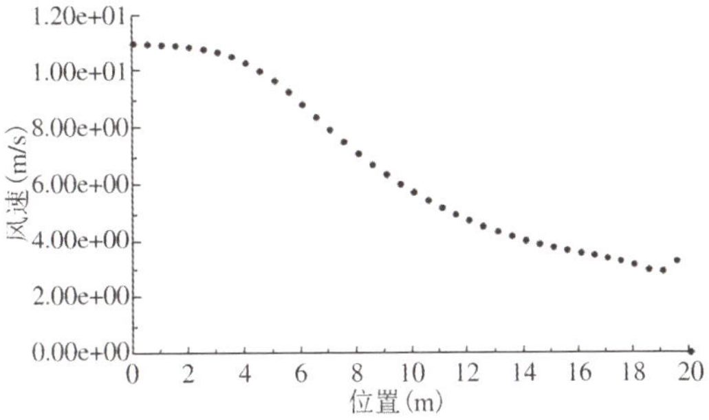

图 5-3-68　沿风管中心线隧道内速度沿程大小变化图
（L=20 m，D=1.5 m，v=11 m/s）

图 5-3-69　隧道内速度矢量图
（L=20 m，D=1.5 m，v=8 m/s）

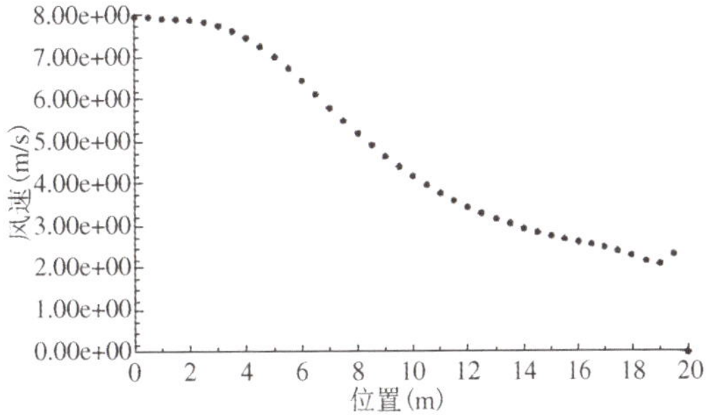

图 5-3-70　沿风管中心线隧道速度沿程大小变化图
（L=20 m，D=1.5 m，v=8 m/s）

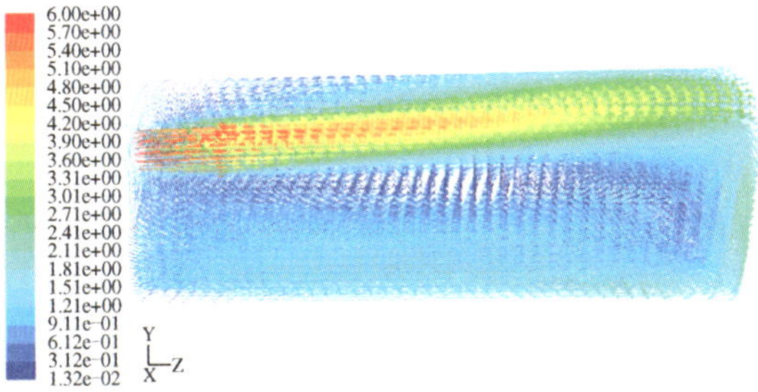

图 5-3-71　隧道内速度矢量图
（L=20 m，D=1.5 m，v=6 m/s）

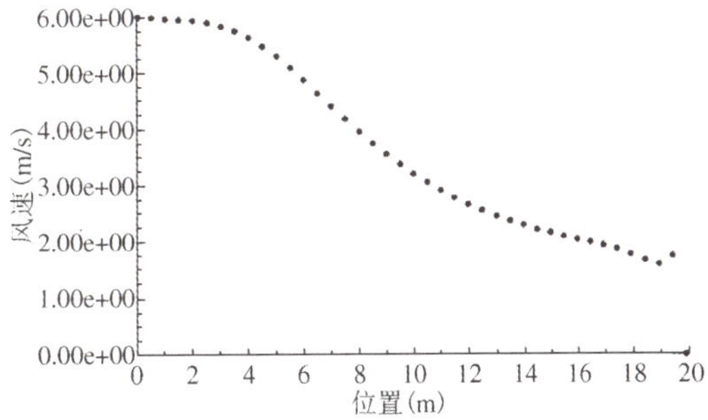

图 5-3-72　沿风管中心线隧道速度沿程大小变化图
（L=20 m，D=1.5 m，v=6 m/s）

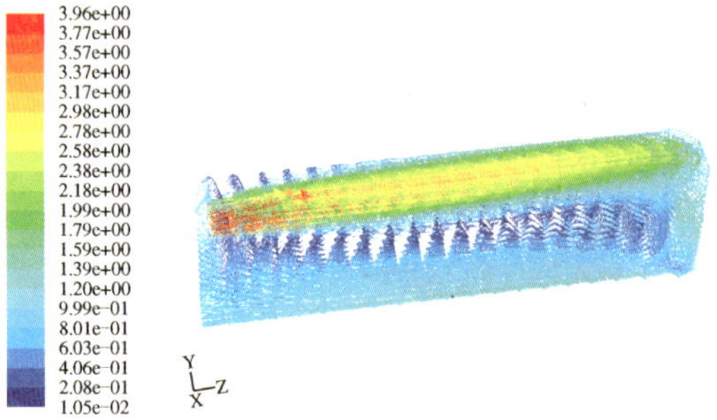

图5-3-73　隧道内速度矢量图

（L=20 m，D=1.5 m，v=4 m/s）

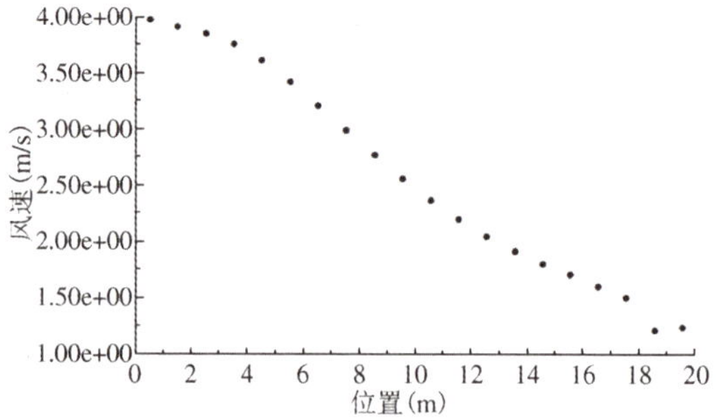

图5-3-74　沿风管中心线隧道速度沿程大小变化图

（L=20 m，D=1.5 m，v=4 m/s）

图5-3-67数值计算表明，在迎头处，风速仍然较大，图5-3-68显示可达3 m/s以上，从矢量图上可以看到，风流到达迎头后，因受到壁面阻挡出现回流。图5-3-69为风速为8 m/s时的速度矢量图，风速到达迎头后折回，仍有一定风速，图5-3-70显示，到达迎头的风速在2 m/s左右。当风速降至6 m/s和4 m/s时，到达迎头风速随之降低，从图5-3-72看到，当出口风速为6 m/s时，迎头风速约为1.7 m/s，从图5-3-74可知，当出口风速为4 m/s时，迎头风速约为1.3 m/s。从以上分析数据可知，对于距迎头20 m，即使是4 m/s的低出口风速在工作面也能产生较大风速，这个风速满足工程要求，能够把工作面附近的有害物带出掌子面，从而保证了掌子面及隧道内的环境卫生。图5-3-75～图5-3-82为风管出口距迎头30 m的模拟结果图。

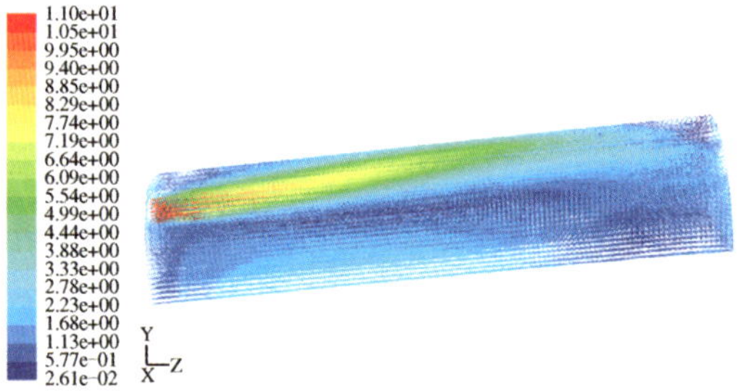

图5-3-75　隧道内速度矢量图

（L=30 m，D=1.5 m，v=11 m/s）

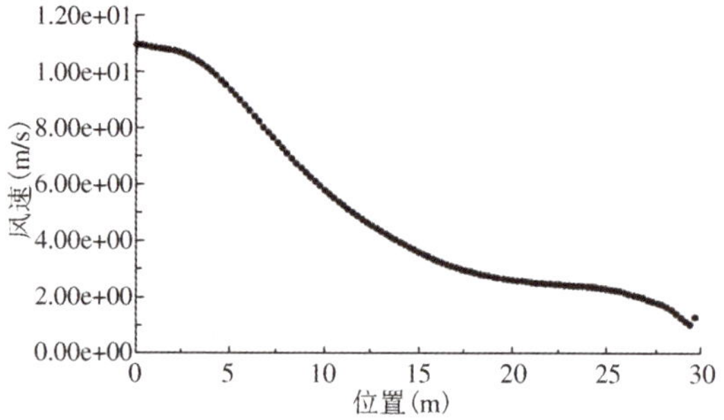

图5-3-76　沿风管中心线隧道速度沿程大小变化图

（L=30 m，D=1.5 m，v=11 m/s）

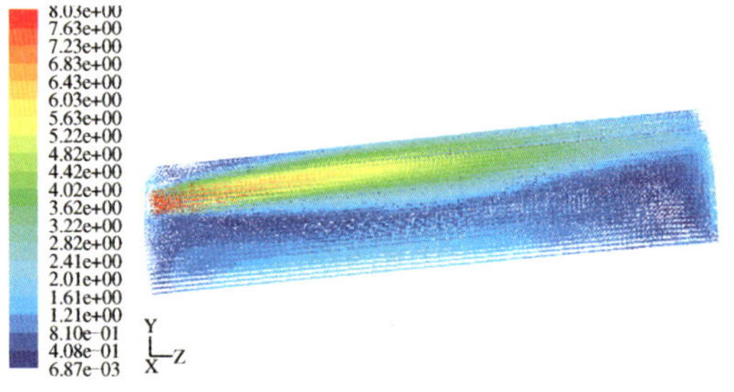

图5-3-77　隧道内速度矢量图

（L=30 m，D=1.5 m，v=8 m/s）

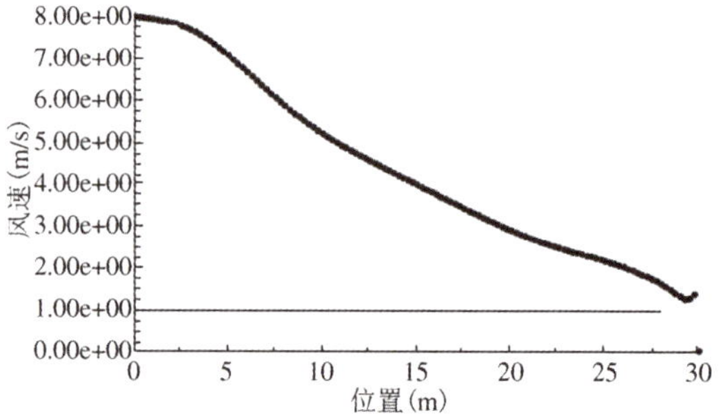

图5-3-78　沿风管中心线隧道速度沿程大小变化图

（L=30 m，D=1.5 m，v=8 m/s）

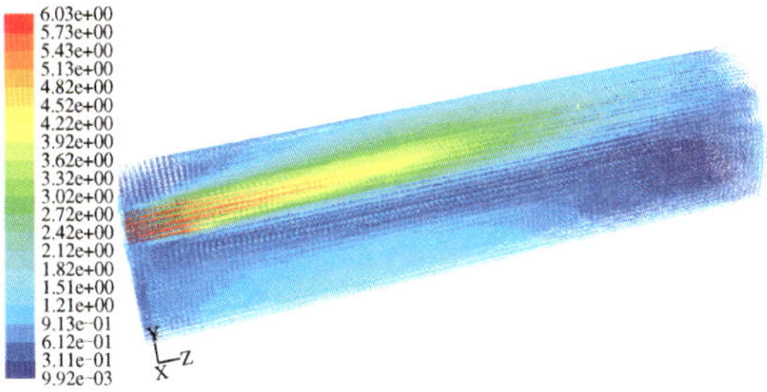

图 5-3-79　隧道内速度矢量图
（L=30 m, D=1.5 m, v=6 m/s）

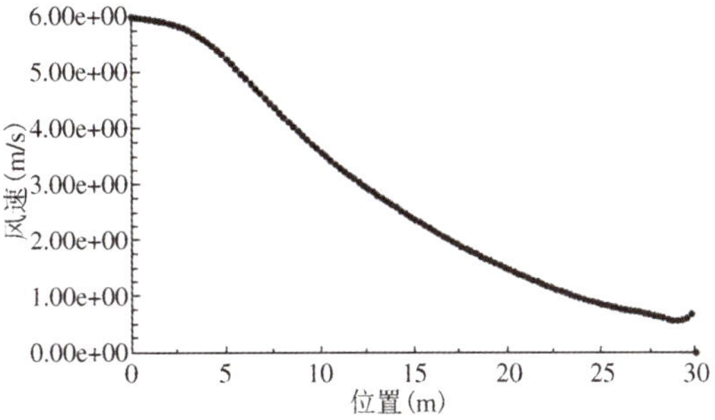

图 5-3-80　沿风管中心线隧道速度沿程大小变化图
（L=30 m, D=1.5 m, v=6 m/s）

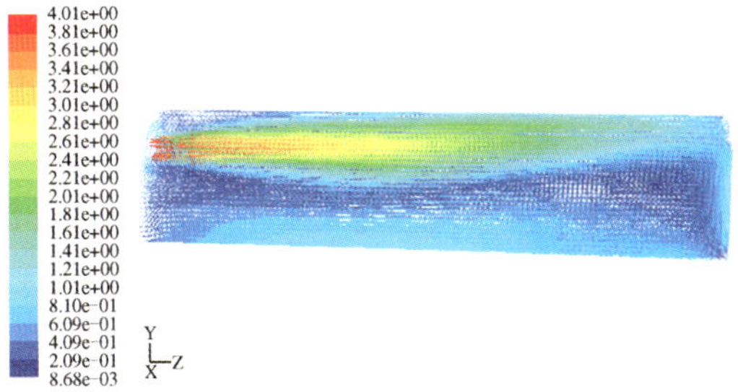

图 5-3-81　隧道内速度矢量图
（L=30 m, D=1.5 m, v=4 m/s）

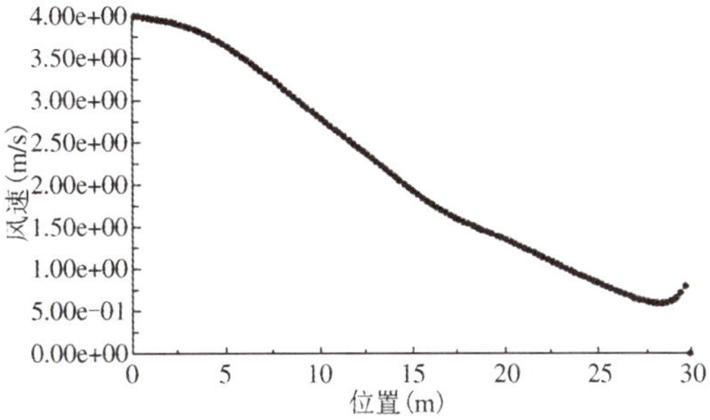

图 5-3-82　沿风管中心线隧道速度沿程大小变化图
（L=30 m, D=1.5 m, v=4 m/s）

由图 5-3-75 和图 5-3-76 可知，出口风速为 11 m/s 时，到达迎头后的风速约为 1 m/s。出口风速为 8 m/s 时到达迎头的风速约为 1 m/s，这和出口风速为 11 m/s 产生相同的效果，只不过当风速为 11 m/s 时，在沿程的流动过程中能量衰减得快，风速为 8 m/s 时，速度曲线沿程变化较平滑。图 5-3-79 为出口风速为 6 m/s 时的速度矢量场图，风流自风管出口后，主体射流能够顺利到达迎头，并使迎头有约 0.5 m/s 的风速（大于规范中要求的 0.15 m/s 的风速），从图 5-3-80 可以看到，风流在隧道内流动过程中，部分区域出现涡流，但从速度大小来看，涡流较小，并不影响隧道排尘排烟要求。当出口风速为 4 m/s 时，迎头同样具有约 0.5 m/s 的速度，从两种出口速度的速度场矢量图上看，速度矢量场相似，从沿程速度变化来看，速度沿程衰减曲线相近。图 5-3-83 ～图 5-3-90 为出风口距迎头 40 m 的计算模拟图。

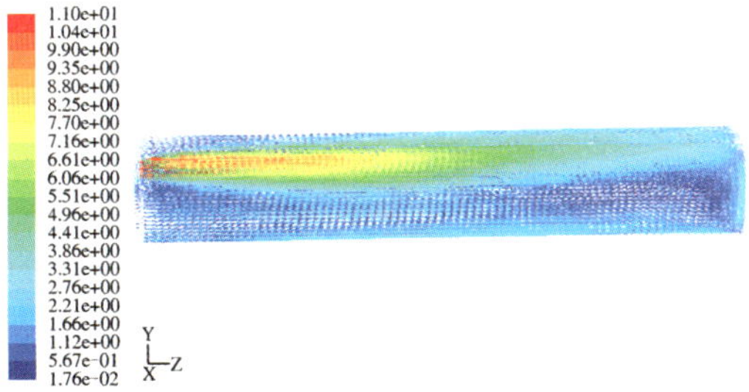

图 5-3-83　隧道内速度矢量图
（L=40 m, D=1.5 m, v=11 m/s）

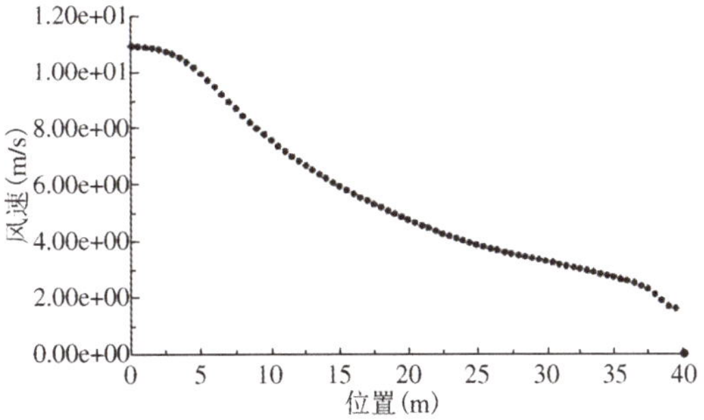

图 5-3-84　沿风管中心线隧道速度沿程大小变化图
（L=40 m, D=1.5 m, v=11 m/s）

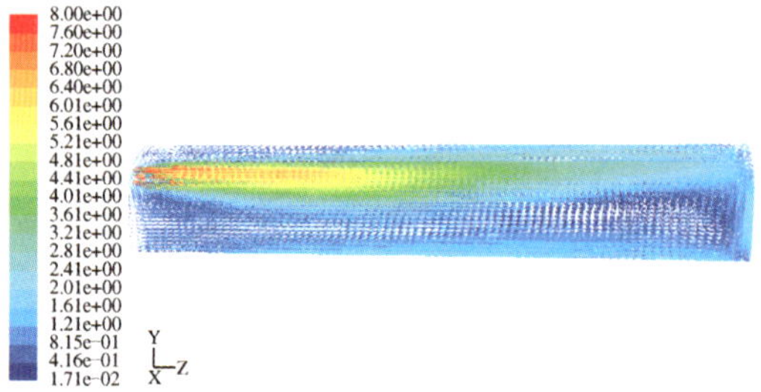

图5-3-85　隧道内速度矢量图
（L=40 m，D=1.5 m，v=8 m/s）

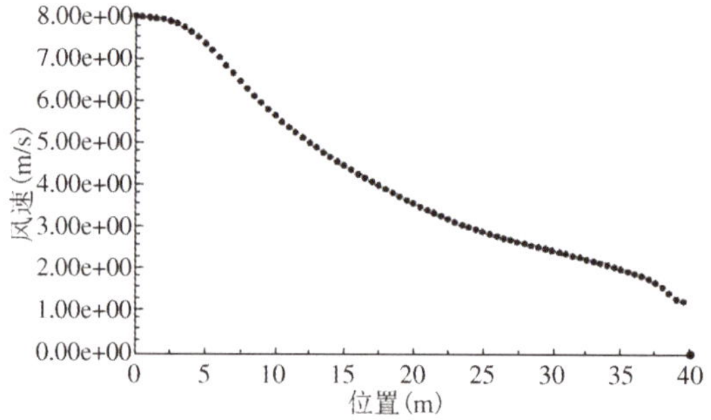

图5-3-86　沿风管中心线隧道速度沿程大小变化图
（L=40 m，D=1.5 m，v=8 m/s）

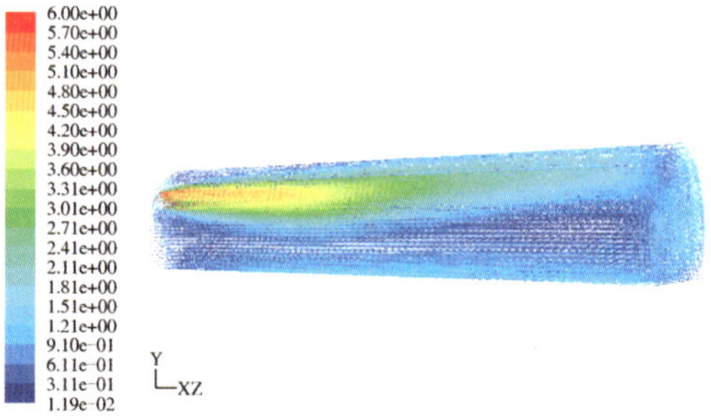

图5-3-87　隧道内速度矢量图
（L=40 m，D=1.5 m，v=6 m/s）

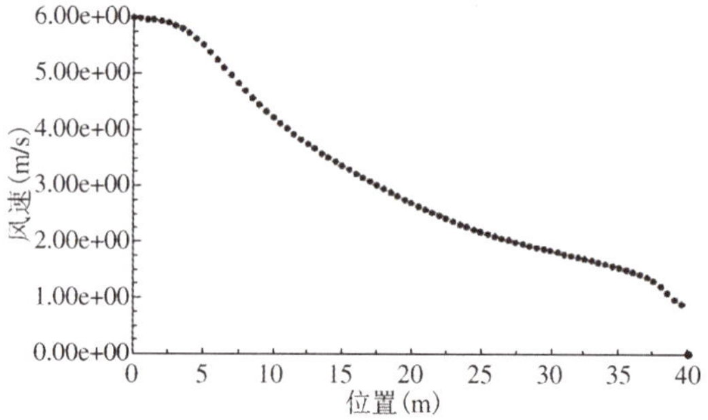

图5-3-88　沿风管中心线隧道速度沿程大小变化图
（L=40 m，D=1.5 m，v=6 m/s）

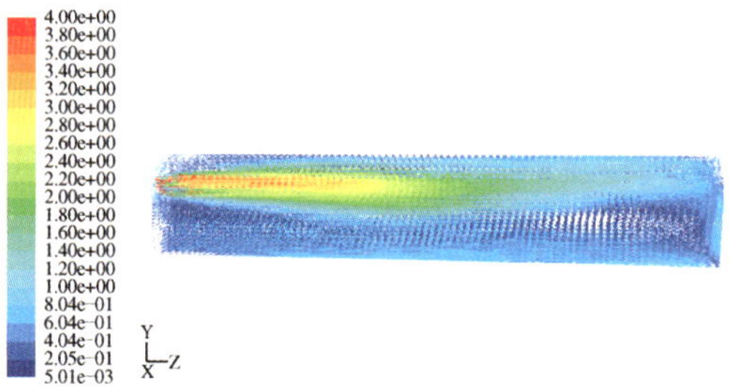

图5-3-89　隧道内速度矢量图
（L=40 m，D=1.5 m，v=11 m/s）

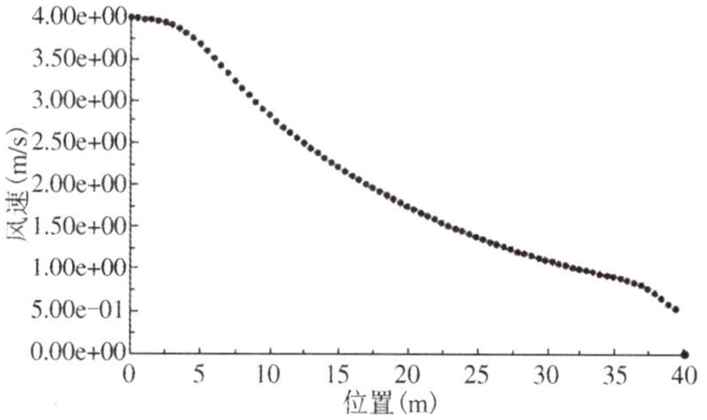

图5-3-90　沿风管中心线隧道速度沿程大小变化图
（L=40 m，D=1.5 m，v=4 m/s）

由图5-3-83和图5-3-84可知，出口风速为11 m/s，迎头风速约为1.8 m/s。同样，从图5-3-86、图5-3-88、图5-3-90可知，在出口风速为8 m/s、6 m/s、4 m/s时，迎头的出口风速分别约为1.25 m/s、0.8 m/s、0.5 m/s，虽然随着出口风速的降低，到达迎头的风速减小，但是0.5 m/s风速仍然能够满足隧道最低风速要求。图5-3-91～图5-3-94为出风口距掌子面50 m时的模拟结果。该距离模拟只模拟两个出口风速值分别为11 m/s 、8 m/s。

图 5-3-91 隧道内速度矢量图
(L=50 m, D=1.5 m, v=11 m/s)

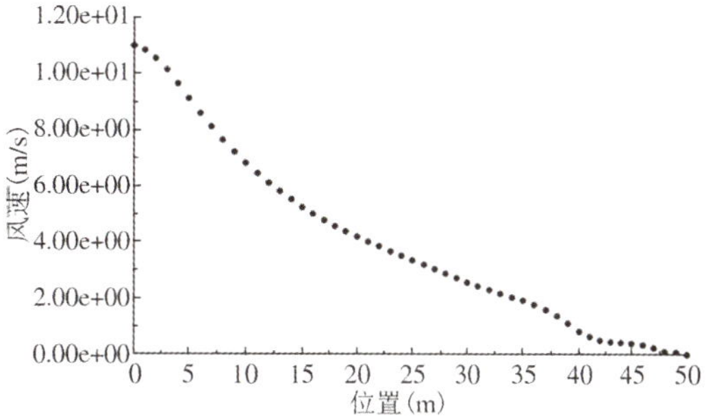

图 5-3-92 沿风管中心线隧道速度沿程大小变化图
(L=50 m, D=1.5 m, v=11 m/s)

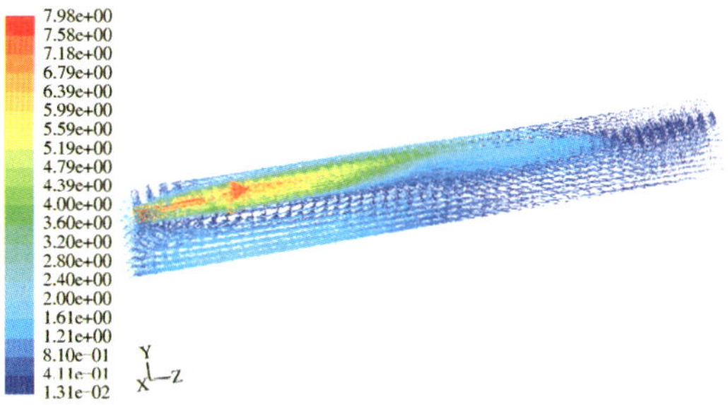

图 5-3-93 隧道内速度矢量图
(L=50 m, D=1.5 m, v=8 m/s)

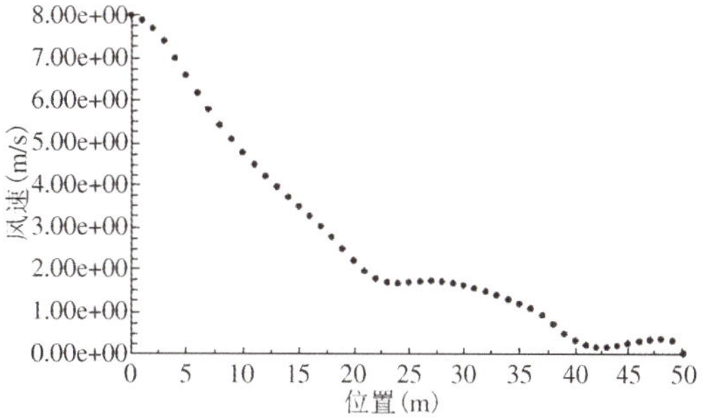

图 5-3-94 沿风管中心线隧道速度沿程大小变化图
(L=50 m, D=1.5 m, v=8 m/s)

由图 5-3-92 可知,当出口风速 11 m/s 风流到达迎头后,风速降低至约为 0。而图 5-3-94 显示,虽然出口风速为 8 m/s,但在迎头附近产生一个漩涡区域,风流在涡流的影响下又以较小的速度向前流动至固体壁端。

通过对三维模型的分析可以得出如下结论:

(1)根据实际出口风速的取值范围(一般小于 11 m/s),出风口至工作面的距离应控制在 50 m 以内;

(2)当风速为 11 m/s 时,出风口至工作面距离 50 m 以内效果较佳;若为 8 m/s ~ 4 m/s 时,出风口至工作面距离 40 m 以内较好;

(3)在同等条件下,40 m 比 30 m 长的隧道模型有较大的迎头风速,风速越大沿程衰减越快,但迎头风速变化区别不明显。

5.3.4 工作面作业区域流场分析

通过对风管出口至工作面的距离进行二维和三维的模拟,可以得到比较满意的结果,为了便于对工程实践提供指导和参考,下面对二维和三维模拟结果进行对比分析。

1. 相同点

(1)风流从风管出口射出后,首先按自由射流规律发展。当射流断面发展到一定程度时,射流中的部分空气便开始从射流体中析出,并开始反向流动。随后,射流体到达巷道迎头,由于受迎头壁面的影响,射流开始冲击并附壁回转,模拟结果显示了明显的附壁射流区、冲击射流附壁区及回流区。

（2）在射流的有效射程内，有两处涡旋区：一是出现在射流出口处；另一是在附壁射流、冲击射流和回流的交界处。射流出口形成涡漩是由于回流风受射流主体卷吸。但涡流区的范围小，不影响主体射流的发展，不会对整个流场造成影响，不影响通风排尘要求。

（3）独头巷道受限贴附射流通风存在有限的射程，由于射流出口速度是在一定范围内，风管出口距迎头面的距离不同，风流在隧道内的流动状况不同：如果风流不能到达迎头面，由于压差的作用便会在迎头处形成涡流，不能顺利通风；如果风流能够顺利到达迎头，当风筒出口距迎头大于射流的有效射程时，在迎头处出现涡流。

（4）有效射程与出口风速有关，在有效射程内，风管出口到迎头的距离对流场的影响不大。

2. 不同点

（1）对模拟的隧道模型，当风速为11 m/s，二维时射流射程不超过40 m，三维时射流射程则不超过50 m。

（2）模拟中，二维模型在距掌子面40 m、30 m时，各速度不同值时速度矢量场和速度沿程大小变化不明显，而距离50 m、40 m和30 m、20 m三种距离段相同速度变化情况较显著；三维模拟，各不同距离条件下及不同速度情况下，速度矢量场和速度大小变化较均均，呈逐渐变化趋势。

（3）从模拟结果结合实际情况看，三维模型模拟更加接近实际情况。

5.4 射流风机串并联效果对比分析

在隧道施工通风中，有时为了能够提供给轴流风机一个较好的进风环境，轴流风机吸风前需要一定的风速。为了实现这一流场分布，需要若干（组）射流风机串联、并联布置，将一定速度流场的风流交接传输到轴流风机附近区域。因此，对隧道通风系统风机串联、并联分别进行了二维和三维数值模拟计算，计算中主要考虑隧道内加入射流风机后，串联、并联对巷道内气体通风系统的流场情况的影响。为了便于分析比较，分别取模型隧道进气口和出气口两处断面的速度作为分析比较依据。进口和出口的空气速度较大者，可以认为该风机布置方法比较合理，通风效果会更加显著。

5.4.1 射流风机串联组合形式分析

1. 物理模型

当两射流风机串联布置时，可建立二维水平隧道模型：首台风机与隧道进口距离为L_1，两风机间隔距离为L_2，隧道长L，水力高度为W。在L_1、L_1+L_2处布置两台射流风机，风机出风口宽度取D，如图5-4-1所示。各风机组的纵向间距应大于风机射流段的间距，即一组风机出口高速风流与隧道风流混合后，达到隧道断面风速基本均匀时的距离。考虑单线铁路隧道中采用射流风机时，风机直径较小，所需台数不是很多，所以一般射流段距离按10 d考虑，d为隧道当量直径（水力直径），加上安全度，则风机纵向最小间距可按10 d+20 m设计。在本例中取L_2=150 m，L_1=50 m，L=400 m，D=1.2 m，W=6 m。

建立三维模型时，隧道断面取实际标准断面，取隧道长L=400 m，L_1=50 m，L_2=150 m，模型如图5-4-2所示。

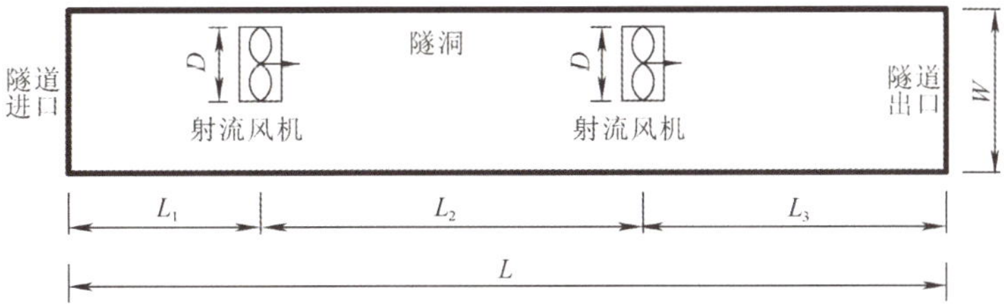

图5-4-1　两射流风机串联隧道通风简易二维模型

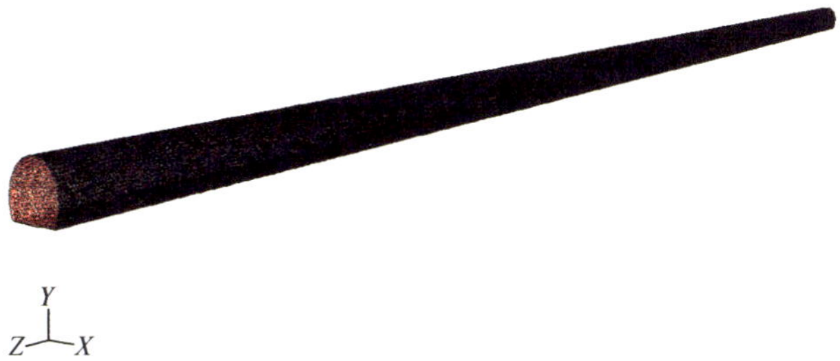

图5-4-2　两射流风机串联隧道通风三维模型

2.计算结果

图5-4-3～图5-4-6是两台串联射流风机相距150 m时，位于隧道中部拱顶的速度矢量场图、速度图和压强分布云图。

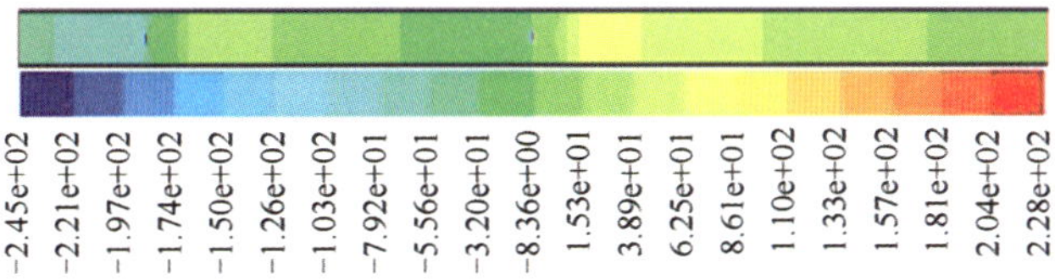

图5-4-3　模型中静压分布全局图

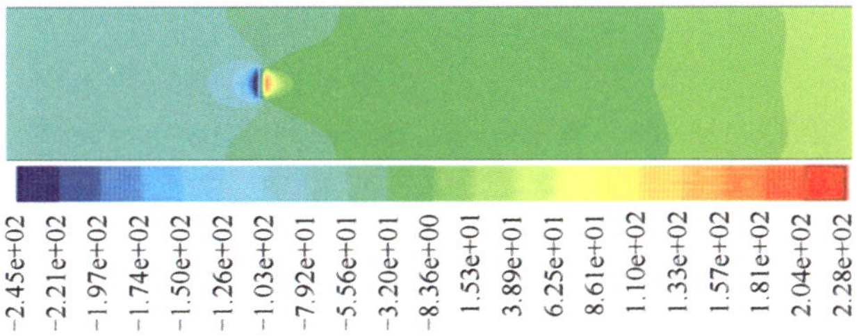

图5-4-4　风扇附近静压局部分布图

从图5-4-3及图5-4-4可以看出，在射流风机作用下的压力场呈现明显的阶梯状分布，随着洞内压升的降低，必然会使气体的流速降低，在忽略洞内其他建筑构件的影响下，由于隧道边壁面的阻力及流体的黏滞力的作用，风速沿隧道逐渐降低。从图5-4-3中可明显的看出，在洞内有两处明显的压力突变区，这是由隧洞内两处串联射流风机引起的：因为fan边界的设置，通过该面的气体压力获得一个突变的动能，从而模拟了隧道内气体的流动。由于风机位于壁面的一侧，该侧压强较大，而另外一侧壁面由于风机的诱导作用，空气被卷吸，压强小，甚至是负压。在卷吸的范围，整个隧道内压强没有负压，开始逐渐升高，在风机射程外，风机动力的影响变小，此时主要靠后面的气流推动前面气流向前运动，能量逐渐降低，直至到能量消减到零或者被下一级射流风机诱导为止。

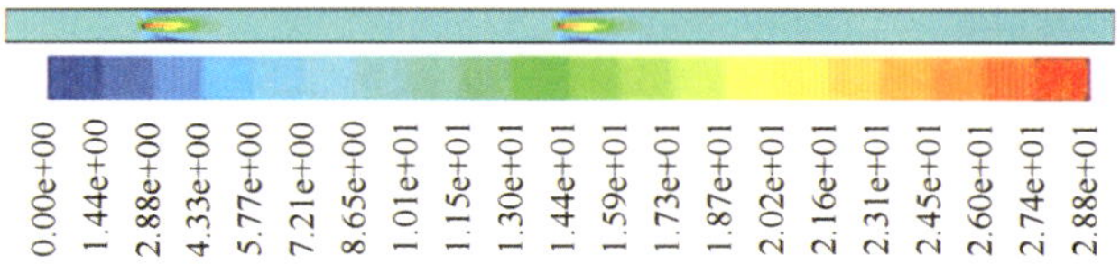

图5-4-5 模型中速度分布云图

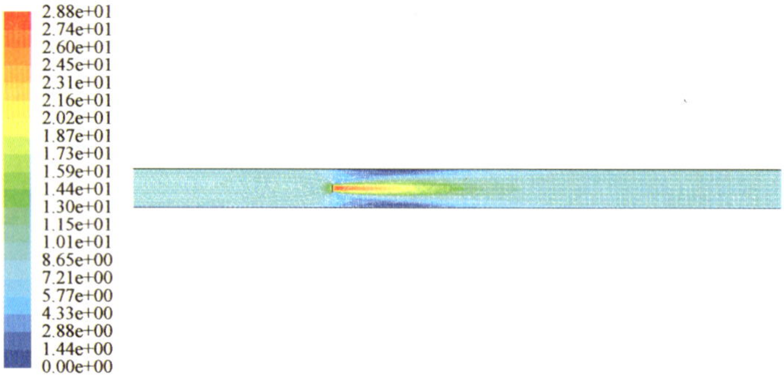

图5-4-6 模型中速度分布局部放大云图

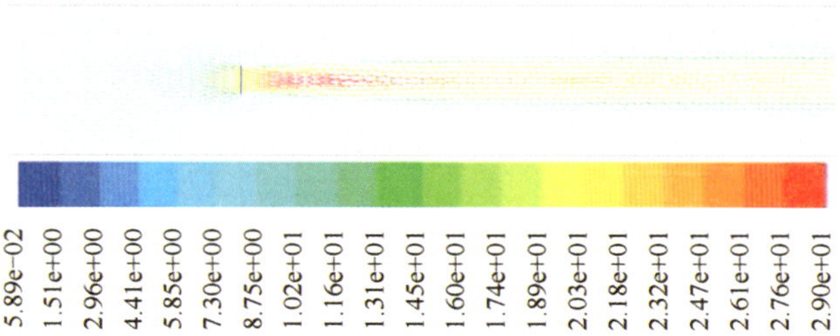

图5-4-7 模型中风扇速度分布局部矢量放大图

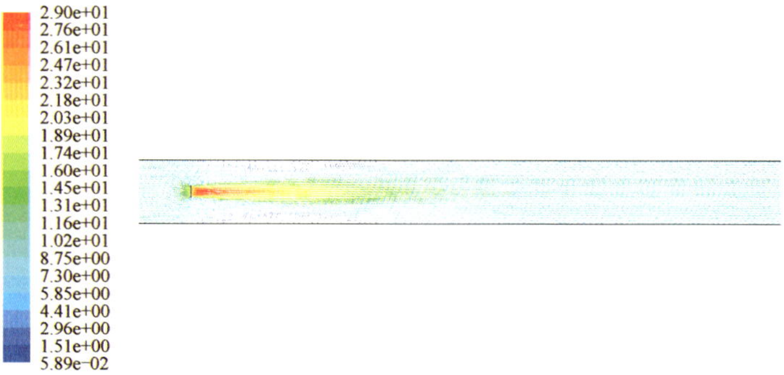

图5-4-8 模型中风扇附近速度分布局部矢量图

图5-4-3～图5-4-9为隧道内速度局部放大图和整体速度云图和矢量图。从图中可观察到，射流风机射流主体段的形状，出口时未与隧道内空气参混，而是像一橄榄状的火焰向前流

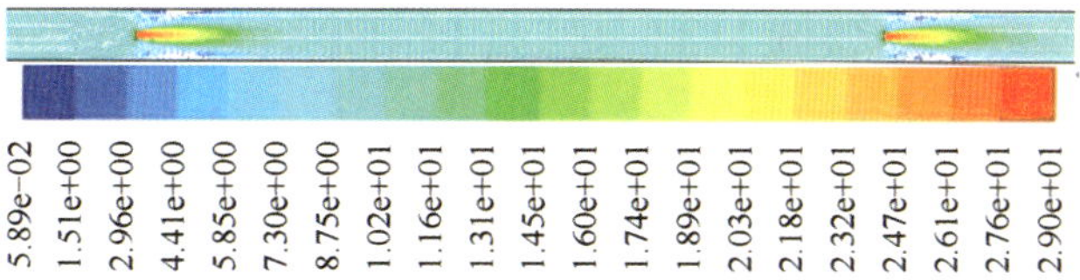

图5-4-9 模型中两风扇流场速度分布云图

动，渐渐地射流主体扩大到一定程度便与周围气流融合在一起，隧道内便形成整体的气流速度，此时空气流动均匀，但速度相对较低。

图5-4-10是在考虑流体的黏滞性和假设壁面为标准壁面函数，即糙粒的粗糙高度为0、粗糙常数为0.5时，沿射流风机中心线方向速度沿程变化情况，两次速度跃升为风机的作用。图5-4-11和图5-4-12是该条件下隧道进出口的速度图，从图中可以看到，进出口处的速度均稍高于10 m/s，且出口气流速度微大于进口气流速度，并且气流在经第二次风机提升后，隧道内的气流速度提升不明显。

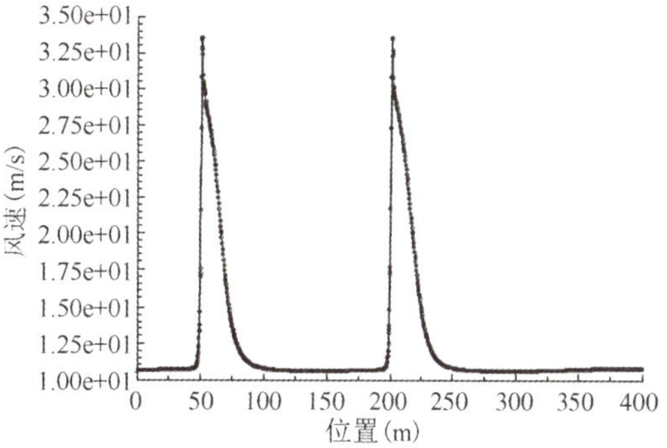

图5-4-10 串联风机出风口轴中心线速度沿程变化

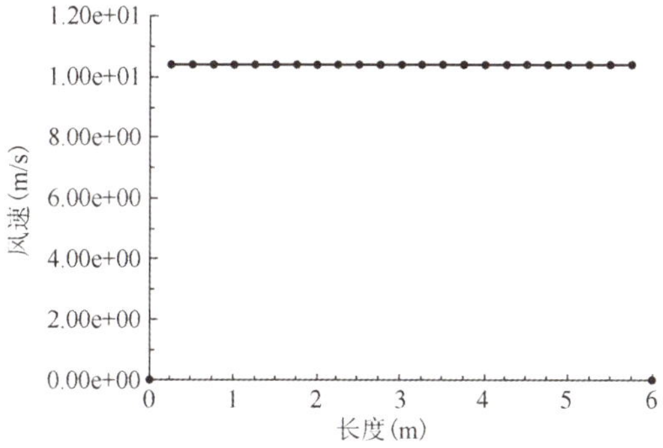

图5-4-11 风机串联进口处风速曲线

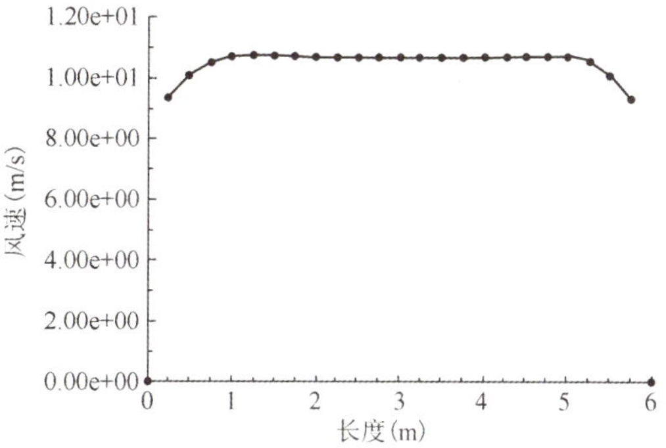

图5-4-12 风机串联出口处风速曲线

图5-4-13为考虑到隧道壁面粗糙度的影响后，串联风机出风口轴中心线速度沿程变化图。定义的隧道壁的糙粒的实际平均高度为粗糙高度5 cm，粗糙常数为1。图5-4-14和图5-4-15是该条件下隧道进出口处的速度曲线图，图5-4-15显示出口速度由于壁面的影响，从壁面至中心呈现类似抛物线形的分布，中心速度约为10 m/s。对比图5-4-11、图5-4-12和图5-4-14、图5-4-15，前者进出口速度均在10 m/s以上，后者进口速度约为9 m/s，出口速度约为10 m/s，从隧道内速度

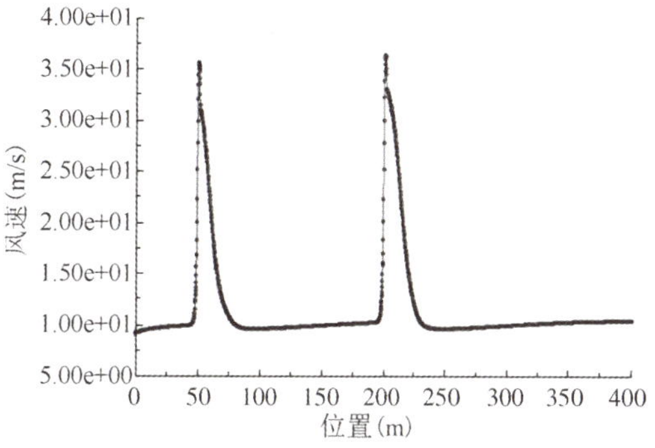

图5-4-13 定义粗糙高度为5 cm和粗糙常数为1的串联风机出风口线中心速度沿程变化曲线

两次提升来看，后者较前者变化明显。

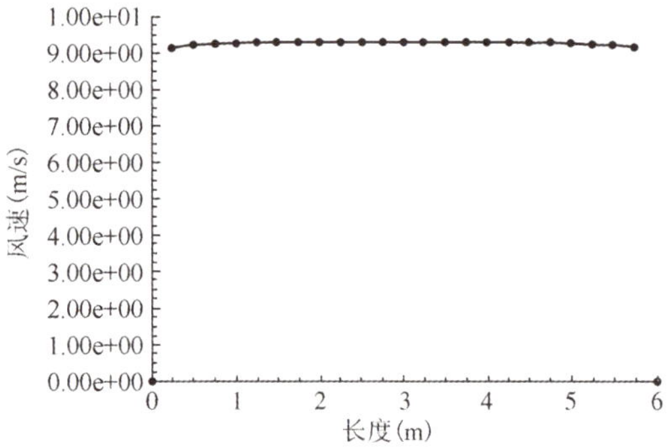

图 5-4-14　风机串联进口处风速曲线

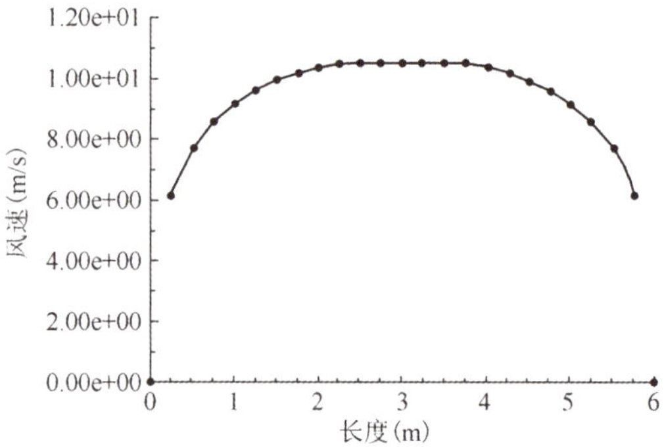

图 5-4-15　风机串联出口处风速曲线

当两射流风机串联时，三维数值计算模型速度矢量图如图 5-4-16 所示。

图 5-4-17 为两风机轴线方向速度沿程变化曲线图，模拟的条件是在全压为 600 Pa 的压力提升下，壁面为标准壁面函数处理。该图显示风机出口风速最高达 30 m/s 以上，轴线上进口风速稍大于 5 m/s，出口风速约为 6 m/s。图 5-4-18 为速度沿隧道几何中心线方向的变化图，图中显示中心线进口风速约为 5.5 m/s，出口风速大于进口风速，约为 5.8 m/s。由图 5-4-17 和图 5-4-18 可知，在风机的作用下，隧道模型进口风速，前者小于后者，出口风速，前者大于后者。从整个速度趋势来看，两者差别不大。

图 5-4-16　两风机串联时隧道三维数值模型矢量场分布

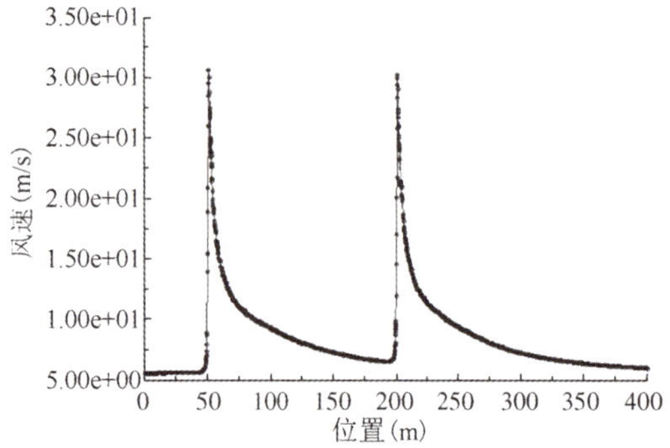

图 5-4-17　串联风机轴中心线方向速度沿程变化曲线

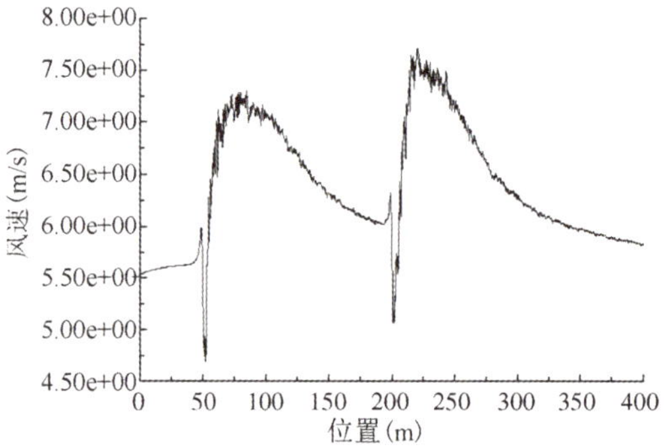

图 5-4-18　串联风机隧道中心线上速度沿程变化曲线

图5-4-19及图5-4-20为风速沿程变化图，其含义与图5-4-17及图5-4-18对应，但模拟壁面条件考虑到在湍流壁面限制流动中，模拟壁面粗糙度对流动影响。图5-4-19显示，隧道进出口处轴线上的风速基本一致，均约为3 m/s。图5-4-20显示，隧道为轴线方向上进口风速约3.3 m/s，出口风速大于进口风速，约为3.8 m/s。比较考虑壁面粗糙度影响前后的结果，发现采用标准壁面时，进出口速度大于考虑粗糙隧道壁面时的风速。

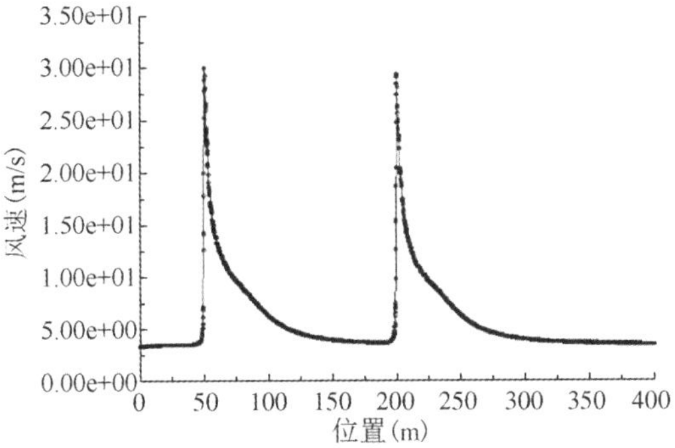

图5-4-19　考虑壁面粗糙度后风机轴中心线方向速度沿程分布

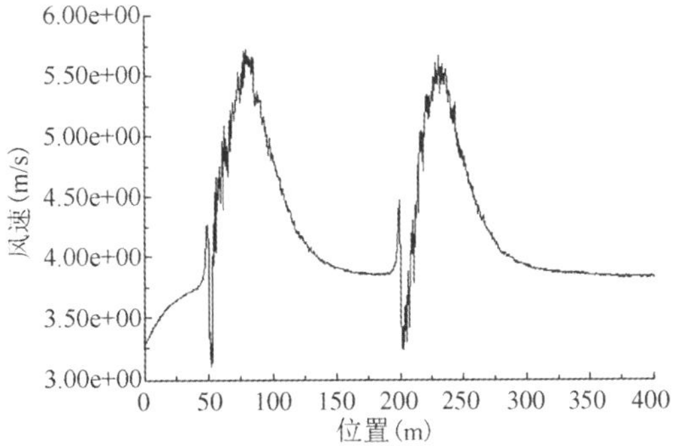

图5-4-20　考虑壁面粗糙度后隧道几何中心线方向速度沿程分布

通过二维及三维两种不同壁面条件下的模拟情况，可以得出如下结论：

（1）对于二维模型，不同壁面条件下的进出口速度存在差异，壁面粗糙度大时的进出口速度小于光滑壁面的情况，并且合理的壁面边界条件设置会得出相对较为准确且符合实际的计算结果，三维模型也是此规律。

（2）二维模型采用标准壁面时，出口速度约为10.8 m/s，采用粗糙壁面时，出口速度约为10 m/s；三维模型采用标准壁面时，出口平均速度约为5.8 m/s，采用粗糙壁面时，出口平均速度约为3.8 m/s。二维模型进出口速度较三维模型大。

（3）与二维仿真计算相比，三维模型虽然计算量较大，但由于边界等条件特性更接近实物，仿真计算更贴近实际情况。

5.4.2　射流风机并联组合形式分析

1.控制方程

隧道内气体流动模拟求解，采用标准k–ε方程，对壁面的处理采用标准壁面函数。

$$\frac{\partial}{\partial t}(\rho k)+\frac{\partial}{\partial x_i}(\rho k u_i)=\frac{\partial}{\partial x_i}\left[\left(\mu+\frac{\mu_k}{\sigma_k}\right)\frac{\partial k}{\partial x_j}\right]+G_k+G_h-\rho\varepsilon-Y_M+S_k$$

$$\frac{\partial}{\partial t}(\rho\varepsilon)+\frac{\partial}{\partial x_i}(\rho\varepsilon u_i)=\frac{\partial}{\partial x_j}\left[\left(\mu+\frac{\mu_t}{\sigma_\varepsilon}\right)\frac{\partial\varepsilon}{\partial x_j}\right]+C_{1\varepsilon}\frac{\varepsilon}{k}+(G_k+C_{3\varepsilon}G_b)-C_{2\varepsilon}\rho\frac{\varepsilon^2}{k}+S_e$$

$$\mu_t=\rho C_\mu\frac{k^2}{\varepsilon}$$

FLUENT软件对标准k–ε模型的处理是对以上方程求解完成的。其中，k代表动能项，k–ε代表动能耗散项，系数采用值为：$C_{1\varepsilon}$=1.44，$C_{2\varepsilon}$=1.92，C_μ=0.09，σ_k=1.0，σ_ε=1.3。

2. 物理及数学模型

当两射流风机并联布置，按二维流场模拟时，建立一个长L，水力高度为W的水平隧道模型：在距隧道进口L_1处布置并列两台射流风机，风机左右距离为30 cm。计算中假定风机为一无限薄的面，风机的直径采用D的一条直线；用三角形网格划分求解区域；使用压力跃升型函数定义压力跃升，假定风机的压力跃升为常数，取压力跃升ΔP为600 Pa；采用分离式求解器求解，假定空气为黏性不可压缩性流体，隧道内人、运渣车、装载机等机器和喷锚架等阻力忽略不计。

取L=400 m，W=6 m，L_1=50 m，D=1.2 m，如图5-4-21所示。

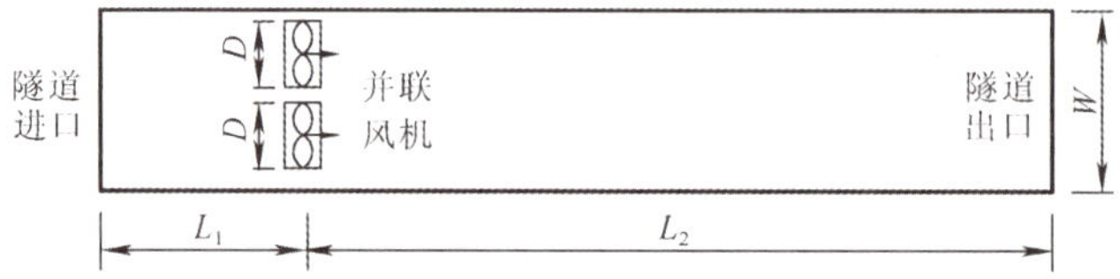

图5-4-21　两射流风机并联时隧道通风简易模型

三维模型取实际断面尺寸同图5-4-21，参数标注同图5-4-21，取L=400 m，L_1=50 m，L_2=350 m。

3. 计算结果

图5-4-22～图5-4-23为模拟结果显示的隧道内速度场云图。从图5-4-23中看到，空气从风机中射出后两风机的射流主体便合为一体，这和图5-4-5单风机相比，扩大了射流主体区域的宽度。图5-4-24为风机附近区域压强放大图，可以看到压强渐减的过程。

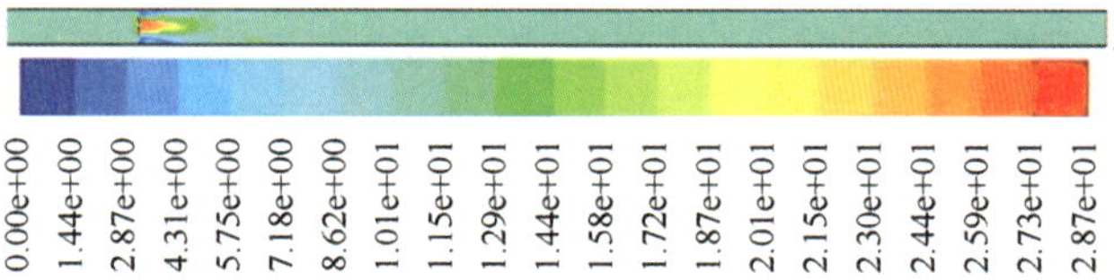

图5-4-22　求解后隧道内速度分布云图

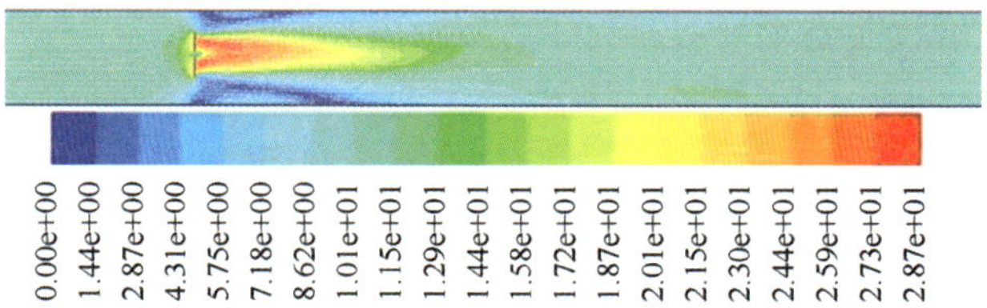

图5-4-23　射流风机并联时速度分布云图

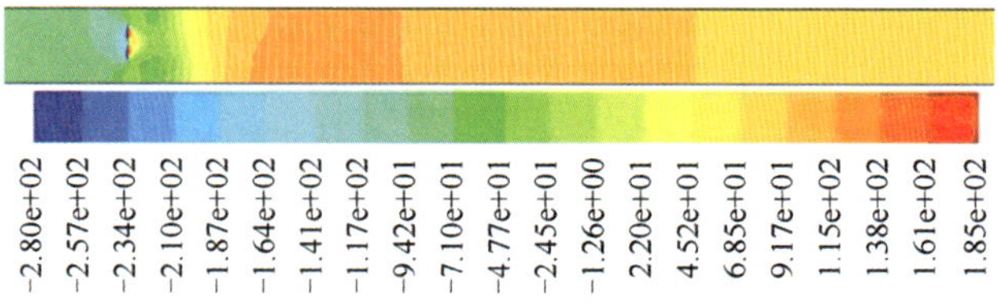

图5-4-24　两射风机并联时隧道内压强分布云图

为了能够更清楚并联风机内部速度场的分布情况，给出不同位置时隧道内的风流的流动分布状况，如图5-4-25～图5-4-32所示。

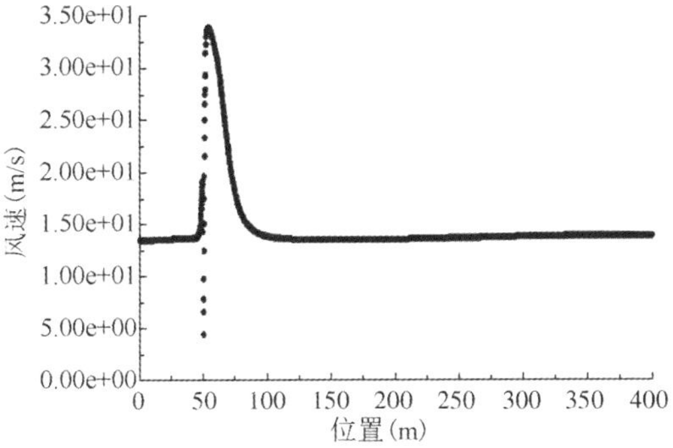

图5-4-25　两扇间中心线方向速度沿程变化曲线

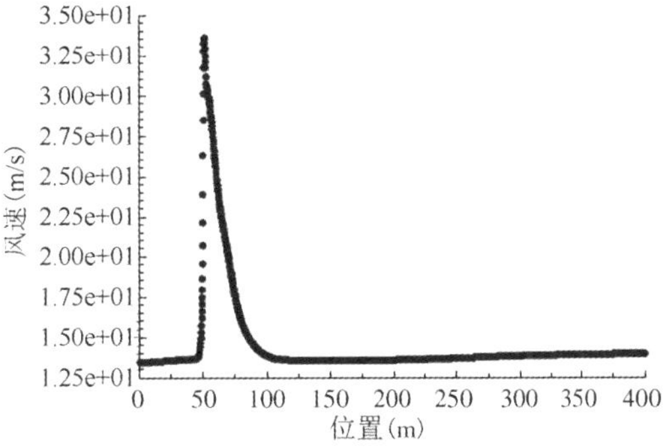

图5-4-26　风扇中心线方向速度沿程变化曲线

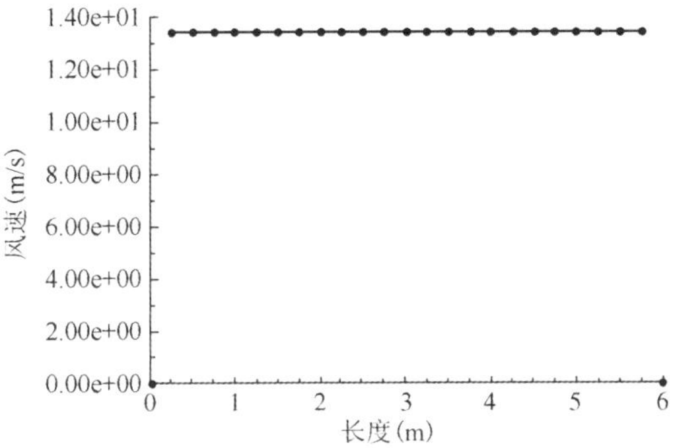

图5-4-27　风机并联时隧道进口处风速曲线

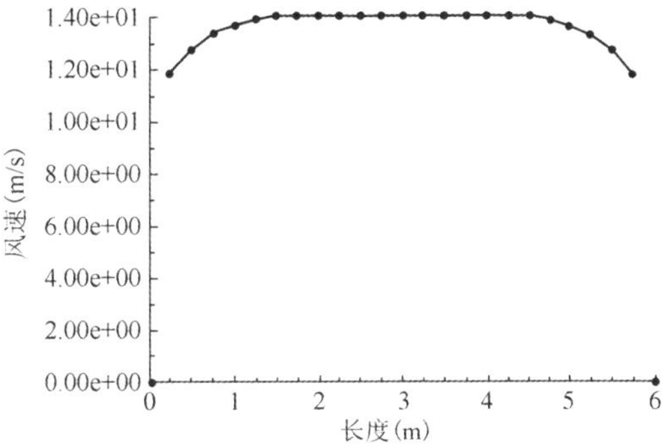

图5-4-28　风机并联时隧道出口处风速曲线

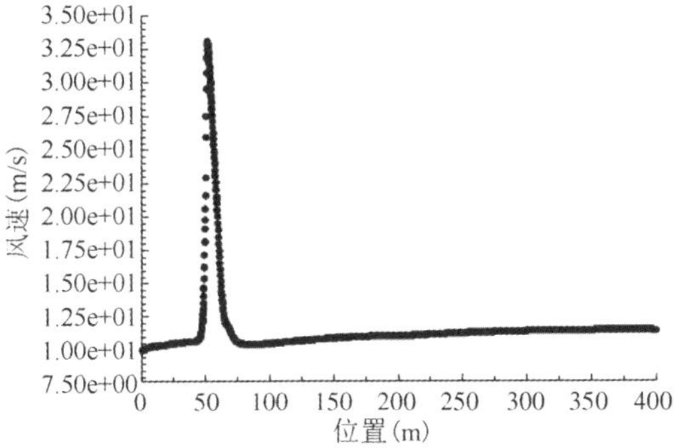

图5-4-29　并联风机考虑粗糙高度两扇间中心线方向速度沿程变化曲线

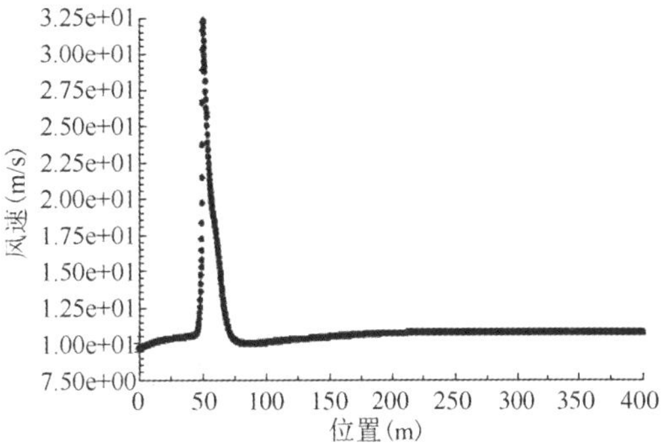

图5-4-30　考虑粗糙高度风扇中心线方向速度沿程变化曲线

图5-4-25为两风机间轴线方向速度沿程变化的曲线图，进出口处的速度约为13 m/s，且出口速度微大于进口速度。图5-4-26为风机轴心线的速度分布图，显示该线方向进出口速度约为13 m/s。结合图5-4-27及图5-4-28，除近壁处速度较小外，中间部分速度大小较均匀，进出口处速度基本相等。在考虑到粗糙壁面的影响后，给出粗糙高度为5 cm及粗糙常数为1时的隧道二维速度场分布，如图5-4-29～图5-4-30所示。比较图5-4-29与图5-4-26，粗糙度对

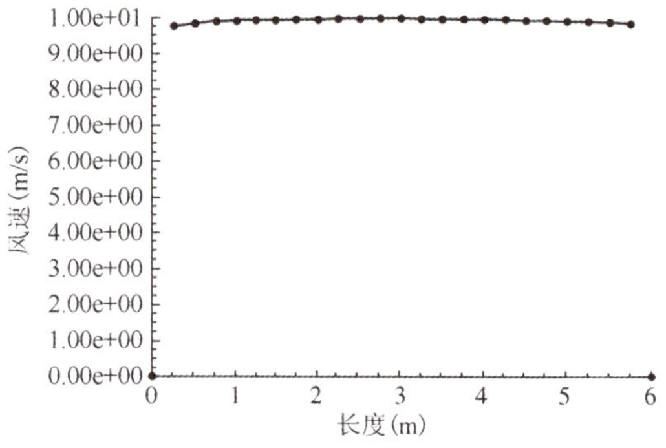

图5-4-31　风机并联时隧道进口处风速曲线

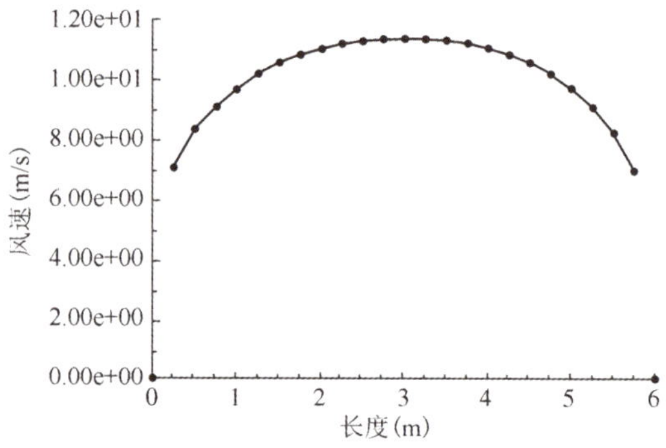

图5-4-32　风机并联时隧道出口处风速曲线

流场的影响是明显的，考虑粗糙度后，进口风速由原来的13 m/s降至10 m/s如图5-4-31所示，出口风速由原来的13 m/s降至约11 m/s，如图5-4-32所示。图5-4-30中进出口速度较原来下降且规律同图5-4-29。

长400 m的三维模型速度场分布如图5-4-33～图5-4-39所示。同二维模型一样，给出两种不同种类的壁面边界条件的计算结果。标准壁面的情况如图5-4-34～图5-4-36所示，粗糙壁的计算如图5-4-37～图5-4-39所示。

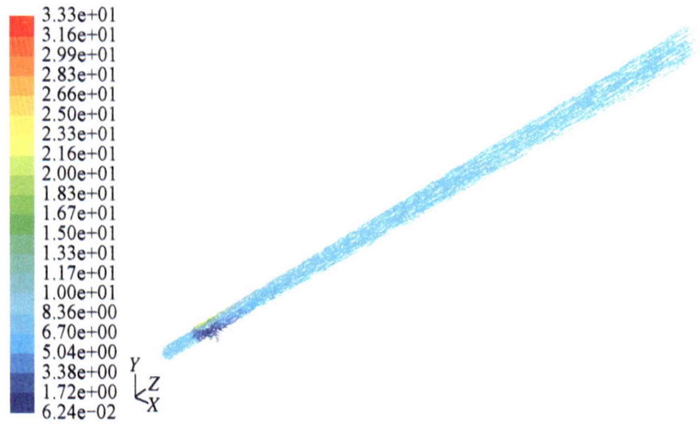

图5-4-33　并联风机隧道内三维流场模拟速度矢量分布（*L*=400 m，*D*=1.2 m）

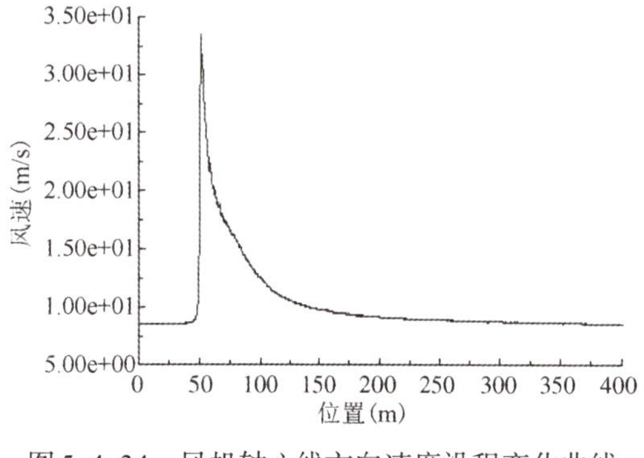

图5-4-34　风机轴心线方向速度沿程变化曲线

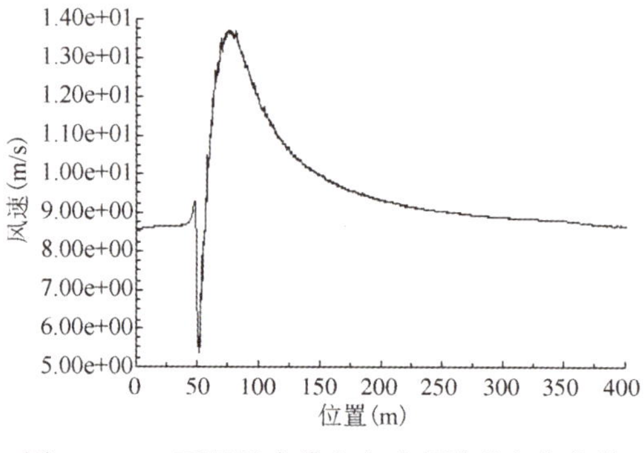

图5-4-35　两风机中线方向速度沿程变化曲线

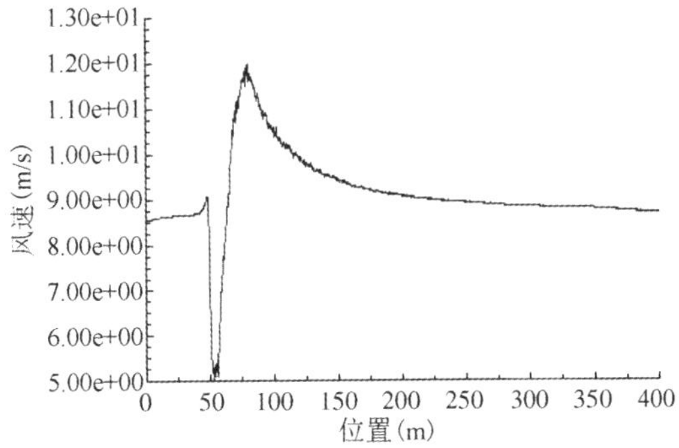

图5-4-36　沿隧道几何中心线方向速度沿程变化曲线

以下是考虑到粗糙度的影响后的模拟结果，如图5-4-37～图5-4-39所示。

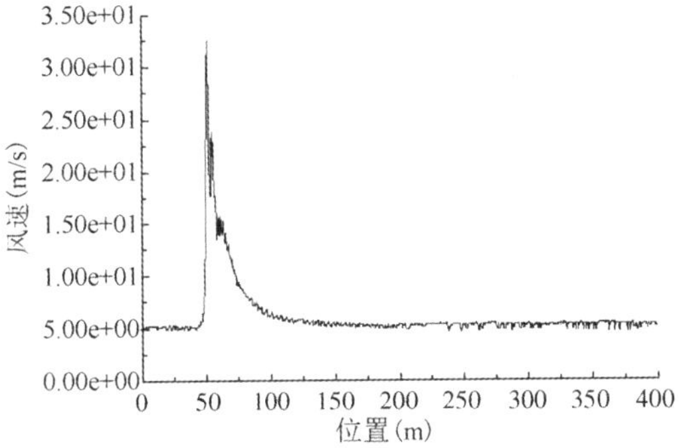

图5-4-37　沿风机轴心线方向速度沿程变化曲线

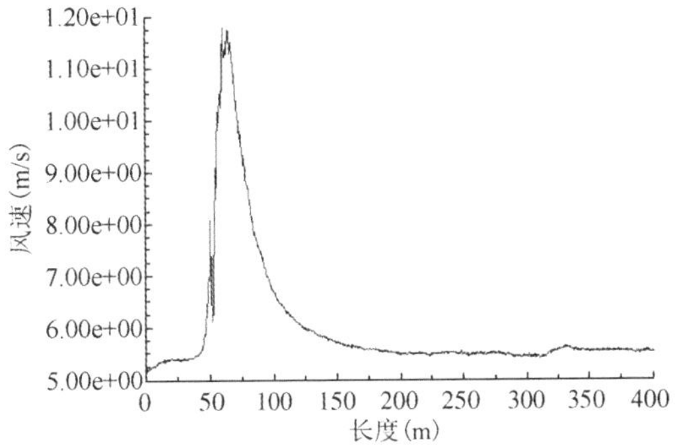

图5-4-38　沿两风机中间轴线方向的速度沿程变化曲线

标准壁面函数处理时，图5-4-34显示进出口速度约为8 m/s，图5-4-35和图5-4-36显示进出口速度约为8.5 m/s。而采取壁面粗糙处理后，图5-4-37显示进口速度约为5 m/s，图5-4-38显示进出口速度约为5.2 m/s，图5-4-39显示进口速度约为5.2 m/s，出口速度约为5.5 m/s。

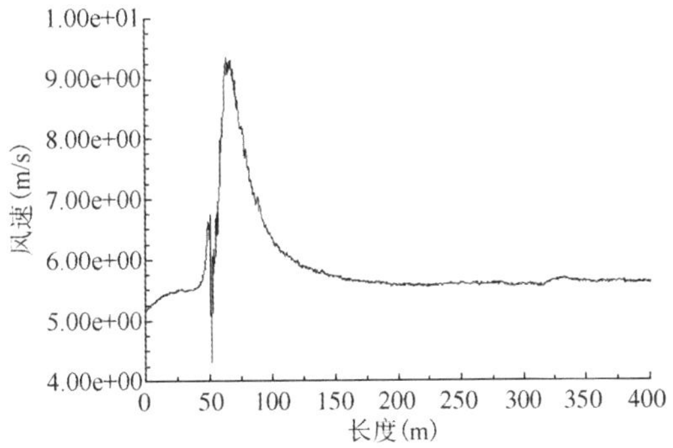

图5-4-39　沿隧道几何轴线方向速度沿程变化曲线

根据以上分析和比较，在相同条件下对风机进行串、并联设置时，模拟仿真计算结果表明，串联时出口风速约为3.8 m/s，并联时出口风速约为5.2 m/s。并联进出口的风速均较串联时进出口的风速高。可见，射流风机并联可以获得较大的断面风速，因为当风机并联时，出口射流主体段的影响范围较大，气流的总能量大，对隧道内空气的推力大；而串联时，单台风机的能量和推力有限，待后方风机将风送到前方风机吸程范围内时，在沿程的阻力损失和能量衰减后，风速已比较小。

5.5 通风效果测试

5.5.1 通风升温系统

关角隧道所处地区一年内长达8 个月时间处于低温环境，温度在0℃～-20℃，最低达到-35℃。施工通风运行过程中，从隧道外吸入洞内的新鲜空气温度低，导致整个隧道内温度降低，对隧道掘进、支护、仰拱及二次衬砌施工影响较大。采用在隧道内增设火炉、洞门设置门帘等措施可提高隧道内温度，但这些措施消耗煤等燃料较多，门帘及火炉要专人不间断看管，导致隧道冬季施工成本较高，隧道内危险源增加。

为此，设计一种隧道通风升温装置，以替代在隧道内设置火炉等升温措施。在隧道内设置升温风箱，升温装置安装在风箱内，所有通过通风机进入隧道的空气全部经过风箱加温后送至各个作业面。升温装置采用ϕ50 mm薄壁无缝钢管制作，并与空压机循环水管相连接，通过循环水的温度给进入风箱的冷空气加热升温。

（1）在斜井与空压机洞室交叉部位设置风箱，风箱的设计根据加热进风流所需热量和单组加热管所提供的热量计算确定。隧道按照四 个工作面需要5 000 m^3空气，温度升高3℃，计算得出需要热量的总能耗为20 752 J，单组加热管的热能为3 297 J，因此升温装置数量L=20 752/3 297 = 6 组（ 取整数 ）。

（2）升温装置利用斜井顶部空间，下部预留运输通道，如图5-5-1所示，以保证正常运输通行。

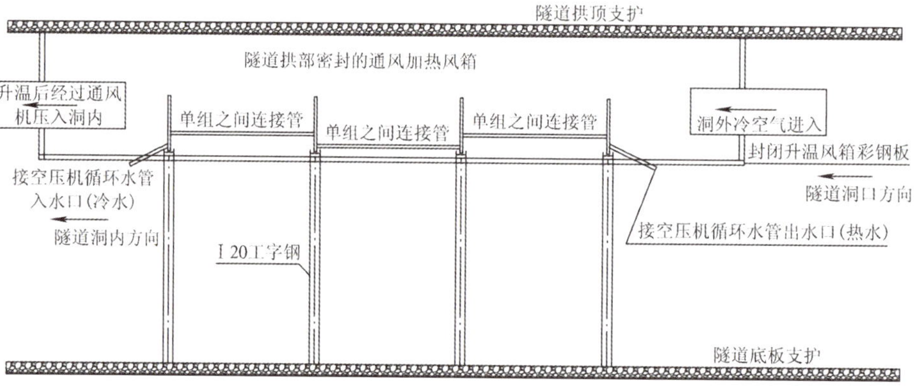

图5-5-1 节能升温系统示意

（3）利用ϕ50 mm无缝薄壁钢管制作多组升温装置，升温装置间采用ϕ50 mm无缝薄壁钢管连接，从而形成沿隧道纵向放置的多排升温装置组，每组升温装置与空压机循环水管相连，形成高温水循环水管。隧道内设置升温风箱，升温装置组安装在风箱内，如图5-5-2所示。

（4）利用升温装置组两端的预留口与空压机的循环水管相连接，管道上安装循环水泵，以加强水的循环速度，这样就构成空压机循环水在该组升温装置中的循环，通过循环水的温度给进入风箱的冷空气加热升温，从而达到隧道通风升温的目的。

5.5.2 通风管理

1.一般要求

施工通风管理水平的高低是影响通风效果的关键因素之一。如果通风管理不善，将使工作面得不到足够的新鲜空气，沿途污浊空气不能及时排出洞外，达不到通风的效果。

以“合理布局，优化匹配，防漏降阻，严格管理，确保效果”二十字方针作为施工通风管理的原则，强化通风管理。具体为：以长代短，减少接头数量；以大代小，在净空允许的条件下，尽量采用大直径风管；以直取弯，减少风阻。

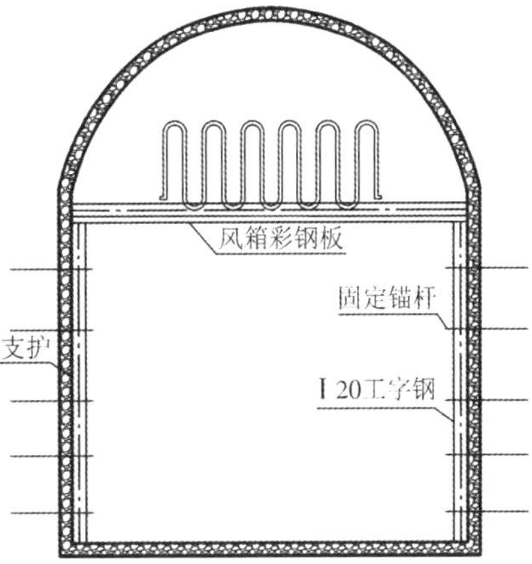

图5-5-2 节能升温系统正面示意

设立通风作业小组，作业人员负责通风系统的安装、调试、运行，加强检查和维护，确保按要求通风，以及及时关闭有关风门，防止漏风、窜风。

风管用WSFG型软管，它具有防水、阻燃、抗静电性能。风管吊挂必须做到平、直、稳、紧，确保在水平面上无弯曲，风管无皱褶，无扭曲。为保证通风畅通，防止通风管被破坏，将通风管设置在正洞边墙上，并高于洞内行走机械的高度，吊挂风管的缆索要拉平、拉紧；锚杆要打牢、矫直；风管上的吊环间距要设置均匀，做到无一缺损和无一漏挂。

风筒与风机连接处采用30 m长铁皮变径导风筒与软式风筒连接。在工作面，风筒末端增加一节10 m长铁皮风筒，防止损坏风筒，风筒经过衬砌地段时，在风管外设铁皮筒保护，确保管路畅通。通风机安装必须稳固，通风方向与施工前进方向一致。

通风机与风管使用做到长远规划，避免反复安装。通风设备要定时检修和保养，平时有一台性能良好的通风机备用，如果隧道通风机突然损坏可随时更换，以确保通风系统时刻处于良好状态，改善施工环境。做好风机用电计划，避免后期电压降过大。

除加强和完善通风工作制度外，各管理层要高度重视通风工作，建立科学合理的管理体系，在钻眼爆破、检底铺底、铺设防水板、二次衬砌等作业中都要注意对施工通风设施的维护和影响，通过全面系统的管理提高通风质量。

2.供氧方案

由于隧道处于高原高寒地带，为了施工人员的健康和生命安全，为了提高工作效率，制定完善的供氧系统，确保隧道施工顺利开展。

在隧道外建立制氧站对洞内采用弥漫式供氧，使得开挖面附近氧含量较洞外高2% ～ 4%，在洞内距掌子面100 ～ 200 m处设移动式氧吧车，为洞内机械司机配小氧气瓶，减轻人员的疲劳程度。

3.防尘措施

防尘采用通风防尘、减少尘源和个体防护的综合技术措施。

（1）通风防尘

通风防尘的作用是稀释和排出洞内空气中的粉尘。根据我国煤炭、冶金及有关部门的规定，要求掘进巷道工作面的最低排尘风速为0.3 m/s，根据排烟计算，配备的通风设备能够满足通风防尘要求。

为避免由风管吹出的风流在工作面形成涡流或直接吹向渣堆而增加空气中的粉尘含量，使风管悬挂于隧道的一侧，并使其轴线与隧道平行。

（2）喷雾防尘

在距掌子面10 m左右的洞壁上安装高压喷雾器，起爆前提前打开高压喷雾器，形成喷雾，借喷雾降低爆破粉尘含量。

①爆破防尘。采用水封爆破进行降尘，即用聚氯乙烯、聚乙烯等薄膜加工的塑料袋装水充当炮泥放在炮孔中封堵炸药，可使1～5 μm粉尘降低50%～80%，同时能减少爆破所产生的有害气体。爆破时采用高压喷雾器进行喷雾降尘。为加速湿润粉尘的沉降，在距掘进工作面20～30 m处利用喷雾器设置粗雾粒净化水幕。

②出渣防尘。放炮后出渣前，用水枪在掘进工作面自里向外逐步洗刷隧洞顶板及两帮。在装渣前，向渣堆不断洒水，直到渣堆湿透，防止装渣过程中扬尘。

③喷混凝土防尘。隧道内全部采用湿喷混凝土机进行喷射作业，从根本上降低喷混凝土作业时产生的粉尘量。在喷混凝土作业面，布设局部通风机进行吸尘，改善作业面的工作环境。

（3）减少尘源

尽量将能够在洞外进行加工操作的工序放在洞外，如电焊、氧气焊、混凝土搅拌等工序，以减少粉尘的来源。

4.有毒气体和可燃气体的防护

施工期间，洞内任何部位和工作面处，空气中的有毒气体和可燃气体都不得超过容许浓度；任何汽油动力设备都不允许放在隧道内或在隧道内使用；任何情况下都不允许将汽油运进洞内。

5.个人防护

（1）为了更好的保护施工人员的健康，为隧道内工作的施工人员配发防尘口罩、压风呼吸机、防尘安全帽等防护设施，最大限度地做好防尘工作。

（2）减少内燃机械的尾气排放量。由于隧道内出渣车辆行走条件差，导致车辆超负荷运行，车辆效率大幅降低，耗油量和有害气体排放量增加，车辆尾气排放量远大于设计排放量。因此，隧道施工中一定要加强对内燃机械的保养，运输方案选择时还可以考虑电动机械。

（3）设立劳动安全卫生管理机构，购置通风与环境状态监测仪器、仪表，巡回对各工区劳动卫生状况进行实时监测。监测项目包括作业面的风速、风量、CO、CO_2、NO_x、粉尘的含量、洞内外温度、隧道内平均风速、风机的运行状况、通风管道的漏风率等，每工区每周一次。当作业面环境严重超过国家规定的标准时，监测人员和安全员有权责令停止作业，撤出人员并进行整改，施工人员有权拒绝工作。

5.5.3 测试效果

2009年8月9日至10日，对各洞口开展了通风效果测试，测试结果见表5-5-1～表5-5-5。

表5-5-1 进口正洞通风效果监测数据

位置 \ 项目		通风方式及状态	现场工作状态	掌子面里程（m）	风管距掌子面距离（m）	测点位置	量测项目				
							O_2（%）	CO（ppm）	SO_2（ppm）	风速（m/s）	温度（℃）
进口正洞	Ⅰ线	管道未通风	喷混凝土	K281+430	—	掌子面	19.8	9	0.3	0	15.4
	Ⅱ线	管道通风	出渣	K281+520	50	掌子面	19.7	9	0.1	0	14.5

表5-5-2 1号斜井通风效果监测数据

位置 \ 项目	通风方式及状态	现场工作状态	掌子面里程（m）	风管距掌子面距离（m）	测点位置	量测项目				
						O_2（%）	CO（ppm）	SO_2（ppm）	风速（m/s）	温度（℃）
1号斜井	风管通风，风机功率2×55 kW	—	—	—	井口	19.8	0	0	0	22
		钻孔	K283+485	—	Ⅰ线格尔木方向掌子面	19.4	24	0	0	19.2
		钻孔	K281+151	—	Ⅰ线西宁方向距掌子面20 m	19.6	19	0	0	17.2
					Ⅰ线西宁方向掌子面	19.5	19	0	0	16.8
		—	K283+085	120	Ⅱ线格尔木方向掌子面	19.7	3	16.4	—	—
		出渣	K283+550	35	Ⅱ线西宁方向掌子面	19.2	25	0	0	18.4

表5-5-3 3号斜井通风效果监测数据

位置 \ 项目	通风方式及状态	现场工作状态	掌子面里程（m）	风管距掌子面距离（m）	测点位置	量测项目				
						O_2（%）	CO（ppm）	SO_2（ppm）	风速（m/s）	温度（℃）
3号斜井	管道未通风	钻孔	0+520	—	井口	19.8	0	0	0	18.3
					距掌子面30 m	19.8	8	0	0	20
					掌子面	19.8	0	0	0	19.8

表5-5-4 5号斜井通风效果监测数据

位置 \ 项目	通风方式及状态	现场工作状态	掌子面里程（m）	风管口距掌子面长度（m）	测点位置	量测项目				
						O_2（%）	CO（ppm）	SO_2（ppm）	风速（m/s）	温度（℃）
5号斜井	风管通风，功率2×55kW	停工	7+97	45	井口	19.9	0	0	0.6	18.4
					距掌子面20m	20.0	5	0.1	0.1	19.4
					掌子面	20.0	5	0.1	0	16.9

表5-5-5　6号斜井通风效果监测数据

项目 / 位置	通风方式及状态	现场工作状态	掌子面里程（m）	风管口距掌子面距离（m）	测点位置	量测项目				
						O_2（%）	CO（ppm）	SO_2（ppm）	风速（m/s）	温度（℃）
6号斜井	风管通风，功率 2×55 kW	出渣	0+597	150	距掌子面20 m	19.0	290	0	2.8	—
					掌子面	19.0	347	0	1.0	—

根据效果监测，采用中隔式通风，用彩钢板将斜井分为进风道及排风道两部分，上部为进风道，下部为排风道及施工通道，彩钢板风道沿斜井布设至斜井与主洞交叉口处，然后采用风机通过风筒将高压新鲜空气分流至各施工掌子面，浑浊空气通过下部排风通道排至洞外，这样隔离后，上部进风道进风量是原设计采用2条直径1.8 m风管进风量的5倍，保证了各掌子面在放炮完成后，通风20 min能够满足施工需要，更重要的是保证了在高海拔缺氧条件下，掌子面施工新鲜空气的需求量，为确保工程顺利开展，降低施工成本奠定了基础。

5.6　小　　结

本章首先考虑了高海拔特长隧道施工通风的难点，根据空气性质与海拔的关系，对施工通风量计算和风机选型进行了修正，并对长距离独头供风的主要技术参数进行论证分析，确定了关角隧道的施工通风方案，得出以下主要结论：

（1）高海拔环境下，工程机械CO排放量以指数方式变化，随转速增大而增大。高转速工况下，随油门加大使燃烧室供油量增多，α_a减小，燃烧室缺氧，燃烧不充分，导致CO排放浓度高；在工作转速附近，随着氧气进量的稳定与气缸和机器温度的升高，柴油的燃烧越来越充分，会使更多CO氧化为CO_2。高海拔环境下工程机械HC排放量以指数方式变化，随转速增大而增大。低于工作转速时，排烟量较低，排烟变化缓慢；处于工作转速时，排烟量随着转速的增大的幅度加大；高于工作转速时转速越大，有害气体排放越多。

（2）关角隧道排除炮烟计算风量是所有计算风量中的最大值，考虑空气高程重率修正，6号斜井工作面风量修正后为1 236 m^3/min。

（3）根据独头通风实际出口风速的取值范围（一般小于11 m/s），出风口至工作面的距离应控制在50 m以内。当风速为11 m/s时，出风口至工作面距离50 m以内效果较佳；若为8 m/s ～ 4 m/s时，出风口至工作面距离40 m以内较好。

（4）在相同条件下对射流风机进行串、并联设置时，计算结果表明，串联时出口风速约为3.8 m/s，并联时出口风速约为5.2 m/s，并联进出口的风速均较串联时进出口的风速高，因而，可以获得较好的通风效果。

（5）采用中隔板巷道通风，将进风通道和排风通道隔离开，可降低通风阻力，有利于远距离大风量送风，提高供风质量。

（6）中隔板式通风缩短了风管送风距离，使送到开挖面的有效风量大幅度增加，同时降低了风管维护工作量，尤其是斜井内避免了通风管维修更换工作，对施工安全十分有利。

6 高海拔特长隧道施工机械配套技术

新关角隧道地处青藏高原腹地，海拔高、空气稀薄、气压低、交通不便、自然条件和地质条件恶劣，施工难度大。特殊条件要求科学合理的配备施工机械设备，本章主要研究该环境对施工机械的影响，分析原因，找出对策，加强管理，配置适应低温环境隧道施工开挖、出渣、支护、二次衬砌、辅助施工的五条机械化作业线。

6.1 影响关角隧道快速施工的因素

安全施工、快速施工是关角隧道的重点。在安全问题上，存在较多的安全风险源，就气候而言，严重缺氧会引发致人死亡的高原脑水肿，严寒导致的感冒是致人死亡的高原肺水肿的重要诱因；就水文地质而言，长大断层多，岩性接触带多，且隧道通过的大部分洞段在中等富水区，地下水发育，存在突泥突水和坍塌风险；从施工条件而言，主要任务量通过长大斜井来完成，在较陡的长大斜井中出渣运输和进料存在一定的安全风险。由于影响工期的因素较多，所以组织好快速施工尤为重要。影响工期的主要因素有以下方面：

1. 高海拔环境下人员劳动效率

根据相关测定，海拔4 500 m高度的劳动效率是内地的60%左右。除高度外，寒冷也是降低劳动效率的一个重要因素，如果以气温15℃～20℃、劳动效率为100%进行计算，则气温在−7℃～−40℃时的劳动效率只有最高效率的50%。

2. 高海拔环境下机械效率

按有关方面测定，海拔上升1 000 m，发动机功率降低8%～12%；在4 000 m的高程，发动机功率比低海拔地区降低45%左右。

3. 施工作业线系统工效

关角隧道施工作业线包括开挖、出渣、支护、二次衬砌、辅助作业线。任何一条作业线受阻都会影响总体施工作业线效率，因此要对每条作业线进行工效分析。

4. 多工作面同时作业下的施工组织管理

关角隧道除进出口外，正洞施工全部通过斜井运输，进入正洞开挖，全隧共有 26 个工作面同时施工，作业工序之间互相影响，若组织管理不当必降低施工效率，并且存在一定的安全风险。

5. 隧道施工机械配套方案

机械设备的选型与配套直接影响隧道施工的工期、质量、安全、成本和环保要求等。如果由于设备配置不良而产生施工问题，即便采用高效的施工组织，也很难取得满意的施工效果。

6.隧道施工技术方案

隧道施工技术方案主要包括洞身开挖及出渣方案、不良地层施工方案、排水方案、注浆方案、整体道床施工方案、隧道辅助施工技术方案等，各个技术方案都会影响隧道的施工效率、施工进度。

6.2 高海拔隧道施工机械效率分析

6.2.1 高海拔环境对机械设备的影响

1.高海拔环境气候特点

青藏高原是我国乃至世界上最具代表性的高原，它对工程机械设备的影响最有代表性。高海拔环境有着独特的和较恶劣的气候条件，具体表现在：大气压力下降、空气密度减少、氧气含量不足、平均气温偏低且昼夜温差大、低温期长、长年冻土地带面积大和风沙尘土大等。海拔高度与空气温度、密度及气压的关系见表6-2-1。海拔高度对大气压强P、空气密度p及含氧量Φ_{O_2}的影响，如图 6-2-1所示。

表6-2-1　不同海拔高度下大气气压、温度及密度

海拔高度（m）	气压（kPa）	相对气压	温度（℃）	密度（kg/m³）	相对密度
0	101.3	1	15.0	1.22	1
1 000	90.0	0.89	8.4	1.10	0.90
2 000	79.4	0.79	2.0	1.0	0.83
3 000	70.2	0.70	-4.4	0.90	0.73
4 000	61.2	0.60	-11.0	0.81	0.68
5 000	54.1	0.54	-17.6	0.75	0.60

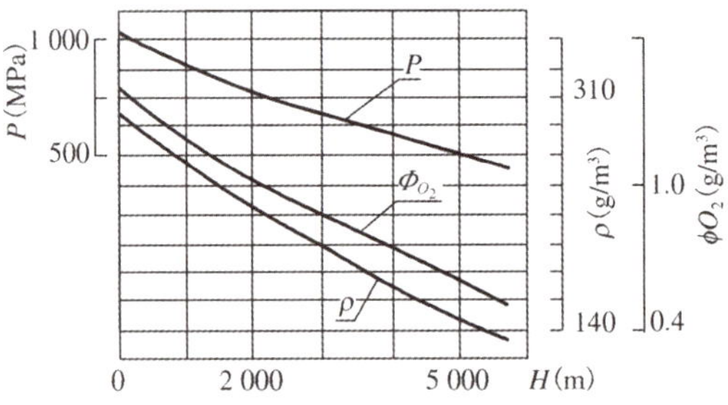

图6-2-1　不同海拔高度下大气气压P、密度ρ及含氧量Φ_{O_2}

随着海拔高度的增高，大气压强P下降，导致水的沸点降低，水冷内燃机也会受到影响。海拔高低对水沸点的影响见表 6-2-2。

表6-2-2　不同海拔高度下蒸馏水沸点

海拔高度（m）	0	1 000	2 000	3 000	4 000	5 000
蒸馏水沸点（℃）	100	96.5	93.2	90.0	86.8	84.0

总结起来，恶劣的高海拔环境气候特点如下：

（1）空气压力及空气密度较低；

（2）空气温度较低，变化较大；

（3）空气绝对湿度较小；

（4）太阳辐射照度较高；

（5）降水量较少；

（6）年大风日较多；

（7）土壤温度较低，且冻结期较长。

2. 受高海拔环境影响的施工设备

（1）内燃机械、以内燃机为动力的设备。

（2）电工产品，包括各类电器设备、电控开关及继电器等、铅蓄电池、绝缘材料、高压电器、通信电缆等。

（3）以空气为介质的其他设备，包括风机类、空压机、锅炉类。

（4）金属材料、非金属材料，如机械中的橡胶件、密封件、高压软管，润滑及传动油料等。

3. 高海拔环境对内燃机的影响

（1）对柴油机机动力性能的影响

①低温缺氧环境里，内燃机工作时，气缸内进气量减少，过量空气系数下降，可燃混合气过浓，燃烧状况恶化，后燃现象严重，柴油机动力性能和经济性能变差，热负荷增加。

②冷却风扇流量减少，冷却水（防冻液）沸点降低，导致散热能力下降，热负荷进一步增加。

③压缩终点压力与温度下降，机油黏度增大，启动阻力矩增加，蓄电池容量降低，造成内燃机低温启动困难。

④空气滤清器滤清效果下降，进气阻力上升快，除尘能力降低，使用寿命缩短。

⑤废气中炭烟、未燃烃（HC）、CO、醛类等有害物质排量大大增加，排气烟气增加。

⑥燃烧室积炭严重，柴油机早期磨损，可靠性及功率降低。

⑦增压柴油机增压器与内燃机匹配运行线发生变化，压气机效果降低，扭矩特性变差。

⑧风冷发动机由于进气量和冷却风量均受空气密度下降的影响，功率下降，热负荷升高的情况更加突出。

（2）对柴油机整机匹配性能的影响

在高海拔条件下，发动机外特性随海拔升高而下降，使整机所有原设计匹配点的转速和扭矩相应下降。在标准举升负荷下，液压系统对发动机产生的负荷是一个定值，不会因海拔高度的增加而发生很大变化，由于高海拔对发动机的影响，从而使液压系统与发动机的匹配性能发生变化，动作时间随海拔高度增加而趋向迟缓，以至于在海拔3 000 m左右情况下进入不能有效举升额定载荷的临界状态。高海拔条件下，整机动力输入的新的工作点扭矩、转速较原设计大大下降。扭矩的下降使设备显示力量不足。转速的下降使得相应工况时作业速度下降。扭矩、转速下降的共同影响恶化了匹配性能，造成了整机动力性、速度性、经济性及生产效率的严重下降。

高海拔对施工设备的影响，分液力传动型和机械传动型。液力传动型车辆，受发动机外特性高海拔下降和匹配失准的双重影响，其牵引性能变化比较复杂、剧烈，表现为无力、发热、油量消耗增大。机械传动型车辆，受发动机功率下降单一影响，机械性能与发动机功率下降成正比关系。重载工况下，为强行满足工作负荷，将发动机工作点压向低速大扭矩方向造成了同等运载条件下运行速度的严重下降和排放的极度恶化。其共同特点为发动机外特性受高海拔影响大，而速度特性受高海拔影响较小，所以整机牵引性能下降严重，而空载最高车速变化相对较小。根据有关文献，海拔高度对非增压柴油机和增压柴油机标定功率的影响见表 6-2-3、表 6-2-4 及图 6-2-2、图 6-2-3 所示。

表 6-2-3　不同海拔高度下非增压柴油机标定功率变化

海拔高度（m）	0	500	1 000	1 500	2 000	2 500	3 000
功率变化（%）	1	-2.0	-7.4	-12.5	-18.0	-23.2	-28.5

表 6-2-4　不同海拔高度下增压柴油机标定功率变化

海拔高度（m）	0	1 500	2 000	2 500	3 000	3 500	4 000	4 500	5 000
功率变化（%）	1	-0.81	-1.48	-2.35	-3.00	-3.82	-4.53	-5.32	-6.10

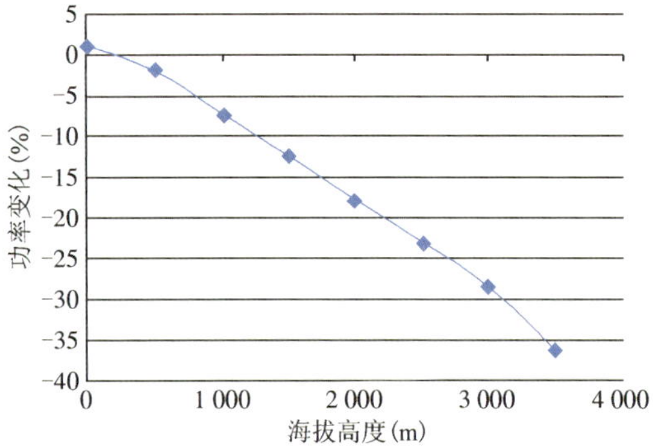

图 6-2-2　非增压柴油机功率变化示意

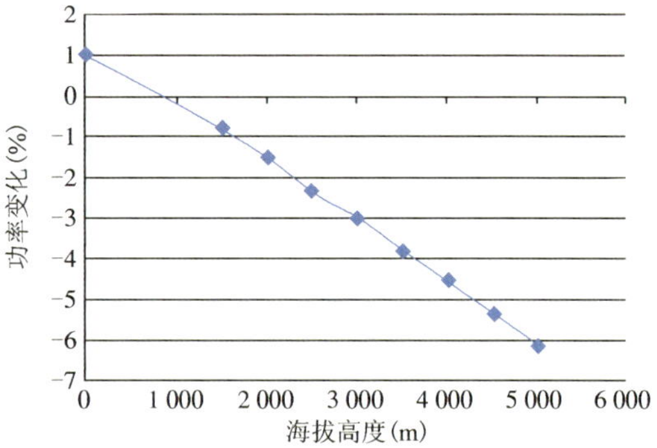

图 6-2-3　增压柴油机功率变化示意

（3）对柴油机润滑的影响

由于高海拔行车柴油机机功率下降，且高海拔地区道路复杂，行驶阻力大，因此柴油机满负荷工作时间比例增大，发动机易过热。柴油机工作温度升高，使润滑油黏度变小，氧化速度加快。同时，过浓的混合气不能完全燃烧，窜入曲轴箱后，会稀释润滑油并加快其变质，使柴油机机润滑不良，磨损加剧。

（4）对柴油机制动性能的影响

在高海拔地区运用出渣车出渣时，车辆制动器使用频繁，下长坡时，经常需要长时间连续制动。制动负荷的增大使制动器工作温度明显上升，可达到300℃以上。温度过高时，制动摩擦片的摩擦系数明显下降，将使车辆的制动效能变差。

液压制动系统的车辆在高海拔地区使用时，制动系统的工作温度升高，还会使制动液在制动管路中蒸发而产生“气阻”现象，致使制动失灵，造成交通事故。

（5）对柴油机低温启动的影响

气压的下降导致充气量减少，使压缩终点压力和压缩终点温度降低，发动机着火延迟期延长，造成启动困难。蓄电池蓄能和放电能力下降，也是影响启动性能的重要因素。按照国家标准，蓄电池的标称容量是在30℃气温条件下标定的，当气温低于此数值，每降低1℃，电池容量降低1%～1.5%（缓慢放电时），在-30℃气温条件下，电池容量仅为30℃容量的40%。在正常情况下，放电50%电量的蓄电池，经过6 h充电可以达到额定容量，而在-10℃时，同样放电程度的蓄电池用同样的时间只能充电到60%的额定容量，且温度越低充电能力越低。低温下，机油黏度增加，机油泵工作能力下降，低温强行冷启动易造成发动机缸体与活塞刚性磨损，发动机使用寿命缩短。

（6）对空气滤清器的影响

高海拔地区作业，大气粉尘含量较低海拔地区大，发动机进气阻力上升，进气量变少，既增加了发动机的进气阻力，使其功率降低，也增加了保养频率和难度（每天必须清洁空气滤清器，占用正常工作时间），缩短空气滤清器使用寿命。滤清效率降低也将导致发动机的早期磨损和大修期提前。

（7）对橡胶及密封器件的影响

在高海拔地区，密封件和橡胶管件使用的耐久性、抗破损性远小于低海拔地区，尤其是露天放置的工程机械设备，影响更加突出。主要表现为：密封件的低温老化，强紫外线照射导致橡胶管件易老化，管件易爆裂等。

（8）对柴油机排放尾气的影响

海拔高度影响发动机的空燃比，空燃比的变化又导致排气成分浓度的改变，从而影响有害物质的排放量。由图 6-2-4 可见，CO、HC的排放浓度随海拔升高而增大，而NO的浓度则有所下降。

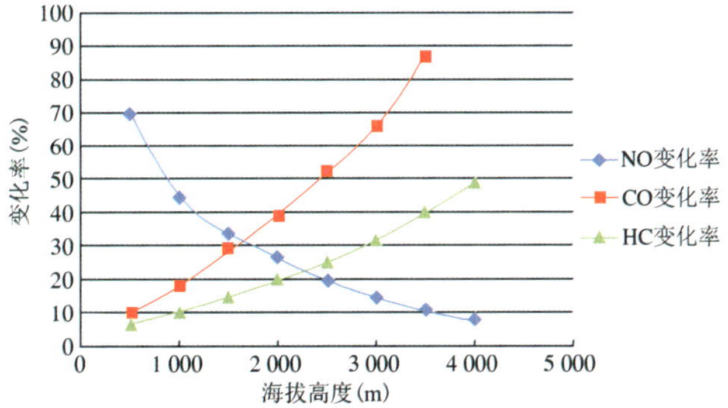

图6-2-4　三种气体随海拔高度变化趋势

（9）对柴油机燃油消耗的影响

新关角隧道穿越青海南山（隧道进口高程为3 378.72 m，出口高程为3 324.10 m），平均海拔在3 300 m以上，由于海拔高，空气稀薄，发动机充气系数下降，从而导致混合气体混合不均匀，加上氧含量低，混合气体燃烧不充分且燃烧速度缓慢，发动机的热效率下降，功率减少，油耗增加。由于山路坡陡弯转，发动机挡位的选择频率变高，同样导致了出渣车等车辆耗油率增加。另外，由于发动机单位燃料功率下降，发动机耗油率必然增加。表6-2-5、表6-2-6及图6-2-5、图6-2-6给出了非增压柴油机和增压柴油机耗油率与海拔高度的理论关系。

表6-2-5　不同海拔高度下非增压柴油机油耗变化

海拔高度（m）	0	500	1 000	1 500	2 000	2 500	3 000
耗油变化（%）	1	+1.6	+5.4	+9.1	+12.9	+16.6	+20.4

表6-2-6　不同海拔高度下增压柴油机油耗变化

海拔高度（m）	0	1 500	2 000	2 500	3 000	3 500	4 000	4 500	5 000
耗油变化（%）	1	+0.85	+1.52	+2.36	+3.10	+3.85	+4.53	+5.38	+6.75

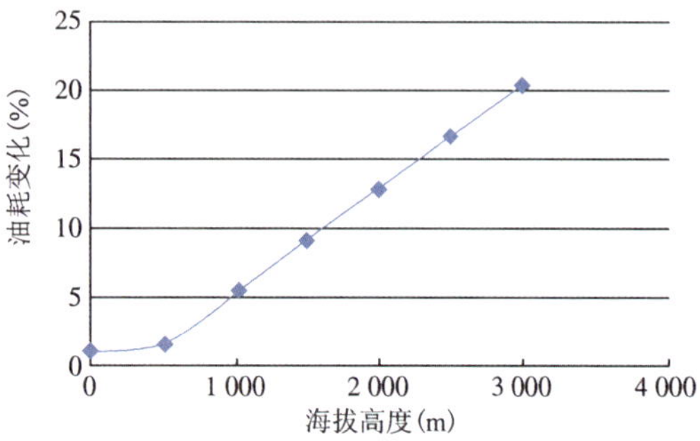

图6-2-5　非增压柴油机油耗变化示意

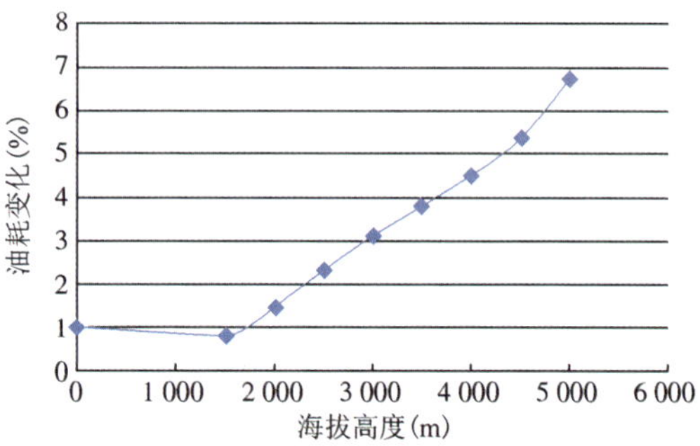

图6-2-6　增压柴油机油耗变化示意

6.2.2　海拔高度对柴油机油耗影响的现场试验研究

为了进一步研究海拔高度对柴油机的影响，分别在关角隧道指挥部（海拔3 400 m）、西宁（海拔2 295 m）、北京（海拔50 m）三地进行柴油机耗油率实验。

1.实验器材

3 kW柴油发电机一台，量程100 kg电子秤一台（精确度为10 g），交流表最大量程为20 A的万用表一台，100 W、200 W白炽灯泡及1 000 W碘钨灯管若干，皮线若干米，时钟一台。

2.实验原理

在不同海拔高度，柴油机的耗油率不同。海拔越高，柴油机的耗油率越高。试验对柴油机发电机加上100 W（基本等于空载）、400 W、1 000 W、1 500 W、2 000 W、2 200 W、2 500 W、3 000 W左右的负载，计算柴油发电机在不同海拔高度、不同负载条件下耗油率。试验电路如图6-2-7所示。

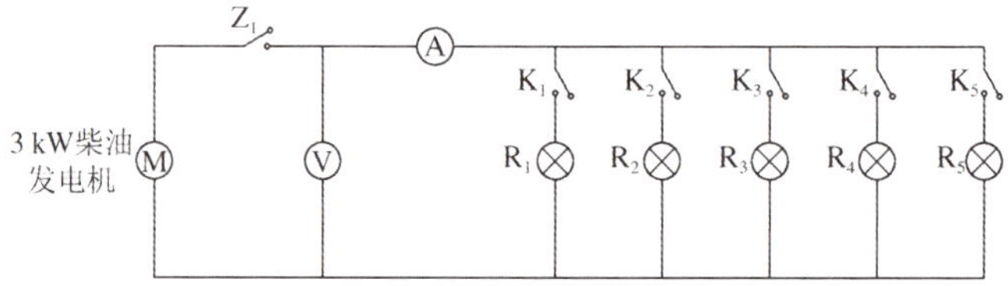

图6-2-7　实验电路示意

如图6-2-7所示，R_1为100 W，R_2为200 W，R_3为200 W，R_4为1 000 W，R_5为1 000 W。由于白炽灯及1 000 W碘钨灯管的实际与标准功率有一定差距，试验对电路中总电流、总电压用万用表实测，以此来确定柴油发电机的实际输出功率。

3.试验步骤

以柴油发电机负载1 500 W为例介绍试验步骤，其余试验分组与此相似。新发电机要进行磨合，按照试验说明书要求磨合24 h以上。磨合后重新更换机油。在关角、西宁和北京三地全部采用0号柴油。

（1）将实验设备按照试验图连接，如图6-2-8、图6-2-9所示。

图6-2-8　柴油发电机接地

图6-2-9　试验电路实际连接

（2）拔掉总插头，按下发电机启动开关，按下减压阀，拉动发电机启动手柄，在将近把启动手柄拉到最长时，松开减压阀，启动柴油发电机。注意，在启动发电机前，发电机要保持在空载状态。

（3）待柴油发电机空载运行1 min左右，将总插头插入柴油机插孔。按下柴油发电机上的总开关，依次将500 W、1 000 W的碘钨灯插入插板。

（4）电压稳定后，测出柴油发电机输出的总电流和总电压，如图6-2-10所示。

（5）逐个从小负载到大负载将负载从插板中拔出，待空载0.5 min左右，关闭柴油发电机上总输出开关，关闭柴油机。

（6）将柴油机放至电子台秤上称重，记录下柴油发电机初始重量，如图6-2-11所示。

图6-2-10　读取柴油发电机输出电压

图6-2-11　称出柴油发电机初始重量

（7）抬下柴油发电机，按照步骤（2）、步骤（3）开启柴油发电机。记录开启时间。

(8)待柴油发电机开启一定时间后，按照步骤(5)关闭发电机。记录关闭时间，同时用电子台秤测出柴油发电机结束重量。

4.结果分析

总体上看，耗油率北京最低，西宁次之，关角最高。三地耗油率如图 6-2-12 ～图 6-2-14 所示。

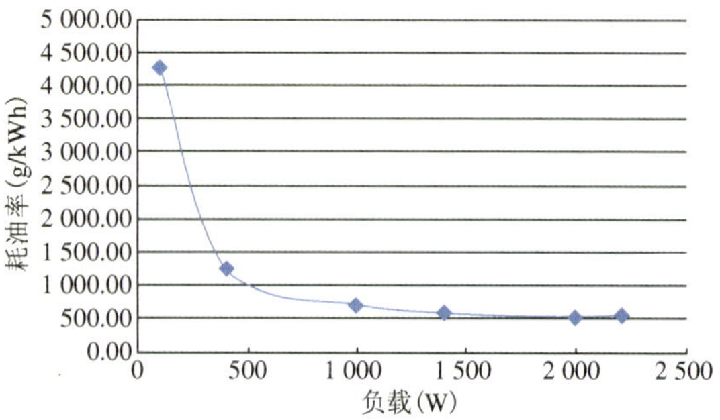

图 6-2-12 关角隧道指挥部耗油率

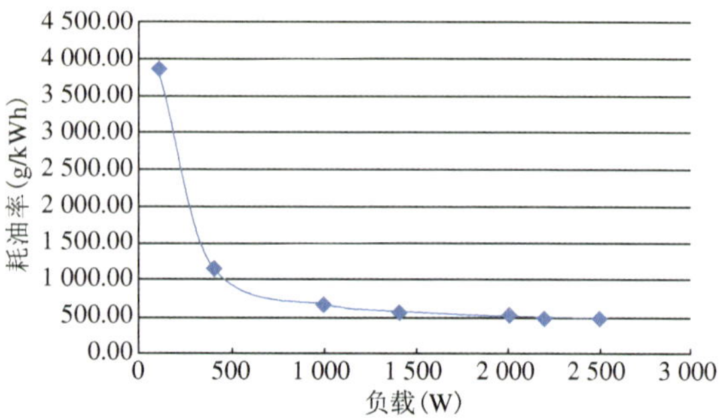

图 6-2-13 西宁耗油率

表 6-2-7 及图 6-2-15 给出了关角、西宁、北京耗油率对比，不仅可以看出随着海拔的增高，柴油发电机的耗油率增加，而且可以看出随着负载的加大，关角与北京及西宁与北京耗油率比也逐渐增大。这说明当负载增大时，高海拔地区的机械由于气压低、氧含量低等因素，柴油机中混合气体氧含量更低，燃烧更不充分。同样可以看出在同一海拔高度时，机械耗油率随着负载的增大呈现先减小后增大的趋势，即越接近额定功率工作耗油率越小，因此在关角隧道机械配套选型时需选用正常工作状态下接近额定功率的机械(一方面是超负荷长时间运作会致使机器停止工作甚至损坏，另一方面低功率工作状态机械效率低下，耗油率最大，为额定功率的 8 倍)，且机械施工过程中应控制机械在额定功率下工作最宜，尽量减少低功率和超负荷运作情况。

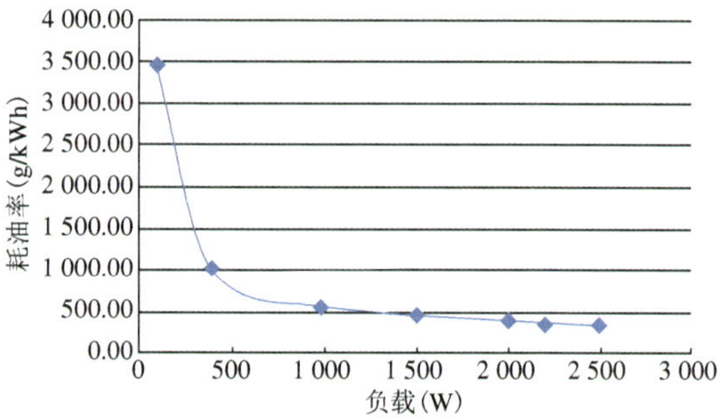

图 6-2-14 北京耗油率

表 6-2-7 关角、西宁、北京耗油率对比

负载(W)	关角	西宁	北京	西宁与北京耗油率比	关角与北京耗油率比
	耗油率(g/kwh)				
100	4 299.942	3 869.839	3 462.87	1.118	1.242
400	1 274.38	1 153.387	1 011.993	1.140	1.259
1 000	721.638 5	658.556 1	558.098 4	1.180	1.293
1 500	595.820 9	562.707	470.861 8	1.195	1.265
2 000	535.587 7	503.660 5	408.684 5	1.232	1.311

续上表

负载（W）	关角	西宁	北京	西宁与北京耗油率比	关角与北京耗油率比
	耗油率（g/kwh）				
2 200	557.988 6	482.609 2	376.875 3	1.281	1.481
2 500		502.521 6	352.375	1.426	

柴油发电机在海拔高度3 400 m的关角隧道指挥部进行实验，在2 500 W负载下排气筒开始排出大量黑烟，如图6-2-16所示。10 min后，发电机机身温度升高，转速下降，输出电压降低。试验表明发电机在关角隧道的额定功率为2 000 W左右，功率为额定功率的60.6%。同样的方法，测出发电机在西宁的额定功率为2 200 W左右，为额定功率的66.7%；发电机在北京的额定功率为2 700 W左右，为额定功率的96.4%。因此，发电机的额定功率随海拔高度的上升呈现一定的折减。

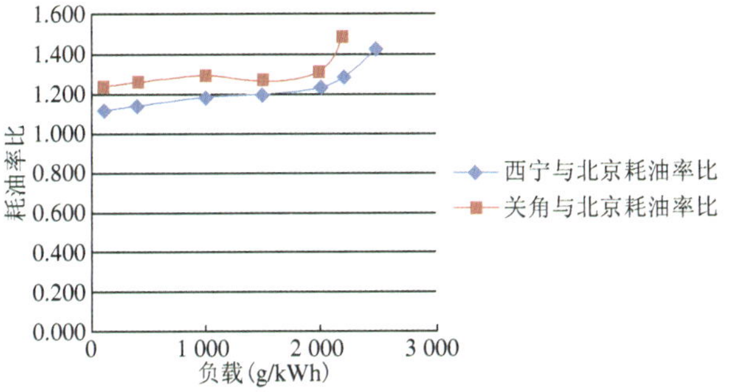

图6-2-15　三地耗油率比

图6-2-16　紧急关闭总开关后发电机冒出黑烟

6.2.3　关角隧道施工机械作业效率分析

1. 运渣车耗油率

图 6-2-17 ～图 6-2-26给出了运渣车各月份每台班的耗油量，图中横坐标为运渣车内部编号，纵坐标为每台班运渣车耗油量（L）。

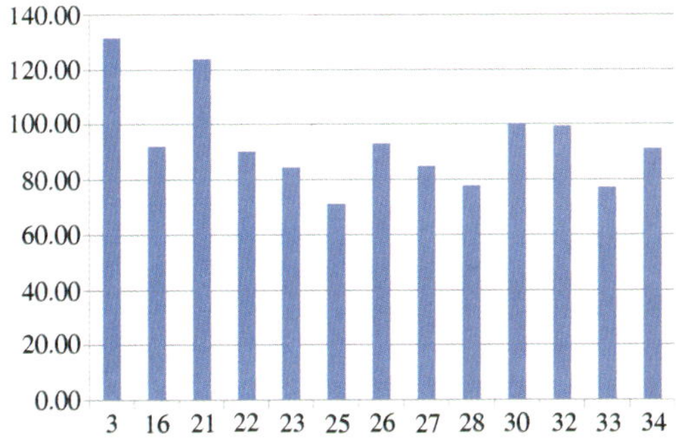

图6-2-17　1月份运渣车耗油率

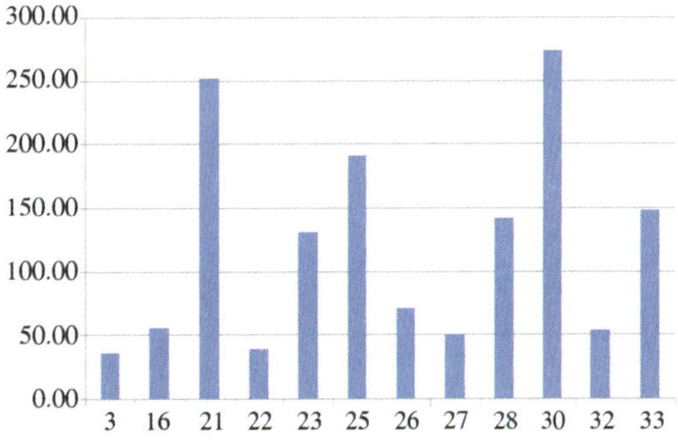

图6-2-18　2月份运渣车耗油率

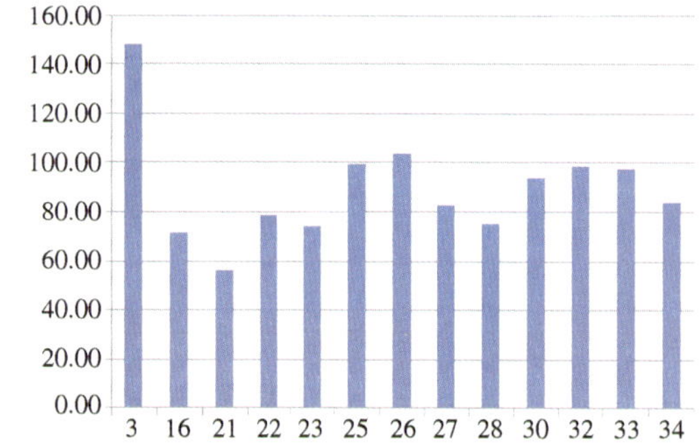

图6-2-19　3月份运渣车耗油率

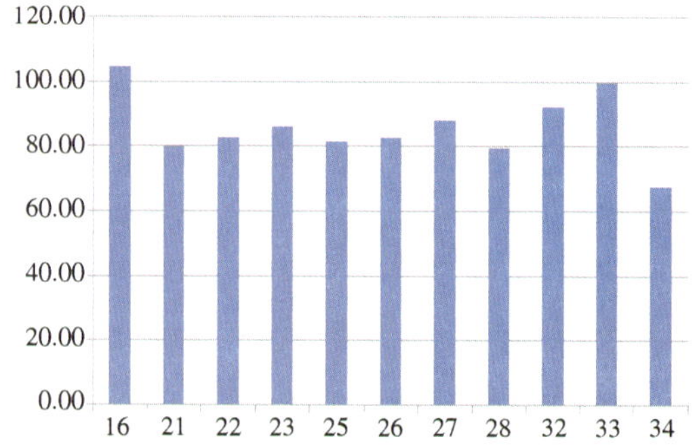

图6-2-20　4月份运渣车耗油率

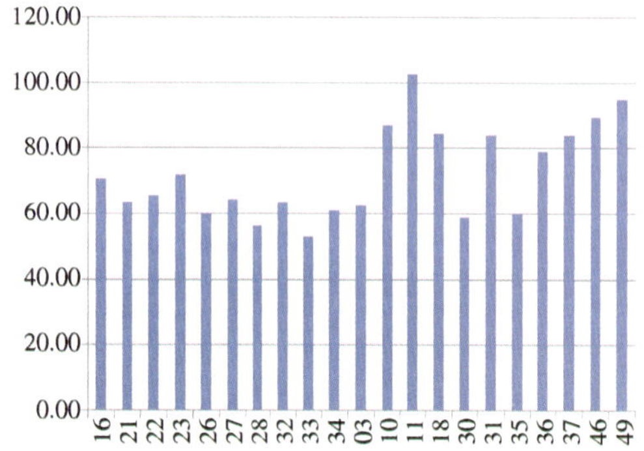

图6-2-21　6月份运渣车耗油率

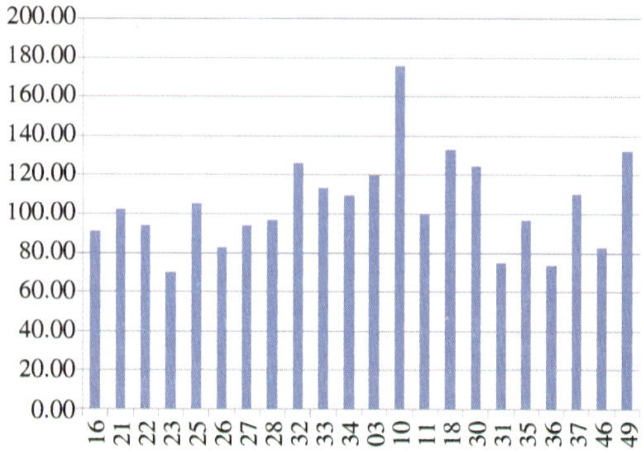

图6-2-22　7月份运渣车耗油率

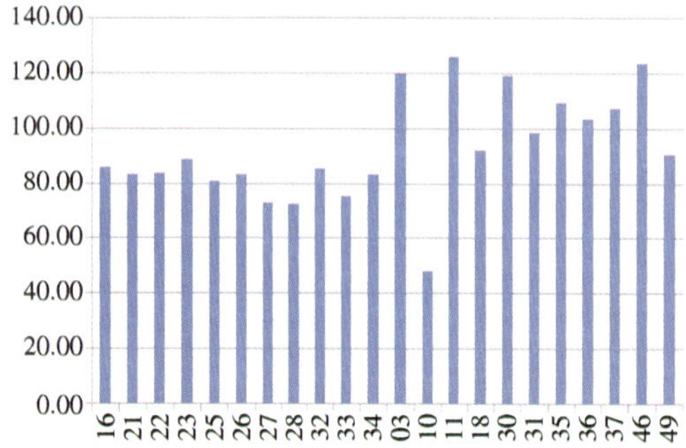

图6-2-23　8月份运渣车耗油率

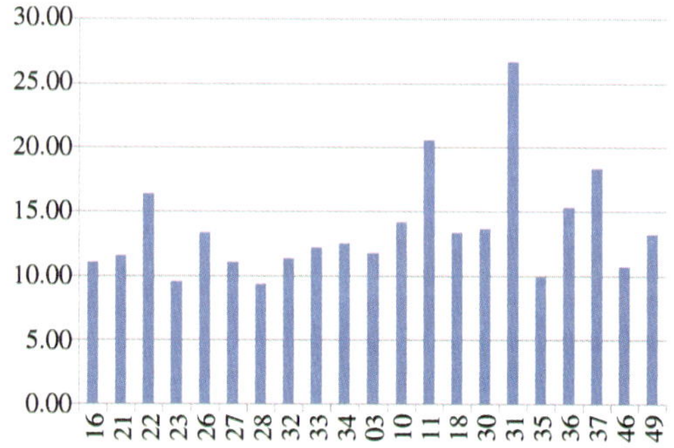

图6-2-24　9月份运渣车耗油率

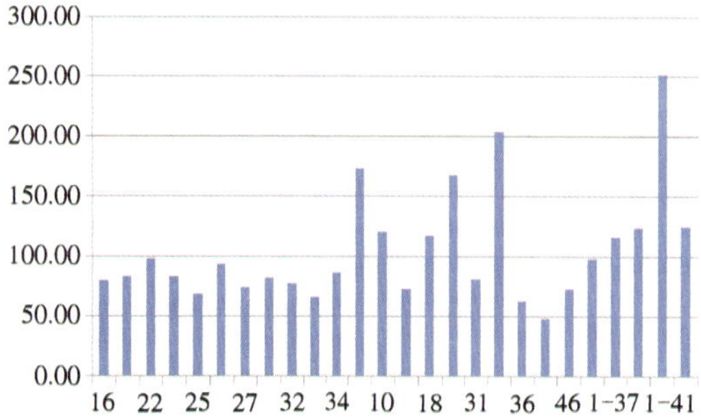

图6-2-25　10月份运渣车耗油率

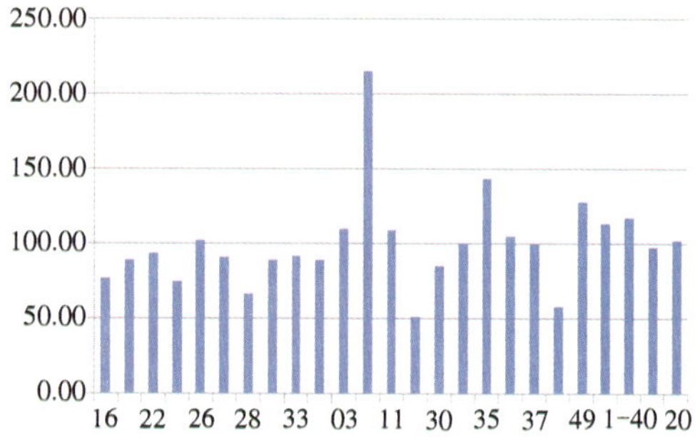

图6-2-26　11月份运渣车耗油率

由图可以看出，关角隧道运渣车的耗油量基本为93 L/8 h，即每小时耗油11.6 L。每个月份运渣车所用柴油的类型见表6-2-8。

表6-2-8 关角隧道各工区所用柴油类型

月份	1	2	3	4	6	7	8	9	10	11
柴油类型	负35号	负35号	负35号	负35号	0号	0号	0号	0号	负20号	负20号
单价（元）	7	7	7	7	6.6	6.6	7	7	8	8

根据运渣车在不同月份使用的不同柴油类型，统计出运渣车在分别使用0号柴油和负35号柴油的经济率，即每出渣10 m^3土所需费用，见表6-2-9。

表6-2-9 不同柴油运渣车经济率

柴油类型	0号			负35号（3月）			负35号（6月）		
内部编号	单价（元）	每10 m^3土耗油率	经济率（元/10 m^3土）	单价（元）	每10 m^3土耗油率	经济率	单价（元）	每10 m^3土耗油率	经济率（元/10 m^3土）
16号	6.6	7.35	48.51	7	4.84	33.88	7	5.62	39.32
21号	6.6	6.62	43.692	7	26.36	184.52	7	7.70	53.88
22号	6.6	6.85	45.21	7	4.07	28.49	7	7.07	49.51
23号	6.6	7.49	49.434	7	11.63	81.41	7	9.95	69.64
25号	6.6	6.29	41.514	7	19.94	139.58	7	9.65	67.57
26号	6.6	6.69	44.154	7	6.72	47.04	7	8.32	58.25
27号	6.6	5.87	38.742	7	4.8	33.6	7	7.71	53.95
28号	6.6	6.62	43.692	7	14.8	103.6	7	9.73	68.08
32号	6.6	5.53	36.498	7	28.59	200.13	7	11.78	82.44
33号	6.6	6.37	42.042	7	5.49	38.43	7	9.69	67.86
34号	6.6	6.54	43.164	7	11.6	81.2	7	8.74	61.20

运渣车在使用0号柴油时，每出渣10 m^3土需人民币43元左右；3月份运渣车在使用负35号柴油时，每出渣10 m^3土需人民币88元左右；6月份运渣车在使用负35号柴油时，每出渣10 m^3土需人民币61元左右。由此可以判断，运渣车使用0号柴油最经济。

2.装载机耗油率

图6-2-27～图6-2-36给出了装载机各月份每台班的耗油量，图中横坐标为装载机内部编号，纵坐标为每台班装载机耗油量（L）。

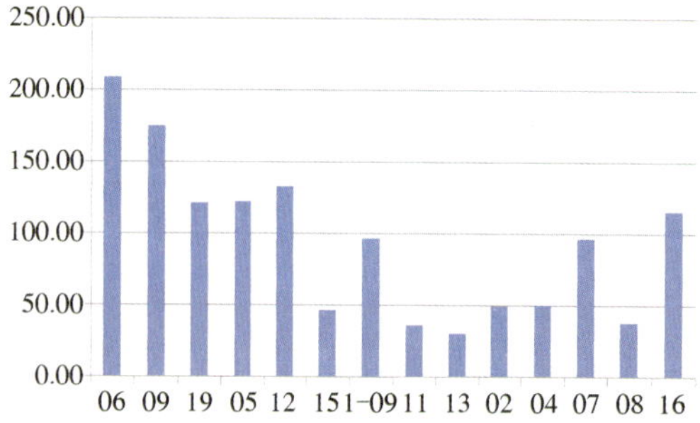

图6-2-27　1月份装载机耗油率

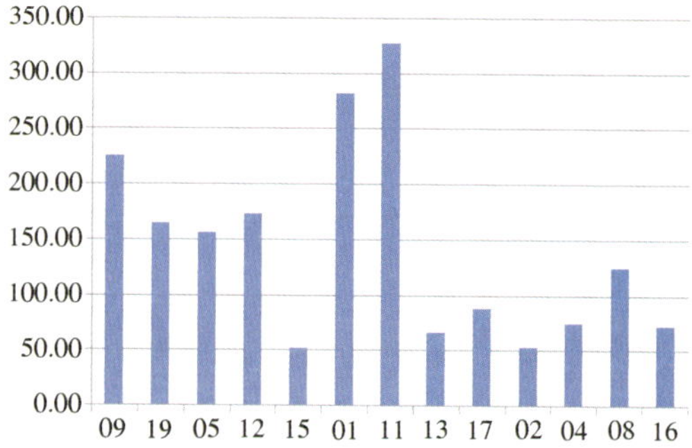

图6-2-28　2月份装载机耗油率

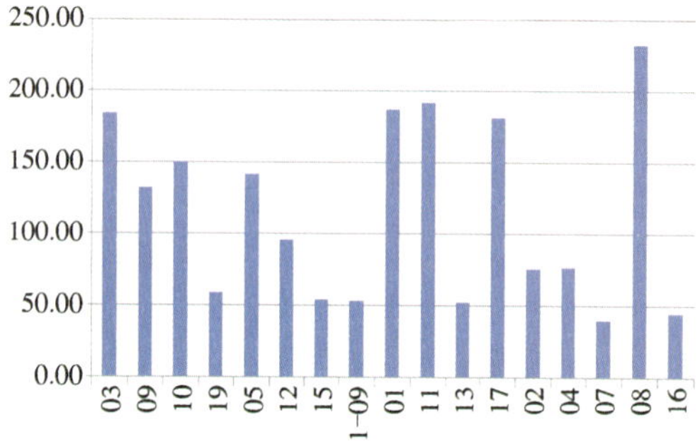

图6-2-29　3月份装载机耗油率

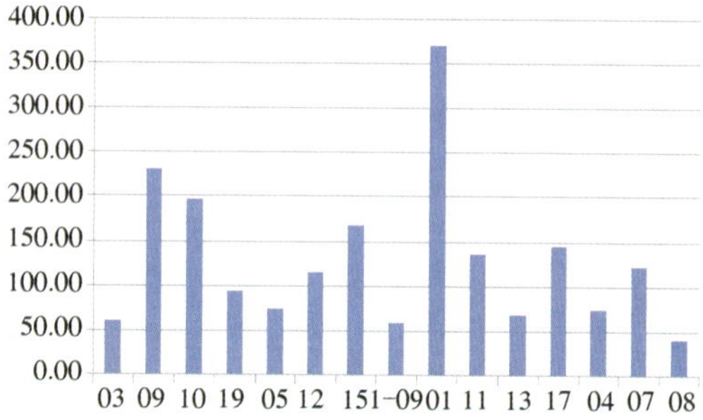

图6-2-30　4月份装载机耗油率

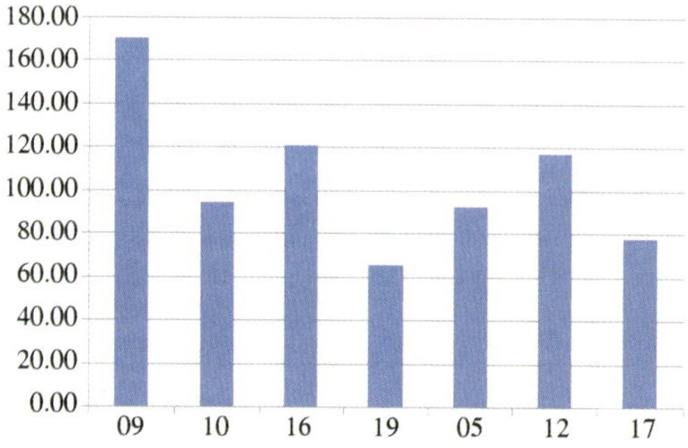

图6-2-31　6月份装载机耗油率

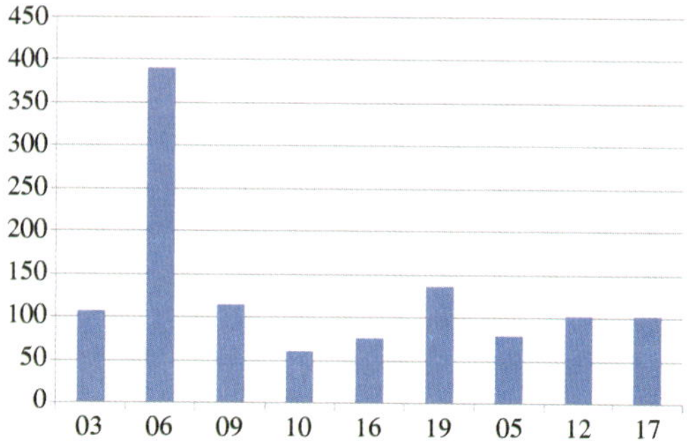

图6-2-32　7月份装载机耗油率

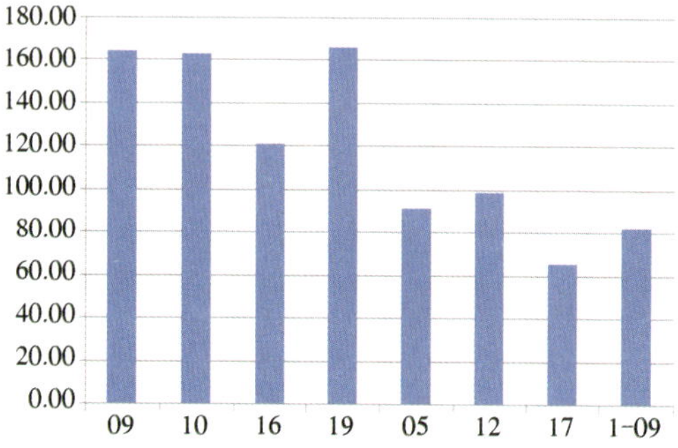

图6-2-33　8月份装载机耗油率

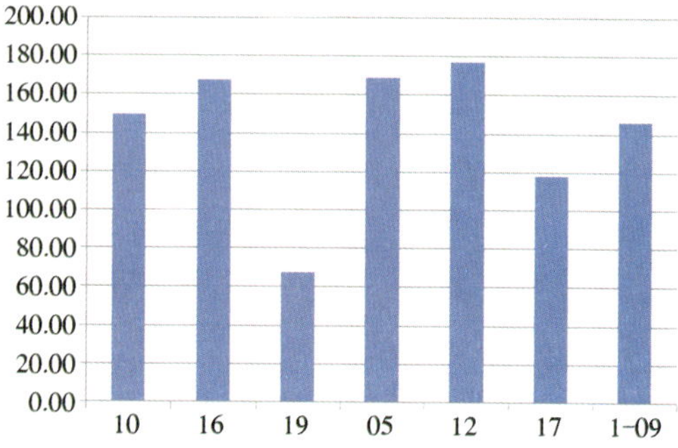

图6-2-34　9月份装载机耗油率

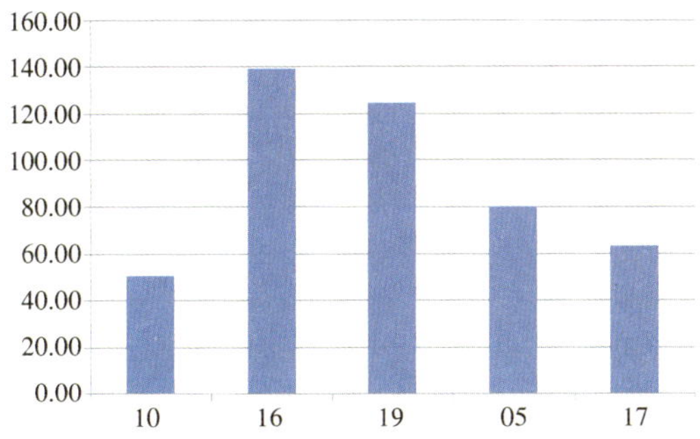

图6-2-35 10月份装载机耗油率

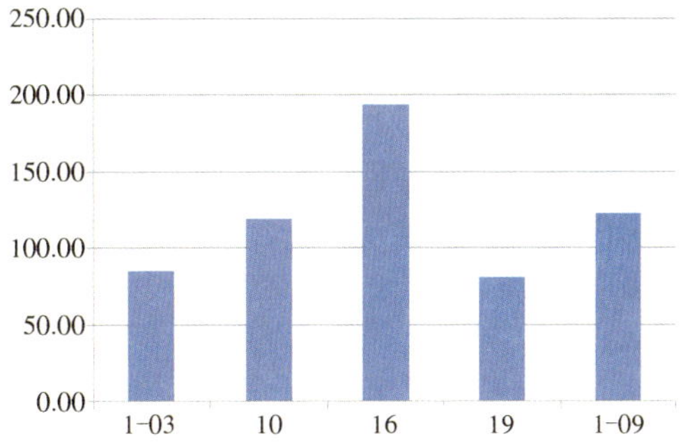

图6-2-36 11月份装载机耗油率

由图可以看出，新关角隧道装载机的耗油量基本在每台班120 L左右，即装载机工作每小时耗油15 L。

3. 挖掘机耗油率

图 6-2-37 ～图 6-2-46给出了挖掘机各月份每台班的耗油量，图中横坐标为挖掘机内部编号，纵坐标为每台班耗油量（L）。

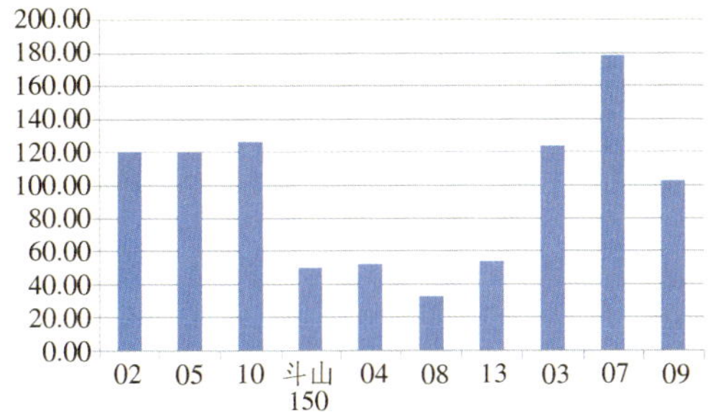

图6-2-37 1月份挖掘机耗油率

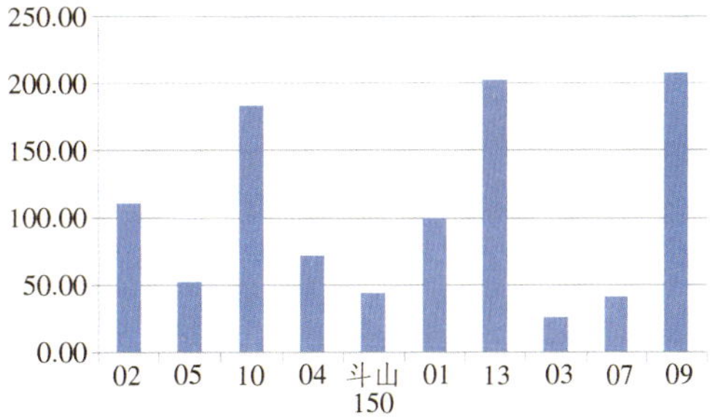

图6-2-38 2月份挖掘机耗油率

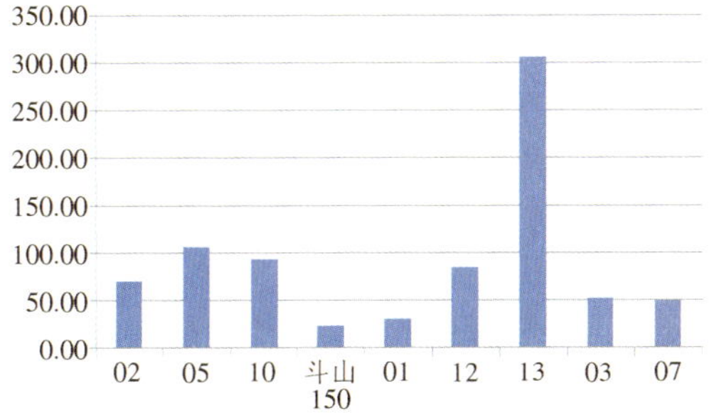

图6-2-39 3月份挖掘机耗油率

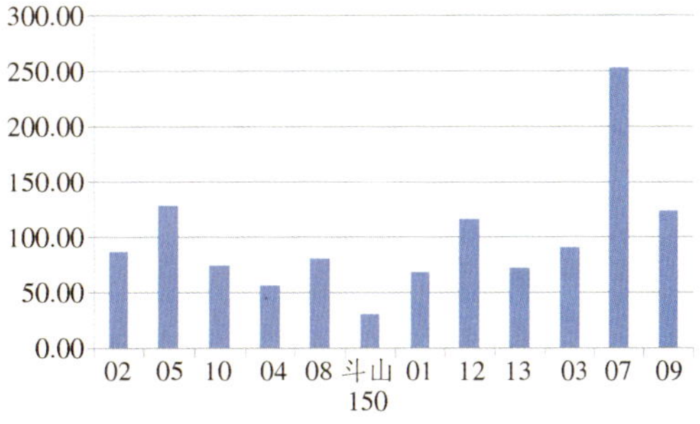

图6-2-40 4月份挖掘机耗油率

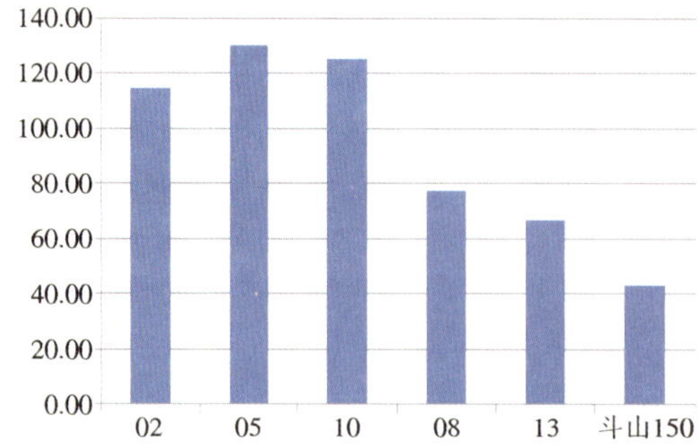

图6-2-41 6月份挖掘机耗油率

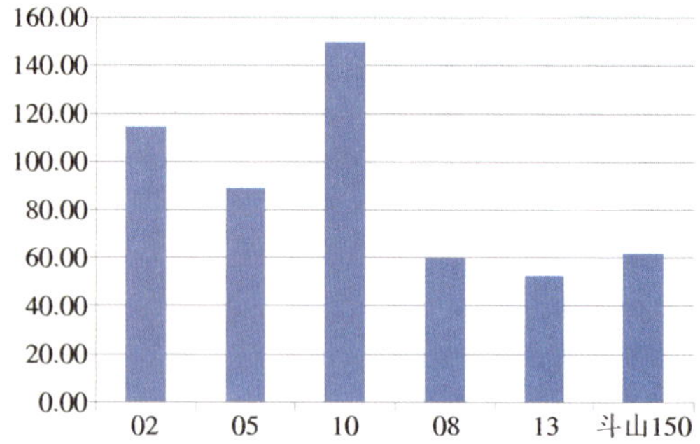

图6-2-42 7月份挖掘机耗油率

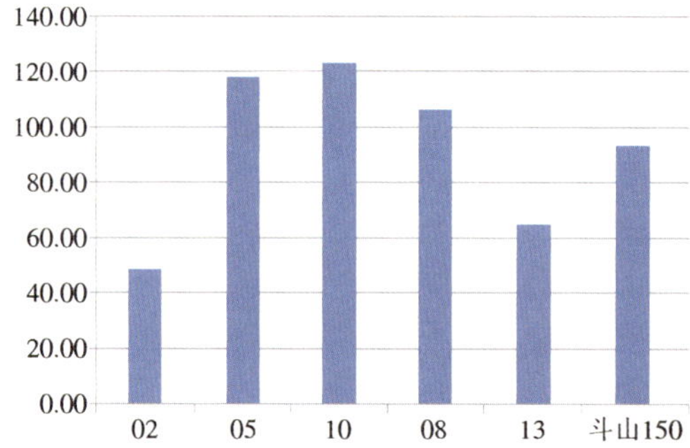

图6-2-43 8月份挖掘机耗油率

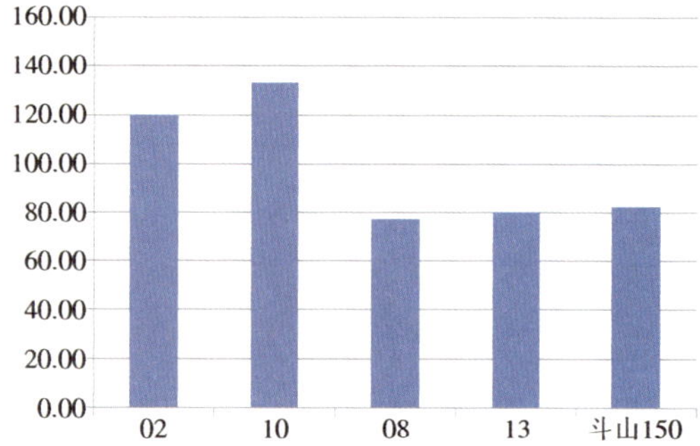

图6-2-44 9月份挖掘机耗油率

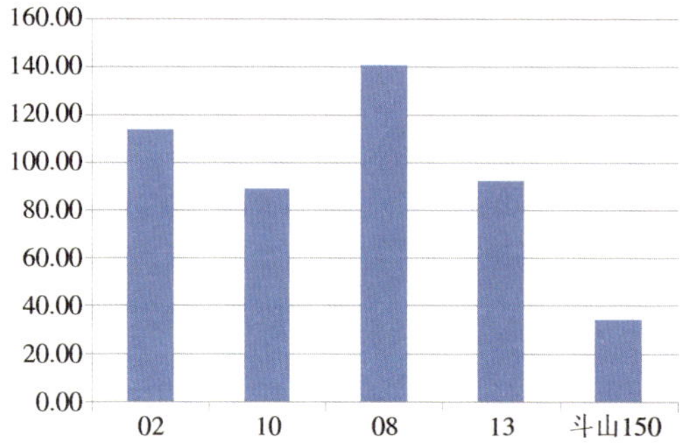

图6-2-45 10月份挖掘机耗油率

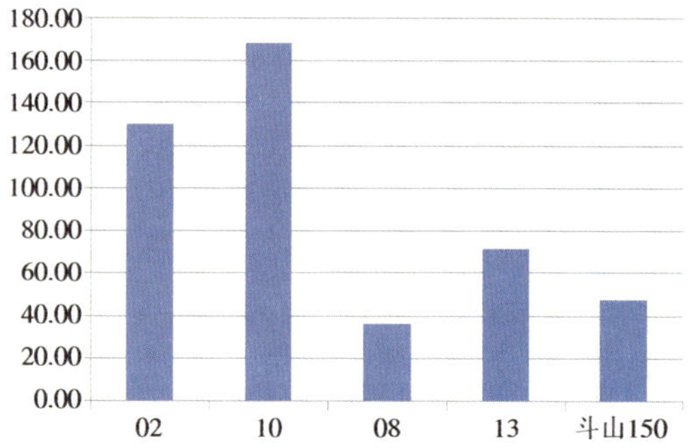

图6-2-46 11月份挖掘机耗油率

由图可以看出，新关角隧道挖掘机的耗油量基本在每台班96 L左右，即每小时挖掘机耗油12 L。

4. YT-28型凿岩机效率

YT-28型凿岩机是如今广泛采用的凿岩机产品，它采用了现代凿岩机的设计技术，与同类型产品比较，具有工作面要求小、使用灵活、质量轻、经济等优点。新关角隧道大量采用了YT-28型凿岩机。

通过在新关角隧道正洞及斜井各工作面现场记录，将3月至6月YT-28型凿岩机工作量进行统计，并与《铁路工程预算定额（隧道工程）》中钻孔设备定额比较，得出高海拔环境下YT-28型凿岩机的效率变化。为清晰表示凿岩机效率受高海拔环境影响，将每天的效率汇总如图6-2-47所示。

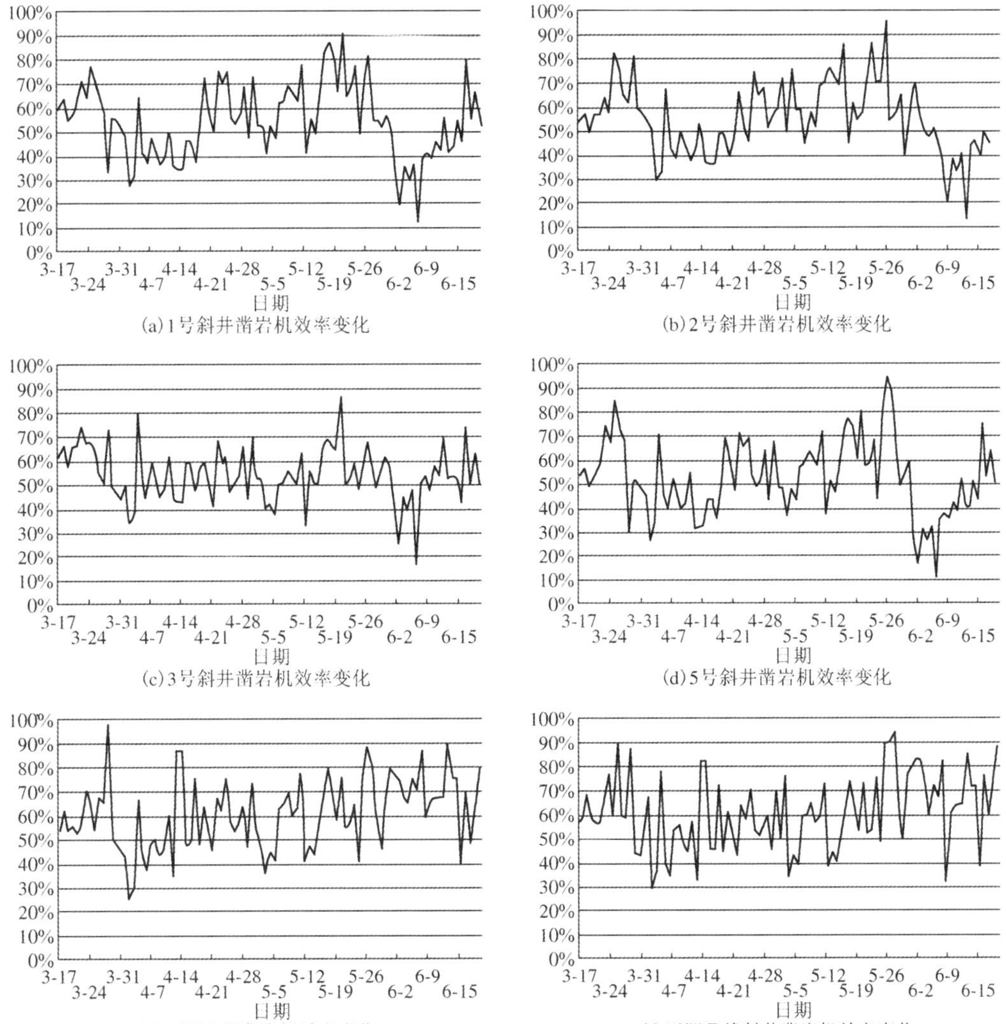

(a) 1号斜井凿岩机效率变化

(b) 2号斜井凿岩机效率变化

(c) 3号斜井凿岩机效率变化

(d) 5号斜井凿岩机效率变化

(e) 正洞Ⅰ线凿岩机效率变化

(f) 正洞Ⅱ线斜井凿岩机效率变化

图6-2-47 凿岩机效率变化

由图6-2-47可以看出，关角隧道各施工工作面的海拔高度不同，凿岩机日平均效率有较大差别，其工作效率随着海拔升高而显著下降，见表6-2-10。从3月至6月，气温逐步升高，凿岩机月平均工作效率随着气温升高也出现小幅升高。高海拔环境下，凿岩机动力设备效率明显降低，大致为低海拔地区工作效率的60%。

表6-2-10 凿岩机功率随海拔高度的变化

工作面位置	正洞Ⅰ线	正洞Ⅱ线	1号斜井	2号斜井	3号斜井	5号斜井
海拔高度（m）	3 045.5	3 425.41	3 467.42	3 516.52	3 615.36	3 679.17
凿岩机高原效率（%）	61.72	60.4	58.21	55.32	52.67	51.87
凿岩机效率下降程度（%）	38.28	39.6	41.79	44.68	47.33	48.13

6.3 关角隧道施工工效分析及机械配套

6.3.1 施工作业系统分析

1.施工作业线分类

长大隧道施工主要包括四条主要作业线，即开挖作业线、出渣作业线、支护作业线和二次衬砌作业线，以及两条辅助作业线，即通风作业线和防排水作业线。各作业线包括以下工序：

（1）开挖作业线：测量放线、排险、移动台车、接风管、钻孔、清孔、装药、放炮。

（2）出渣作业线：排烟、装运渣、找顶。

（3）支护作业线：停工抽水、立架、连接筋、网片、锚杆、超前支护、喷混凝土、清理回弹料。

（4）二次衬砌作业线：钢筋绑扎、台车定位及安装挡头模板、浇筑混凝土。

（5）防排水作业线：防水台车定位、防水材料铺设。

（6）通风作业线：排烟。

在隧道开挖的工艺流程中，测量放线、爆破、通风、找顶等工序较为简单，耗时较短，容易管理，且循环进尺的多少受这些工序的影响较小。而钻孔、装药、装运渣等在每开挖循环中所占的时间比例很大，是开挖工作中的关键工序，是最重要因素。对于长大隧道，由于其具有工程量大、作业空间小、地质条件复杂等特点，出渣作业线、通风作业线成为较一般隧道施工更难解决好的难题，也是直接影响长大隧道快速施工的主要因素。

2.关角隧道作业线系统分析

选取正洞Ⅴ级围岩施工作业线数据进行统计。按照开挖、出渣、支护、辅助四条作业线分类分析，并对比各作业线耗时工效。由于二次衬砌施工落后于掌子面较远，故衬砌作业线与其他作业线平行施工，不计入整条施工作业线工效分析。

各施工作业线耗时比例如图 6-3-1 所示，各施工作业线所耗时间如图 6-3-2 所示。

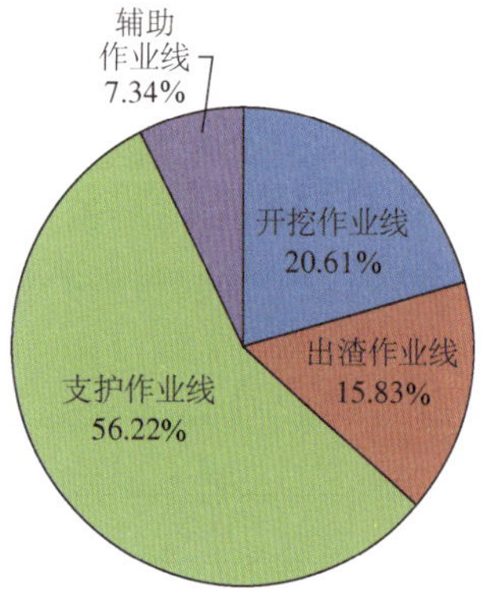

图6-3-1 施工作业线时间比例

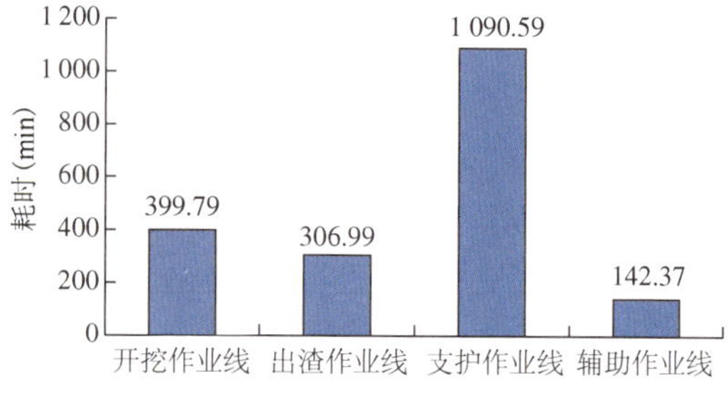

图6-3-2 工序循环中各施工作业线所耗时间

由图6-3-1可以看出，开挖、支护、出渣作业线占了大部分的施工时间，达到92.66%。特别是支护作业线占整个施工作业线的一半以上（56.22%），所以快速施工主要优化开挖、支护、出渣三条作业线，尤其是支护作业线。

3.施工线机械选型配套基本原则

根据关角隧道施工环境特点，制定以下施工机械选型配套原则：

（1）施工机械配套方案应满足施工进度要求，以开挖、支护、出渣为主线，通风、防排水、衬砌等跟进施工，形成各工序机械化流水作业线。

（2）机械配套要保证技术先进性和环境适应性，要从生产效率、狭小空间作业、价格、耐用性、可维修性、能耗水平、环境保护、配件供给、售后服务等方面综合考虑。

（3）机械选型配套时，对相同用途的机械尽量在规格、型号、厂家上统一，便于日后的维修、保养、使用、配件储备及厂家提供技术支持。

（4）机械选型配套时，需考虑做足备用。关角隧道地处青藏高原腹地，距离西宁市区约300 km，日常配件采购、附属油料供给、维修等都需要提前做足计划。

（5）机械选型配套时，以电动、风动、液压为首选，尽可能降低机械尾气污染，创造良好的施工作业环境，降低长距离通风难度。

（6）机械选型配套时，选用大功率、有增压器、有害尾气排放量低的机械，使其动力性能满足隧道环境的要求，保证其在单线隧道的作业空间内运转自如。

6.3.2　开挖作业线工效分析及机械配套

1.开挖作业线系统工效分析

3号斜井3月至6月各工序占用时间比例如图6-3-3所示。

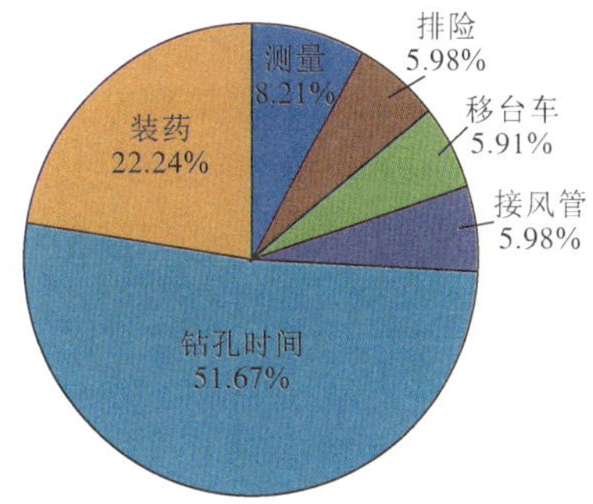

图6-3-3　开挖作业线时间比例

由图6-3-3可知，开挖钻爆作业线中耗时最长的是钻孔，其次为装药。因此，钻孔机械选型非常重要，钻孔机械选型决定了整个开挖作业线的工作效率。吹孔装药工序应在爆破效果及装药手法等方面进行优化。

2.开挖钻爆作业线机械配套选型

钻孔是钻爆法施工的关键，在整个施工循环中属进度控制工序，直接影响进度指标。根据高海拔隧道的施工特点，研究比较了钻孔机械。

（1）大型钻孔台车

优点：机械化程度高，劳动强度低，打眼速度快，较适应长隧、地质好、全段开挖。

缺点：用电量大，用水量大，占用空间大，进退不方便，排水量大，内燃动力在缺氧情况下排烟量大，污染洞内环境。

（2）小型凿岩机

优点：资源用量小，灵活方便，污染小，适用于较差地质的分部开挖。

缺点：机械化程度低，劳动强度高，高海拔缺氧下生产效率低。

关角隧道地质复杂，全隧Ⅳ、Ⅴ、Ⅵ级围岩占总长度的60%以上。Ⅳ、Ⅴ、Ⅵ级围岩采用台阶法开挖，无法使用大型钻孔台车，只能选用小型凿岩机为主要钻孔机械。后期进入正洞施工，调入阿特拉斯353E三臂凿岩台车和C6钻机与小型凿岩机相结合打眼注浆，大大提高了劳动效率。

根据设计，隧道斜井开挖断面积31.4 m^2，进入正洞开挖断面积 67 m^2。钻孔选用 YT-28 型风动凿岩机，在Ⅲ级围岩进行全断面爆破，掌子面每循环钻孔深度 3.5 m，需要配备的风动凿岩机台数为

$$M=NL/VT \tag{6-3-1}$$

式中，M为同时使用的凿岩机平均台数；N为炮孔数目，个；L为平均炮眼长度，m；V为钻眼速度，m/min；T为钻孔作业时间。

按最大可能炮眼数量计算，斜井掌子面全断面，N=90 个，正洞全断面，N=120个，L=3.5 m，V=0.4 m/min，T=120 min，则斜井全断面钻孔时需凿岩机 6台，正洞全断面钻孔时需凿岩机9 台。

钻爆作业线机械配套见表6-3-1。

表6-3-1 钻爆作业线机械配套

施工机械	施工阶段	正洞	1号斜井	2号斜井	3号斜井	4号斜井	5号斜井	6号斜井
YT-28型凿岩机（台）	斜井施工阶段	30	15	15	15	15	15	15
钻爆台车（辆）		2	1	1	1	1	1	1
YT-28型凿岩机（台）	正洞施工阶段	26	46	60	60	60	60	62
钻爆台车（辆）		2	4	4	4	4	4	4

3. 供风主管径选择及长距离供风校核

（1）供风主管径选择

根据流过风压量和管路长度，选择ϕ200 mm无缝钢管作为供风管道。安装供风管道时，在总输出管道上安设总闸阀，并在主管上每隔400 m分装闸阀，每隔60 m加设三通接头和一个50 mm闸阀备用，管道前端至开挖面的距离保持在30 m左右，并用高压风管接分风器。

（2）长距离供风校核

所选风机风量为20 m^3/min，输出风压为0.8 MPa，实际供风最长距离约为2.8 km，考虑到闸阀、引出支管等局部阻力当量长度150 m/km，则风管计算长度为：2.8+2.8×150/1 000=3.22（km）。当管径为200 mm时，每千米风压损失为0.04（MPa），则全隧道风压损失为：3.22×0.04=0.13（MPa）。

故当供风至贯通点时风压为：0.8-0.13=0.67（MPa），大于混凝土喷射机和风枪的要求工作风压（0.6 MPa），满足施工要求。

6.3.3 支护作业线工效分析及机械配套

1. 支护作业线系统工序分析

支护作业线包括立拱架、超前支护、喷混凝土、清理回弹四个步骤。将3号斜井3月17日至5月18日支护作业线工序时间统计数据汇总如图6-3-4所示。

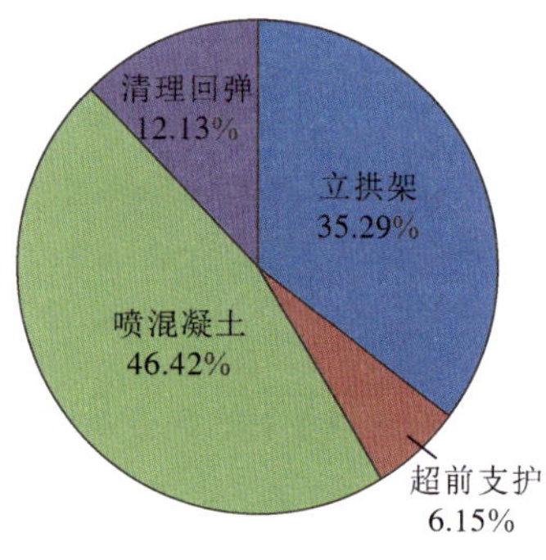

图6-3-4 支护作业线工序时间比例

由图6-3-4可以看出，支护作业线中清除回弹耗时过长，为缩短支护作业时间，故对喷混凝土回弹量进行试验测定，优化施工措施，以达到满意控制结果。

喷混凝土回弹是由于喷距、风压、水压、喷射料配比以及喷射手的操作熟练程度等原因造成的。现场试验测定3月17日至5月18日回弹量在30%左右。

为控制过多的喷混凝土回弹，于5月18日开始采取以下措施：

（1）添加增黏剂、速凝剂；

（2）采用粒径为0.3 ～ 3 mm的中砂；

（3）调整适宜的水灰比，控制在0.4 ～ 0.45。

5月18日至6月11日支护作业线时间比例如图6-3-5所示。

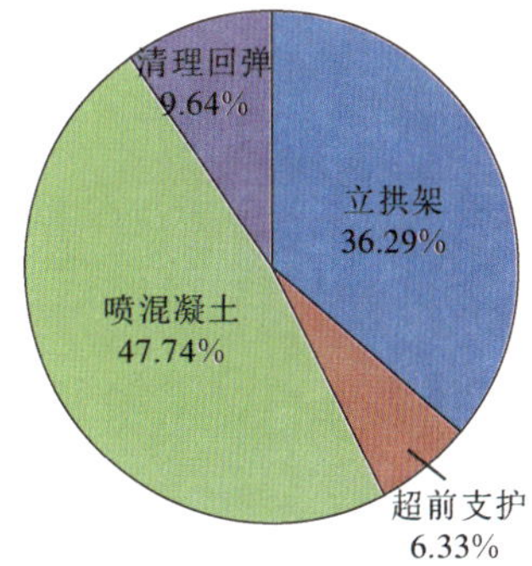

图6-3-5 支护作业线工序时间比例（5月18日至6月11日）

经对比发现，由于喷混凝土回弹量的减少，使得支护作业线中清除回弹时间明显降低，从而使整个支护作业线总耗时减小，加快了施工速度。

2. 支护作业线机械配套选型

喷混凝土和立拱架工序是支护作业线占用时间比例最高的工序，达80%，主要通过改良配套设备提高其施工效率。

（1）喷锚设备

采用湿喷工艺，在开挖完成后，首先进行排险，然后洞外拌合混凝土，由混凝土运输车运至洞内，再安装调试湿喷机械设备，连接空压机管路及电路，在开启空压机，喷锚手洞内在进行湿喷操作，工序繁多，所需时间较长，收工同样工序繁多，收工和开工均需6 ～ 8名作业人员，施工效率低，影响隧道施工的整体效率。除此之外，喷锚手只能站在渣体上或者机械设备上进行操作，作业的空间受到限制，严重影响初喷的质量。因此，为提高湿喷工序的效率，设计开发了混凝土素喷综合一体机，如图6-3-6所示。

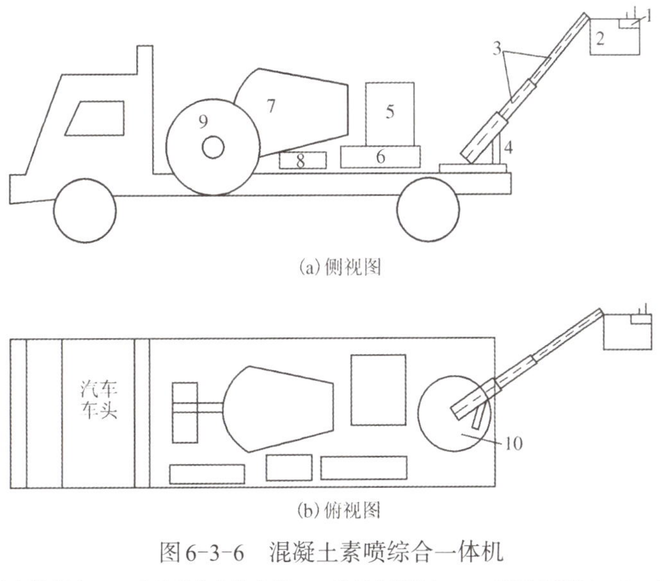

图6-3-6 混凝土素喷综合一体机

1—喷锚手自行控制台；2—喷锚手安全作业篮；3—液压伸缩油缸；4—液压支撑油缸；5—空气压缩机；6—混凝土喷射机械；7—混凝土储存罐；8—控制柜；9—电缆盘；10—液压旋转盘

该设备采用混凝土运输车作为载体，混凝土储存罐为3 ～ 4 m^3，在车辆上预留足够的空间，安装湿喷机械和空压机，并在车上安装可以机械带动转动的电缆线转盘，将空压机的出风管道和湿喷机连接，并将混凝土储存罐的出口直接和湿喷机连接，在车体的后端安装液压转盘、液压伸缩油缸、液压支撑油缸，在液压伸缩油缸的端头安装喷锚手作业篮，混凝土储存罐、空压机、湿喷机、电缆转盘的电路控制及液压控制全部集中到一个控制柜上，方便集中操作。在作业篮上安装液压控制操作杆，喷锚手可以自己操纵作业篮的移动，具有洞内安装就位工序少、时间短，作业范围大，收工整理时间短，操作人员少的特点。

（2）钢架安装装置

架设钢架采用人工施作，劳动强度较大，尤其是在高海拔缺氧地区，施工效率大大降低。因此，研制了一种机械安装钢架设备，可大量减少人工劳动量，极大地提高高海拔地区立钢架工序的效率。装置如图6-3-7所示。

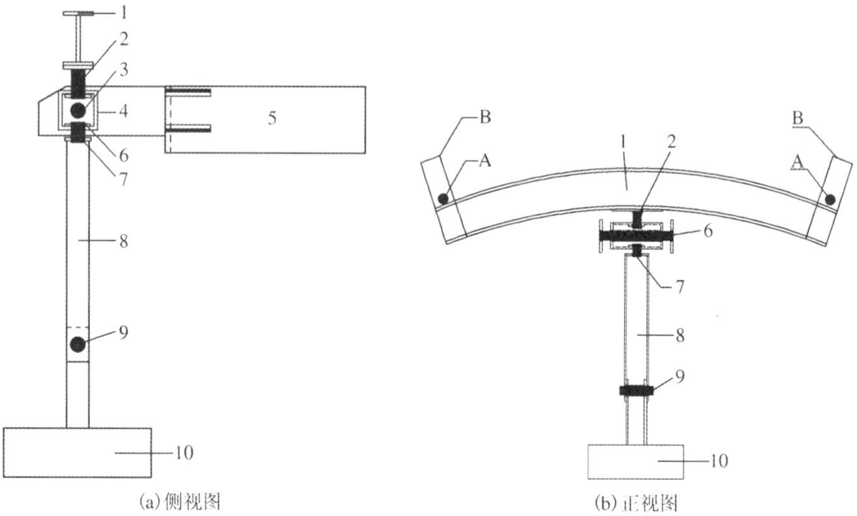

图6-3-7　钢架安装装置与吊车伸缩臂

1—16工字钢；2—钢架左右侧前后移动配合转动装置；3—绞轴钢套3.5 mm壁厚；4—接长吊车伸缩臂钢架；5—吊车前头架；6—配合钢架保持垂直绞轴；7—配重水平转动绞轴；8—平衡吊架；9—配重平衡绞轴；10—配重设施（A为钢架横向水平移动绞轴，B为固定钢架钢板）

各作业面支护作业线机械配套见表6-3-2。

表6-3-2　支护作业线机械配套

支护机械	正洞	1号斜井	2号斜井	3号斜井	4号斜井	5号斜井	6号斜井
拌合机（组）	2	2	2	2	2	2	2
喷锚机（台）	6	16	11	2	4	8	12
运料机（辆）	3	3	2	2	2	2	2

6.3.4　出渣作业线机械配套

隧道各个工区主要使用一台斗容量0.8 m^3的PC200-8小松挖掘机进行扒渣、装渣，配合PC130使用。出渣时配备运渣车出渣，一般情况下5 h可以完成出渣，进行下一个掘进循环。表 6-3-3统计了正洞以及1号、2、号、3号、6号斜井工区用于扒渣、装渣及运渣机械设备情况。

表6-3-3　关角隧道部分工区扒渣、装渣及运渣设备

工　区	挖掘机数量	装载机数量	备　注
正洞	2台PC200、1台日立	2台小松380、1台柳工40	
1号斜井	4台PC200	5台小松380	
2号斜井	3台PC200、1台PC130	5台小松380	
3号斜井	4台PC200	5台小松380	备2台312扒渣机
4号斜井	3台PC200、1台DOOSAN150	5台小松380	
5号斜井	4台PC200	5台小松380	
6号斜井	3台PC200、1台PC130	5台小松380	备2台312扒渣机

出渣作业线扒渣是主要的控制工序，扒渣工序效率的提高可通过改造扒渣设备的方式实现。目前扒渣使用的挖掘机大小臂只能在一个平面内运动，当采用多台阶开挖方法时，由于作业空间狭小导致挖掘机大小臂工作受限制，影响施工效率，甚至对附近的构造物碰撞造成一定的损害。因此对挖掘机进行改造，在大小臂之间安装一个连接装置，实现小臂的独立左右运动，如图6-3-8所示。

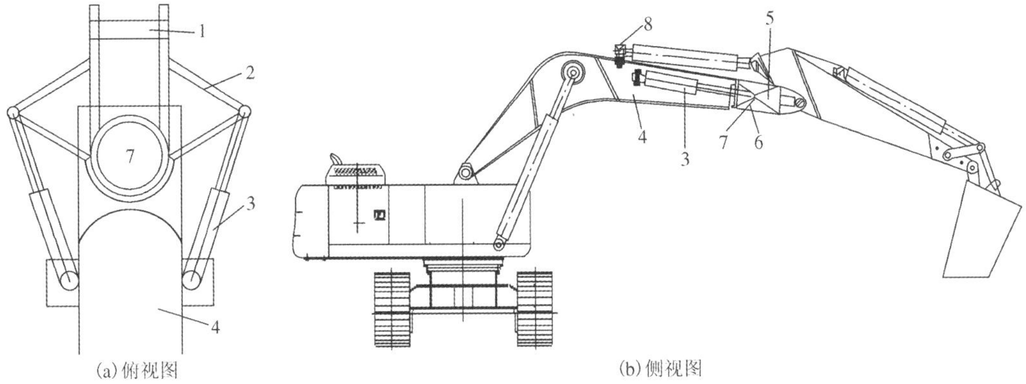

图6-3-8　安装到挖掘机上的大小臂连接装置

1—连接装置与挖掘机小臂连接轴承；2—制作连接装置钢板；3—控制连接装置液压油缸；4—挖掘机大臂；5—连接装置左右侧突出部位；6—安装后的连接装置；7—连接装置与挖掘机大臂连接轴承及与控制油缸连接轴承；8—数值轴承托架。

6.3.5　无砟轨道作业线机械配套

关角隧道为双洞单线隧道，无砟轨道施工断面小、工序多、工程量大，大型机械设备运输、作业中干扰相互大，施工组织难度大。而根据总工期安排，无砟轨道施工只有4.5个月的时间，工期紧、任务量大。

隧道内双块式无砟轨道常用的施工方法主要有轨排法和工具轨法，以及两者结合的工具轨排法。轨排法的特点是机械法拼装轨排，拼装质量有保证，但需要足够的施工空间，各工序相互干扰大，很难形成流水施工作业。工具轨法的特点是投入机械设备较少，隧道内空间要求不高且能充分利用隧道空间，可以立即形成生产力，但轨排拼装直接在施工现场进行，轨排拼装质量控制难度较大，作业循环时间较长。

综合两种无砟轨道施工方法的特点，针对关角隧道正洞断面有限、机械设备长距离倒车（最长倒车距离3.5 km）、隧道内施工内容较多、相互干扰较大（无砟轨道施工期间，22 km水沟电缆槽、66个横通道封堵及水沟电缆槽盖板安装等施工同步进行）、物流管理成为制约无砟轨道施工的重要影响因素等难点，自主研发了组合排架吊运一体机及组合式轨道调节器，制定了分段施工组织、吊运一体机运输、工具轨排架法的施工方案，如图6-3-9和6-3-10所示。

图6-3-9　工具轨排架法

图6-3-10　吊运一体机运输过程

1.吊运一体机技术参数

80 kW内燃发电机，6轮变频行走体系，载重能力15 t，跨度4.8 m，架设在水沟电缆槽顶面上，最大行走速度120 m/min。

2.吊运一体机功能及结构

（1）吊运一体机由前后两部分组成，前部分为混凝土运输料斗，容积5 m^3，带有4套螺旋升降系统。装料时，料斗降至混凝土罐车放料高度，运输中升起至不影响施工人员在基面施工的高度，放料时再降至具备放料条件的高度。升降全部采用电动螺旋升降装置。

（2）吊运一体机后半部分安装动力系统、载料平台及操作平台，下部安装排架吊运架。吊运架与龙门吊吊运架功能相同，同时具备升降系统。

（3）吊运一体机采用6套变频行走装置，每侧设置3个行走轮，将一体机分成2个载重区域，避免了单向载重量过大，以免造成翻轨、脱轨；行走轨道为24 kg/m的钢轨，底部每隔1 m设置枕木，并用道钉固定。

3.组合式轨道调节器

无砟轨道轨排法施工采用工具轨、横梁（或托盘）、扣件将轨枕固定，使得工具轨与轨枕间存在固定的相对关系，一次性组装成轨排，施工过程中不进行拆卸，但需要组装平台，影响运输通道。而工具轨法施工采用工具轨、横梁、轨枕在施工现场组装，施工循环利用时需拆卸横梁与工具轨，分类吊装运输，并需要单独设置轨向调节器，造成循环时间较长。在关角隧道施工过程中，结合两种施工方法的特点自主研制了组合式轨道调节器，形成了工具轨排架法施工工艺。

（1）组合式轨道调节器由横梁、托盘、顶杆及轨向调节螺栓、轨距调节螺栓组成，施工中一次组装完成，循环吊运时只需拆除顶杆即可利用吊运一体机整体吊运，循环利用，方便快捷，避免了多次拆卸、组装造成机具损坏。

（2）横梁+托盘及螺栓调节轨距，顶杆+横梁滑槽调整高程、轨向。在无砟轨道粗、精调过程中，只需利用扳手调整顶杆、轨距螺栓及轨向螺栓即可达到高程、轨向及轨距调节的目的。

工具轨每个单元长度12.5 m，每对工具轨通过组合式轨道调节器连接，通过每2 m设置的横梁、托盘及固定螺栓将工具轨锁定，一次性调整轨距，循环倒运时整体吊装，具备了轨排法及工具轨法共有的优点。

关角隧道采用吊运一体机、组合式轨道调节器进行施工，方便快捷，施工工序间相互干扰小，单个工作面最高月进度达到3 500 m，确保了关角隧道4个月完成34.744 km无砟轨道施工任务，为双洞单线铁路特长隧道无砟轨道快速施工提供了可靠的实践经验。

6.4 机械设备的保养及维护

集中采购备足保养件、增加保养次数、及时维修是保证机械设备正常运转的基础，而高寒、高海拔环境、人员高原反应给维修和保养带来诸多不便，为此采取以下措施。

6.4.1 建立健全组织机构和规章制度

（1）设专职副经理主管项目全部机械和车辆设备的管理。

（2）按专业成立隧道施工专业机械队、水电队、特种进口大型机械队、机械保养维修队。

（3）各工区设专职机械设备副队长一人，主抓设备使用与维护工作。

（4）建立教育培训制度，组织维修人员进行经常性的学习，对机械、车辆等各类操作人员进行专业培训，提高操作人员的技术水平及能力，降低因人为因素造成工程机械的损坏，对机械设备操作执行“定人、定机、定岗，人随机走”的原则，操作手上岗前进行现场考核，并建立机械设备操作手档案。

（5）以人为本，奖罚结合，严格管理，定期开展竞赛活动，加大奖励力度，做到勤维护、勤保养、勤检查、勤评比、勤奖罚，提高机械设备的利用率。

6.4.2 超前预测，分类备足

对特种润滑油、防冻液、燃油、滤芯、管等易损件，按A、B、C分类备料。

（1）国内产品不能代替必须通过代理商购置的列为A类，如美国寿力空压机、瑞典沃尔沃柴油机、法国斯坦福电机的润滑油、空压机专用油油、电脑板、碳刷三滤等，根据消耗量及更换周期预测需用量，超前提出申请，以备较长周期（45天）运至施工现场。

（2）国内可代替、能购买到的列为B类，如PC220-6小松挖掘机的斗齿、液压油、支重轮、脱连轮、油缸油封、三滤等产品，与厂家、商家签定进货合同，在较短周期（10天）运至施工现场。

（3）更换下来但有利用价值的配件列为C类，实现修旧利废，在待件过程中保证设备正常使用。

（4）联合主机厂家在工地组建两个设备维修中心，在现场设立小松、北方奔驰配件“超市”，库存喷锚机组、挖装机和空压机等设易损件、常用件，以达到维护保养维修及时方便的目的。

6.4.3 统筹考虑，合理搭配

设备选型不仅要选用单台先进设备，而且要结合工程实际综合考虑，将各个工序使用的机械设备和机具，按给定的参数互相协调、综合配套、顺序衔接，以保证施工的连续性，使整条生产线达到最高生产能力。

6.4.4 按时保养，及时修理

根据机械设备出厂时的使用维修保养说明书，结合高海拔地区施工特点，以及操作人员填写的设备运转记录，编制维修保养计划。设备操作人员要每天认真填写设备运转记录，运转记录中详细记录设备工作时间、保养检查项目、油料消耗、配件消耗、故障及排除等，提供给设备管理人员，以便掌握设备的技术状况及保养规律，预防设备故障的发生。

6.4.5 重视配属动力设备的维修

配属动力设备如空压机组、发电机组、蓄电瓶机车为施工服务，它们的状况直接影响着掘进、衬砌的施工。为此，采取以下措施：

（1）购置实际需用量2倍的动力设备作为备用设备以便替换，一旦发生故障，及时更换。

（2）在施工现场设立动力设备维修班，及时保养，预防故障的发生，一旦发生故障，及时修理以便备用。

（3）根据配件使用损耗规律备足动力设备维修保养配件。

6.5 小结

关角隧道通过试验研究高海拔隧道施工机械效率的变化规律，对隧道现场施工机械效率数据进行统计，对施工作业线的工效展开分析，提出相应的技术措施，进行合理的机械配套，取得了良好的效果。本章得到的主要结论有：

（1）通过现场试验测定，发电机的标定功率随海拔高度的上升而降低；在同一海拔高度，越接近额定功率工作耗油率越低。因此，施工过程中应控制机械在额定功率下工作最宜，尽量减少低功率和超负荷运作情况。

（2）通过统计分析关角隧道部分工区运渣车、装载机、挖掘机月工作台班和耗油量的关系，同时分析了运渣车使用0号柴油和35号柴油的成本，得到关角隧道运渣车、装载机和挖掘机每小时耗油量大约为11.6 L、15 L和12 L，得出使用0号柴油最为经济的结论，为油料的采购、使用和管理提供了依据。

（3）隧道开挖、支护、出渣作业线占据大部分的施工时间，达到92.66%，所以，要实现快速施工必须优化开挖、支护、出渣三条作业线，尤其是支护作业线。施工中选用小型凿岩机和钻爆台车相结合进行钻眼作业，研制应用了新型的混凝土素喷综合一体机和钢架机械安装装置，对扒渣机进行改造，设计并制造了隧道通风节能升温装置，自主研发了组合排架吊运一体机及组合式轨道调节器，大大提高了工效。

7　高海拔特长隧道防灾救援技术

隧道内列车发生灾害主要为脱轨和列车火灾两类，其中以火灾发生的概率最高，且造成的危害严重、损失大、时间长，因此防灾救援主要针对火灾进行。

目前，国内外学者对于隧道火灾的研究以公路和地铁隧道居多，主要是关于隧道火灾时烟气流动规律和温度分布规律，以及隧道内通风对于隧道火灾的影响研究。但是这些研究基本都是在低海拔地区进行的，并且大多是缩尺模型试验和数值模拟的研究。在高海拔情况下，隧道防灾救援存在两个重要难题：一是空气浮力小，隧道内火灾温度场分布和扩散规律、烟雾场分布和扩散规律不同于一般隧道；二是高海拔隧道空气稀薄，含氧量低、气压低、气温低，在这一地区，人的活动量（逃生速度）受到极大限制。研究关角隧道内发生火灾时高温烟气的扩散规律，救援站的规模、通风、排烟、疏散、救援模式，以及防灾救援洞群施工安全快速施工技术，既满足了高海拔关角隧道自身的需要，也为中国目前长度超过30 km隧道的防灾救援技术提供了参考。

7.1　关角隧道火灾烟气及温度分布特征研究

7.1.1　隧道火灾模型试验方法

1. 热电偶温度测量系统

热电偶是火灾试验中最常用的温度测量仪器之一。试验采用的热电偶材料为K型热电偶，可以直接测量的温度范围为0 ℃～1 300 ℃，测量精度为0.1 ℃，热电偶的直径为3 mm，如图 7-1-1所示。

试验中采用两台16路巡检仪对热电偶采集温度数据，同时将巡检仪与电脑相连接，通过相应的采集软件对热电偶采集的温度进行采样并转换为实时温度测量值在屏幕上显示，如图7-1-2所示，同时软件会记录下所采集的数据进行保存，以便后处理使用。

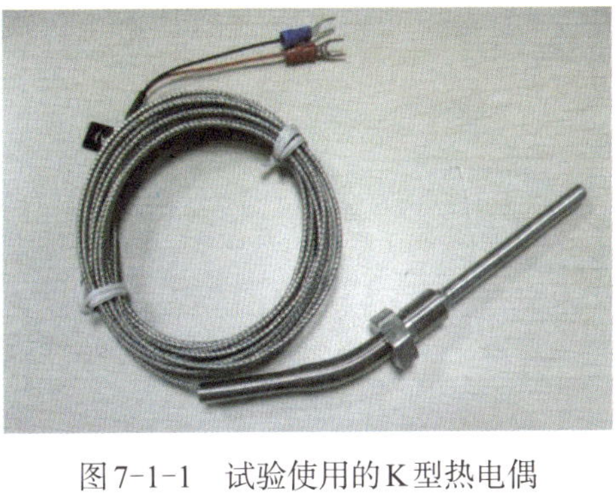

图7-1-1　试验使用的K型热电偶

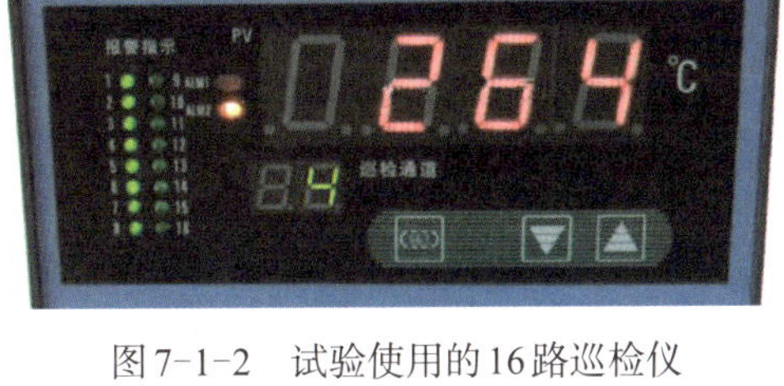

图7-1-2　试验使用的16路巡检仪

2. 火灾烟气温度测量方法

在斜井隧道火灾的大尺寸试验中，为测量热烟气层温度的竖直分布，试验中专门制作了热电偶树，选取隧道内五个断面进行测量，在火源上游设置三个断面，下游设置两个断面。此次试验的火灾规模较小，影响隧道内的范围有限，因此在试验中主要研究火源周围温度场的变化，所选取的五个测量断面都是靠近火源附近，具体布置如图7-1-3所示。

图7-1-3　试验中热电偶树的布置

每根热电偶树上设置有不同数量的热电偶探头，根据断面距离火源的位置布置，探头之间的间距为1 m或0.5 m，每根热电偶除探头位置均用绝热防火胶带包裹。具体电偶数量及位置布置参数见表7-1-1。

表7-1-1　电偶树布置参数

电偶树编号	电偶数量（个）	电偶编号	电偶位置（距离斜井顶部高度）	备　注
1号	6	a	15	连接1号巡检仪
		b	115	
		c	215	
		d	315	
		e	356	
		f	415	
2号	6	a	15	连接1号巡检仪
		b	115	
		c	215	
		d	315	
		e	356	
		f	415	
3号	5	a	15	连接2号巡检仪
		b	115	
		c	315	
		d	415	
		e	515	

电偶树编号	电偶数量（个）	电偶编号	电偶位置（距离斜井顶部高度）	备　注
4号	5	a	15	连接2号巡检仪
		b	115	
		c	315	
		d	415	
		e	515	
5号	5	a	15	连接2号巡检仪
		b	115	
		c	315	
		d	415	
		e	515	

烟气温度采集数据点共计27个，具体电偶树的布置。如图7-1-4所示，其中上游为斜井进口端，下游为斜井与主洞连接端。

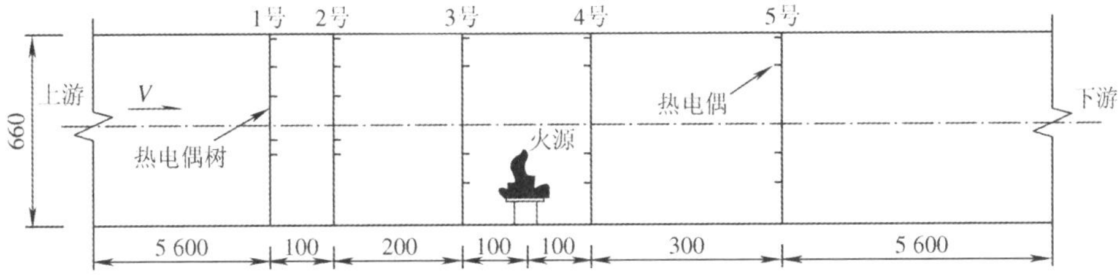

图7-1-4　电偶树的布置示意（单位：cm）

在试验中，每个热电偶的端口与16路巡检采集仪连接，设定巡检监测时间间隔，两台巡检仪可以同时对所有测点进行巡检记录，然后通过485转232串口与电脑连接，再通过相应的采集软件对热电偶采集的温度进行采样并转换为实时温度测量值在屏幕上进行显示，同时软件还会记录下所有巡检测量数据进行存盘以便后处理使用。

3.隧道纵向风速测量方法

隧道内的纵向风速通过风速仪测量，测量仪器为便携式数字风速仪，测量精度为0.1 m/s，如图 7-1-5所示。

（1）火灾烟气扩散速度和烟气层厚度测量方法

烟气层高度测量根据在电偶树上每隔0.5 m高度做好标记，用摄像机对火灾烟气扩散进行记录，再设专人每隔30 s根据所设定的标记进行目测记录，记录隧道火灾烟气扩散情况。

（2）火源设置

因试验所选取的关角隧道Z1斜井内还有一些施工用管线的布置，为避免试验影响隧道管线安全，试验火灾规模选择不能太大，但是可以通过对较小的火灾规模试验数据采集，来综

图7-1-5　试验中使用的风速仪

合分析隧道火灾特性。

火源位置选择位于Z1斜井内中部，距离隧道正洞和斜井进口均为60 m处。试验中，以火源中心作为距离计量原点。通过对高海拔火灾燃烧特性的研究所得到的结论来设定试验中的火灾规模。试验采用方形油盘作为试验火源，单个油盘的尺寸选择两种，分别为52 cm（长）× 52 cm（宽）× 10 cm（高）和32 cm（长）× 32 cm（宽）× 10 cm（高）。为使火源有一定的高度，试验制作了一个铁架作为火源的支撑底座，设定火源高度距离隧道地面1 m。

不同油盘尺寸火源的热释放速率通过试验取得，如图 7-1-6和图 7-1-7所示。

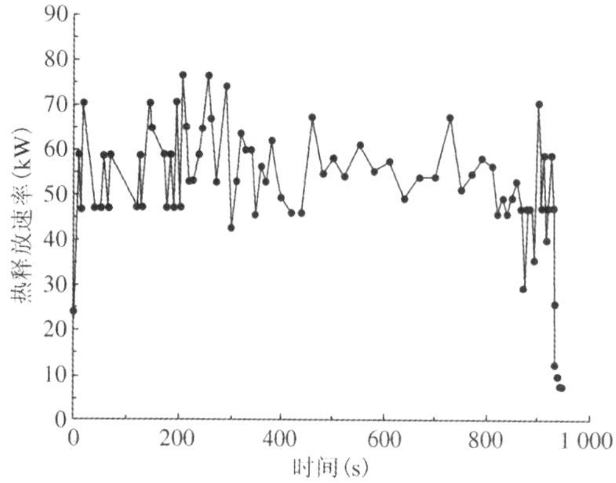

图7-1-6 32 cm × 32 cm油盘热释放速率曲线

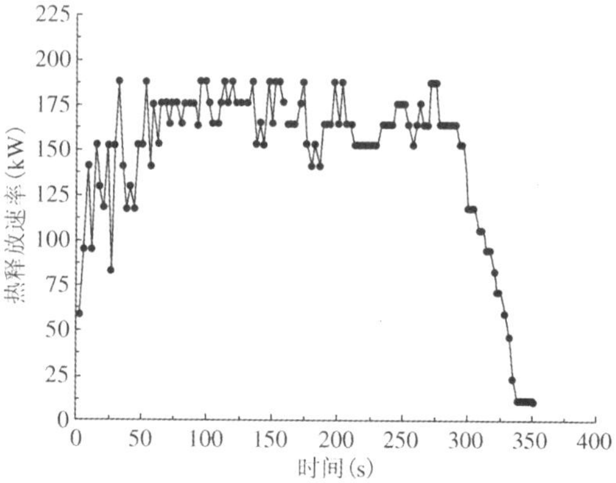

图7-1-7 52 cm × 52 cm油盘热释放速率曲线

试验火源的设置情况见表7-1-2。

表7-1-2 火灾试验的火源设置

试验编号	油盘尺寸	燃料类型	火源高度	火源功率	风速
试验1	52 cm × 52 cm	2 L93号汽油	1 m	约160 kW	0.2 m/s
试验2	52 cm × 52 cm+32 cm × 32 cm	5 L93号汽油	1 m	约220 kW	1.5 m/s

不同规模火灾试验中所采用的火源如图7-1-8所示。

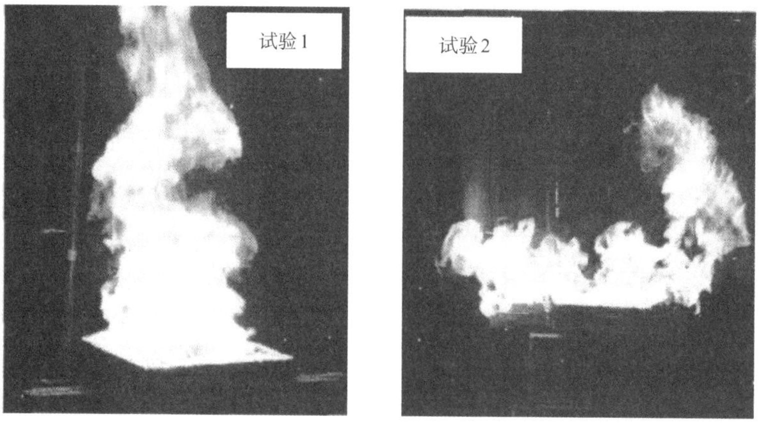

图7-1-8 试验中采用的油盘火源

7.1.2　试验记录

1.隧道火灾烟气扩散情况

隧道火灾烟气扩散情况选择试验2中火灾发生时的隧道内烟气扩散情况来进行描述。试验2中隧道内烟气扩散情况如图7-1-9所示。

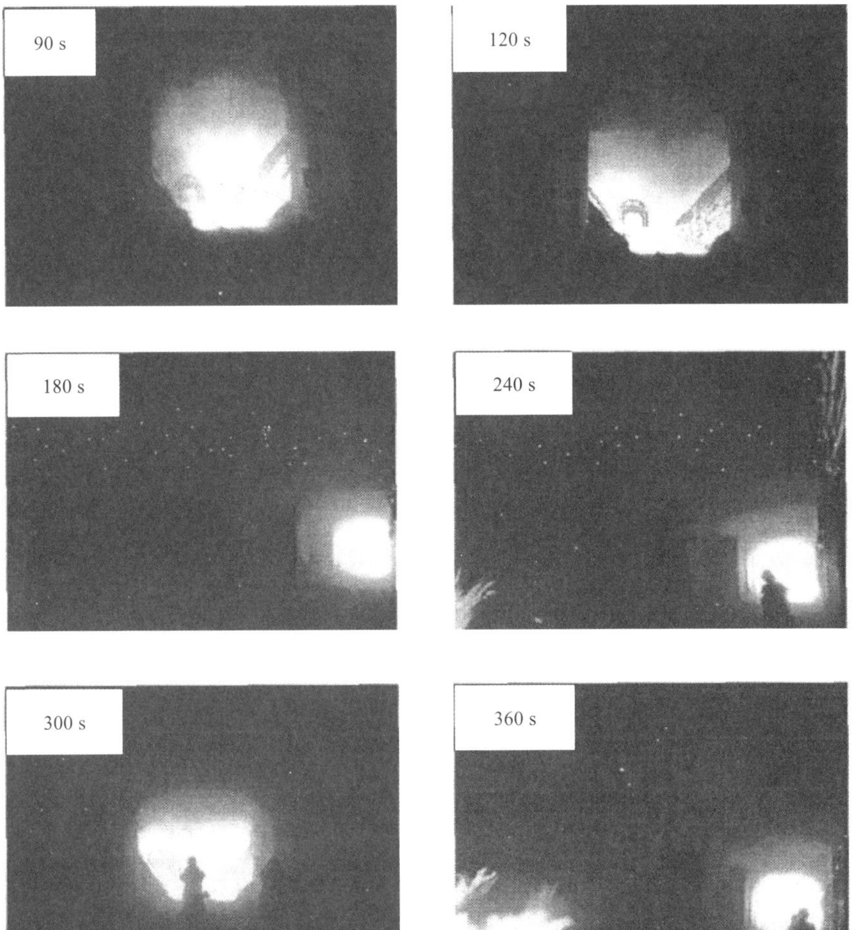

图7-1-9　试验中隧道火灾烟气不同时刻的扩散情况

由图7-1-9可知，试验中隧道火灾产生的烟气在火灾发生后由火源周围向隧道进出口处蔓延，较短时间内就能蔓延至整个试验隧道；火灾烟气在火源附近由于火灾热升力的作用主要聚集在隧道的拱顶部位，随着纵向距离的增加，烟气逐渐向隧道下方蔓延；火灾刚开始发生时，隧道距离火源较远位置火灾烟气的浓度很低，隧道内的能见度还是不错的，但是随着时间的增长，隧道内的烟气逐渐蔓延至距离火源较远位置，使得远处隧道顶部烟气浓度增大，同时烟气也逐渐向隧道下方蔓延，导致隧道内的能见度迅速下降。根据试验过程中的观测，当火灾发生120 s左右时，烟气就已经能够扩散到隧道进口处。

试验者尝试了在充满烟气的隧道内行走，做了一次火灾烟气条件下疏散的真实体验。从隧道的进口处向出口行走，感觉行动艰难，呼吸困难，120 m的隧道用时近3 min完成，平均行走速度约为0.7 m/s。上述数据是在隧道内有一定照明的情况下完成，若在实际隧道内发生火灾的紧急情况下，人群会出现恐慌心理，且隧道内如果完全没有照明，行走将会更加艰难，人员的疏散时间会更长。可见，隧道内发生火灾后，如果烟气无法及时排出，或者得到有效控制，将严重威胁隧道内人员的安全。因此，隧道内的防灾排烟措施就显得极其重要。

2.试验中火源燃烧情况

（1）试验1中火源燃烧情况

在试验1中，隧道内的自然风风向稳定且风速不大，平均风速约为0.2 m/s，因此火源在燃烧时的火焰几乎一直是竖直向上的，比较平稳，火焰的高度也相对较高。试验1中火源燃烧情况如图7-1-10所示。

图7-1-10　试验1油盘火源燃烧情况

（2）试验2中火源燃烧情况

在试验2中，隧道内的自然风变化较频繁，风向和风速都在不停变化，最大瞬时风速可达2 m/s，平均风速为1.5 m/s，火焰在燃烧时扰动大，当风速接近2 m/s时，已经能够将火焰吹至水平。试验2中火源燃烧情况如图7-1-11所示。

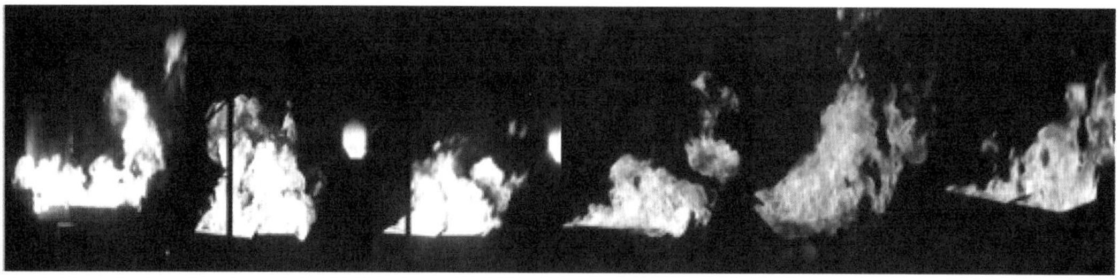

图7-1-11　试验2油盘火源燃烧情况

3.隧道烟气层温度分布情况

（1）试验1中火灾烟气层温度分布

试验1中，各个测量断面上热电偶所测量得到的烟气层温度数据如图7-1-12～图7-1-16所示。

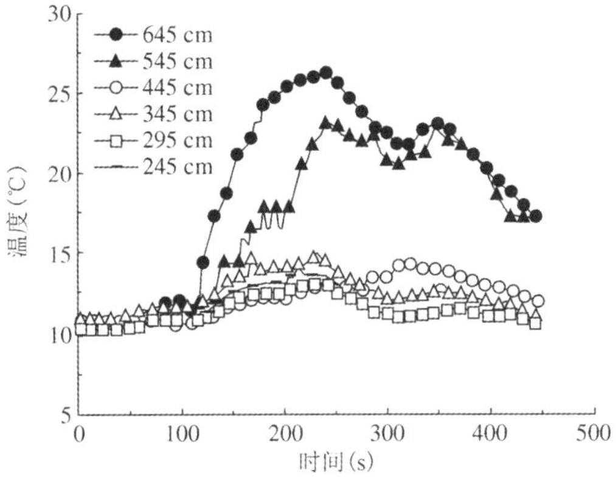

图7-1-12　试验1中1号热电偶树(火源上游4 m)温度分布曲线

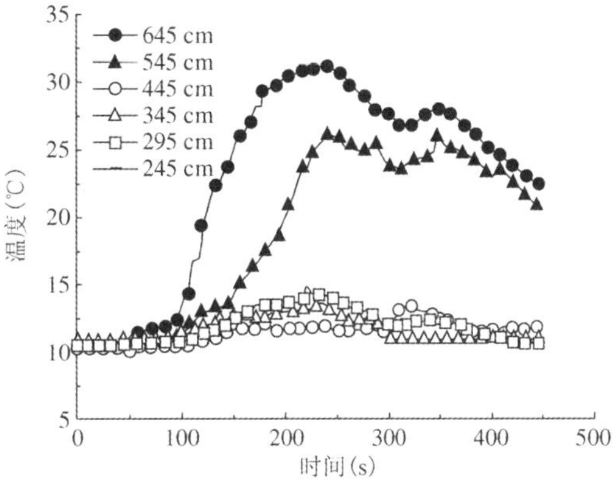

图7-1-13　试验1中2号热电偶树(火源上游3 m)温度分布曲线

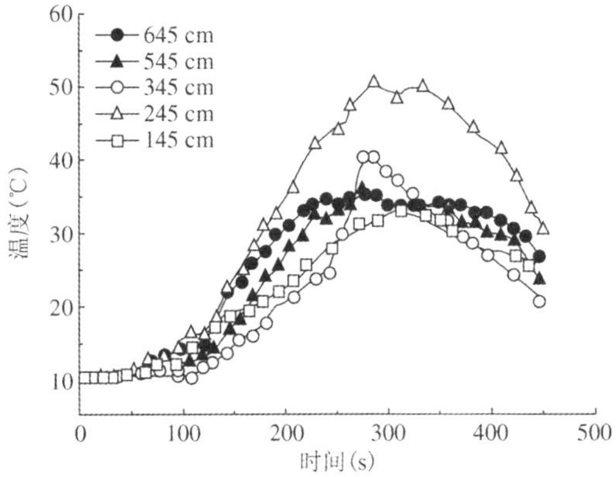

图7-1-14　试验1中3号热电偶树(火源上游1 m)温度分布曲线

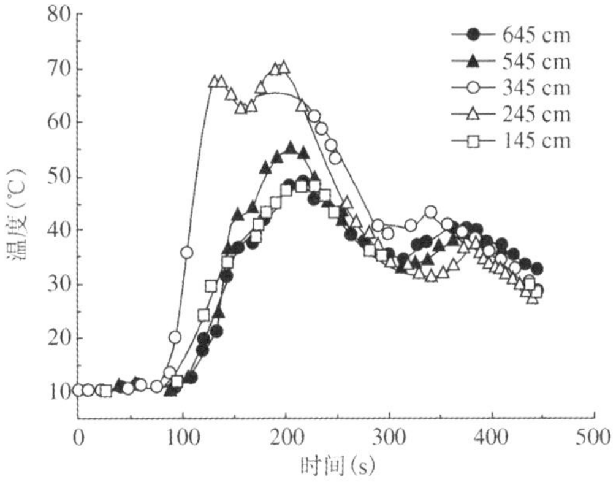

图7-1-15　试验1中4号热电偶树(火源下游1 m)温度分布曲线

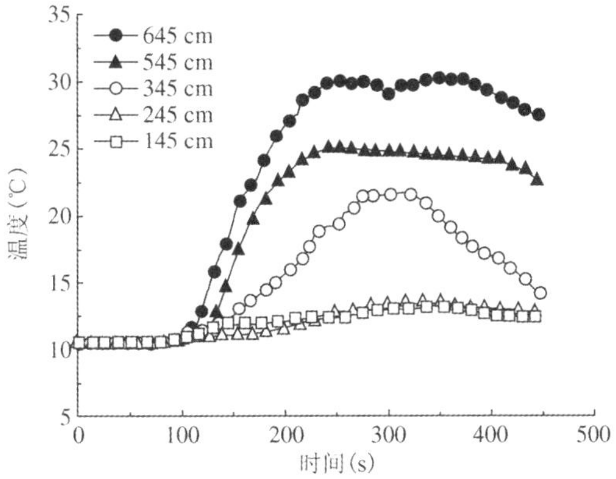

图7-1-16　试验1中5号热电偶树(火源下游4 m)温度分布曲线

(2)试验2中火灾烟气层温度分布

试验2中，各个测量断面上热电偶所测量得到的烟气层温度数据如图7-1-17～图7-1-21所示。

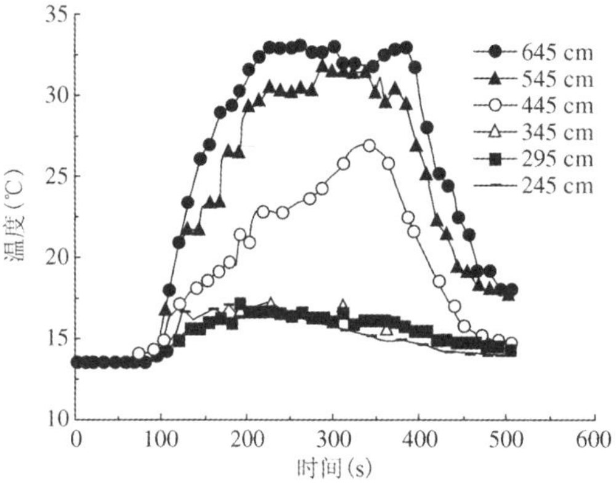

图7-1-17　试验2中1号热电偶树(火源上游4 m)温度分布曲线

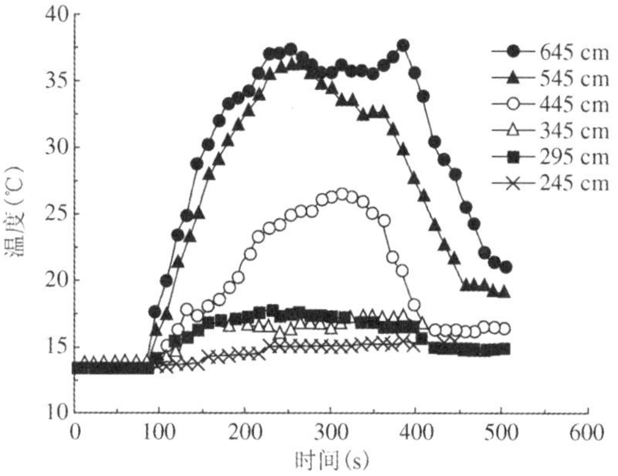

图7-1-18　试验2中2号热电偶树(火源上游3 m)温度分布曲线

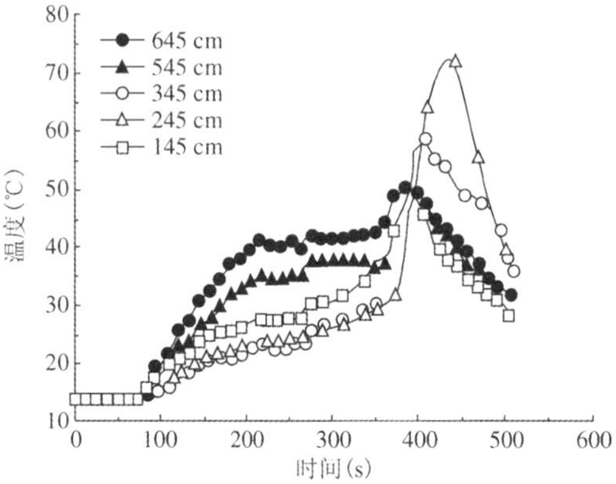

图7-1-19　试验2中3号热电偶树(火源上游1 m)温度分布曲线

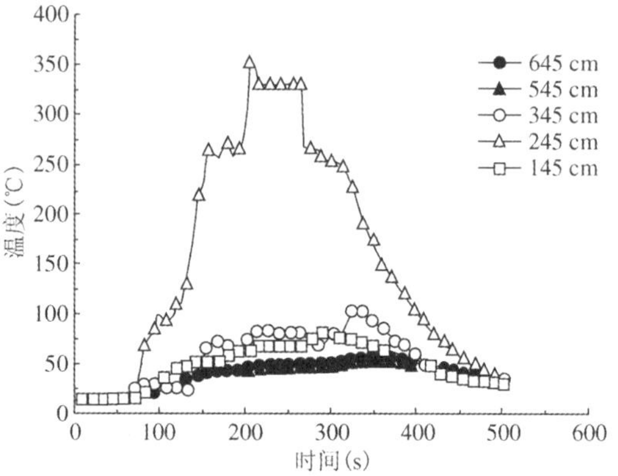

图7-1-20　试验2中4号热电偶树(火源下游1 m)温度分布曲线

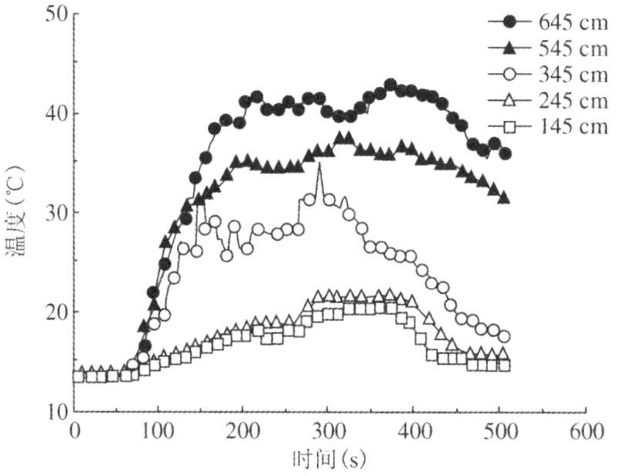

图7-1-21　试验2中5号热电偶树(火源下游4 m)温度分布曲线

7.1.3　试验结果分析

从图7-1-10和图 7-1-11中可以看出，纵向风速对火源火焰高度有很大影响，同时也对隧道内温度的分布有较大影响。在试验1中（火源的功率约为160 kW），隧道内的自然风速较小，且变化较小，点火后火焰只有稍微倾斜，整个试验过程中，火焰高度较高，能够达到近2 m。试验2中（火源的功率大约为230 kW），隧道内的自然风变化较大，风速和风向都在不停改变，点火后的整个试验过程中，火焰被吹得偏向下风方向，火焰高度都不太高，在2 m/s的最大瞬时风速条件下，火焰几乎水平。由于火焰受到纵向风速影响，使得试验开始后，个别电偶几乎是被火焰外焰直接接触，这种情况下，个别测点的温度测值较高（最大可到351℃），说明纵向风速改变了隧道内火灾温度的分布。

从图 7-1-12 ～图 7-1-21的温度分布曲线上可以看出，在试验1中火源功率约为160 kW工况下，火灾时隧道拱顶的烟气层最高温度为48.7℃；而试验2火源功率约为230 kW工况下，火灾时隧道拱顶的烟气层最高温度为56.8℃，因此，随着隧道内火灾火源功率的增大，隧道顶部烟气层的温度也是不断增大的。

无论是试验1还是试验2，除3号和4号断面（上、下游1 m）外，所有测量断面上，隧道内烟气温度的分布呈现分层现象，随着热电偶高度在竖直方向的降低，热电偶测量得到的烟气温度也不断下降，说明隧道内烟气是由拱顶向下蔓延的。在3号（上游1 m）和4号（下游1 m）断面均表现为245 cm处电偶温度最高，分析原因为距离火源较近测点基本是与火焰直接接触，尤其是试验2中下游1 m处245 cm测点在纵向风速的影响下直接接触火焰，温度高达351℃。

同时可以看到，在距离火源位置较远的两个断面（上游4 m，下游4 m）中，位于145 ～ 245 cm高度的热电偶测量的烟气温度比环境温度高2℃～ 4℃，基本反映出此时火源的燃烧对隧道内稍低位置温度影响效果有限，而隧道拱顶处温度升高明显，同时说明了隧道火灾烟气是由隧道拱顶向下蔓延的。图 7-1-12和图 7-1-17（上游4 m）温度分布曲线均显示拱顶最上方的测点温度在开始的时候上升较快，而随着时间的推移慢慢与第二个测点温度接近，分析原因为这两个断面均为上游较远断面，隧道壁面的热交换作用比较明显，对于温度分布影响较大。

7.1.4 火灾时隧道内温度场纵向分布规律

1.火灾的三个阶段

（1）火灾发展阶段：火灾供氧充足，一般为富氧燃烧，火势不断增大，火灾烟气流温度不断增高。

（2）火灾稳定阶段：火灾火势基本达到稳定，烟气流温度波动较小，如果燃料充分且有供风，火势会一直持续下去。

（3）火灾衰减阶毁：火灾火势逐渐减弱，烟气流温度也逐渐下降，但其持续时间一般比火灾发展阶段稍长。

试验中，隧道内的温度在火灾刚发生时不断上升。试验火源采用93号汽油，属于超快增长型火源，因此在模型试验火灾发生的3 ～ 4 min，隧道内的温度分布即达到最高温度，根据火灾的燃烧时间，隧道内的温度也保持一个相对稳定的阶段。随着燃料用尽，隧道内温度呈现下降态势。

2.试验1中隧道火灾温度纵向分布

试验1中，模型试验火灾情况下隧道内不同断面拱顶位置测点的温度随时间变化规律如

图 7-1-22、图 7-1-23 和表 7-1-3 所示。

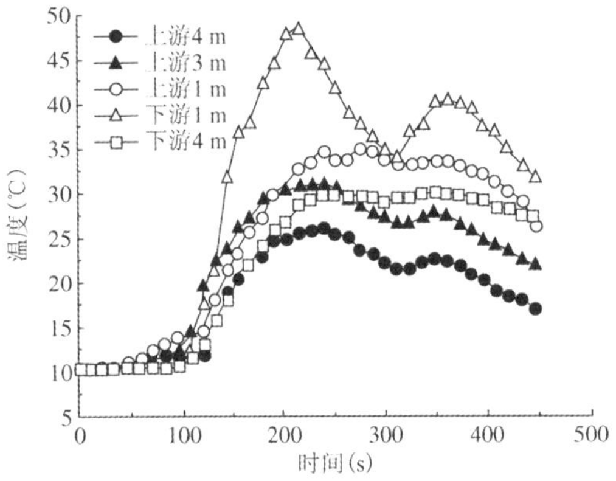

图7-1-22 试验1中隧道内不同断面拱顶位置测点的温度随时间变化规律

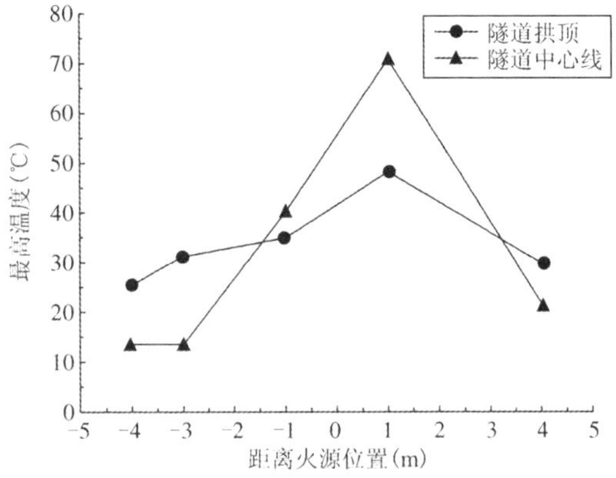

图7-1-23 试验1中隧道内不同位置最高温度纵向分布规律

表 7-1-3 试验中隧道不同位置最高温度纵向分布

测点位置	火源上游 4 m	上游火源 3 m	火源上游 1 m	火源下游 1 m	火源下游 4 m
隧道拱顶	25.4℃	31.2℃	35.2℃	48.7℃	30.1℃
隧道中心线	13.2℃	13.4℃	40.3℃	71.2℃	21.9℃

3. 试验 2 中隧道火灾温度纵向分布

试验 2 中，模型试验火灾情况下隧道内不同断面拱顶位置测点的温度随时间变化规律如图 7-1-24、图 7-1-25 和表 7-1-4 所示。

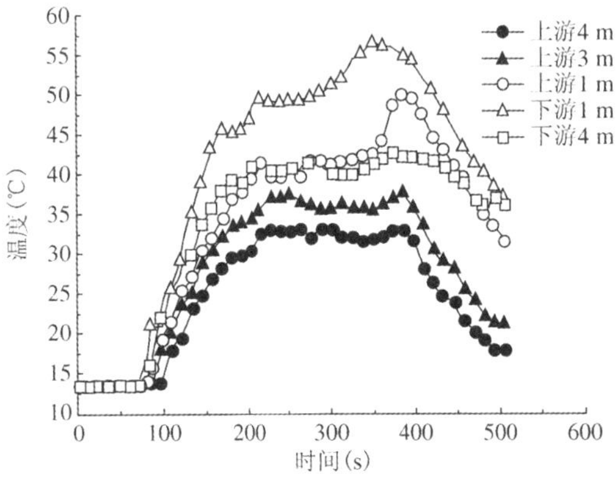

图7-1-24 试验2中隧道内不同断面拱顶位置测点的温度随时间变化规律

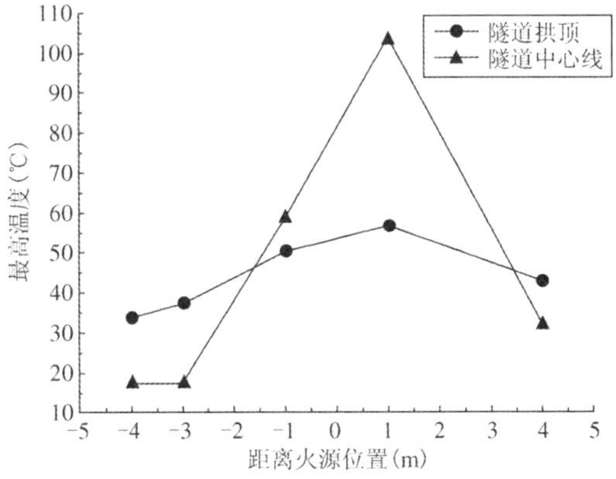

图7-1-25 试验2中隧道内不同位置最高温度纵向分布规律

表 7-1-4 试验 2 中隧道内不同位置最高温度纵向分布

测点位置	火源上游 4 m	上游火源 3 m	火源上游 1 m	火源下游 1 m	火源下游 4 m
隧道拱顶	33.7℃	37.3℃	50.3℃	56.8℃	42.9℃
隧道中心线	17℃	17.3℃	58.5℃	103.6℃	31.8℃

由图7-1-22和图7-1-24可以看到，距火源相同距离的断面拱顶温度上下游是不同的，由于纵向风速的作用使得隧道内烟气向火源下游聚集，温度也开始慢慢向下游扩散，致使火源下游隧道内距火源同样距离的位置处的温度高于上游，同时也使大量火灾烟气聚集于下游。

由图 7-1-23和图7-1-25可以看到，火源周围隧道中心线附近温度要高于拱顶温度，这是因为此处隧道中心线测点几乎与火源接近，从而直接被火源燃烧，所测得的温度基本等于火焰温度。总体来看，隧道拱顶的温度要高于隧道中部，这是由于隧道内温度的变化主要是由燃烧产生的热烟气传导所产生的热交换引起，而燃烧过程中由于燃烧的热升力的作用，使得隧道内的烟气聚集在隧道顶部，因此隧道内拱顶的温度要高于隧道中心线位置。同时，由于隧道壁面对于流经其中的高温烟气的冷却作用，纵向上拱顶附近的温度变化要明显小于隧道中心线附近。根据试验结果可以得到，随着火灾规模的增大，火灾所影响的范围也在增大，当火灾规模较小时，影响的范围有限，仅在火源附近比较突出，而远离火源处隧道内温度变化较小；同时隧道内的纵向风速也对火灾的影响范围有着重要的作用，当纵向风速较大时，隧道内的烟气向下游聚集，使得火灾对于火源下游影响范围变大。

因此，可得到隧道内火灾温度场的纵向分布规律为：隧道拱顶处温度高于隧道中心线附近温度；随着距火源点距离的增加，隧道内各位置温度降低；纵向风速的大小对于隧道内的烟气分布有着重要的影响，火源下游温度要高于上游的温度。

7.2 救援通道施工技术

目前，世界上已建成的长度超过20 km的山岭隧道在防灾救援方面大多采用了设置紧急救援站进行疏散和救援的方案。其目的是通过紧急救援站将人员快速疏散到安全区域，并能自救或通过救援到达洞外。关角隧道施工设辅助坑道（斜井）10座，6号斜井位于隧道中部，经过比选，紧急救援站就设在6号斜井与隧道交叉口（DK296+110）附近，里程范围DK295+960 ～ DK296+510（DYK295+960 ～ DYK296+510），当一条隧道发生火灾时，列车停靠在定点处，旅客下车后即可紧急疏散到横通道内等待救援，也可进入另一管隧道的站台等待救援。

救援通道主要工程包括：两条隧道间设12条救援横通道，间隔50 m。在隧道紧急救援站范围内，隧道拱顶每100 m的Ⅰ、Ⅱ线对称设置1座排烟竖井，通过横向排烟通道连通竖井与纵向排烟通道，纵向排烟通道与斜井相连。在6号斜井X1+53.22 ～ X3+34.44范围内进洞右侧设置安装维修通道，并在X2+43.8处设置风机房，风机房与安装通道相连，如图 7-2-1 ～图7-2-4所示。

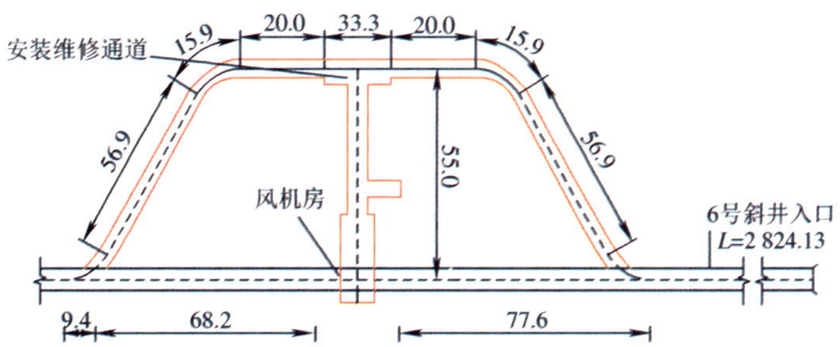

图7-2-1 安装维修通道及风机房平面布置（单位：m）

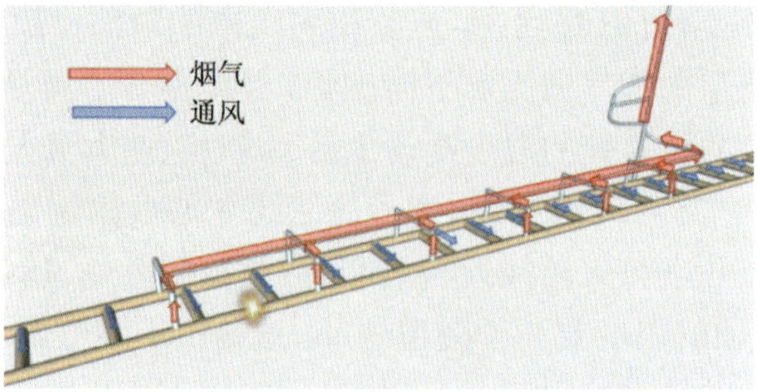

图7-2-2　横通道、竖井及排烟通道平面布置(单位:m)

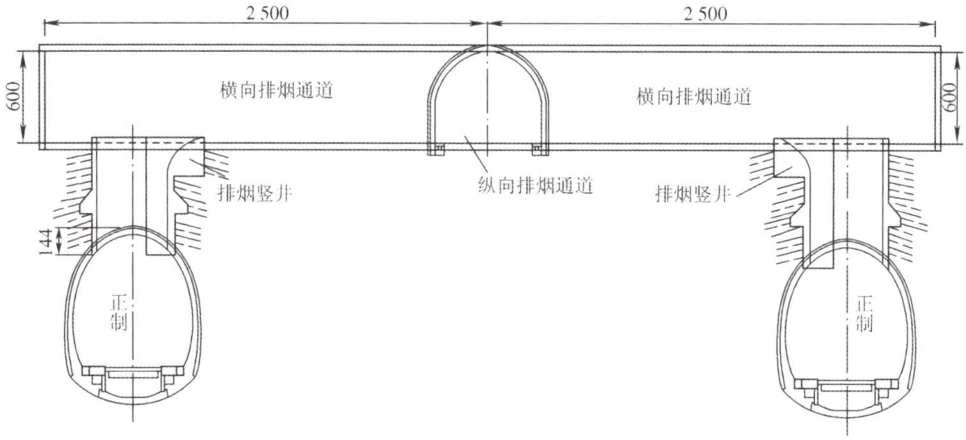

图7-2-3　竖井、排烟通道与正洞立面(单位:cm)

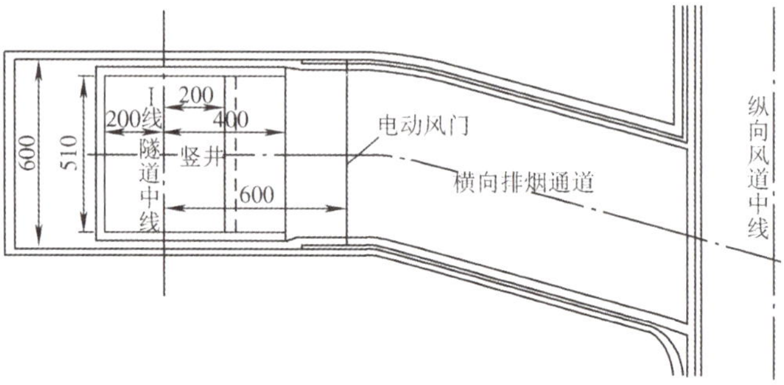

图7-2-4　竖井与排烟通道平面(单位:cm)

7.2.1　施工难点分析

(1)关角隧道防灾救援工程为新增施工项目,其施工严重滞后于正洞施工,且正洞施工尚在进行。排烟通道、竖井和正洞、横通道间形成立体交叉施工,上方的开挖爆破对下方施工的影响尤为突出,如何进行合理的施工组织成为保证工期及施工安全的重难点问题。

(2)竖井施工在铁路隧道内较为罕见,常见的竖井施工多为矿山、地铁项目。由于隧道内断面有限,已知的高效开挖方法及机械、设备无法展开。在施工中的铁路隧道内正线上方修建10座竖井,且需将正洞拱顶打穿,无论是从施工技术难度、质量控制难度还是风险控制管理上,竖井施工无疑成为防灾救援施工的核心及控制重点。

（3）风机房位于安装通道末端，并穿过斜井，总长度26.9 m，其中安装通道侧16.3 m，斜井处7.6 m，安装通道对侧3 m。其断面形式为蘑菇形（两侧为直墙，拱部为圆弧形），开挖高度为10.55 m，宽度为9.5 m。底面低于斜井面1.28 m，开挖顶部最高高出斜井拱顶3.65 m。风机房与安装通道同底同中线，开挖高出安装通道（高7.17 m）拱顶3.38 m，比安装通道宽2.24 m。无论是风机房的开挖还是衬砌，其施工难度显而易见。

7.2.2　主要施工技术

1.立体施工的安全技术措施

由于防灾救援工程施工过程中，正洞施工尚未完成，不可避免地出现上下立体施工。在排烟通道及竖井的施工过程中，除采取“短进尺，弱爆破”及有效的安全防护措施外，为保证正洞的交通运输安全，在竖井的开挖施工过程中，同组的Ⅰ、Ⅱ线竖井要依次顺序进行，待一侧竖井开挖支护且上下防护完成，正洞的交通导行之后，再进行对侧的竖井开挖。竖井开挖时的正洞交通可利用邻近的横通道，将施工交通导行至不被竖井开挖影响的一侧。

2. 竖井施工

竖井结构形式如图 7-2-4所示。竖井深度随里程的增加而增加，长度为6.65 ～ 13.09 m，见表 7-2-1。

表7-2-1　竖井深度

竖井编号	里　程	H_1/（m）	H_2/（m）
1号竖井	DK296+045	6.65	7.29
2号竖井	DK296+145	8.10	8.74
3号竖井	DK296+245	9.55	10.19
4号竖井	DK296+345	11.0	11.64
5号竖井	DK296+445	12.45	13.09

（1）竖井开挖时机

从图 7-2-4中可以看出，竖井衬砌混凝土边缘至横向排烟通道边缘仅为0.5 m，去除衬砌0.3 m，竖井初支面至横向排烟通道衬砌的最小距离仅为0.2 m。若横向排烟通道尚未衬砌即进行竖井开挖，则横向排烟通道的衬砌施工将会极为困难，所以竖井开挖必须在横向排烟通道衬砌之后进行。同时，为防止竖井开挖造成横向排烟通道拱脚悬空，危及衬砌安全，在横向排烟通道衬砌底部通长设置纵向工字钢，并打设锚杆进行固定，以加强衬砌拱角刚度，确保横向排烟通道的衬砌结构安全。

（2）竖井开挖

竖井采用钻爆法开挖。首先由上向下与初期支护循环交替进行，每次爆破后均将底面虚渣清理干净，按要求打设锚杆、喷射混凝土，每循环进尺1 m 左右。上部4 m深度范围内采用机械出渣的方法进行，并在每次爆破时预留50 cm马口，在下次爆破时一同爆除。中部采用自制龙门架、3 T提力的电葫芦作为提升装置，用钢板加工容量为1 m^3的渣斗进行人工出渣。开挖至距正洞二次衬砌底交界处4 m时，停止开挖，改从下至上进行凿除二次衬砌施工，在竖井开挖线内预留50 cm宽二次衬砌混凝土，沿周边以25 cm间距打设周边眼，30 cm间距设置辅助眼，辅助眼与周边眼间距25 cm，两圈辅助眼间距30 cm，炮眼深度为二次衬砌混凝土厚度，采用预裂爆破。中间部位二次衬砌混凝土爆出后，周边预留的50 cm混凝土采用人工凿除的方式破除。竖井下部开挖完成后，加大周边炮眼深度，将竖井未开挖部分一次爆破贯通，及时对贯通面进行初期支护施工。

（3）竖井衬砌

竖井衬砌采用正洞的衬砌台车作为底模，在二次衬砌台车上搭设工字钢作为模板骨架，外挂木模或钢模进行衬砌施工。竖井衬砌由下向上分段进行浇筑，每段浇筑高度不大于2 m，最上层2 m 作为独立单元进行浇筑。竖井拆模自上而下进行，拆下的支撑、模板由井口用电葫芦吊出。拆模顺序为：纵、横向支撑→竖向支撑、横向连接→模板→工作平台→循环→完成。拆模后及时进行洒水养护，养护时间14天。

（4）竖井安全防护

竖井是连通正洞和排烟通道的通道，其断面较大。竖井顶面至正洞仰拱面的最小距离将超过12 m，为防止人员的意外坠落及石渣、机具掉落对正洞施工人员、机具设备的危害，必须在竖井的上、下部设置必要的安全防护设施。上部安全防护，无论是竖井贯通前还是衬砌完成后，竖井顶部均需设置防护栏杆，防止人员、设备机具的意外坠落。竖井衬砌至顶面时，按设计要求设置永久护栏，并在所有施工尚未完全结束前，设置水平安全网作为双层保护。竖井开挖前，在其下方的正洞仰拱面上放置防水板台架，在其上方堆放草袋，作为掉落物品的缓冲层，同时可起到拦截的作用，直至竖井衬砌施工前。

3. 风机房施工

风机房的开挖类似于斜井进正洞的挑顶施工，由风机房和安装通道的分界处开始以20%的坡度进行挑顶，在进入斜井时拱顶基本到位，拱顶标高到位后，水平开挖至斜井对侧风机房边缘，然后反方向水平开挖至风机房和安装通道的分界处，最后由风机房和安装通道的分界处向斜井对侧开挖下部剩余部分。

风机房的开挖与支护施工交替进行，每开挖完成一循环即进行喷锚施工。风机房的衬砌采用拱架外挂木模或钢模的方式，由于风机房的断面较大且为蘑菇形，采取“先墙后拱”的方式，采用工字钢作为模板骨架，同时利用工字钢、钢管、圆木等材料制作横撑、斜撑及剪刀撑。首先，分段浇筑直墙，根据现场实际情况分段进行，每次混凝土浇筑高度以2 m为宜，且两侧对称进行。直墙施工完成后，在直墙顶部支立拱部弧形拱架，进行风机房拱部衬砌。拱部拱架的内支撑与直墙的衬砌支撑同步考虑设置。模板及拱架、支撑的卸落自上向下进行，逐层拆除支撑、拱架及模板，同时进行必要的外观修整。

4. 排烟、安装检修通道施工

纵横向排烟通道采用钻爆法开挖，YT28凿岩机钻孔，光面爆破，利用斜井作为运输通道，以“短进尺、弱爆破、强支护”的原则，控制循环进尺1 m，严格控制装药量，降低爆破震动对其他已施工斜井、正洞洞群的影响。每步开挖后应及时进行喷锚支护。安装检修通道扩大断面段采取分隔分层开挖、衬砌的施工方法，将扩大段分为上部扩大断面（拱形断面宽14 m，高6.2 m，长27 m）和底部直墙断面（直墙宽11 m，高9.6 m，长27 m）。首先开挖拱部扩大断面，并及时进行衬砌，拱部扩大段全部完成后，再进行直墙段开挖及衬砌施工。

7.2.3　工程实际效果

关角隧道防灾救援工程于2014年3月21日正式施工，2014年8月29日竖井全部衬砌完成，确保了正线无砟轨道施工的如期进行，为整个隧道按期交验奠定了的基础。同时，随着2014年12月31日风机房的衬砌完成，关角隧道防灾救援土建施工结束，并于2015年初随主洞验交通过。关角隧道防灾救援实际完成效果如图 7-2-5 ～图 7-2-8 所示。

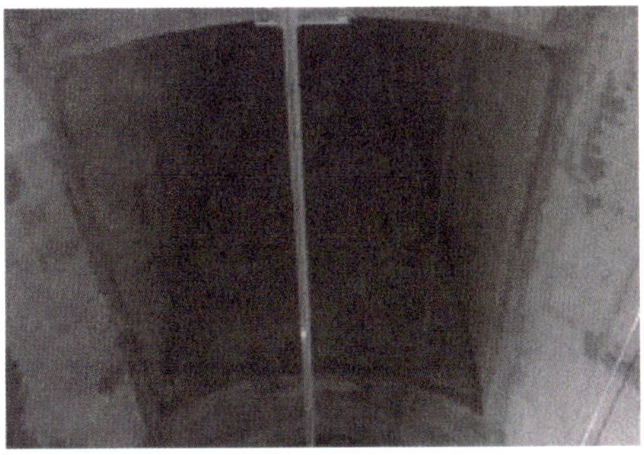

图 7-2-5　竖井仰视图

图 7-2-6　竖井俯视图

图 7-2-7　排烟通道

图 7-2-8　风机房

7.3　隧道救援技术

7.3.1　灾前预防措施

在世界铁路隧道中，隧道一旦发生火灾，扑救十分困难，而且易造成严重的损失。对隧道火灾防患于未然，是减少灾害及损失最有效的手段。

1. 车辆温度检测装置

（1）设计方案

在关角隧道两端的天棚站和察汗诺站的上、下行方向各设红外线车辆温度监测系统一套，设备主机设在红外线轴温探测站机房内，天棚站防灾监控室内设复示中心一处。

该系统利用高架红外线探头采集车辆车体的两侧及顶部温度，并在轨边进行适时处理，发送车辆车体温度的信息至天棚站防灾监控室的复示中心。

（2）信息传输方式

红外线车辆温度监测系统向天棚车站防灾监控室传送车辆温度信息，车体温度异常时声光报警。信息传输方式为：

①天棚站下行红外线车辆温度监测系统→天棚站防灾监控室的复示中心。

②察汗诺站上行红外线车辆温度监测系统→天棚站防灾监控室的复示中心。

③在柯柯列检设置车辆温度监测设备运行状态复示终端。

2.整体道床

部分隧道火灾是列车在隧道行驶中由于发生倾覆、脱轨而致，故保证轨道的可靠性至关重要。整体道床具有完整性强、稳定性好、轨道不易变形、线路几何尺寸容易保持等优点。列车在行驶过程中，上下振动小，发生列车颠覆脱轨的可能性较碎石道床减小。关角隧道中采用整体道床是保证轨道可靠的一种行之有效的办法。

3.检修维护

隧道内设备火灾主要是隧道内电气设备老化或短路起火、垃圾清理不彻底由外来火种引起火灾，以及列车在隧道内颠覆并引燃其他设备起火等，故应加强对隧道内的设备检修，并及时进行维修。

旅客列车火灾的原因包括旅客在车内吸烟，部分旅客携带易燃易爆品、餐车和茶炉起火，以及列车的电气故障等。这就需要不仅对隧道列车进行日常检查，还要定期进行单元部件的换件修理和寿命管理，以及主要部件高度的专业化集中修理，最大限度地减小列车火灾发生的可能性。

4.列车

运行于隧道内的列车，应配备必要的消防灭火设备，如列车的每节车厢至少配备两个灭火器，发现火灾立即扑灭。

7.3.2 关角隧道定点救援方案

1.定点系统

关角隧道设计为两条平行的单线隧道，设计考虑两条隧道互为救援，隧道之间共设计77个联络横通道，横通道两端设单向防护门（防护门具有0.1 MPa的抗爆功能），便于着火列车在隧道内任意位置停车时人员的疏散、消防及运营维护。对于旅客列车，参考国外定点设置，在特长隧道的火灾对策中设置定点，即在洞内集中地点进行人员疏散。关角隧道全长32.645 km，其消防的设计原则是以客车消防为主，以洞内人员疏散逃逸及救护为主。在列车不能及时脱离隧道的情况下，考虑到洞内一般地段设计的横通道间距约420 m，相对进行疏散救援的距离较远，为了有效保证隧道火灾发生时旅客的生命安全，本着“以人为本”的原则在关角隧道内建造疏散救援及消防定点是有必要的。

2.定点救援位置的确定

从各国多用途区段或消防定点位置的设置上可以看出，设置的依据主要是隧道的长度和着火列车能继续行驶的最大距离。在定点处具备旅客自救的最佳条件（如逃生距离、排烟），因而旅客能够到达定点的概率成为隧道安全标准的最重要因素。

瑞士圣哥达隧道安全设计对隧道内设置不同数量定点的情况进行了模拟分析，结论为设置两个定点后，发生火灾事故列车不能到达定点的概率为0.01%，并对列车发生火灾情况下不同距离的定点不能到达的概率通过模拟分析进行了对照，见表7-3-1。

表7-3-1　圣哥达隧道列车不能到达定点概率

定点数量	定点间距	客车不能到达定点或出口的可能性
1座	30 km	0 ～ 30%
2座	20 km	0 ～ 0.01%
4座	12 km	0 ～ 0.002 5%

表 7-3-1 表明，如果定点距离按30 km考虑，则列车不能到达的几率是20 km间距的3 000倍，而定点间距在20 km的情况下，列车出事后不能到达的概率仅为间距12 km的4倍。因此，圣哥达隧道最终选择了两个定点的设置方案。

欧洲和日本对列车发生火灾后的残余运行能力进行了研究。欧洲的研究结论为：初期着火列车可以继续运行20 km，残余运行能力时间为15 ～ 20 min，按事故情况下时速80 km考虑，列车通常可以再运行20 km。日本的研究结论为：初期着火列车可以继续运行15 min。

综合分析上述定点及火灾后的列车残余运行能力的研究结果，并参考国外长隧道及特长隧道定点的设置，按隧道内列车运行速度80 km/h考虑，关角隧道只设一个消防疏散的定点，显然，这个定点设置在隧道中部是比较适宜的。结合6号斜井与正洞交点的位置（DK296+110）、37号横洞DK296+060位置，具体选择定点位置的起迄里程为：DK295+960 ～ DK296+460（DYK295+960 ～ DYK296+460）。

3. 定点结构联络通道参数的确定

在定点方案中，应急疏散横通道的设置数目、设置间距及横通道的断面尺寸是定点方案能否实现旅客集中、快速疏散与救援的关键，是保证旅客安全的最重要的结构参数和技术指标。因此，针对关角隧道的具体情况，对实际的疏散横通道设置情况进行分析，探讨满足防灾（火）要求的合理参数值。

目前，我国旅客列车编组约20辆，总长约500 m，一般包括硬座车（8辆）、软卧车（1辆）、硬卧车（7 ～ 8辆）、餐车（1辆）、宿营车（1辆）、发电车（4辆）及机车，乘员在1 500人左右。而隧道两侧虽都有人行通道，但只有Ⅰ、Ⅱ线相邻一侧的通道才能将旅客疏散到未发生火灾的隧道中或避难所内，故相邻一侧的通道为有效疏散通道。

根据关角隧道衬砌断面，该通道减去两侧边界各150 mm后，其有效通过宽度为0.98 m左右。另据人机工程学的有关数据，男、女的最大肩宽分别在490 mm和460 mm左右，若考虑旅客携带简单行李，则该通道仅能容1人通过。考虑在火灾发生时，所有人员由列车上拥挤而出，经Ⅰ、Ⅱ线相邻侧的人行通道进入应急疏散横通道，再通过横通道逃离到安全的隧道当中或避难所里。在该过程中由于火灾因素如高温和烟气、人员心理恐慌因素，以及疏散设施因素如照明不足等的影响，人员逃离速度将只有平常的1/3，约为0.35 m/s（本次研究结论为>0.32 m/s）。正常地段隧道每隔420 m设一横通道，这样，经计算全部人员安全撤离的时间约需46 min，而隧道内列车起火燃烧后，由于温度升高、空气体积膨胀、压力增高和热烟气流积聚产生“轰燃”的时间，据测试表明，一般均为起火后的5 ～ 7 min（最多为10 min），另一方面

"轰燃"时隧道内的温度及其他因素如烟气和热辐射等一般都将达到对人有害的程度，因此，若以该时间作为人员疏散的安全时间，则目前横通道的设置间距不能满足将旅客安全疏散这一要求。那么，要估计出满足要求的应急疏散横通道数量和间距，则只需按安全疏散时间经反算便可求出。假设疏散安全时间为6 min，经反算可知，需要在500 m的范围内平均布置11条应急疏散横通道，间距为50 m，这样将能达到安全疏散的水平。

4.定点方案的拟定

定点的结构形式可以多种多样，但归纳起来，其满足的主要目标为：能够实施旅客的集中、快速疏散与救援；能够减小火灾对运营的影响；能够提供安全舒适的避难场所。

根据上述目标要求并结合隧道施工进度情况，为关角隧道设计了以下三种形式的定点结构。

（1）方案一：加密横通道方案

"定点"方案起止里程设计为DK295+960～DK296+460，每间隔50 m设一条横通道联络Ⅰ、Ⅱ线（共11条）隧道，在一座隧道发生灾情时，通过横通道把旅客疏散到另一条隧道。横通道宽为4.5 m，高4.7 m，衬砌断面如图 7-3-1所示，定点及其余横通道两端均设抗爆荷载不应小于0.1 MPa的双扇（单向开启）防护门，开启宽度3.0 m，高度3.0 m。

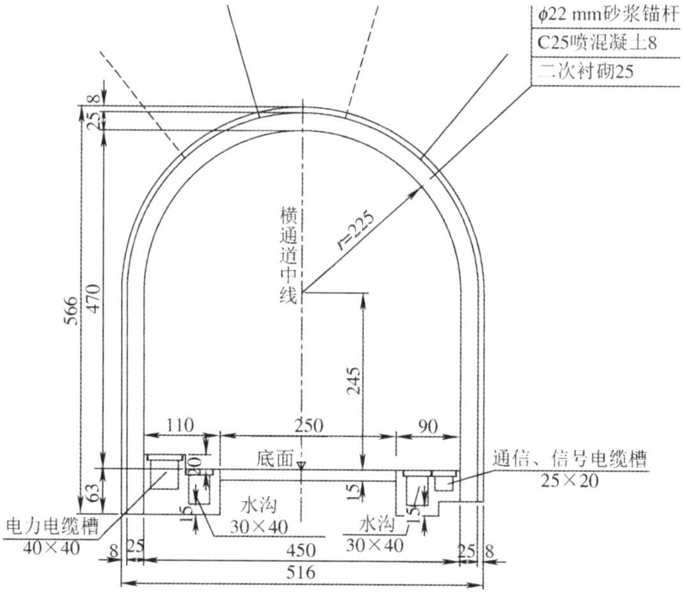

图7-3-1　横通道衬砌断面（单位：cm）

定点处利用6号斜井设置与两管隧道分别接通的排烟道，安装风机及电动风阀，控制火灾隧道的排烟，斜井断面内轮廓如图 7-3-2所示。定点两端隧道内设置射流风机，控制烟气扩散及通风风压。方案一如图 7-3-3所示。

经计算，隧道内的运营通风风机可满足提高风压的要求，能够达到控制火灾烟气不向横通道内扩散的要求，因此定点处横通道内没有必要设置控制烟气流向的风机。

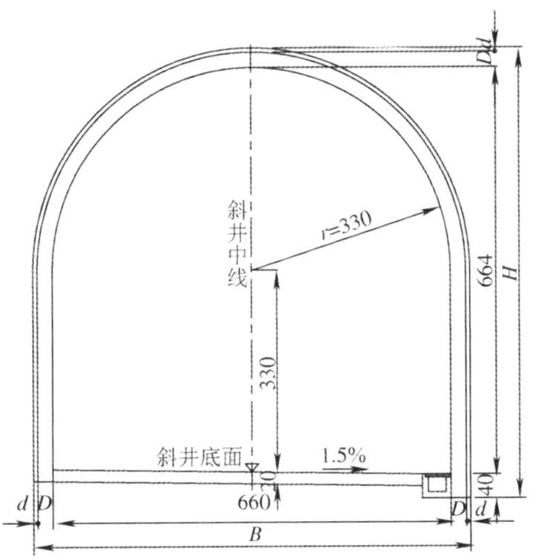

图7-3-2　6号斜井内轮廓及衬砌断面（单位：cm）

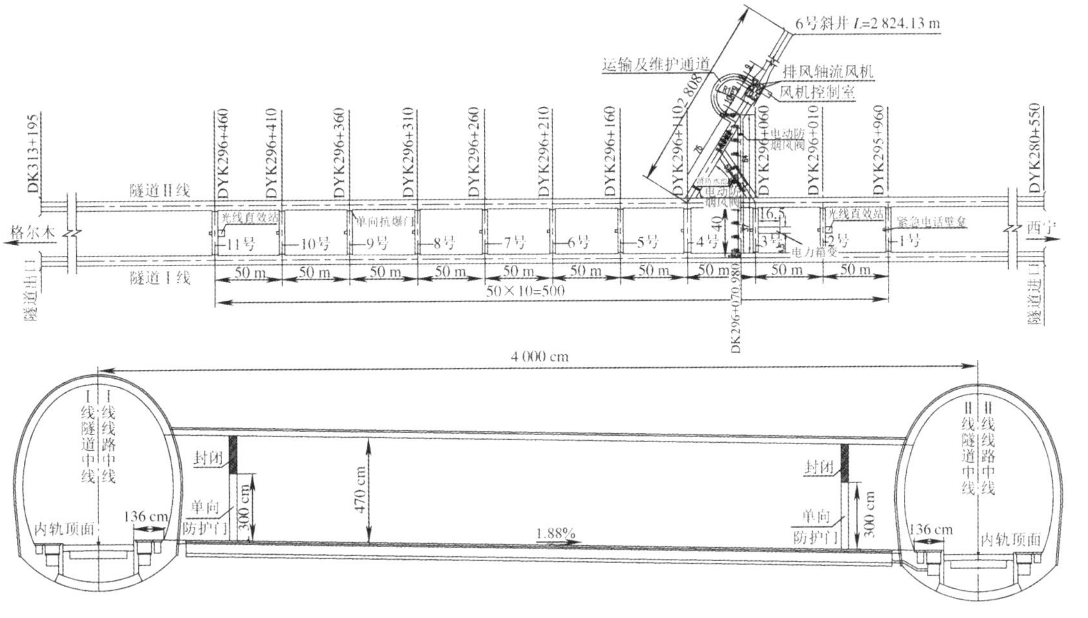

图7-3-3　加密横通道方案

（2）方案二：中间避难区+加密横通道方案

为了提供疏散人员在等待救援时的安全度和舒适度，在两条运营隧道之间设一避难所（避难所长500 m，宽5 m，有效高3.5 m，顶部设通风风道，面积约6.5 m^2），以横通道与运营隧道连接，间距为50 m，按每个横通道疏散人员最大数量、旅客下车速度、控制烟气通风风速考虑，横通道宽4.5 m，高4.7 m，每条横通道两端均设抗爆荷载不小于0.1 MPa的单向防护门，防护门宽3.0 m，高3.0 m。定点处的运营隧道衬砌断面与方案一相同。避难所内设可靠的照明、通风系统。利用6号斜井设置与两条隧道分别接通的送风、排烟风道，安装风机及电动风阀，控制火灾隧道的排烟。为保证避难区内风压，控制火灾隧道烟气进入，避难区内供风风道按两种方案考虑，一是修建送风风道连通6号斜井及避难区顶部风道，斜井内设送风轴流风机，利用斜井供风；二是在避难通道端头设风机房及通风风道，与运营隧道连通，通过运营隧道供风，风道内设电动防烟风阀控制进风路径。定点两端隧道内设置射流风机，控制火灾隧道烟气扩散。方案二如图7-3-4～图7-3-6所示。

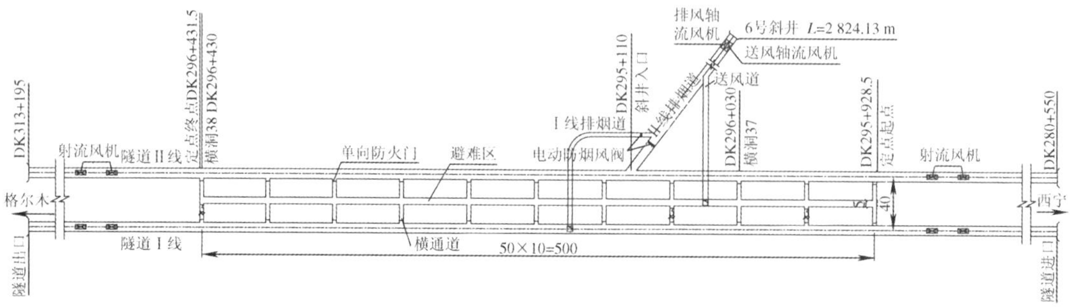

图7-3-4　避难区+横通道加密方案——斜井送风（单位：m）

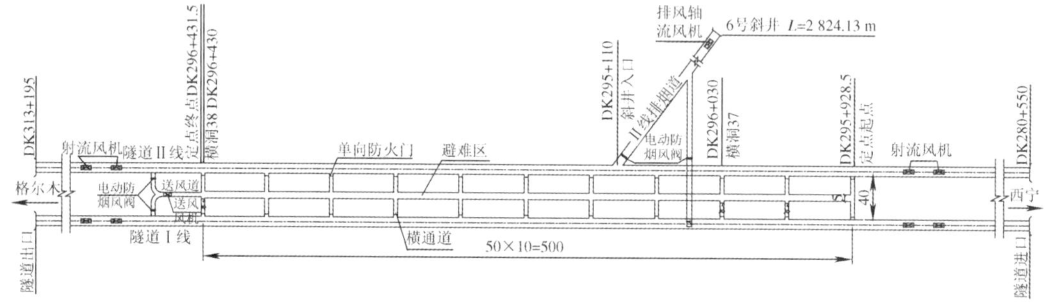

图7-3-5　避难区+横通道加密方案——运营隧道送风（单位：m）

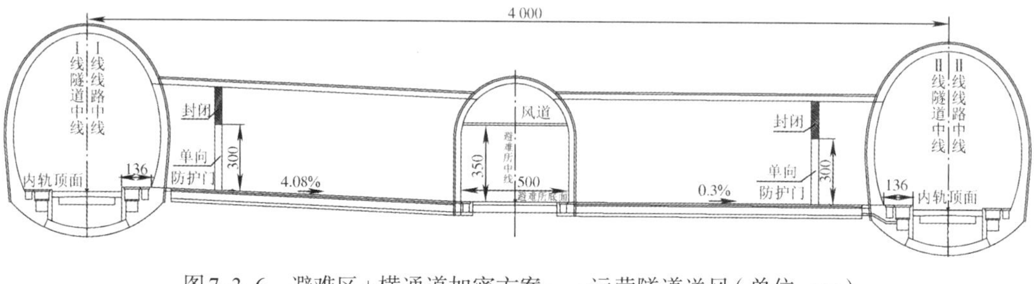

图7-3-6　避难区+横通道加密方案——运营隧道送风（单位：cm）

（3）方案三：多用途区段方案

方案起止里程为DK295+655～DK297+455，方案中定点为对称建造，两条隧道行车方向左侧各设一座救援区（距离运营隧道30 m，长度500 m），两个救援区以联络通道连通。运营隧道之间设两条渡线。两条渡线设置在定点两端，起到减小事故对运营影响的作用。为充分利用隧道Ⅰ、Ⅱ线相背一侧由水沟盖板和电缆沟盖板构成的人行通道，站台设在左右线相背的一侧，长度为500 m，站台上每间隔50 m设一紧急疏散通道与联络隧道相连，联络隧道将Ⅰ、Ⅱ线的站台疏散通道连通，具有将人员从事故隧道向安全隧道转移和供人员待避的双重功能。方案二如图7-3-7所示。

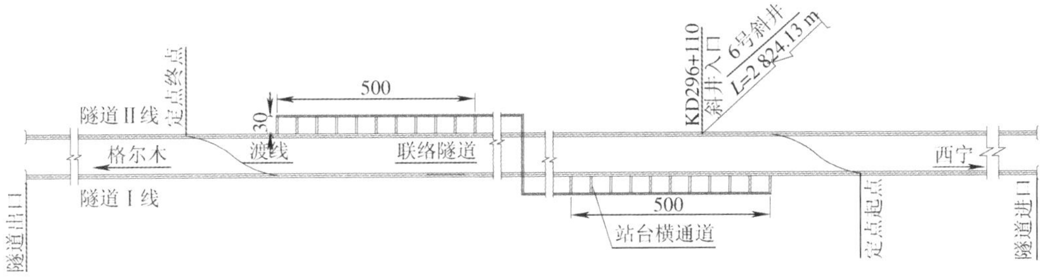

图7-3-7 多用途区段方案（单位：m）

5.定点救援方案的分析计算

（1）正常运营阶段的通风

关角隧道Ⅰ、Ⅱ两条线的运营通风均采用全纵向式射流通风，沿隧道纵向设置射流风机，以射流风机群的升压推动隧道内的空气流动，从而引导新鲜空气从隧道的入口进入，污染空气从出口方向排出。

经理论计算，全隧道共设置射流风机14组84台，每座隧道各7组42台。风机采用SLFJ-112-3T型射流风机，每台30 kW。射流风机分组布置如下：

①隧道Ⅰ线进口

在隧道Ⅰ线进口洞口附近，设置4组射流风机，每组6台。射流风机的中心里程分别为：DK281+225、DK281+365、DK281+505、DK281+645。

②隧道Ⅰ线出口

在隧道Ⅰ线出口洞口附近，设置3组射流风机，每组6台。射流风机的中心里程分别为：DK312+095、DK312+235、DK312+375。

③隧道Ⅱ线进口

在隧道Ⅱ线进口洞口附近，设置3组射流风机，每组6台。射流风机的中心里程分别为：DYK281+225、DYK281+365、DYK281+505。

④隧道Ⅱ线出口

在隧道Ⅱ线出口洞口附近，设置4组射流风机，每组6台。射流风机的中心里程分别为：DYK311+955、DYK312+095、DYK312+235、DYK312+375。

采用壁龛式悬挂，运营通风总功率为2 520 kW（1 260 × 2）。

（2）灾害情况下的通风

1）设计原则

隧道火灾救援通风包括人员疏散阶段通风及消防灭火阶段通风。隧道内一旦发生火灾，应充分利用正常通风的设备，进行必要的通风排烟，以使人员安全疏散和后期消防人员顺利进行灭火。

①在疏散阶段，尽量减少火灾产生的烟气和热量的危害，并从火灾事故的隧道内安全撤离。

②疏散阶段通风应尽量控制火灾及烟气蔓延，尽量控制火场扩大和烟流伤害人员。

③当人员通过人行通道进入安全隧道或待避区时，疏散阶段的通风应能防止火灾隧道的烟气进入横通道及安全隧道、待避区。

④通风应利于消防人员的救火，使消防人员及设备能从上风方向接近火场，开展灭火

工作。

⑤救援阶段通风应控制烟气，避免影响非事故隧道的正常运营。

⑥在设置运营通风时，应充分考虑到火灾时防、排烟要求。尽可能将隧道的防灾通风和运营通风有机结合，以减少通风设备的配置数量和容量。

⑦排烟的原则是使人员疏散区最大限度的处于新风区。

2）通风计算分析

①加密横通道（方案一）

a.横通道两端风压

横通道门开启后，认为横通道两端的自然风压相等，计算中不考虑两端自然风压的影响，利用现有配置的射流风机台数，放置于隧道两端，一端4组24台，另一端3组18台，则安全隧道两端风机对向开启可在横通道安全隧道端产生的总计正压约为262 Pa。

为有效控制烟流方向，事故隧道两端洞内必须达到一定的风速，参考《建筑设计防火规范》的相关条款，此风速取1.0 m/s，按两端均能达到此风速配置射流风机，自然风压以洞内风速1.5 m/s计算，由于自然风风向不确定，因此，射流风机配置时两端均按自然风为反风考虑，经计算两端各需配置射流风机6台。

事故隧道两端各一组风机对向开启时，横通道事故隧道端可产生的正压为67 Pa，因此横通道两端的压差为195 Pa（262 － 67）。

横通道的事故隧道端为斜井排风口产生的负压，有利于风流，暂不计。由上可知，发生火灾时，安全隧道内运营射流风机对向开启，可满足横通道两端的风压要求。

经估算，横通道内可形成3 m/s左右的风速，此风速满足烟气不会扩散至安全隧道的风速要求，人员可以迎着新鲜风进入横通道，进行紧急疏散。

b.分析优化

通过以上计算，利用运营通风的射流风机，即可在横通道两端产生一定的压差，满足防灾时的风流组织及有关风压及风速的要求。因此，对方案一做如下优化：

加密的横通道内可不设射流风机，正常运营的风机已经能够满足横通道两端的风压及风速要求。

斜井不必隔开，即斜井不必要隔成排、送两个风道，可仅作排烟用。正常运营风机可通过主隧道提供新鲜风补给。

优化后方案，其风流组织如图 7-3-8所示。

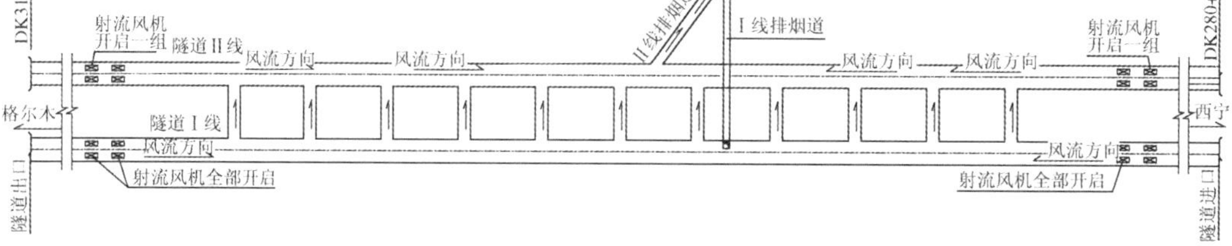

图7-3-8　优化后方案的风流组织

c.优化后方案的通风计算

列车停靠在救援点的通风计算：

为使事故隧道两端洞内达到1.0 m/s的风速，两端各配置射流风机6台，即在火灾状态下，两端洞口各开启一组射流风机即可控制烟流方向，使之不会随意扩散。

当两端各开启一组射流风机时，射流风机的风流方向与自然风方向相反侧的洞内风速为1.0 m/s，与自然风方向相同侧的洞内风速为2.63 m/s。

排烟轴流风机应排除定点两端洞内的风量，同时要排除横通道进入定点的风量，横通道进入的风量按每座横通道门处的风速为1.0 m/s进行求算（说明：此阶段计算风速3.0 m/s仅为验算正常运营阶段射流风机的能力，具体实施中，将通过风网计算，以1.0 m/s的风速求得需要开启射流风机的具体台数），则排烟轴流风机的排烟量Q=（42.95 × 1.0+42.95 × 2.63+2.3 × 2.5 × 1.0 × 11）× 1.1=241.07（m^3/s），取为240 m^3/s。

经计算，排风轴流风机所需风压为600 Pa，计算电机功率218 kW。此方案轴、射流风机的配置情况见表 7-3-2和表 7-3-3。

表7-3-2　射流风机配置（风机型号：SLFJ-1120-30）

位置	风机分组及里程					
	进口端			出口端		
	编号	台数	里程	编号	台数	里程
Ⅰ线隧道	第一组	6	DK281+225	第五组	6	DK312+095
	第二组	6	DK281+365	第六组	6	DK312+235
	第三组	6	DK281+505	第七组	6	DK312+375
	第四组	6	DK281+645			
Ⅱ线隧道	第一组	6	DYK281+225	第四组	6	DYK311+955
	第二组	6	DYK281+365	第五组	6	DYK312+095
	第三组	6	DYK281+505	第六组	6	DYK312+235
				第七组	6	DYK312+375

表7-3-3　轴流风机配置

位置	设备名称	风机台数	风量（m^3/s）	风压（Pa）	功率（kw）	备注	选用型号
斜井内	排烟风机	2	240	600	218	耐高温280℃，30 min	SDZ300

d.列车停靠在救援点时设备的响应

工况一：非事故隧道无列车运营

火灾时，当列车停靠至救援点，另一条隧道无列车运营时，通风系统设备的开启情况见表 7-3-4和表 7-3-5。

工况二：非事故隧道内有列车运营

当事故隧道列车停靠在加密横通道时，安全隧道内有列车运营时，分以下两种情况：

当列车朝向加密横通道方向行驶时，由于列车的活塞风效应，列车前端为正压区，列车对

表7-3-4 事故发生于Ⅰ线隧道的设备开启

设备名称	位 置	启闭情况	风流方向	功率(kW)	备 注
排烟风机	斜井内	1开、1关	向斜井出口	218	列车停靠在Ⅰ线隧道
电动风阀A	Ⅰ线排风道内	开	—	—	
电动风阀B	Ⅱ线排风道内	关	—	—	
射流风机	Ⅰ线①	6台开	向出口	180	
	Ⅰ线②	6台关	—	—	
	Ⅰ线③	6台关	—	—	
	Ⅰ线④	6台关	—	—	
	Ⅰ线⑤	6台关	—	—	
	Ⅰ线⑥	6台关	—	—	
	Ⅰ线⑦	6台开	向进口	180	
	Ⅱ线①	6台开	向出口	180	
	Ⅱ线②	6台开	向出口	180	
	Ⅱ线③	6台开	向出口	180	
	Ⅱ线④	6台开	向进口	180	
	Ⅱ线⑤	6台开	向进口	180	
	Ⅱ线⑥	6台开	向进口	180	
	Ⅱ线⑦	6台开	向进口	180	

表7-3-5 事故发生于Ⅱ线隧道的设备开启

设备名称	位 置	启闭情况	风流方向	功率(kW)	备 注
排烟风机	斜井内	1开、1关	向斜井出口	218	列车停靠在Ⅱ线隧道
电动风阀A	Ⅰ线排风道内	关	—	—	
电动风阀B	Ⅱ线排风道内	开	—	—	
射流风机	Ⅰ线①	6台开	向出口	180	
	Ⅰ线②	6台开	向出口	180	
	Ⅰ线③	6台开	向出口	180	
	Ⅰ线④	6台开	向出口	180	
	Ⅰ线⑤	6台开	向进口	180	
	Ⅰ线⑥	6台开	向进口	180	
	Ⅰ线⑦	6台开	向进口	180	
	Ⅱ线①	6台开	向出口	180	
	Ⅱ线②	6台关	—	—	
	Ⅱ线③	6台关	—	—	
	Ⅱ线④	6台关	—	—	
	Ⅱ线⑤	6台关	—	—	
	Ⅱ线⑥	6台关	—	—	
	Ⅱ线⑦	6台开	向进口	180	

加密横通道的安全隧道端产生的正压值高，此正压值随着列车与横通道间的距离减小而降低，但均为正压，横通道内的风速较高，当风速过高时，进入横通道的空气不能被完全排除，烟雾可能向事故隧道的两端扩散，不利于救援。

当列车远离加密横通道方向行驶时，由于列车的活塞风效应，列车后方产生负压区，此时，列车对加密横通道的安全隧道端产生负压，当列车车速不变时，此负压值不随其与横通道间的距离改变而变化，但车速增加时此负压值增加，不利于横通道内的风流向事故隧道流动，需增加射流风机克服此负压。不同车速对应的负压值及需增加射流风机台数估算见表7-3-6。

表7-3-6　不同车速对应的负压值及需增加射流风机台数

列车车速（km/h）	负压（Pa）	需增加风机台数	射流风机型号
130	1 548	69	SLFJ-112/30
120	1 318	59	SLFJ-112/30
110	1 109	49	SLFJ-112/30
100	916	41	SLFJ-112/30
90	743	33	SLFJ-112/30
80	587	26	SLFJ-112/30
70	448	20	SLFJ-112/30
60	330	15	SLFJ-112/30
50	229	10	SLFJ-112/30
40	146	6	SLFJ-112/30

通过上述计算可知，若采用此方案，则当其中一条隧道发生事故时，另一条隧道内的正常运营列车应紧急减速，建议车速降至35 km/h以下。

工况三：列车停靠在非救援点任意位置

由于特殊情况列车停靠在隧道内任意位置的计算，开启两条横通道的方案如图7-3-9所示。

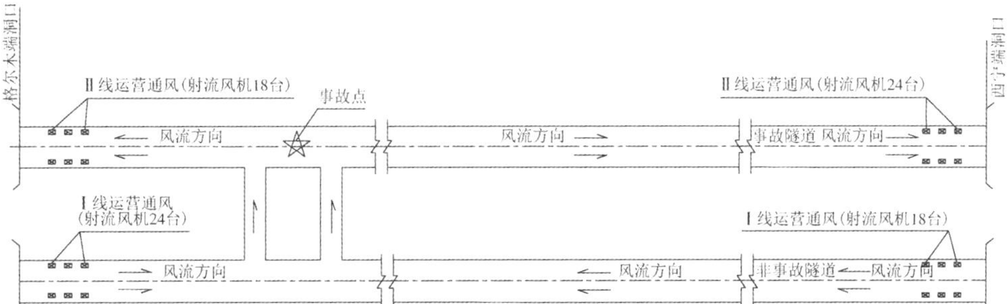

图7-3-9　开启两条横通道方案

由于横通道内两端风压及风速随横通道位置的不同而不同，计算较复杂，因此，仅考虑以下两种极端情况：

当事故列车行驶至隧道中间加密横通道旁时，横通道门开启后，认为横通道两端的自然风压相等，计算中不考虑两端自然风压的影响，利用现有配置的射流风机台数，放置于隧道两端，一端4组24台，另一端3组18台，安全隧道两端风机对向开启在横通道的安全隧道端产生的正压，另一条隧道射流风机背向开启在横通道的事故隧道端产生负压，横通道两端产生压差约500 Pa，远远满足相关规范的要求。具体实施中根据实际情况调整风机的开启台数。

当事故列车行驶至出口附近时，两端洞口的最近横通道距两端洞口距离分别为360 m（进口）和365 m（出口），考虑列车进洞后发生事故，列车紧急制动距离远大于360 m，因此不考虑利用进口第一座横通道，若列车停在出口时，则开启风机组织气流吹向进口，人员从出口逃离，离出口最近横通道两端压差约30 Pa，此压差不满足要求。离出口第二座横通道两端压差为55 Pa，满足烟流的控制压差要求。因此，不考虑利用离洞口端最近横通道进行逃生。

②避难所方案（方案二）

a.送风量的确定

参照《建筑设计防火规范》（GB 50016）中机械防烟的部分要求，计算送风量为94.46 m^3/s，取为95 m^3/s。

按《人民防空地下室设计规范》（GB 50038）的相关要求，战时人员的最小新风量标准见表 7-3-7，平时人员的新风量，通风时不应小于30 $m^3/(p\cdot h)$。平时排风房间的最小换气次数宜按表 7-3-8选取。

表7-3-7　战时人员的最小新风量标准［$m^3/(p\cdot h)$］

工程类别	清洁通风	滤毒通风
医疗救护工程	≥15	≥3
专业队员掩蔽部、一等人员掩蔽部、食品站、生产车间、车间控制室、电站控制室	≥10	≥3
二等人员掩蔽所	≥5	≥2
物资库、区域供水站、警报站	≥10	—

表7-3-8　平时排风各类房间最小换气次数（次/h）

房间名称	换气次数	房间名称	换气次数
污水池、水泵房	≥2	冷饮、咖啡厅	≥4
污水泵间	≥8	吸烟室	≥10
水冲厕所	≥10	发电机房贮油间	≥5
汽车库、餐厅	≥6	物资库	≥1
盥洗室、浴室	≥3	封闭蓄电池室	≥2

经计算,机械防烟所需风量(94.46 m^3/s)均大于人防工程按战时和平时人员最小新风及换气次数等不同情况计算的需风量要求。

因此,确定救援站所需送风量为94.46 m^3/s,取为95 m^3/s。

b.排风量计算

参照《建筑设计防火规范》(GB 50016)中机械防烟的部分要求,机械排烟系统的最小排风量见表 7-3-9。

表7-3-9　机械排烟系统的最小排烟量

<table>
<tr><th colspan="2">条件和部位</th><th>单位排烟量
[$m^3/(h\cdot m^2)$]</th><th>换气次数</th><th>备　注</th></tr>
<tr><td colspan="2">担负1个防烟分区</td><td rowspan="2">60</td><td rowspan="2">—</td><td rowspan="2">单台风机排风量不应小于7 200 m^3/h</td></tr>
<tr><td colspan="2">室内净高大于6 m且不划分防烟分区的空间</td></tr>
<tr><td colspan="2">担负2个及2个以上防烟分区</td><td>120</td><td>—</td><td>应按最大防烟分区面积确定</td></tr>
<tr><td rowspan="2">中庭</td><td>体积小于等于17 000 m^3</td><td>—</td><td>6</td><td rowspan="2">体积大于17 000 m^3时,排烟量不应小于102 000 m^3/h</td></tr>
<tr><td>体积大于17 000 m^3</td><td>—</td><td>4</td></tr>
</table>

按表7-3-9中规定的室内净高大于6 m且不划分防烟分区的空间所需的单位排烟量为60 $m^3/(h\cdot m^2)$计算,救援站面积按正洞停车区投影面积考虑,经计算所需的排烟量为(6.6+2.3)× 544 × 60=290 496(m^3/h)=80.69(m^3/s)。

加密横通道方案的排烟量为240 m^3/s,此值远大于80.69 m^3/s,因此确定排烟量为240 m^3/s。

c.通风计算

方案一:利用斜井送排风

采用隔板将6号斜井一分为二,一半为送风道,一半为排风道,于6号斜井一定位置将通过增设风道将送风道引入避难所顶部送风道。增设排风道引入Ⅱ线隧道顶部。如此形成一条送风道引入待避所顶部风道,左右线排风道汇合连接斜井排烟风道,左右线排风道内设置防烟电动风阀,便于根据情况确定开启其中一侧排风道。风道平面布置如图 7-3-10 所示。

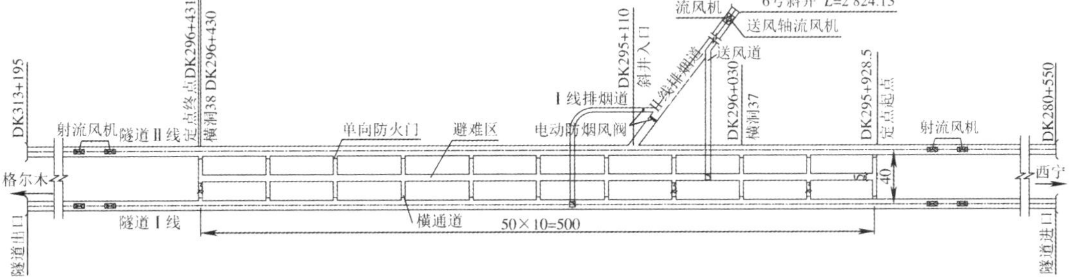

图7-3-10　风道平面布置(单位:m)

根据计算风量，考虑现有斜井断面，初步拟定斜井断面如图 7-3-11 所示。

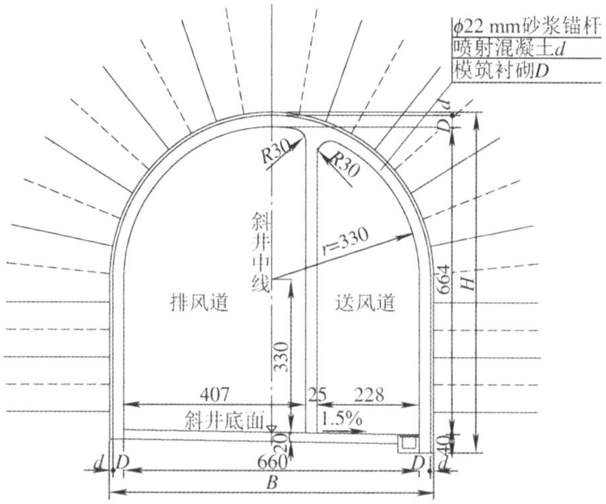

图 7-3-11 拟定斜井断面（单位：cm）

发生事故，当列车停靠在定点处时，同加密横通道方案，事故隧道两端需开启 6 台射流风机，风流方向为吹向隧道内，安全侧射流风机关闭，斜井内的送排轴流风机打开。风机配置功率见表 7-3-10 和表 7-3-11。

表 7-3-10 风机配置功率

位 置	设备名称	风机台数	风量（m^3/s）	风压（Pa）	功率（kW）	选用型号	备 注
6 号斜井内	排烟	2	240	1 300	472	SDZ300	耐高温 280℃，30 min
	送风	2	95	1 600	230	SDZ200	

表 7-3-11 风机尺寸及数量

位 置	设备名称	数 量	尺寸（宽 × 高，m）	备 注
6 号斜井内	电动风阀	1	4.00 × 5.80	
		1	2.20 × 4.90	

为防止待避所内通风换气时室内超压，在横通道防护门上方安装泄压阀，阀板开启面积按静压差不超过 60 Pa 计算。经计算泄压阀的开启面积为 13.87 m^2。

方案二：利用斜井排风，从安全隧道取风

由于利用斜井作为救援站的机械防排烟风道时，改造斜井需要的土建费用较高，考虑高速电气化铁路隧道内空气质量较好。因此，采用增设辅助风道从安全主隧道引风，灾害隧道内的烟流通过控制洞内风速，使烟流有序排放的方案。风道平面布置如图 7-3-12 所示。

发生事故，当列车停靠在定点处时，同加密横通道方案，事故隧道两端需开启 6 台射流风机，风流方向为吹向隧道内，安全侧射流风机关闭，斜井内的排烟轴流风机打开。轴流风机的配置功率见表 7-3-12 和表 7-3-13。

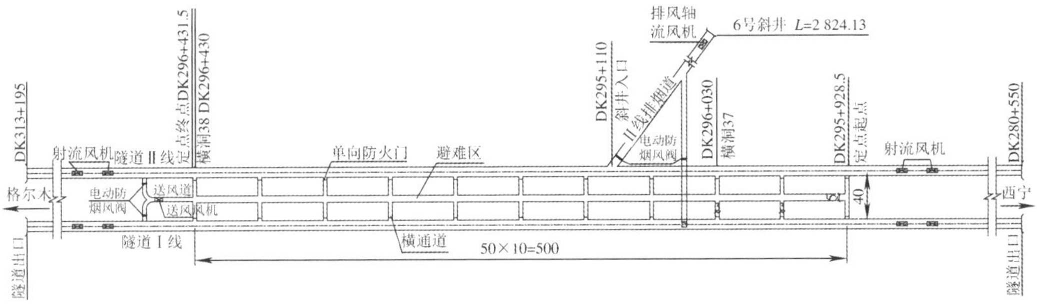

图7-3-12 风道平面布置(单位:m)

表7-3-12 风机配置功率

位 置	设备名称	风机台数	风量(m^3/s)	风压(Pa)	功率(kW)	选用型号	备 注
6号斜井内	排烟	2	240	600	218	SDZ300	耐高温280℃,30 min
辅助风道内	送风	2	95	800	115	SDZ200	

表7-3-13 风机尺寸及数量

位 置	设备名称	数 量	尺寸(宽×高,m)	备 注
Ⅰ线排烟风口	电动风阀	1	4.00×5.80	
Ⅱ线排烟风口		1	3.8×4.20	
Ⅰ线送风口		1	3.8×4.20	
Ⅱ线送风口		1	3.8×4.20	

列车停于任意点的方案同加密横通道方案。

d.列车停靠在救援点时设备的响应

设备响应见表7-3-14和表7-3-15。两洞口端的各组风机互为备用。

表7-3-14 事故发生于Ⅰ线隧道的设备开启

设备名称	位 置	启闭情况	风流方向	功率(kW)	备 注
排风轴流风机	斜井内	1开、1关	向斜井出口	218	列车停靠在Ⅰ线隧道,送、排风轴流风机,射流风机均有备用,应监控其状态,一旦损坏立即启动备用风机
电动风阀A	Ⅰ线排风道内	开	—	—	
电动风阀B	Ⅱ线排风道内	关	—	—	
送风轴流风机	辅助风道内	1开、1关	吹向待避所	115	
电动风阀C	Ⅰ线送风道内	关	—		
电动风阀D	Ⅱ线送风道内	开	—		
射流风机	Ⅰ线①	6台开	向出口	180	
	Ⅰ线②	6台关	—	—	
	Ⅰ线③	6台关	—	—	
	Ⅰ线④	6台关	—	—	

续上表

设备名称	位　置	启闭情况	风流方向	功率(kW)	备　注
射流风机	Ⅰ线⑤	6台关	—	—	列车停靠在Ⅰ线隧道,送、排风轴流风机,射流风机均有备用,应监控其状态,一旦损坏立即启动备用风机
	Ⅰ线⑥	6台关	—	—	
	Ⅰ线⑦	6台开	向进口	180	
	Ⅱ线①	6台开	向出口	180	
	Ⅱ线②	6台开	向出口	180	

表7-3-15　事故发生于Ⅱ线隧道的设备开启

设备名称	位　置	启闭情况	风流方向	功率(kW)	备　注
排风轴流风机	斜井内	1开、1关	向斜井出口	218	列车停靠在Ⅱ线隧道,送、排风轴流风机,射流风机均有备用,应监控其状态,一旦损坏立即启动备用风机
电动风阀A	Ⅰ线排风道内	关	—	—	
电动风阀B	Ⅱ线排风道内	开	—	—	
送风轴流风机	辅助风道内	1开、1关	吹向待避所	115	
电动风阀C	Ⅰ线送风道内	开	—	—	
电动风阀D	Ⅱ线送风道内	关	—	—	
射流风机	Ⅱ线①	6台开	向出口	180	
	Ⅱ线②	6台关	—	—	
	Ⅱ线③	6台关	—	—	
	Ⅱ线④	6台关	—	—	
	Ⅱ线⑤	6台关	—	—	
	Ⅱ线⑥	6台关	—	—	
	Ⅱ线⑦	6台开	向进口	180	
	Ⅰ线①	6台开	向出口	180	
	Ⅰ线②	6台开	向出口	180	

6.定点方案的确定

(1)加密横通道方案

采用加密横通道方案(方案一)时,在人员的整个疏散过程中,横通道两端的门处于开启状态,两个隧道互相连通,受安全隧道内运行列车的影响,事故隧道内的烟流控制复杂。

优点:实施简单,增加设备少;能充分利用正常运营的射流风机;投资省,系统简单。

缺点:

①当一条隧道内发生火灾后,人员需要通过横通道疏散到另外一条非事故隧道(安全隧道),若非事故隧道内有列车运行,则人员疏散时,必须通过信号及调度及时控制非事故隧道内车速,否则烟流可能通过横通道进入安全隧道,或在事故隧道内扩散弥漫,甚至造成疏散过程中的二次事故,风险相对较高。

②隧道内火风压、活塞风压、自然风压等动态风压不稳定,而两隧道通过横通道连通后,通风模式为风网计算模式,且动态风压控制难度相对较大。

（2）避难所方案

采用避难所方案时，人员在整个疏散过程中，只有事故隧道端的横通道门处于开启状态，两个隧道没有互相连通，安全隧道内列车产生的活塞风不影响排烟。

主要优点：烟流控制简单，可靠程度高；能充分利用正常运营的射流风机；两隧道相对隔离，人员不会进入另一隧道发生二次事故。

缺点：投资大，系统复杂。

（3）多用途区段方案

由于此方案不具备非常明显优势，且实施困难，土建费用较高，因此，不推荐采纳。

综上所述，采用设避难所的定点方案，在发生火灾时，人员先期疏散到避难所，非事故隧道内是否有运营列车不对人员疏散造成影响，通风控制相对容易，但系统复杂、投资大。

关角隧道为两座单线隧道，采用定点方案的基本出发点是两座隧道可互为救援通道，因此当发生火灾后，在采用信号和调度控制非事故隧道内列车的运行速度后，是可以达到安全疏散和救援效果的。

经综合比较，推荐加密横通道方案（方案一）为关角隧道的定点防灾救援方案。

7.定点其他附属设施

指示标志：定点范围内两个横通道居中位置设置光电图像标志，指向两个方向的距离。除了光电标志以外，还设置方向诱导线。方向诱导线采用反光材料制作，色彩选择天蓝色。每个横通道口正上方、防火门正面均安装光电图像标志，并标明“紧急出口”字样。

安全扶手：在全隧道救援通道侧边墙以上1 m处，设置不锈钢安全扶手一道。

防护网：为避免旅客慌乱中误进入各送排风口，应于斜井口、斜井支洞口、送风口等位置设防护网，并设“禁止入内”的相关标志。

消音器（避难所方案）：于送风机房与待避所之间的送风道内设置迷宫式消音器。

电力箱式变电站：DYK296+060处横通道内设排烟及消防泵箱式变电站一座。

余长电缆腔：每个横通道口及每个疏散通道口设置电力电缆余长腔，余长腔半径为2.5 m。

检修维护通道：送排风机机房处分别设置检修维护通道，以便后期风机的安装、更换、检修、维护。

电力电缆过轨钢管：每一通风、电力、电力牵引、通信、信号设备洞室处预埋2根内径为100 mm的钢管，从道床两侧分别引出。

接地件：按相关专业的要求预留。

消防管道越轨预埋：DK295+980、DK296+230、DK296+480等位置Ⅰ、Ⅱ线及斜井底Ⅱ线设置预埋套管，供消防管道穿越，套管两端设工作井及检查井。

细水雾消防泵间：DK296+480处设横通道将Ⅰ、Ⅱ线贯通，内设细水雾消防泵间。

消防水池：在6号斜井支洞内设300 m^3消防水池。

电动隔离开关：Ⅱ线DYK295+625处、Ⅰ线DK295+625处分别设置一处电动隔离开关。采用相应的电动隔离开关断面，电动隔离开关断面长4 m。

电缆槽、预留设备孔洞、预留预埋等按相关专业的要求施作。

7.3.3 消防与灭火

1.隧道内定点消防系统

根据隧道安全防灾系统设计原则，以客车消防为主，兼顾一般货车火灾，不考虑油罐车火灾。隧道定点消防救援站设消防设施，采用细水雾消防系统、消火栓箱系统进行比选，救援站内按任一着火点最多三节车厢发生火灾进行设计。

1）方案一：细水雾灭火系统方案

本方案采用高压细水雾消火栓系统和固定式细水雾灭火系统。

①消防用水量确定

高压细水雾消火栓系统和固定式细水雾灭火系统同时工作用水量为1 040 L/min，火灾延续时间为4 h，则用水量Q=1 040 × 4 × 60/1 000=250（m^3/次）。

②水源选择

6号斜井地下水类型为岩溶裂隙水，水质良好，无侵蚀性，预测6号斜井稳定涌水量14 569 m^3/d，可作为隧道内消防系统水源。

③消防蓄水池及加压泵站

隧道6号斜井支洞内适当位置设300 m^3矩形钢筋混凝土消防蓄水池一座，隧道涌水通过集水井汇入蓄水池。加压泵站位于救援站内DK296+205处。

④消防方式

当接到火灾信号后，排烟风机启动，同时细水雾消防水泵启动，细水雾消防系统充水。火灾列车在救援站内定点停车位停稳后，救援站内接触网停电，车上旅客可以通过定点处的横通道迅速疏散到相邻的安全隧道进行避险和等待救援。

a.控制方式

该系统泵组的启动有防灾救援指挥中心远程启动和手动操作启动两种启动方式。远程控制中心可在火灾时排烟风机和水泵进行联运启动。手工启动装置安装在便于操作的地方，并能在该处完成全部系统控制工作。火灾信息应通知供电调度系统，列车在救援站停稳后，救援站内接触网应停电，以便消防。

b.主要技术参数

固定管网系统：救援站500 m长隧道内任意一点着火均按三节车厢同时发生火灾并扑灭火灾进行分区保护。当发生火灾列车停靠到紧急救援站时，为了最大限度降低火灾带来的损失，对着火列车500 m长度范围实施固定细水雾灭火系统分区保护。按每节客车按26.5 m长考虑，每个防护区长度为33.3 m，火灾时着火点所处三个分区同时工作。

喷头布置原则如下：

第一，在隧道上部（避开隧道顶部的接触电线）各布置两排喷头（喷头流量为9 L/min），对着火列车两侧斜喷，喷头间距2.4 m，共布置840个喷头。

第二，自动喷放系统的设计流量为9 × 84=756 L/min，实际泵组流量为10 × 80=800 L/min。

c.细水雾消火栓系统

在每个横道口处两侧各设一套单栓双出口高压细水雾消火栓，共设42套消火栓。

每个消火栓流量为35 ～ 40 L/min，6只消火栓同时喷放时的设计流量为6 ×（35 ～ 40）=

210 ～ 240 L/min。

以上两种方式同时工作时设计流量为：10+3+1（备用）=14台高压细水雾泵。泵组、控制柜和水箱集中放置在隧道中部的加压泵站。

综上所述，细水雾灭火主要是通过高效率的冷却与缺氧窒息的双重作用，既稀释了火焰附近氧气的浓度，窒息了燃烧反应，又有效控制了热辐射，适用于电气、燃油火灾灭火。该系统具有清洗烟雾中的有毒成分及降尘作用，有利于火灾现场人员的逃离。细水雾灭火系统与传统灭火系统相比，具有灭火效果好、适用火灾类型广等多方面优势，该方案为推荐方案。

2）方案二：消火栓箱灭火系统方案

①消防用水量确定

消火栓的用水量按20 L/s确定，火灾延续时间按4 h计，则用水量$Q=4\times20\times3\,600/1\,000=288$（$m^3$/次）。

②水源选择

同细水雾消防系统，采用6号斜井涌水。

③消防贮配水水池和加压泵站

同细水雾消防系统，设300 m^3矩形钢筋混凝土消防蓄水池一座，加压泵站位于救援站内DK296+205处。

④消防方式

在每个横道口处两侧各设一套消火栓箱，双向共设20套消火栓箱。车上旅客疏散到救援站的安全等待区域后，乘务人员进行生产自救，从消火栓箱旁取消防水枪进行灭火。

综上所述，因隧道内空间狭窄，消防水枪溅射易伤及人员，需等待旅客疏散完毕后方能展开消防灭火，延误灭火时机。隧道内列车停靠后消防水箱覆盖范围有限，且消防水充实水柱易对隧道内电气设备造成破坏，因此，该方案不作推荐方案。

3）洞内一般地段消防与灭火系统

①根据工艺要求，隧道内通风、电力、电力牵引、通信、信号设备洞室设置机械通风，设备洞室机械通风进、排风口沿横通道引至两侧隧道，在进、排风的风管上设防火阀，同时进、排风口设防尘、防虫等措施。当发生火灾时，应关闭相关的通风设备及防火阀。风机由温湿度控制器根据洞室温湿度控制启停，当洞室温湿度高于设定值时，启动风机通风排热降温，反之关闭风机。

②根据工艺要求，隧道内通信、信号设备洞室设置分体式空调器，空调室外机设于横通道端头（靠近隧道）。当发生火灾时，应关闭相关的空调设备。空调由温控器根据洞室温度控制启停，当洞室温度高于设定值时，启动空调，反之关闭空调。

③按《铁路工程设计防火规范》（TB 10063）、《气体灭火系统设计规范》（GB 50370）及《建筑灭火器配置设计规范》（GB 50140）设置防火门、建筑灭火器、气体自动灭火装置及泄压口。设置位置如下：

每一横通道口及隧道内附属洞室门均采用能承受0.1 MPa抗爆荷载的防护门。

隧道洞口配置35 kg的推车式灭火器2台、隔热防护服10具，正压式空气呼吸器10具。

隧道内一般地段的每个横通道两端各配置9 L手提式水型灭火器2具及35 kg的推车式磷酸铵盐干粉灭火器1具。

隧道内每个大避车洞配置9 L手提式水型灭火器2具及35 kg的推车式磷酸铵盐干粉灭火器1具。隧道内每个小避车洞配置9 L手提式水型灭火器2具。

定点处中11条应急疏散横通道配置9 L手提式水型灭火器4具、35 kg的推车式磷酸铵盐干粉灭火器2具及防毒面具20具。另外，横通道两端各配置9 L手提式水型灭火器2具及35 kg的推车式磷酸铵盐干粉灭火器1具。

隧道内通风、电力、电力牵引、通信、信号设备洞室设磷酸铵盐干粉灭火器、七氟丙烷自动灭火装置及泄压口。

2. 隧道外消防系统

（1）隧道进出口设置消防水池

①消防用水量确定

消火栓的用水量为20 L/s，火灾延续时间按4 h计，则用水量Q=20×4×3 600/1 000=288（m^3/次）。

②水源选择

进出口消防点均利用隧道守护水源。

③水池及消防设施

隧道进出口适当位置各设300 m^3圆形钢筋混凝土贮配水水池一座，设置消火栓并配备水带、水枪。

（2）隧道两端相邻车站设置消防系统

天棚站在信号楼附近既有50 m^3钢筋混凝土消防水池一座；察汉诺车站既有200 m^3山上水池一座，站区设有消火栓。隧道消防利用两站既有消防设施，不再改扩建。

3. 定点处灭火时的接触网断电

关角隧道接触网采用刚性悬挂，隧道内定点消防救援站临近天棚至关角隧道供电臂电分相设置点。根据隧道防灾救援要求，为实现定点消防时需定点处接触网断电的功能，在距定点消防救援站端部（西宁侧）250 m处设置分段绝缘器形式的电分段和纳入远动的带接地刀闸常闭电动负荷开关，并和定点内消防设备联动。启动定点处消防设备灭火前，电动负荷开关打开，定点消防救援站至电分相处接触网断电，待消防结束后，根据需要闭合电动负荷开关，该段接触网恢复供电。

4. 移动封堵

对于特长隧道由于油罐列车所引起的火灾，上述消防措施无法扑灭时，可考虑采用封堵方法，但由于隧道很长，如果采用传统的洞口封堵办法，火灾持续时间长，损失惨重。一个可行的办法是采取移动式的封堵装置先于隧道上风端接近着火列车，于近处进行封堵，控制火势，而后伺机从隧道下风端接近着火列车进行封堵，即将封堵空间由整座隧道缩小到与着火列车长度相当的隧道空间，以缩短灭火时间和减小火灾损失。

7.4 小　结

本章介绍了在关角隧道施工现场进行的高海拔隧道火灾试验，对高海拔隧道火灾的燃烧特性和烟气流动规律进行分析，探讨了高海拔隧道在不同火灾情况下的火灾燃烧特性和烟气分布规律，取得的认识如下：

（1）高海拔隧道火灾燃烧温度场的纵向分布规律与低海拔隧道纵向分布趋势上接近。高海拔火灾时，火源附近温度最高，随着距火源点距离的增加，隧道内各位置温度降低；纵向风速的大小对于隧道内的烟气分布有着重要的影响，火源下游温度要高于上游的温度；隧道火灾时需尽量减少火源的燃烧表面积以控制火灾的强度，减少火灾的灾害影响。

（2）对于双洞单线隧道，在隧道两端洞口设置射流风机，火灾时自洞口向洞内加压，由安全隧道向事故隧道供风，简单可靠、经济合理，适用于多种工况。

（3）在高海拔条件下，为了控制烟气扩散，采用均衡、分散式竖井排烟技术，这种为了控制烟气扩散和下沉的技术，同样也适用于其他特长隧道。

（4）采用由射流风机加压自安全隧道向事故隧道供风，通过排烟竖井收集火灾烟气，由竖井排至隧道洞顶排烟道，再经斜井排烟道排出洞外，可满足紧急救援站与任意点疏散的供风要求，并为安全疏散争取足够的时间。

（5）关角特长隧道位于青藏高原，高寒缺氧，防灾救援及疏散系统必须简洁、有效、可靠。当旅客列车发生火灾时，应优先将列车驶入两端车站，对无法驶离隧道的旅客列车，须进入救援站进行疏散救援。通过技术经济比较，利用两条隧道互相救援、协同疏散的功能，确定了加密疏散横通道的救援站模式。救援站供风采用自安全隧道向疏散通道供风的方案，排烟模式为均衡的分散式竖井排烟。在运营调度中心设立防灾救援指挥中心，以指挥、协调各部门、各专业共同完成旅客疏散和快速救援。

8　高海拔隧道施工保障方案

新关角隧道地处高海拔环境，其建设过程中接连穿越了高压富水地层、贫水风积砂地层以及众多的断层破碎带。通过新关角隧道的建设，实现了中国铁路高海拔地区长大隧道建设众多关键技术的突破，为川藏铁路沿线长大隧道的建设提供了可靠参考依据。本章主要介绍高海拔隧道冬季施工防寒保温、弃渣与环水保、水环境施工降效、局部高压水作用下的衬砌合理设计、皮带运输、增设泄水洞设计与施工等方面的内容，及其在高海拔隧道施工过程中的保障作用。

8.1　高海拔隧道冬季施工防寒保温方案

高海拔隧道应根据当地水文地质、气候特点，结合施工现场实际情况，制定具体的、有针对性的防寒、保温措施。当环境昼夜平均气温（最高和最低气温的平均值或当地时间6时、14时及21时室外气温的平均值）连续三天低于5℃或最低气温低于-30℃时，可以实施保温方案。

8.1.1　二次衬砌混凝土集中拌和站防寒保温方案

混凝土集中拌和站，进入冬季施工时，在搅拌混凝土前，应先经过热工计算，并经试拌确定水和骨料需要预热的最高温度，尽可能保证混凝土的入模温度不低于5℃。水泥、矿物掺和料、外加剂等可在使用前运入暖棚进行预热，但不得直接加热。混凝土搅拌时间宜较常温施工延长50%左右。

1. 骨料保温

搭建砂石料保温棚，在保温棚内四角设置四个火炉对砂石料加热保温，中间通有火墙，在混凝土施工前3～5天生火，通过调节棚内气温预热棚内骨料，确保混凝土施工质量。加热措施如图8-1-1所示。

砂石料在保温棚内温度经过火炉加热取暖后，如仍达不到要求，可以采用增加火炉的办法提高保温棚内温度。

2. 水泥保温

水泥储藏罐外包棉被保温，视情况加裹电热毯。

3. 水的加热

拌和用水采用10 t锅炉加热。该型号锅炉在每小时内可将15 t冷水加热，以保证水温在50℃～60℃，水温过高时，加凉水降温，确保满足混凝土拌制的需要。

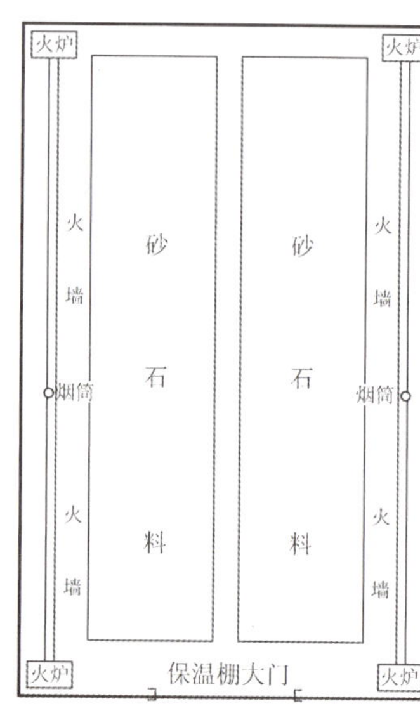

图8-1-1　保温棚火炉、火墙平面示意

4.外加剂保温

外加剂在主机下方搭建保温板房封闭，设置保温门或保温门帘，里面设置火炉，确保温度达到施工要求。

5.拌和站水平输送带保温

拌和站水平输送带采用搭设保温棚封闭，里面设置火炉进行加热保温。斜输送带采用搭钢管脚手架外包棉篷布封闭保温。

8.1.2 喷射混凝土拌和站防寒保温方案

喷射混凝土拌和站，拌和楼及原材料都设置在同一个保温棚内，保温棚采用彩钢板搭建，设置保温门或保温门帘，内设火炉进行取暖保温。保温棚内设高位水箱，水经加热后方可使用，确保冬季施工拌和用水的温度符合设计及规范要求。

8.1.3 洞内及洞口防寒保温方案

一般情况下，为保证洞内温度不低于5℃，防止洞口下坡段出现结冰现象，确保冬季施工安全，各洞室（含斜井和主洞）在洞口处设置保温门或保温门帘。各斜井在洞外增设不小于10 m长的保温棚，保温棚设保温门帘或者保温门。

针对不具备安装、改造升温系统条件的隧道，洞内保温主要采用火炉加热的方法，在洞内100 m范围内每50 m设置一个火炉，派专人进行看管。火炉及排烟管路平面设置如图8-1-2所示。

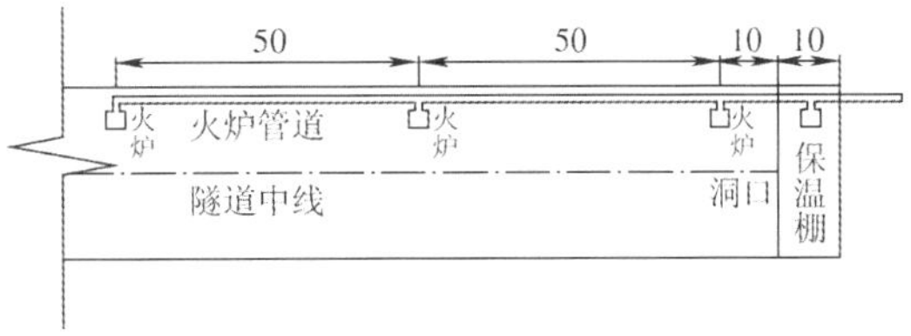

图8-1-2 火炉及排烟管路平面设置示意（单位：m）

在高海拔严寒地区，隧道洞口段一旦出现渗漏水，隧道衬砌上将会结冰，在最冷的月份，水沟内也会发生结冰现象，这些冻害将严重影响行车安全。为防止隧道洞口段发生病害，主要采取了如下技术措施：

（1）严格控制防水板的铺设质量，提高混凝土的抗渗等级，防止隧道发生渗漏水。

（2）在隧道洞口段设置防寒泄水洞，如图8-1-3所示，大量的隧道水通过泄水洞排泄至洞口附近的河沟。

（3）洞口段4 km范围内隧道侧沟设置保温材料，如图8-1-4所示，减少热交换。

图8-1-3 防寒泄水洞

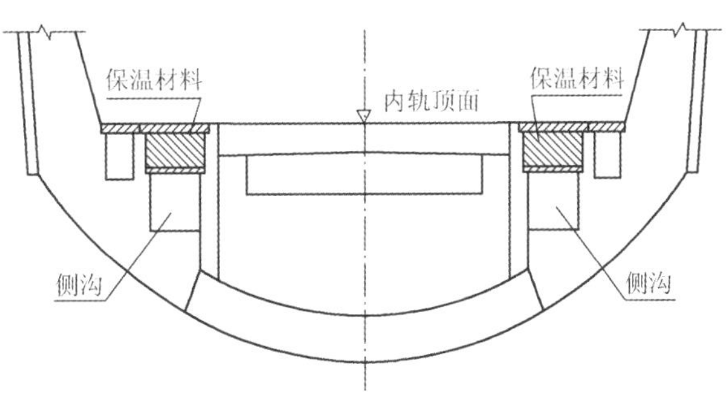

图8-1-4 保温水沟

（4）洞口段2 km范围内隧道侧沟采用电加热技术，在最冷月份对侧沟直接进行加热，防止隧道水沟结冰。

8.1.4 洞外供水、排水管路防寒保温方案

为了防止冬季供水管道冻坏，影响洞内供水，在需设高位水池的洞室（如正洞进口），对高位水池顶部覆盖保温材料，洞外供水管线一律选用珍珠岩保温瓦及防寒海绵包裹、并用草绳缠绕，最后涂刷沥青保温，确保冬季施工要求。具备洞内供水的洞室将洞内施工集水坑作为高位水池，由洞内供水。

洞外排水管线同样选用珍珠岩保温瓦及防寒海绵包裹、并用草绳缠绕，最后涂刷沥青保温，确保冬季施工要求。为进一步防止洞外排水管路冻结，可根据实际情况，进行电热毯加温的防冻措施。洞外排水管路经保温包裹后应露出地面，以便及时对排水管路进行检查和清理，且安装至排水河道，防止水管出口至河道的导流槽冻结，影响正常排水。

8.1.5 钢材加工防寒保温方案

在负温条件下，钢筋及型钢的力学性能发生变化，屈服点和抗拉强度增加，伸长率和抗冲击韧性降低，脆性增加，加工性能下降。为确保工程质量，钢筋及型钢加工采取以下方案：

（1）搭建钢材加工棚，设置保温门或保温门帘，棚内设火炉。

（2）钢筋及型钢存放于加工棚内并进行覆盖，加工在棚内进行。钢筋及型钢正式焊接前，先进行试焊，经检验合格后，再进行成批焊接。焊接后的钢筋及型钢垫高放置，使焊缝和热影响区缓慢冷却，焊接完毕后的钢筋及型钢待完全冷却后才能搬运至室外。

8.1.6 空压机防寒保温方案

为确保空压机在冬季正常工作，搭建空压机保温棚，设置保温门或保温门帘，保温棚内设火炉取暖保温，防止不工作时循环水结冰，确保空压机冬季正常运转。同时要做好防火、防煤气中毒措施，棚内必须安设通风口，保证通风良好，并安排专人看管火炉，防止意外事故发生。

8.1.7 施工机械防寒保温方案

搭建施工机械停放暖棚或在不影响施工的情况下，存放施工机械于洞内，机械设备使用的防冻液确保符合当地防冻要求，且施工机械均采用高标号燃油和高质量的附属油。

8.1.8 生活区防寒保温方案

生活区内搭建锅炉房，各房间内安装暖气，采用5 t锅炉集中供暖，锅炉房安排专门人员负责管理，确保冬季生活区连续供暖。

8.1.9 施工人员进出洞防寒保温方案

隧道冬季施工时，洞内温度相对较高，隧道内雾气较大，而洞外温度低，洞内外温差大，施工人员（尤其是开挖作业人员）从隧道内到生活区（一般在800 m）进行换衣物容易引起感冒、发烧等病症，为防止上述病情的发生，确保施工人员身体健康，坚持以人为本的原则，在洞口预警室旁搭建换衣间，换衣间内设置火炉取暖保温。

8.1.10　混凝土施工防寒保温方案

混凝土采用罐车运输，多装快运，少停留，少倒运，混凝土罐采用特制材料包裹保温。罐车进出洞口时，安排专人开启保温门帘，尽量减少门帘开启时间，避免冷空气进入洞内。

混凝土浇筑前，在洞内采用无烟煤火炉生火使环境升温，任何情况下，混凝土的浇筑温度均不得低于5℃。

混凝土开始养护时的温度应按施工方案通过热工计算确定，但不得低于5℃，混凝土与环境温差不得大于15℃。混凝土采用外部热源加热养护。养护制度应通过试验确定，并符合相关规范规定。

拆模时，混凝土强度应满足设计及规范的规定。混凝土与环境的温差不得大于15℃，当温差在10℃以上但低于15℃时，拆除模板后的混凝土表面宜采取临时覆盖措施。采用外部热源加热的混凝土，当养护完毕后的环境气温仍在0℃以下时，应待混凝土冷却至5℃以下且混凝土与环境之间的温差不大于15℃后，方可拆除模板。

建立温度监测体系，对施工环境温度、原材料温度、混凝土拌和料温度、混凝土入模温度、混凝土养护温度等进行监测，所有测温活动均应详细记录，并按顺序、时间、部位整理成册。针对温度变化情况，适时调整防寒保温措施。

喷射混凝土作业区的环境气温和进入喷射机的材料温度不应低于5℃。已喷射混凝土的强度未达到5 MPa前不得受冻。

8.1.11　冬季施工设备保证措施

为确保冬季正常施工，严格按照制定的防寒保温方案组织施工，增加投入设备如下：5 t/h蒸汽锅炉20台，10 t/h蒸汽锅炉5台，电热风机120台，火炉100个，暖棚支架钢管240 t，彩条布及棉棚布6 000 m^2。

8.1.12　质量保证措施

（1）落实施工过程各环节的防寒保温方案，严格温度监测制度，认真落实质量责任制。

（2）做好冬季施工备料工作，准备充足的防寒供暖保温物资设备和冬季施工材料，如砂石料、水泥、钢材等。

（3）加强施工设备的维护保养，确保施工各环节顺利进行。施工前对搅拌设备、运输罐车、混凝土泵及管道用热水或蒸汽进行预热，施工完毕后，认真清洗并将余水排放干净。

（4）经常检查暖棚的密封情况，检查供暖设备的完好情况，检查施工设备的防寒保温情况，发现问题及时处理。

（5）混凝土中不得加入易引起钢筋锈蚀的氯盐外加剂，防止因钢筋锈蚀致使混凝土主筋和箍筋方向产生裂纹。

（6）严格控制混凝土水灰比，掺入减水剂、引气剂等外加剂，加强振捣，提高混凝土结构的致密性。

（7）采用研发的专利技术——隧道通风升温装置，将通过通风机进入隧道的空气全部经过长温装置加温后，送至各个作业面，将隧道内作业环境温度升高3℃～4℃，保证隧道施工作业能够在相对恒温的状态下进行，有效地改善隧道施工作业环境。

（8）加强混凝土养护工作，保证混凝土养护环境足够的湿度，保持混凝土表面湿润，防止混凝土失水过快引起混凝土表面裂纹。控制养护过程中混凝土结构内外温差（小于20℃），防止水分转移造成混凝土结构疏散。采取控制外加剂的掺量、外加剂充分溶解后与混凝土料搅拌均匀、加强混凝土养护等措施，防止外加剂渗透到混凝土表面形成泛霜。

（9）开春后，随着气温的回升，根据工地气温监测情况，必须达到连续七昼夜最低气温超过0℃时，方可解除冬季施工措施。

8.1.13 安全保证措施

除应按常温下安全生产的一般规定外，冬季施工还应严格执行以下安全保证措施：

（1）对参加冬季施工的全体人员进行冬季施工安全知识培训，做好安全技术交底。施工期间，坚持定期安全学习，工前安全讲话，工中安全巡视，工后安全总结和教育。

（2）制定详细的冬季施工安全制度，明确各岗位安全职责，并配齐冬季施工安全防护用品，以及防寒、防冻、防滑等劳动保护用品。

（3）做好排水系统的规划和建设，防止施工废水和生活废水漫流结冰，形成安全隐患。

（4）停止施工时，管道内的余水全部放干，机械设备要使用与当地气温相适应的防冻液。

（5）霜雪天后，及时清除施工场地和道路上的冰雪，上下人员的楼梯、工作平台等人员活动较多的部位要保持干燥，设置必要的防滑设施，防止溜滑发生安全事故。

（6）冰雪天行车，轮胎要设置防滑链。司机在出车前检查确认车辆的制动装置是否达到良好状态，不满足要求时不得出车。遇有大风、大雪大雾不良天气时停止运行。

（7）冬季车辆启动发动机前，严禁用明火对既有燃油系统进行预热，以防止发生火灾。

（8）安排专人负责热源、火源的管理，供暖设备使用中不得离人，使用完毕后做到人走火灭，暖棚内、工棚内禁止用明火取暖。火灾危险地区、人员聚集地区配备足够数量的消防灭火器材。

（9）加强各种压力容器的管理，压力计等仪器仪表工作状态良好，禁止对乙炔瓶、氧气等压力容器加热，并应远离热源，严防爆炸事故发生。

（10）加强用电管理，供用电系统由专业人员安装和管理，禁止非专业人员随意拆改。经常检查维护供电线路和电力设备，根据最大用电量检查供电线路和设备是否有足够的容量。用电设备采取防漏电措施，防止触电事故的发生。

8.2 高海拔隧道的弃渣与环保方案

新关角隧道工程弃渣等施工活动将不可避免地扰动地表、破坏植被，引起水土流失，而弃渣是加剧当地水土流失最大的一个潜在因素。不合理的弃渣、填埋及车辆碾压等将破坏地表植被和土壤物理结构，影响植物生长发育，甚至枯死，并导致地表植被自然恢复困难，应引起高度重视。

8.2.1 弃渣场防护措施原则

新关角隧道出渣729.58万m^3，受地形、交通运输条件及填料等级要求的限制，只有少量弃渣被利用。在日月山、拉脊山、大通山中山区，弃渣困难，符合地势低洼、无地表径流、植被稀疏等条件的理想弃渣场难以选择。弃渣场大多数位于旱地，部分位于荒沟或荒地内，在中吾农山东段高山区全部位于草地内。

为节约投资，保护环境，本着“先挡后弃、随弃随运”的原则，对26处隧道弃渣场采取浆砌片石重力式挡渣墙防护。弃渣挡墙采用M10浆砌片石，经检算，其抗倾覆安全系数大于1.5，抗滑安全系数均大于1.3。根据以上原则，共采用浆砌片石193 087 m^3。日月山、拉脊山、大通山中山区弃渣场占地类型为旱地，弃渣前将30 cm厚的表层熟土剥离，熟土予以妥善处理，篷布覆盖，以防流失。弃渣后对渣顶整平，再覆以70 cm厚原土进行复垦。中吾农山东段高山区弃渣场全部位于草地内，工程后全部采取喷播植草的防护措施。

综上所述，可以给出类似工程防治措施原则如下：

（1）隧道出渣以尽量利用为原则，结合路基站场做好调配予以充分利用，其余部分就近分散；

（2）弃渣必须满足环保和水保的要求，选择合理的弃渣场地，不占好田，尽量利用荒坡荒沟堆弃，不造成水土流失；

（3）弃渣场渣顶汇水面积较大时，设排洪渠，以防洪水冲刷弃渣，造成水土流失；

（4）沿河、沟弃渣尽量少占河床，设挡护工程收坡，坡面设防护，防护标准按1/50洪水水位及有关水文参数确定；利用冲沟弃渣设置雨水出路，并做好防护工程，以免弃渣流失；

（5）峡谷区弃渣挡护考虑冲刷深度，当基础深度在2.0 m左右时，采用挡渣墙防护，若受冲刷控制，不能设挡渣墙时，弃渣坡脚采用钢丝笼防护；

（6）弃渣挡墙采用M10浆砌片石，坡面防护采用干砌片石或种草种树防护，有条件复垦时，坡顶整平换以0.75 m厚的原土，无复垦条件时渣顶整平绿化。

8.2.2　经验分析

为了充分体现“预防为主”的水土保持工作方针，将潜在的水土流失问题解决在设计阶段，关角隧道在取、弃土场及弃渣场的设计过程中充分考虑了水土保持、植被保护、农田利用等因素，取得了一些经验，具体如下：

（1）为了避免因弃土、弃渣引发滑坡、泥石流等重力侵蚀现象的发生，弃渣场应避开不良地质地段和有地表径流的汇水地带。

（2）为了避免隧道弃渣场水土流失现象的发生，应对所有弃土、弃渣场采取“先挡后弃”的水土保持措施，对坡面采用浆砌片石挡护，渣顶根据实际情况采取复垦或绿化措施，兼具水土保持功能。

（3）在设置砂石料场时，应避开植被较好的地带和河道回水地带。

（4）为了减少取、弃土场的设置数量，经土石方调配后，将路基、站场弃土、弃渣弃入取土坑中，不再设置专门的弃土场，弃土时采取先取后弃的水土保持措施。

（5）为了节约用地，与铁路建设规划填方工程相结合，经强化土石方调配后，将满足路基、站场填料要求的隧道弃渣尽量利用，尽量少设置弃渣场。

（6）沿线部分取土场存在取土量较大、取土深度较浅、相互位置较近等特点，针对以上问题，本着“节约用地，减少地表扰动，保护环境”的原则，建议对相邻土场进行合并。取土时必须与地方签订取土协议。

（7）取、弃土场应尽量选择荒山和荒坡地，对位于耕地上的取土场，应先将表层0.3 m厚的熟土堆置一旁，待取、弃土完毕后，将场地平整，熟土推回摊平，根据实际情况采取复垦或绿化措施。

（8）类似工程设计时，结合弃渣性质、当地发展规划用料要求及时间安排，进一步优化弃渣方案。

8.2.3　其他环保措施

（1）施工前对施工区域内的冻土类型、地温进行调查核对，针对不同的冻土类型选择施工时段，防止地下冷储量扩散和大气中热量的渗入，防止表层引起热融滑塌，造成冻土区天然上限下移，破坏原有冻土结构。

（2）为了解隧道修建对环境的影响，在隧道区域设置气象站，进行水文环境和气候长期监测。实践证明，新关角隧道的修建未对当地的气候环境造成影响，未发现植被出现异常现象，也未改变区域内青海湖汇水逐年增长、湖面逐年升高的趋势。

（3）施工中限制人为活动范围，保护地表植被，一切机动车辆和行人须在专门的临时便线行走，不得脱离便线随意行走。

（4）在隧道口设置污水处理系统，以保证排放的施工污水达标；完善各种水系，畅通排水系统，最终排入布哈河。施工排水未对国家二级保护动物青海湟鱼产生影响，湟鱼的数量也在稳步回升。

（5）施工过程中对所有的占地均进行高原草皮的临时堆放保存，施工完成后直接用于弃渣场绿化和临时用地的环境恢复，从而避免了因绿化需要而新增大量取土场的情况。

（6）生活垃圾用密闭容器集中收集，能进行分解的，采用脱水固化，固化后集中处理，对不可分解物，如塑料袋、瓶、罐头盒、废纸张、烟盒、烟蒂等须集中收集，运往指定垃圾场统一妥善处理。每个房间设有小型封闭垃圾桶，室外设有可封闭的垃圾箱，确保垃圾无人为随地抛洒。

（7）施工废水按有关要求先沉淀净化后再进行排放处理。清洗骨料的水和其他施工废水不得直接排入河道，采取过滤、沉淀或其他方法处理后方可排放，避免污染河道和周围环境。拌和站设过滤、沉淀循环池，废水处理后循环使用，废料集中弃于指定弃土场。施工废油采用隔油池过滤等有效措施加以处理，不超标排放，以免污染周围水环境。

（8）施工营地的生活污水经生化处理达到排放标准后排入不外流的地表水体，不得在营地附近形成新的积水洼地，严禁生活污水排入河流和渠道。

8.3　水环境施工人工、机械降效影响

一般隧道只需在单侧开挖临时排水沟即可解决洞内排水。新关角隧道高寒缺氧，自然条件极其恶劣，地质十分复杂，地下水丰富、水压高，存在长段落灰岩地段突涌水等风险。施工中，涌水量大、斜井反坡排水长，人工、机械功效降低，费用大幅增加。

由于洞内长期涌水，且水量大，作业时在水环境下行动受限，钻爆、立架、喷混凝土、衬砌

等各道工序中人工的操作效率不能正常发挥，各类作业机械受水盲点影响作业效果不佳、机械行动迟缓，效率发挥大打折扣。洞内机械均在水中作业，机械部件在水的作用下损坏率明显增加，电机、发动机进水等现象严重，水环境下作业设备的水损率是正常情况的3倍，同时由于机械故障频出，机械设备投入及维修费用也成倍增加。

8.3.1 水环境施工对开挖的影响

1.准备工作

由于施工人员需在平、立两面有水的环境下施工，因此进入作业面后要先做防水、排水工作，安排专人清理排水沟，保证涌水能顺利排出洞外再进行施工，增加了准备工作量。测量布眼、台架就位等受洞内水环境影响作业难度大，作业时间延长。

2.钻孔作业

（1）水环境下，施工机械、机具不能发挥其正常性能，致使作业时间延长。

（2）施工人员在平、立面两面有水环境中施作，掌子面及拱部涌水影响操作人员视线，穿戴雨衣帽在水中行动受阻，钻孔作业操作困难。

受以上因素的影响，钻孔作业时间较一般情况要长。

3.装药爆破

洞内水环境下，炸药极难装进钻爆孔中，连线也较困难，装药爆破时间增加。

水环境下施工较正常情况下施工进度降效系数见表8-3-1。

表8-3-1 水环境下施工较正常情况下施工进度降效系数

围岩级别	开挖指标（m/工日）		降效系数（$\gamma_{水}$）
	正常情况	水环境	
Ⅱ级围岩	4.85	3.58	0.74
Ⅲ级围岩	4.24	3.39	0.80
Ⅳ级围岩	2.73	1.95	0.71
Ⅴ级围岩	1.50	1.14	0.76
Ⅵ级围岩	1.21	0.92	0.76

8.3.2 水环境施工对出渣的影响

爆破排烟后，掌子面积水，必须先抽排水后才能进行出渣作业。水中运输限速、机械使用降效，洞内水环境下容易打滑、受损，机械运行速度较正常施工环境慢，运输效率大大降低。

8.3.3 水环境施工对初期支护的影响

初期支护前及过程中需不间断排水。钢架、网片、锚杆等工序在施工过程中受洞内水环境影响，操作人员行动受阻、操作不便，增加作业时间，其中焊接工序受影响尤为严重。

8.3.4 水环境施工对喷射混凝土的影响

喷射混凝土受洞内水环境影响，操作困难，同时围岩附着力降低，混凝土回弹量增大，材料消耗量及喷射混凝土施作时间也成倍增加。

水环境下喷混凝土损耗率见表8-3-2～表8-3-4。

表8-3-2　实测斜井水环境条件下喷C20混凝土损耗率

序号	名　称	单位	水环境喷射C20混凝土（斜井）					
			1号斜井	2号斜井	3号斜井	4号斜井	5号斜井	6号斜井
1	完成工程量	m^3	1 755.48	2 344.99	3 944.48	2 681.62	3 930.54	3 858.47
2	每10 m^3定额消耗量	m^3	12.24	12.24	12.24	12.24	12.24	12.24
3	定额回弹量	%	22.40	22.40	22.40	22.40	22.40	22.40
4	每10 m^3实测消耗量	m^3	18.40	17.83	17.93	18.51	17.73	17.69
5	实测回弹量	%	83.98	78.25	79.34	85.13	77.32	76.94
6	平均实测回弹量	%	79.55					
7	回弹量增加	%	61.58	55.85	56.94	62.73	54.92	54.54
8	平均回弹量增加	%	57.15					

表8-3-3　实测正洞水环境条件下喷C25纤维混凝土损耗率

序号	名　称	单位	水环境喷射C25纤维混凝土（正洞）						
			1号斜井正洞	2号斜井正洞	3号斜井正洞	4号斜井正洞	5号斜井正洞	6号斜井正洞	进口正洞
1	完成工程量	m^3	13 032.5	14 387.45	4 014.41	3 408.25	3 061.1	4 837.1	3 971.94
2	每10 m^3定额消耗量	m^3	11.73	11.73	11.73	11.73	11.73	11.73	11.73
3	定额回弹量	%	17.30	17.30	17.30	17.30	17.30	17.30	17.30
4	每10 m^3实测消耗量	m^3	16.13	16.28	16.36	16.61	16.43	16.57	16.67
5	实测回弹量	%	61.25	62.75	63.63	66.09	64.33	65.69	66.67
6	平均实测回弹量	%	63.39						
7	回弹量增加	%	43.95	45.45	46.33	48.79	47.03	48.39	49.37
8	平均回弹量增加	%	46.09						

表8-3-4　水环境条件下喷射混凝土增加的工程量

序号	项目地点	单位	井身喷C20混凝土			正洞喷C25纤维混凝土		
			数量（m^3）	增加损耗率（%）	增加数量（m^3）	数量（m^3）	增加损耗率（%）	增加数量（m^3）
1	正洞进口工区	m^3				3 971.94	46.09	1 830.67
2	1号斜井工区	m^3	1 755.48	57.15	1 003.26	13 032.5	46.09	6 006.68
3	2号斜井工区	m^3	2 344.99	57.15	1 340.16	14 387.45	46.09	6 631.18
4	3号斜井工区	m^3	3 944.48	57.15	2 254.27	4 014.41	46.09	1 850.24
5	4号斜井工区	m^3	2 681.62	57.15	1 532.55	3 408.25	46.09	1 570.86
6	5号斜井工区	m^3	3 930.54	57.15	2 246.3	3 061.1	46.09	1 410.86
7	6号斜井工区	m^3	3 858.47	57.15	2 205.12	4 837.1	46.09	2 229.42
合　计			18 515.58		10 581.66	46 712.75		21 529.91

8.3.5 水环境施工对建设资金的影响

（1）水环境施工对隧道的开挖、出渣及支护均造成了直接影响，延长了工序作业循环时间，施工工效下降，人工、机械工作时间及费用大幅增加。

（2）超长探孔地质预报、帷幕注浆施工造成工期延长，费用增加；突涌水淹井造成的停窝工也影响了工期，增加了各种费用。

（3）水环境施工情况下，喷射混凝土岩面附着力降低，导致喷射混凝土损失量增加，人工、材料、机械等各项费用也随之增加。

（4）高风险隧道水环境中施工，机械损耗严重，耐用总台班数较一般隧道大为减少。

正常环境与水环境施工人工机械费用对比及降效系数见表8-3-5和表8-3-6。

表8-3-5　斜井正常环境与水环境施工人工、机械费用对比及降效系数

名　称		单　位	正常环境施工		水环境施工		降效系数	
			人工费用（元）	机械费用（元）	人工费用（元）	机械费用（元）	人工（$\beta_{g水}$）	机械（$\beta_{j水}$）
Ⅱ级围岩	开挖	10 m^3	81.68	549.63	106.80	728.69	1.308	1.326
	出渣	10 m^3	15.93	131.89	20.90	173.74	1.312	1.317
Ⅲ级围岩	开挖	10 m^3	65.20	519.78	86.58	675.47	1.328	1.300
	出渣	10 m^3	15.93	128.46	21.57	177.02	1.354	1.378
Ⅳ级围岩	开挖	10 m^3	118.61	501.04	154.71	670.21	1.304	1.338
	出渣	10 m^3	16.33	128.94	21.39	171.26	1.310	1.328
Ⅴ级围岩	开挖	10 m^3	170.76	625.51	220.48	827.14	1.291	1.322
	出渣	10 m^3	17.61	140.41	23.27	188.54	1.322	1.343
Ⅵ级围岩	开挖	10 m^3			259.67	934.22		
	出渣	10 m^3			31.35	243.28		
初期支护	喷射混凝土	10 m^3	791.11	1 728.93	1 039.44	2 284.48	1.314	1.321
	砂浆锚杆	100 m	323.39	624.54	424.03	834.98	1.311	1.337
	中空锚杆	100 m						
	钢筋网	t	591.79	345.45	774.30	422.09	1.308	1.222
	型钢钢架	t	639.86	571.19	843.40	737.03	1.318	1.290

表8-3-6　正洞正常环境与水环境施工人工、机械费用对比及降效系数

名　称		单　位	正常环境施工		水环境施工		降效系数	
			人工费用（元）	机械费用（元）	人工费用（元）	机械费用（元）	人工（$\beta_{g水}$）	机械（$\beta_{j水}$）
Ⅱ级围岩	开挖	10 m^3						
	出渣	10 m^3						

续上表

名称		单位	正常环境施工		水环境施工		降效系数	
			人工费用（元）	机械费用（元）	人工费用（元）	机械费用（元）	人工（$\beta_{g水}$）	机械（$\beta_{j水}$）
Ⅲ级围岩	开挖	10 m^3	71.39	516.82	91.23	686.37	1.278	1.328
	出渣	10 m^3	18.43	158.95	24.88	214.23	1.350	1.348
Ⅳ级围岩	开挖	10 m^3	119.77	501.60	158.95	685.57	1.327	1.367
	出渣	10 m^3	17.73	140.42	23.32	193.53	1.315	1.378
Ⅴ级围岩	开挖	10 m^3	176.96	642.64	241.22	876.72	1.363	1.364
	出渣	10 m^3	17.67	142.84	24.86	198.23	1.407	1.388
Ⅵ级围岩	开挖	10 m^3	195.56	710.61				
	出渣	10 m^3	23.82	185.83				
初期支护	喷射混凝土	10 m^3	789.15	1 721.33	1 044.88	2 292.44	1.324	1.332
	砂浆锚杆	100 m	322.49	636.36	421.35	842.76	1.307	1.324
	中空锚杆	100 m	332.42	770.42	446.00	1 108.88	1.342	1.439
	钢筋网	t	581.76	281.71	776.90	389.10	1.335	1.381
	型钢钢架	t	631.06	545.00	816.76	715.82	1.294	1.313

通过上述分析可知，对高原富水环境引起的施工降效问题要引起高度的重视，通过对相关隧道的有关定额进行全面测定，对现行铁路隧道工程定额未涵盖的非正常条件下增加的工程费用应予以适当考虑，以缓解工程建设资金压力。

8.4 局部高水压力作用下衬砌结构的合理设计

水头较高的山岭隧道，为了保护隧道周边的地下水资源和环境，不能采取“以排为主”而采用“以堵为主，限量排放”的原则时，给隧道工程界对隧道水压力的计算提出了新的课题。铁路隧道遇到高水压时，多借鉴水工隧道计算水压力的方法——水压力折减系数法，这种是一种均匀压力下的衬砌结构设计，而在富水裂隙岩层中突涌水主要为点状出水，作用在衬砌上的水压力是局部的，这种不均匀分布的水压力较均匀分布的水压力会使衬砌弯矩增大，轴力减小，造成偏心距增加，对结构受力更为不利。因此，有必要对这类地层条件下的衬砌结构设计加以重视。

8.4.1 衬砌水压力现场试验

新关角隧道对河谷浅埋区段DK281+855、DYK281+898和深埋灰岩段DK289+327共三个断面进行衬砌水压力测试。衬砌背后水压力采用渗压计监测，布置在防水层与初期支护之间，分别布置在隧道的拱顶、拱腰、边墙和仰拱，每个断面共布置6个渗压计。DK281+855、DYK281+898断面衬砌水压时态曲线如图 8-4-1和图 8-4-2所示，水压分布如图 8-4-3和图

8-4-4所示。

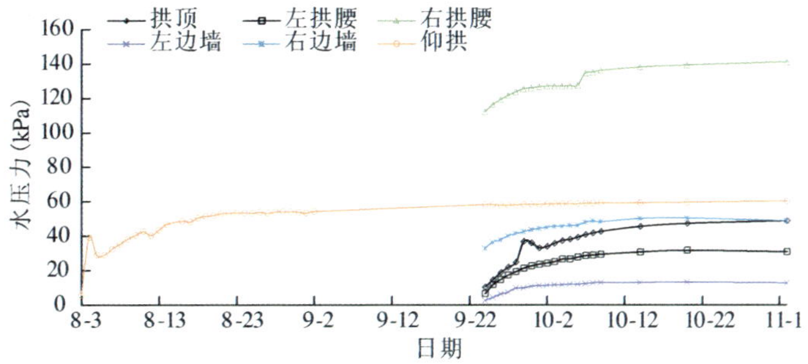

图8-4-1 DK281+855断面衬砌水压时态曲线

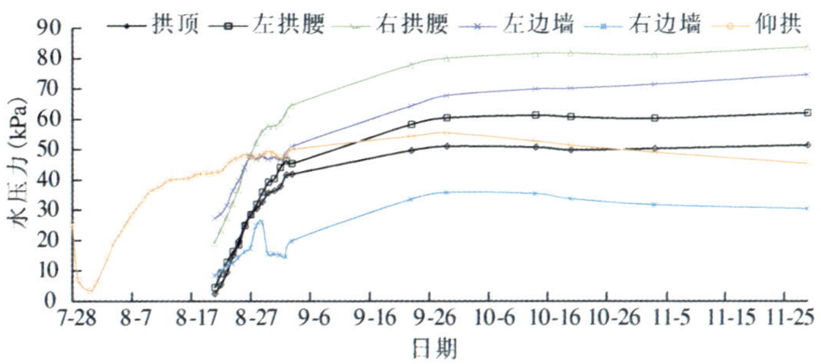

图8-4-2 DYK281+898断面衬砌水压时态曲线

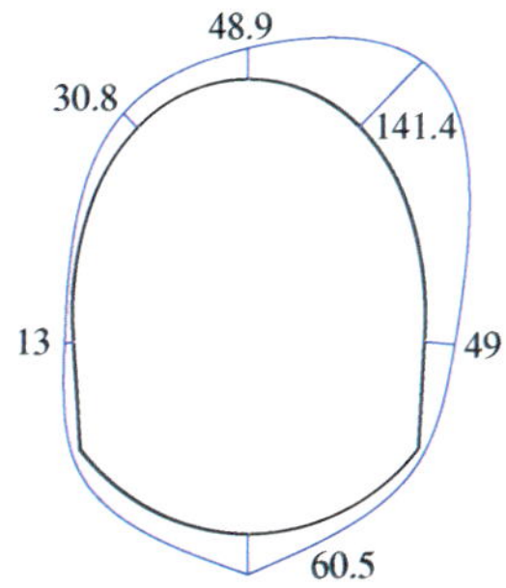

图8-4-3 DK281+855断面水压分布示意

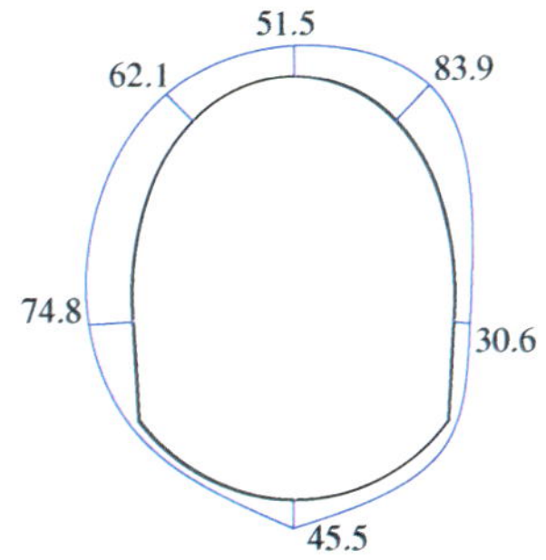

图8-4-4 DYK281+898断面水压分布示意

由图 8-4-1 ～图 8-4-4可以看出：

(1)由于仰拱超前二次衬砌施作，仰拱测点首先承受水压，各部位测点随时间而逐渐增大，DK281+855断面在二次衬砌施作15天后基本稳定，DYK281+898断面在二次衬砌施作39天后基本稳定。

(2)DK281+855断面稳定后水压最大出现在右拱腰，为141.4 kPa，水压力存在一定偏压现象。DYK281+898断面右拱腰和左边墙较大，分别为83.9 kPa和74.8 kPa，水压分布较均匀。

仰拱处测点在测试过程中损坏，衬砌水压时态曲线如图 8-4-5所示，水压分布如图 8-4-6所示。

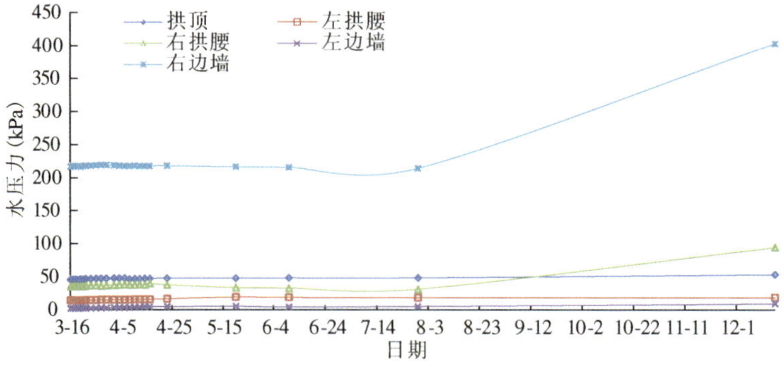

图 8-4-5 DK289+327 断面衬砌水压时态曲线

由图 8-4-5 和图 8-4-6 可以看出：

(1)各部位测点随时间而逐渐增大，量测 9 个月时水压力尚未稳定。

(2)衬砌各部位水压力自左边墙至右边墙逐渐增大，其中右边墙水压力最大，达 403.5 kPa，水压力分布不均匀，偏压现象非常严重。

由三个断面的水压力分布情况可知，衬砌水压的分布存在偏压现象，并且在深埋灰岩地层中有长期增大的趋势。这主要是由于裂隙水发育的不均匀性和深埋弱径流带的地下水位升高引起的。

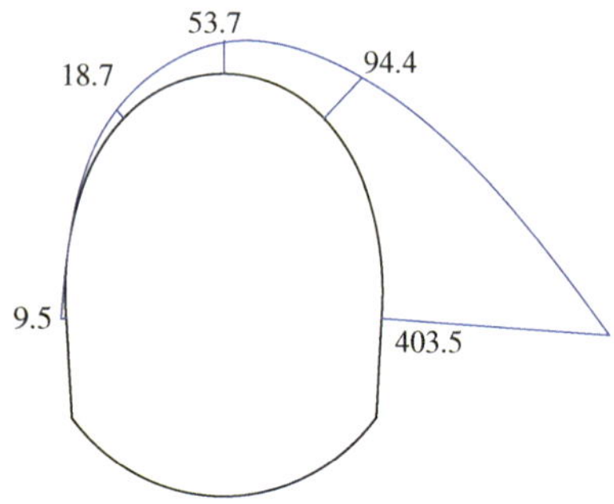

图 8-4-6 DK289+327 断面水压分布示意

8.4.2 提高衬砌安全系数措施

对抗局部水压可以通过提高衬砌安全系数来实现，提高衬砌安全系数的措施主要有改变衬砌厚度、改变衬砌混凝土强度或增加钢筋量三种。为分析这三种措施对安全系数的影响，以直墙衬砌为例，给出素混凝土受抗压强度控制点和受抗拉强度点、钢筋混凝土大偏心受压和小偏心受压各工况时的安全系数。其中，抗拉强度控制点和大偏心受压点取自水压作用在右墙脚时的左拱脚点，抗压强度控制点和小偏心受压点取自水压作用在右拱腰时的左边墙点。计算工况划分见表 8-4-1。

表 8-4-1 衬砌工况划分

工 况	工况 1	工况 2	工况 3	工况 4	工况 5	工况 6
混凝土等级	C15	C20	C25	C30	C40	C50
衬砌厚度(mm)	200	250	300	350	400	450
钢筋面积(mm^2)	0	763	1 017	1 271	1 907	2 543

注：钢筋面积一栏参数大于 0 时以钢筋混凝土结构计算安全系数。

素混凝土衬砌抗拉强度控制点及钢筋混凝土大偏心受压点各工况安全系数见表 8-4-2，曲线如图 8-4-7 所示。

表8-4-2 控制点安全系数

工 况		工况1	工况2	工况3	工况4	工况5	工况6
混凝土等级	素混凝土	0.7	0.8 （21.4%）	1.0 （42.9%）	1.1 （57.1%）	1.3 （92.9%）	1.5 （121.4%）
	钢筋混凝土	1.3	1.3 （0.3%）	1.3 （0.6%）	1.3 （0.7%）	1.3 （0.9%）	1.3 （1.0%）
衬砌厚度	素混凝土	0.3	0.5 （58.9%）	0.8 （132.6%）	1.1 （222.1%）	1.5 （328.1%）	1.9 （451.5%）
	钢筋混凝土	0.4	0.7 （58.0%）	1.0 （122.6%）	1.3 （194.9%）	1.6 （276.4%）	2.0 （369.0%）
钢筋面积		1.1	1.3 （16.4%）	1.6 （48.0%）	2.0 （83.9%）	3.0 （174.7%）	4.0 （263.1%）

注：①括号内为各工况相对于工况1的增幅；
②钢筋采用对称配筋，钢筋面积代表单侧（受拉或受压侧）面积。

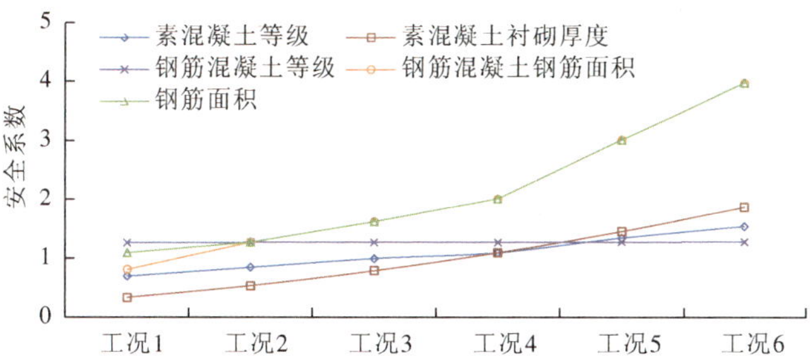

图8-4-7 各措施对安全系数的影响

由表8-4-2和图8-4-7可知：

（1）对于素混凝土，提高其抗拉强度控制点安全系数，最有效的措施是增大衬砌厚度，从200 mm增大到450 mm厚度，可增大安全系数451%，从标准图采用的300 mm增大到450 mm厚度，安全系数增大137.5%；其次是提高混凝土等级，由C15提高到C50等级，安全系数增大121.4%，由标准图采用的C30提高到C50等级，安全系数增大50%。

（2）对于钢筋混凝土，提高其大偏心受压点安全系数最有效的措施是增大衬砌厚度，从200 mm增大到450 mm厚度，可增大安全系数369%，从标准图采用的300 mm增大到450 mm厚度，安全系数增大100%；其次是增加钢筋量，由标准图采用不配筋钢筋增大到配筋面积2 543 mm^2，安全系数增大263.1%。提高混凝土等级的方法不能增大安全系数。

素混凝土衬砌抗压强度控制点及钢筋混凝土小偏心受压点各工况安全系数见表8-4-3，曲线如图8-4-8所示。

表8-4-3 控制点安全系数

工 况		工况1	工况2	工况3	工况4	工况5	工况6
混凝土等级	素混凝土	28.4	36.7 （29.2%）	45.0 （58.3%）	53.2 （87.5%）	69.8 （145.8%）	86.4 （204.2%）
	钢筋混凝土	31.9	40.1 （25.7%）	48.3 （51.3%）	56.5 （61.1%）	72.9 （128.7%）	89.3 （180.1%）

续上表

工　况		工况1	工况2	工况3	工况4	工况5	工况6
衬砌厚度	素混凝土	30.5	38.1 （24.9%）	45.7 （49.8%）	53.2 （74.6%）	60.8 （99.4%）	68.4 （124.3%）
	钢筋混凝土	35.1	41.9 （19.6%）	49.1 （40.1%）	56.5 （61.1%）	63.9 （82.2%）	71.4 （103.5%）
钢筋面积		53.2	56.5 （6.1%）	57.5 （8.0%）	58.7 （10.2%）	61.7 （15.9%）	64.6 （21.4%）

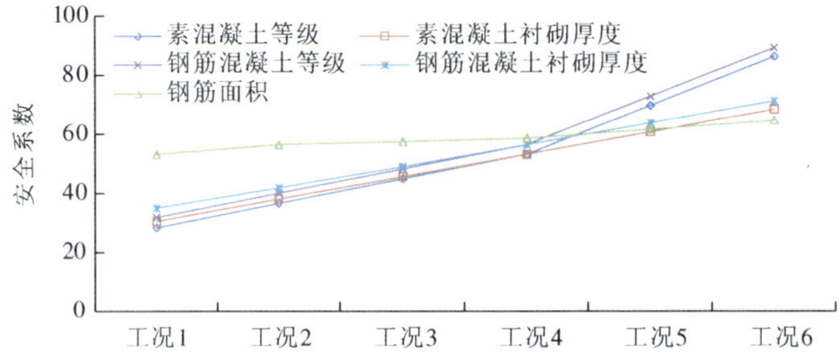

图8-4-8　各措施对安全系数的影响

由表8-4-3和图8-4-8可知：

（1）对于素混凝土，提高其抗压强度控制点安全系数，最有效的措施是提高混凝土等级，由C15提高到C50等级，安全系数增大204.2%，由标准图采用的C30提高到C50等级，安全系数增大62.4%；其次是增大衬砌厚度，从200 mm增大到450 mm厚度，可增大安全系数124.3%，从标准图采用的300 mm增大到450 mm厚度，安全系数增大49.75%。

（2）对于钢筋混凝土，提高其小偏心受压点安全系数，最有效的措施是提高混凝土等级，由C15提高到C50等级，安全系数增大180.1%，由标准图采用的C30提高到C50等级，安全系数增大58.1%；增大衬砌厚度，从200 mm增大到450 mm厚度，可增大安全系数103.5%，从标准图采用的300 mm增大到450 mm厚度，安全系数增大45.4%；增加钢筋量的措施，由标准图采用不配筋钢筋增大到配筋面积2 543 mm^2，安全系数仅增大21.4%。

由各工况衬砌安全系数的计算结果可知，衬砌结构的安全系数控制点（安全系数低于标准）均处于抗拉强度控制或大偏心受压状态，处于抗压强度控制或小偏心受压状态的点安全系数均较大，因此优化设计时可不考虑抗压强度控制或小偏心受压状态的点，以提高抗拉强度控制或大偏心受压状态点的安全系数为目标。素混凝土衬砌抗拉强度控制点采用增大衬砌厚度、提高混凝土等级和增加钢筋量措施，钢筋混凝土衬砌大偏心受压状态点采用增大衬砌厚度和增加钢筋量的措施。

8.4.3　局部水压作用下的优化设计

上节计算结果表明各工况下墙脚位置绝大多数为抗拉控制，偏心距较大，这是因为墙脚为直墙或曲墙与仰拱相交的位置，出现应力集中现象，弯矩值较大，计算安全系数较小，只要做适当的处理消除应力集中，就可以满足安全系数要求。如果以该点作为水压力控制值，过于保守，因此不考虑此点安全系数的要求，以其他点安全系数作为安全性评价的依据。

当作用在衬砌结构上的水压力增大到按隧道标准图设计不能满足安全系数的要求时，这时称为高水压，通过改变衬砌厚度、衬砌混凝土强度或增加钢筋量来满足衬砌的安全要求，这个水压力值为高水压第一分界。当以上措施不能满足安全要求，需要优化断面形状才能满足安全要求的水压力值为高水压第二分界。因此结合标准图及实际设计情况，以直墙、曲墙素混凝土衬砌安全系数不能满足标准时的水压力为高水压第一分界。当素混凝土衬砌安全系数不满足标准时，采用增大衬砌厚度和增加钢筋量的措施提高安全系数，其中直墙钢筋量分为763 mm^2、1 017 mm^2、1 271 mm^2三级，衬砌厚度为350 mm一级增大；曲墙钢筋量分为763 mm^2、1 017 mm^2、1 271 mm^2三级，衬砌厚度分为400 mm、500 mm两级。采用这些措施后仍不能满足安全系数标准时的水压力即为高水压第二分界。

将以上计算二次衬砌支护参数建议值统计见表 8-4-4。

表8-4-4　二次衬砌支护参数

衬砌形式	水压（MPa）	二次衬砌设计参数	
		拱墙	底板/仰拱
直墙	0	300 mm	300 mm、Φ18@200
	0 ～ 0.05	300 mm、Φ18@333	300 mm、Φ18@200
	0.05 ～ 0.1	350 mm、Φ18@200	350 mm、Φ18@200
曲墙	0	350 mm	400 mm
	0 ～ 0.1	350 mm、Φ18@333	400 mm、Φ18@333
	0.1 ～ 0.2	350 mm、Φ18@250	400 mm、Φ18@250
	0.2 ～ 0.3	400 mm、Φ18@200	400 mm、Φ18@200
	0.3 ～ 0.4	450 mm、Φ18@200	450 mm、Φ18@200

由以上研究得出结论：

（1）局部水压作用下，安全系数分散度大，水压力作用点处的安全系数往往明显小于其他位置，曲墙衬砌安全性优于直墙衬砌，当水压力增大至高水压第二分界值时，可采用增大曲墙曲率的方法优化衬砌受力状态，达到进一步提高安全系数的目的。

（2）局部水压作用下，Ⅲ、Ⅱ级围岩在0.4 MPa水压力时，其二次衬砌参数建议值已高于规范中Ⅴ级围岩的设计值，相当于将二次衬砌等级降低2 ～ 3级。在高水压地段，二次衬砌应基于围岩等级并根据水压力大小进行设计。

8.5　皮带运输系统的应用

在长大隧道施工中，通常采用“长隧短打”方式设置多个斜井担负正洞多个工作面施工，以加快总体施工进度。通过斜井尤其是单线长斜井承担出渣、送料、混凝土运输、通风、施工人员进出等任务，施工高峰期运输通过能力受到严重制约，成为隧道工程进度的瓶颈。目前，在美国、欧洲、日本、澳大利亚等地的隧道施工中，有数十项工程采用了皮带运输机出渣系统与汽车运输作为辅助的运输方式。国内煤炭行业中采用皮带运输机与轨道相结合的运输系统，经多年的使用与改进，已逐渐完善和成熟。在盾构和TBM掘进系统中也采用过皮带运输，但采用钻爆法施工的隧道中，主要还是采用传统的有轨和无轨运输出渣方式。

8.5.1 传统有轨和无轨运输方式存在的共同问题

（1）通过斜井出渣进料，在断面有限的隧道内难以布置大型的运输车辆，严重影响出渣速度。

（2）无论是有轨运输还是无轨运输，都要等待一车装满让出位置，才能进行下一车装渣，所需装运出渣的时间较长。

（3）运输车辆都需要在地面行走，对道路条件提出了很高的要求，需要投入大量的人力物力进行维护，对仰拱施工的影响更大，施工速度难以有效提高。

（4）牵引机车的动力都要进行两次以上的能量转换，电瓶机车需要将交流电先转化为直流电，贮存在电瓶中再进行使用，由于电瓶容量有限，使其很难实现长距离运输。内燃机车要将生物能转化为机械能，能源利用率低，环境污染严重。

（5）适用的运输坡度有限，有轨运输为3%，无轨运输为9%，垂直提升设备虽然适应角度大，但能力有限，不能满足快速运输要求。

8.5.2 关角隧道皮带运输方案

新关角隧道面临高寒缺氧的条件，洞内氧气含量只有12%左右，不到平原地区氧气含量的60%。在这样的条件下，作业人员的劳动效率大大降低，内燃机械效率也严重下降，而尾气排放量却大大增加，使洞内的工作环境十分恶劣。洞内施工距离长，最长的近5 000 m，通风排烟困难。每个斜井施工至正洞后均有四个开挖工作面，所有的进料出渣都要通过斜井，单车道斜井断面宽5.2 m，无轨运输只能单车行驶，严重影响运输速度，且斜井内车辆负重运行存在较大的安全隐患。若采用皮带机运输方式能够减少作业人员劳动强度，提高劳动效率，减少施工通风的压力，为洞内创造良好的施工作业环境，增强施工运输的安全性。为此，关角隧道在9号斜井正洞工区采用“正洞无轨+斜井皮带机+洞外汽车转运”出渣运输方案，进行隧道钻爆法开挖斜井皮带机出渣的尝试。

9号斜井长度1 125.89 m，综合坡度为9.83%，建井期间采用无轨运输汽车出渣。斜井承担正洞Ⅰ线隧道1 860 m、Ⅱ线隧道2 665 m的施工任务。平面布置如图8-5-1所示。

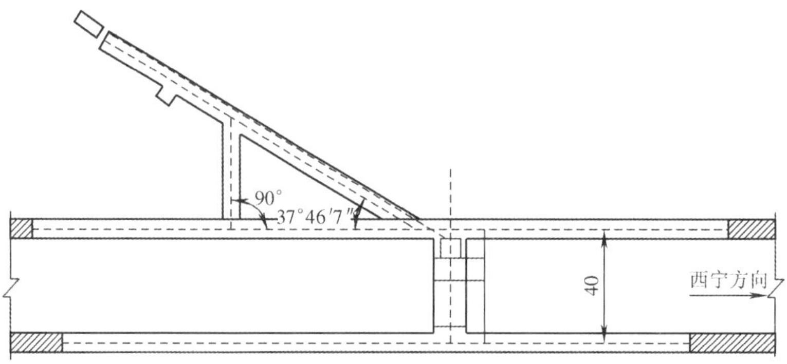

图8-5-1 9号斜井工区平面布置（单位：m）

1.斜井皮带机设置

9号斜井皮带机安装和施工共分为斜井井身、井底与正洞交叉口和穿越Ⅱ线三个环节，如图8-5-2～图8-5-4所示。

（1）斜井井身皮带机架设在左侧底部，占用断面宽度1.7 m（包括安全距离50 cm），高度120 cm左右。皮带机紧贴边墙，所以要确保井身顺直。

（2）破碎站设置在横通道，为了使皮带机无折点到达破碎机下料口，同时不影响斜井底部和Ⅱ线正洞的交通运输，对斜井井身与正洞交叉口前20 m范围内左侧底板进行下挖处理。

（3）皮带机下穿Ⅱ线时设置栈桥，栈桥采用密排I32型钢上部铺设钢板形成。

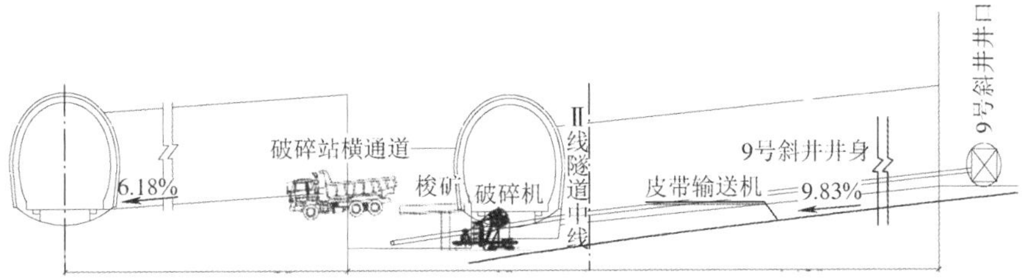

图8-5-2　9号斜井皮带机出渣运输系统布置

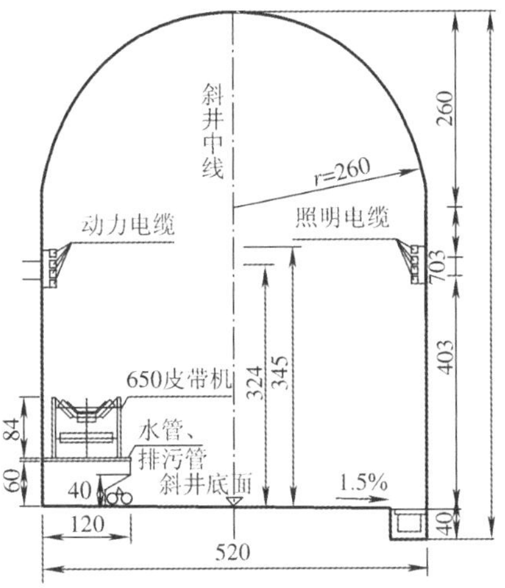

图8-5-3　斜井井身皮带机安装（单位：cm）

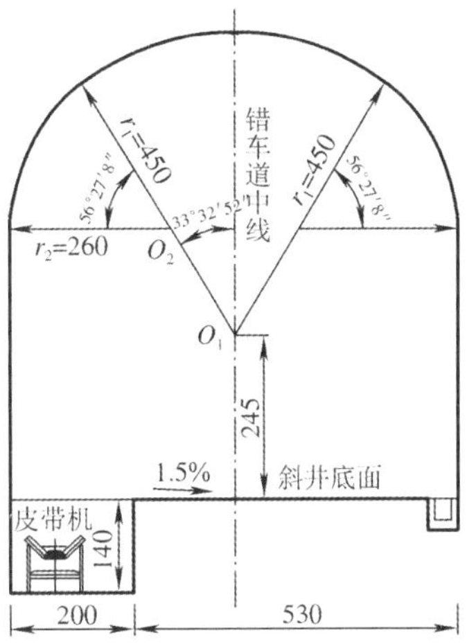

图8-5-4　斜井井底皮带机安装（单位：cm）

皮带机出渣工作流程：由挖装机将渣土装到移动破碎站上，小于300 mm的石渣漏入其下部的移动皮带机上，大于300 mm的石渣向下输送到破碎机内进行破碎，达到要求的粒径也进入排料机，由排料机转到移动皮带机，由连续皮带机将渣土直接输送到出口洞外。

皮带运输机系统依据实际施工中所需的出渣能力和场地环境设计。该井每天最快掘进15 m，出渣990 m^3，折合2 723 t，按每天工作15 h，皮带机输送能力要达到182 t/h，综合分析后选取皮带机长度1.2 km，带宽650 mm，带速2.5 m/s，工作能力最大达200 t/h，功率400 kW。

2.洞外转运设备

斜井洞外安设卸料装置，将皮带机输出石渣直接卸载到汽车上运至渣场。为保证出料口石渣能不间断地卸载在汽车上，避免二次装渣，卸料装置设置两个卸料口，装满一辆车后，关闭该出料口，同时开启另一出料口卸渣到另一车辆，从而形成不间断转运渣。

从实际使用来看，皮带机运输方式有以下优点：

（1）施工管理较为简单，劳动强度降低，所需人员减少；采用电力作为能源，能源效率高，可连续不断地运转，出渣能力增强，可节约出渣时间。经测算，9号斜井每延米出渣可节约0.5 h，累计可节约2.7个月。

（2）系统多采用电力设备，减少了内燃汽车的使用数量，缩短了内燃汽车的工作时间和强度，大大减少了尾气排放，有利于洞内空气的净化，降低了通风能耗和对通风机、风管的要求。

（3）皮带机可以悬挂在隧道顶部，也可以悬挂在边墙上，占用空间很小。斜井出渣任务由皮带运输机承担，道路只承担进料和人员的运输任务，可大大缓解道路运输的压力，避免斜井出渣与进料的相互干扰，降低了安全风险。

3.待优化的问题

盾构和TBM法施工的隧道可直接通过皮带机进行出渣运输，钻爆法施工的隧道内存在仰拱施工和二次衬砌施工工序，对皮带机系统的布置造成很大干扰，尤其是移动破碎站的布置和防护、移动皮带机跨越仰拱的布置和防护、移动皮带机穿越衬砌台车和横通道的净空限制等问题还很难解决，有待于结合实践进一步开展研究，以妥善解决，使皮带机运输技术得到推广应用和发展完善，取得其应有的经济效益和社会效益。

8.6 增设泄水洞的设计与施工

新关角隧道的部分泄水洞增设主要是受到富水的客观因素影响。设计阶段在涌水量预测中，岭脊灰岩通过段为隧道涌水量预测的重点，预测Ⅰ线、Ⅱ线隧道总涌水量为97 620.7 ～ 215 339.9 m^3/d，预测总涌水量中灰岩段涌水量约占隧道总涌水量的80%。

然而根据当时施工揭示，新关角隧道岭脊灰岩地段的涌水量大于勘察期间预测的涌水量，导致进口端原设计水沟过水能力无法满足运营排水的需要，隧道运营安全存在较高风险。其中，正洞预测总涌水量、开挖段实测涌水量及未开挖段涌水量对比见表 8-6-1。以人字坡为界，关角隧道进口端总正常涌水量为238 954 m^3/d，出口端总正常涌水量为42 831 m^3/d。

考虑到原有设计、实际的施工进度以及施工的难度与工程量，相关工程人员针对增设泄水洞进行了大量比选工作，现将对其正洞相对高差、平面位置、洞口位置的方案进行介绍，以供类似工程参考。

表8-6-1 隧道Ⅰ、Ⅱ线及斜井正常涌水量综合对比

段落	进口—人字坡分界						人字坡分界—出口					
	段长（m）	开挖长度（m）	预测总正常涌水量（m^3/d）	开挖段预测正常涌水量（m^3/d）	开挖段实测涌水量（m^3/d）	未开挖段正常涌水量预测（m^3/d）	段长（m）	开挖长度（m）	预测总正常涌水量（m^3/d）	开挖段预测正常涌水量（m^3/d）	开挖段实测涌水量（m^3/d）	未开挖段正常涌水量预测（m^3/d）
灰岩段	15 600	10 811	136 320	99 192	75 042	37 128	2 740	2 740	15 608	15 608	1 516	0
断层破碎带	1 040	1 040	3 832	3 832	3 832	0	2 080	2 080	7 664	7 664	7 664	0

续上表

段落	进口—人字坡分界						人字坡分界—出口					
	段长（m）	开挖长度（m）	预测总正常涌水量（m^3/d）	开挖段预测正常涌水量（m^3/d）	开挖段实测涌水量（m^3/d）	未开挖段正常涌水量预测（m^3/d）	段长（m）	开挖长度（m）	预测总正常涌水量（m^3/d）	开挖段预测正常涌水量（m^3/d）	开挖段实测涌水量（m^3/d）	未开挖段正常涌水量预测（m^3/d）
其他段	12 460	12 460	2 378	2 378	2 378	0	31 370	28 316	3 820	2 820	2 820	1 000
小计	29 100	24 311	142 530	105 402	81 252	37 128	36 190	33 136	27 092	26 092	12 000	1 000
开挖段及未开挖段水量					118 380						22 000	
3号斜井	1 667	贯通	19 845		12 986							
4号斜井	1 571	贯通	63 307		5 000							
5号斜井	1 935	贯通	12 692		8 469							
6号斜井	2 808	贯通							14 569		14 569	
其他斜井	1、2号	贯通	580		580			7、8、9、10号	1 170		1 170	
小计			96 424		27 035				17 078		15 739	
总涌水量			238 954		108 287	37 128			42 831		27 739	1 000

注：人字坡里程DK（DYK）295+100。

8.6.1 新关角隧道设置泄水洞的必要性

1.设置泄水洞是满足排水需要，保证排水能力的必要保障

水文地质条件的变化，导致隧道涌水量加大，经验算，涌水量已超过隧道四条侧沟的允许排水流量，侧沟已无法满足运营排水要求，因此，设置泄水洞是满足隧道运营排水的必要保障。

新增泄水洞后，泄水洞侧沟排水能力可达35万m^3/d以上，即在运营期间无论是特殊降雨量、注浆措施失效，还是因为岩溶裂隙水预测难度等因素导致的运营期间排水量大于预测水量，泄水洞均有足够的排泄能力进行排泄，因此，泄水洞完全能够解决隧道侧沟排水能力不足的问题，是保证运营排水能力的必要设施。

2.泄水洞具备延长条件，是保证隧道长期运营安全的必要

泄水洞的长度为8 060 m，平行于隧道设置，端头设置于3号斜井交点附近，即使在运营期间，4号和5号斜井工区内的隧道正洞涌水大于侧沟的排水能力，也可以通过延长泄水洞来解决侧沟排水能力不足等安全风险方面的问题。因此，泄水洞是保证隧道长期运营安全的必要。

8.6.2 泄水洞与隧道正洞相对高差的选择

运营排水中存在的主要问题是进口排水工区侧沟的过水能力不能满足运营中的排水需

要，因此，泄水洞的主要功能是在侧沟过水能力不足的条件下，通过横通道和排水涵洞将侧沟内汇水引排至泄水洞，最终通过洞外已设置的保温排水暗管将水引排至附近的自然河沟（鲁茫曲）内。经计算，泄水洞底面高程按低于Ⅱ线隧道侧沟底面2.7 m，低于Ⅱ线隧道内轨顶面3.55 m控制，以保证隧道水能安全排至泄水洞。

泄水洞与隧道正洞的相对关系如图 8-6-1所示。

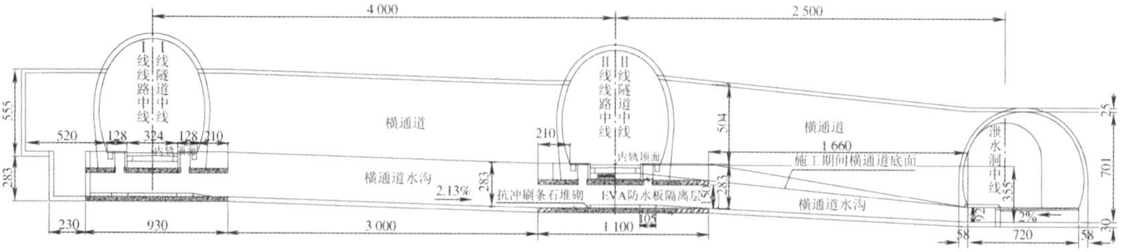

图8-6-1　泄水洞与正洞高程关系示意（单位：cm）

8.6.3　泄水洞相对隧道正洞平面位置的比选

新关角隧道为两条平行的单线隧道，因此，设置泄水洞的位置有三种方案，即Ⅱ线隧道右侧、两隧道中间和Ⅰ线左侧，如图8-6-2所示。

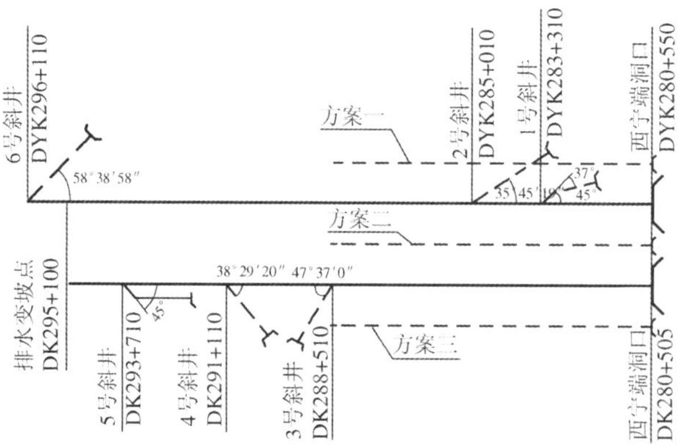

图8-6-2　泄水洞排水方案示意

泄水洞设置位置比较见表 8-6-2。

表8-6-2　泄水洞位置比较

方　案	优　点	缺　点
方案一（设于Ⅱ线右侧）	（1）泄水洞低于Ⅱ线隧道，不需要设置新的引水洞，能实现对隧道汇水的自然引排 （2）不与既有横通道工程发生干扰 （3）斜井在Ⅱ线右侧，利用斜井施工相对方便	需要利用Ⅱ线隧道新开横通道进行施工
方案二（设于两线中间）	（1）不需要新设施工横通道 （2）可以直接从两隧道直接排水至泄水洞	（1）与运营横通道干扰大，部分设备洞室需要改移 （2）与横通道交叉多，工程相对复杂 （3）线间距小，横通道净空小，汽车运输难度大，效率低 （4）对隧道总体工期影响大，与后续工程干扰大

续上表

方　案	优　点	缺　点
方案三（设于Ⅰ线左侧）	不与既有横通道工程发生干扰	（1）需要利用Ⅰ线隧道新开横通道进行施工 （2）斜井在Ⅱ线侧，不利于利用斜井施工，对隧道总体工期影响较大

以上方案施工组织难度基本相当，泄水洞设置于两线中间，与横通道干扰较大，设于Ⅱ线隧道右侧，引水工程相对简单，对新关角隧道总体建设目标影响最小，因此采用泄水洞设置在Ⅱ线隧道右侧，即方案一。

8.6.4　泄水洞起点和出口位置的确定

1.泄水洞起点（端头）的确定

（1）新关角隧道的地下水主要来自于岭脊灰岩地层，设置泄水洞的主要目的是排泄灰岩地层涌入隧道的地下水，以确保隧道侧沟内的涌水不超过侧沟的排水能力，因此泄水洞应设置在灰岩地层中。

（2）新关角隧道分段排水量的确定

自顺坡排水起点始，随着水量的逐步汇总变大，在经过3号斜井交点后，侧沟流量达42 957 m^3/d，超过侧沟的允许排水量，因此泄水洞端头应设置于3号斜井交点附近比较合理。

最终泄水洞起点设置在3号斜井DK288+550（3号斜井交点里程为DK288+510）。

2.泄水洞出口位置的选择

泄水洞起点处，Ⅱ线隧道内轨顶面高程为3 444.33 m（DYK288+550），则泄水洞水沟底面的高程为：3 444.33−3.55=3 440.78 m。考虑排水纵坡后，从新关角隧道区域的整体平面分析，泄水洞出口只能位于隧道进口附近地形低缓处（高程为3 385 ～ 3 395 m）。按此，泄水洞出口的设置有两种方案：

方案一：泄水洞基本平行与隧道，出口设置于Ⅱ线隧道右侧。

方案二：泄水洞在DK283+000 ～ DK282+000 之间（通过灰岩地层，三叠系砂岩地层或志留系砂岩夹板岩地层）设置拐点，下穿Ⅰ、Ⅱ线隧道后，在Ⅰ线隧道左侧设置出水口。

方案设置如图 8-6-3所示。

在隧道进口附近，隧道右侧的地面高程明显低于隧道左侧，因此泄水洞出口设置于Ⅰ线隧道左侧明显存在以下缺点：

（1）泄水洞长度明显增大，投资高；

（2）通过的地质条件差，泄水洞出口段可能通过较长段落的细砂地层；

（3）受地形条件限制，泄水洞在拐点后的长度仍然较大，此段落无法利用已完成的隧道来设置横通道辅助施工，施工组织及建设工期明显增大；

（4）无法利用已经建成的排水防寒暗沟，还需要增设新的保温排水暗沟，增加投资。

综上所述，泄水洞最终设置于Ⅱ线隧道右侧，为了在保证安全的前提下尽量降低工程造价，利用已经完成施工的斜井，采用线间距25 m、平行于关角隧道方案，暗挖长度7 960 m，明挖段长100 m，总长8 060 m。

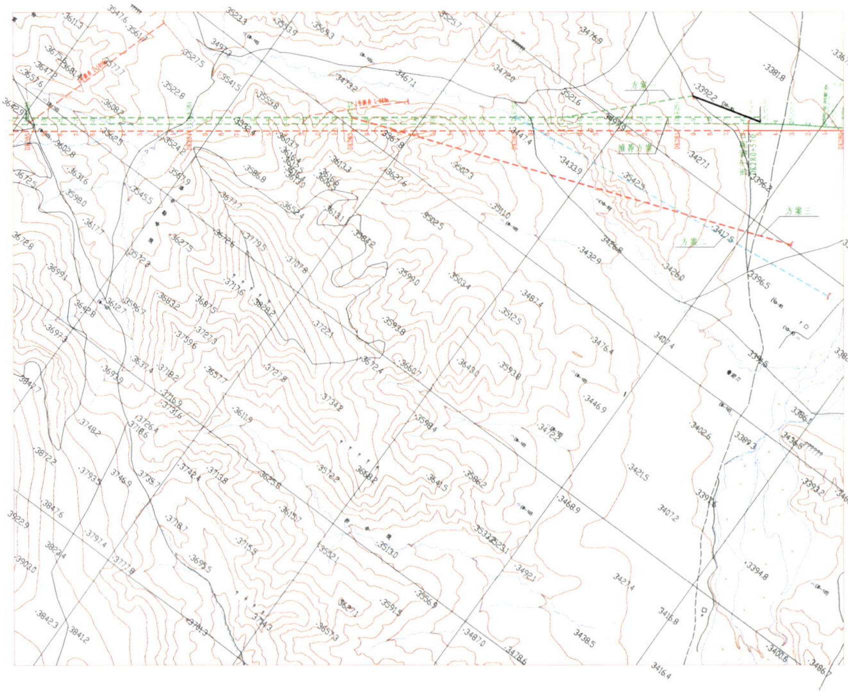

图8-6-3　泄水洞出口位置示意

8.6.5　施工建议

1.建设时机

(1)泄水洞应在新关角隧道投入运营前建成。

一旦贯通,面临的首要任务是开通运营,隧道正洞作为泄水洞施工的运输和排水通道只能提供有限的时间。

若在关角隧道投入运营后修建泄水洞,存在以下方面的缺点:

①施工组织难度大。新关角隧道投入运营后,修建泄水洞无法利用隧道进行辅助施工,只能利用1号、2号斜井和泄水洞进口施工,因此,不但施工组织难度大,泄水洞建设周期也将大大加长。

②施工技术难度大。不能利用关角隧道作为排水通道,施工排水只能通过1号、2号斜井进行抽排,泄水洞建设将存在和新关角隧道建设相同的排水、堵水问题,不但难度大、风险高,投资也大幅增加。

(2)进口至2号斜井间泄水洞施工的时机。

泄水洞施工充分利用了已贯通的隧道正洞,不但能够顺坡排水,还可以降低施工通风、施工排水的难度。能够利用隧道正洞作为施工通道,同时多开工作面,这是快速施工泄水洞的最好方案。

(3)2号至3号斜井间泄水洞施工的时机。

由于2号至3号斜井间隧道正洞当时还没有贯通,因此,其首要施工任务是尽快贯通2号至3号斜井间隧道正洞,3号斜井当时承担四个开挖面,不具备增开工作面辅助施工泄水洞的条件，2号斜井当时承担两个开挖面，因此，通过横通道辅助施工泄水洞工作面，该区间其余段落泄水洞在此段隧道正洞贯通后进行攻坚施工。

2. 施工组织

（1）泄水洞综合进度指标

根据新关角隧道建设期间的综合进度分析，考虑灰岩地层地下水发育，对掘进影响较大，因此Ⅱ、Ⅲ围岩掘进指标适当降低，同时采用顺坡施工，一般不再实施注浆堵水措施，有利于掘进，综合后确定为80 m/月；考虑Ⅳ级围岩地段地下水不发育，开挖量相对较小，综合后确定为80 m/月。泄水洞综合进度指标见表8-6-3。

表8-6-3　泄水洞综合进度指标

围岩级别	Ⅱ	Ⅲ	Ⅳ	Ⅴ	Ⅵ
泄水洞综合成洞指标	80	80	80	50	30

（2）施工组织建议

①由于新关角隧道的建设已经严重滞后，因此泄水洞应在隧道铺设无砟轨道之前完成。

②泄水洞施工应充分利用已贯通的隧道工区，尽量多开辟横通道，这是快速施工泄水洞的最佳方案。

③由于当时进口至2号斜井工区已经贯通，完全可以多开横通道辅助施工泄水洞，根据关角隧道的建设总体目标，段内泄水洞安排9个月的施工时间，横通道布置如下：进口工区增设3个横通道，共6个工作面施工泄水洞；1～2号斜井间增设2个横通道，共4个工作面施工泄水洞。

④根据新关角隧道的整体施组规划，2～3号斜井工区贯通后开始施工泄水洞，增设4个横通道，共6个工作面施工泄水洞。

⑤共设置9个施工横通道辅助施工泄水洞。

⑥施工期间除在安全风险较大的段落（如下穿河沟及富水断层带），泄水洞原则上不设计注浆堵水措施。但考虑到3号斜井正洞工区施工期间连续的出现了涌水，且水压、水量都很大，给施工造成了很大的困难，故在泄水洞对应的段落增加了150 m的注浆堵水措施。

综上所述，类似的后增泄水洞工程应在隧道投入运营之前建成，隧道贯通后至无砟轨道施工前为其最后的掘进攻坚时机，泄水洞的施工应充分利用各施工工区贯通的时间差进行施工建设。

参 考 文 献

[1] 常士骠. 工程地质手册[M]. 北京：中国建筑工业出版社，2007.

[2] 中华人民共和国铁道部.TB 10003—2005 铁路隧道设计规范[S]. 北京：中国铁道出版社，2005.

[3] 中华人民共和国铁道部. TB 10204—2002 铁路隧道施工规范 [S]. 北京：中国铁道出版社，2002.

[4] 中华人民共和国卫生部. GBZ2—2007 工作场所有害因素职业接触限值[S]. 北京：人民卫生出版社，2007.

[5] 国家环境保护总局，国家质量监督检验检疫总局. GB 17691—2005 车用压燃式、气体燃料点燃式发动机与汽车排气污染物排放限值及测量方法[S]. 北京：中国环境科学出版社，2005.

[6] 国家安全生产监督管理总局. GB 16423—2006 金属非金属地下矿山安全规程[S]. 北京：中国标准出版社，2006.

[7] 中华人民共和国卫生部. GBZ1—2002 工业企业设计卫生标准[S]. 北京：人民卫生出版社，2002.

[8] 谢尊贤，朱永全，赖涤泉，等. 高原隧道施工工程机械有害气体排放特性[J]. 长安大学学报（自然科学版），2011（6）：105-110.

[9] 张念. 高海拔特长铁路隧道火灾燃烧特性与安全疏散研究[D]. 北京交通大学，2012.

[10] 王涛. 新型铁路隧道防灾救援工程施工技术[J]. 工程建设与设计，2016（13）：151-153.

[11] 万飞，谭忠盛，马栋. 关角隧道 F_{2-1} 断层破碎带支护结构优化设计[J]. 岩石力学与工程学报，2014，33（3）：531-538.

[12] 谭忠盛，王秀英，万飞，等. 关角隧道突涌水防治技术体系研究[J]. 土木工程学报，2017（S2）：1-7.

[13] 马栋，杨金歌. 西格二线关角隧道施工防排水技术[C]// 桥梁与隧道工程技术论坛. 2012.

[14] 郭秀琴. 关角隧道地质超前预测预报技术[J]. 铁道建筑技术，2010（4）：44-47.

[15] 许先亮，樊燕燕. 关角隧道施工机械选型与配套[J]. 筑路机械与施工机械化，2014，31（1）：89-94.

[16] 陈丽敏. 关角隧道双正洞巷道式通风及节能升温技术[J]. 隧道建设，2016，36（7）：857-861.

[17] 韩现民，西格二线关角隧道浅埋砂层段施工技术及力学效应研究[J]，岩土力学，2010（S2）：297-302.

[18] 杨金歌，高原隧道穿越浅埋河谷段施工技术探讨[J]，铁道建筑技术，2011（12）：46-47+56.

[19] 刘海荣，高原富水区域连通河沟段隧道综合施工技术 [J]. 铁道建筑技术，2012（08）：70-72.

[20] 刘万生，高原隧道穿越断层破碎带施工技术[J]，铁道建筑，2013（04）：74-75+82.

[21] 郭庆静，许先亮，长大隧道施工高压进洞供电技术研究[J]，施工技术与应用，2016（02）：77-79+83.

[22] 杨森森，高原特长隧道快速施工及机械配套技术研究[D]. 北京：北京交通大学，2012.

[23] 马兰诚，关角高风险隧道富水环境下施工降效技术经济分析[J]. 隧道建设，2016（07）：862-867.

[24] 李志平，职常应，李永生，关角隧道 9 号斜井皮带机运输方案比选[J]. 工程技术，2009（30）：316-317.

[25] 陈永辉，李建伟，关角隧道传统出碴方式与皮带运输机出碴方式的比较研究[J]. 科技信息，2009，（08）：631-633.